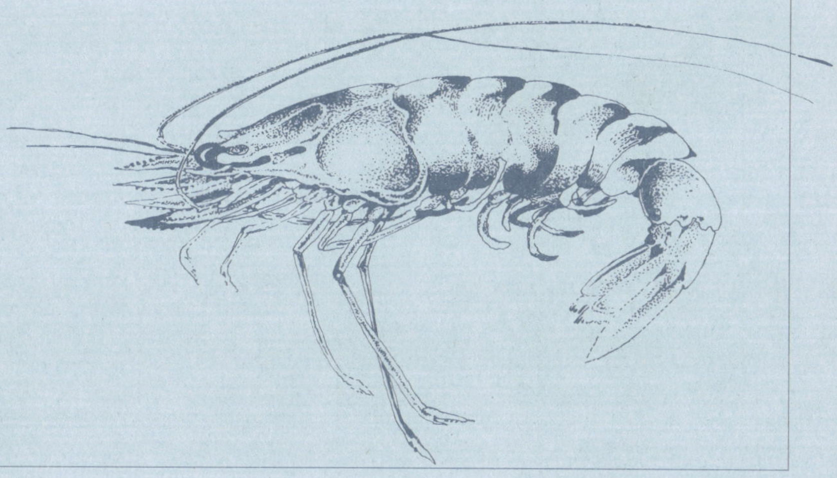

DAS GROSSE BUCH DER MEERESFRÜCHTE

DAS GROSSE BUCH DER

Meeresfrüchte

SPEZIALITÄTEN VON SCHAL- UND KRUSTENTIEREN
MIT DEM GROSSEN FARBIGEN BILDLEXIKON

Von Anton Mosimann und Holger Hofmann

Teubner Edition

INHALT

EINLEITUNG

Meeresfrüchte – Früchte des Meeres – eine schönere und treffendere Umschreibung für die »Ernte«, die das Meer uns bietet, gibt es wohl kaum. Schal- und Krustentiere, denn von ihnen ist hier die Rede, sind seit jeher ein kulinarisches Lieblingsthema. Einerseits fester Bestandteil der klassischen Kochkunst, sind sie heute auch Favoriten der neuen Küche. Einerlei, ob es um die Luxus und Wohlleben symbolisierenden Paradebeispiele Hummer, Languste und Auster geht oder um die populären, weil erschwinglichen Garnelen, Krabben und Muscheln – ihre richtige (und das heißt in den meisten Fällen schlichte, dennoch raffinierte) Zubereitung war und ist für alle Köche, Profis und praktizierende Gourmets gleichermaßen, eine Herausforderung.
Wir wollen Ihnen mit dem vorliegenden Werk dabei helfen, dieser Herausforderung gut gerüstet zu begegnen. Denn erstmals werden Schal- und Krustentiere so umfassend in einem eigenen Werk behandelt. Es enthält nicht nur viele Rezeptbeispiele der klassischen Kochkunst, sondern auch der neuen, reformierten Küche. Neben anspruchsvollen Zubereitungsarten auch regionale Hausmannskost aus aller Welt. Die wichtigen Grundrezepte und Handgriffe für den richtigen Umgang mit Meeresfrüchten in diesem Buch werden nach unserer bewährten Methode in anschaulichen, farbigen Bildfolgen bis ins Detail erklärt und schaffen damit eine solide Basis für eigene Kreationen.
Zudem – und das ist absolut neu – vermittelt eine umfangreiche, wissenschaftlich fundierte, reich illustrierte Warenkunde das notwendige Hintergrundwissen. Sie wird nicht nur unschätzbarer Helfer beim Einkauf und bei der Bestimmung von Schal- und Krustentieren sein, sie schafft auch Klarheit über das vielfältige Angebot, das durch zunehmende Importe aus aller Welt ständig wächst und unübersichtlicher wird. Dem weltweit herrschenden Wirrwarr bei der Bezeichnung der unzähligen Arten wird dieses »Lexikon der Meeresfrüchte« entgegenwirken, es wird für mehr Transparenz auf Preislisten und Speisekarten sorgen.
Daher ist es unser dringender Wunsch, an dieser Stelle allen wissenschaftlichen Mitarbeitern und Beratern, ohne deren wertvolle Hilfe und Unterstützung diese detaillierte Warenkunde nicht zustande gekommen wäre, unseren herzlichen Dank auszusprechen.
Zum Schluß hoffen wir, daß Ihnen, dem Leser und Benutzer, dieses Werk, das Kochbuch und Nachschlagewerk zugleich ist, bald unentbehrlich sein wird.

Christian Teubner

Redaktion und Beiträge: Hannelore Blohm
Fotos: Christian Teubner
Gestaltung: Wolfgang Steger

DIE ÄLTESTE DELIKATESSE DER MENSCHHEIT

Wer der Geschichte der Meeresfrüchte auf den Grund gehen will, wird zuallererst auf Fels, nicht aber auf Geschriebenes stoßen. Auf Einschlüsse in Gestein nämlich. Jahrmillionenalte Formen von Muscheln und Schnecken, Hummern und Krebsen in unverkennbarer Gestalt. Heutzutage in Steinbrüchen, an Hängen, am Fuß von Steilhängen gefunden. Sammler kennen sich da aus. Denn irgendwann vor Jahrmillionen wogte Meer, wo heute Land ist; war Gewässer, in dem Fische, Schal- und Krustentiere lebten. Unvorstellbare Kräfte hatten in grauer Vorzeit Land, Berge und Meer verschoben. Meere und Flüsse fanden ihr neues Bett, Berge falteten sich auf. Und die Meeresfrüchte wurden zu Stein. Ihre Umrisse, ihre Formen aber blieben bis zum heutigen Tag erhalten.

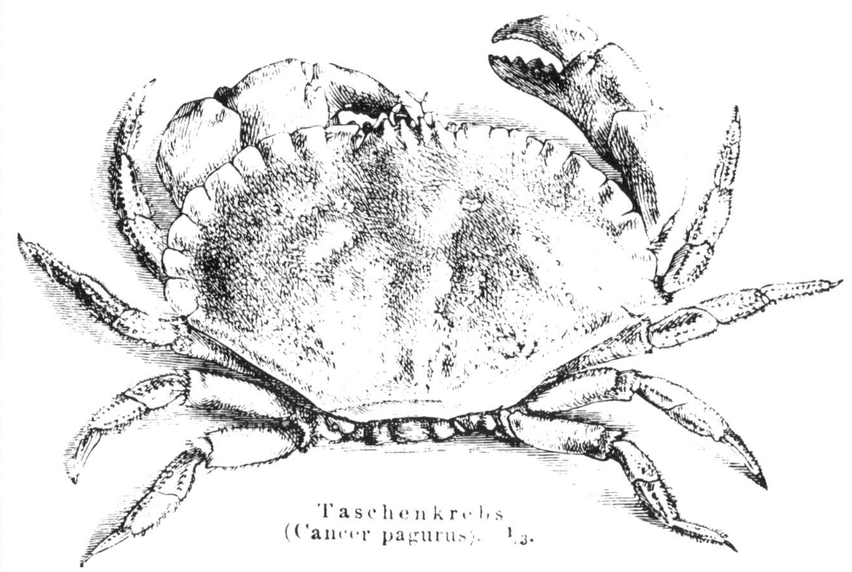

Taschenkrebs (Cancer pagurus). 1/3.

Vom Verstand her ist es kaum nachzuvollziehen, aber es ist erwiesen, daß es schon vor Millionen Jahren und lange, bevor es Fische gab, eine große Vielfalt an wirbellosen Meerestieren gegeben hat. Unter anderem Armfüßer, Kopffüßer, Seesterne. Austern, so darf behauptet werden, schlürfte schon der Urmensch. Der hatte übrigens im Tertiär gerade vom Vierfüßler auf den aufrechten Gang umgeschaltet. Was ihn nun in die Lage versetzte, auch mal einen spitzen Speer in die Hand zu nehmen. Nicht nur, um Wild zu jagen, sondern auch, um ihn auf Fische losschnellen zu lassen. Und schließlich gebrauchte er seine Hände vermutlich auch dazu, die Austern von ihren Bänken zu pflücken, sich mal ein Krebstier zu greifen oder Muscheln und Seeschnecken einzusammeln. Was ihm die Natur auch bot, er verzehrte es zu seiner Selbsterhaltung. Da sich im Tertiär auch sein Gehirn vergrößert hatte, kann unterstellt werden, daß er sich nun seine Favoriten unter den Meeresfrüchten aussuchte. In der Erdneuzeit, dem Diluvium, so hat man erforscht, zeigen die menschlichen Wesen schon intelligentes Verhalten. Hypothese: Kein Wunder, bei dem reichlichen Genuß an Meeresfrüchten, die reich an biologisch hochwertigem Eiweiß sind. Kraftfutter also für alle Zellen des menschlichen Organismus, auch für die Gehirnzellen. Historiker vermuten schließlich, daß in der Vor-Steinzeit die sprachliche Entwicklung des Menschen begann. Was zu der weiteren Vermutung Anlaß geben kann, daß unsere Altvorderen ihren Zeitgenossen nicht nur durch Zeichensprache, sondern auch durch wortähnliche Gebilde signalisieren konnten, wo es reiche Fanggründe für Kostbarkeiten des Meeres und der Flüsse gab. Mit dem Aufkommen des Feuers — vor etwa 500000 Jahren, wie wissenschaftlich gesichert ist — konnte endlich auch gebruzzelt werden, was roh nicht allzu gut schmeckte. An Spießen über offenem Feuer gebraten, wurde so manche Frucht des Meeres fortan zum Gaumenschmaus. Parallel zum Gebrauch des Feuers entwickelte sich zwangsläufig die Kochkunst. Die Menschen lernten, mehr aus ihren Speisen zu machen. So delektierten sich die Ägypter der Antike an Schal- und Krustentieren in allerlei abenteuerlichen Zubereitungen. Auch die Griechen der Antike, die an den Küsten des Mittelmeeres siedelten, schätzten Gerichte aus Meeresfrüchten. Nur Homer, ihr berühmter Dichter, hatte damit nichts im Sinn. Alles, was aus Flüssen und Meeren kam, nannte er rüde »Speisen des Elends«. Ein unverbesserlicher Binnenländer.

Anders die Römer der Antike. Ihre Gelage hatten einen sagenhaften Ruf. Nicht zuletzt wegen der Schal- und Krustentiere, die sie in Mengen als Vorspeisen servieren ließen. Und dabei war es nicht gleichgültig, woher diese Meeresfrüchte stammten. Beliebt waren die aus einem Städtchen an den Pontinischen Sümpfen und von den Küsten Tarrents. Auch die von einer der künstlichen Austernbänke, die es im alten Rom gab. Damals schon hatte die Auster ihren großen Auftritt. Man schlürfte sie so genießerisch und hingebungsvoll wie heute. Die Privilegierten, wohlgemerkt. Das Volk mußte sich mit einfachen Meeresmuscheln begnügen, weil die Austern unerschwinglich waren. Wer nun im alten Rom etwas auf sich hielt und reich genug war, leistete sich in seinem Speisesaal auch noch ein Mosaik mit der Abbildung aller von ihm bevorzugten Meeresfrüchte, wie Hummer und Langusten, Garnelen und Krabben und — natürlich — Austern.

Was nun den römischen Feinschmecker Marcus Caelius Apicius (geb. 25 v. Chr.) angeht, so machte auch er sich um Schal- und Krustentiere verdient. Und zwar im ältesten erhaltenen Kochbuch, in dem er Tintenfischen, Garnelen, Krebsen und Muscheln durch Saucenempfehlungen die rechte Würze gibt oder die er zu dem verarbeitet, was wir heute Beignets nennen würden. Er verrät auch, wie man Langusten durch eine Sauce nach dem Geschmack der Zeit ein Glanzlicht aufsetzt. Sein Geheimnis: reichlich Kümmel verwenden. Daran sparte er auch nicht im neunten Band seines Werkes (es besteht aus zehn Bänden), das ausschließlich den Meeresfrüchten gewidmet ist.

Welches Jahrhundert man auch kulinarisch-historisch durchstreift, Meeresfrüchte sind zu aller Zeit die Favoriten der Tafel. Diese Tatsache machten sich u. a. die Gallier des mittelalterlichen Frankreich zunutze. Sie waren nämlich nicht nur gute Jäger, sondern auch exzellente Fischer und Kaufleute. Langusten und Austern, die es in den Küstengewässern reichlich gab, wurden deshalb zu ihrer wertvollsten Handelsware. Größte Abnehmer: die Römer!

Zu Favoriten der deutschen Küche des Mittelalters aber mauserten sich die Flußkrebse. Und das nicht von ungefähr. Denn die Tierchen hatten sich so reich vermehrt, daß sie zum Dienstbotenessen gerieten. Darum nimmt es nicht wunder, daß man in zeitgenössischen Kochbüchern immer wieder vorschlug, »ein gut Krebsessen zu machen«.

Zwar versuchte man — Jahrzehnte später — auch den Festtafeln deutscher Fürstenhöfe neuen kulinarischen Glanz zu verleihen und darauf Meeresfrüchte zu präsentieren. Jedoch mit mäßigem Erfolg. Denn die empfindlichen Tiere hielten die tagelangen Reisen von entlegenen Küsten nicht durch. Und so gerieten sie eher zur Gefahr für den Bestand des Adels denn zum leiblichen Genuß.

Dem Siegeszug der Meeresfrüchte auf die Tafeln der Reichen stand dann aber im 18. Jahrhundert nichts mehr im Wege. Im Frankreich des Rokoko erlebten sie ihre hohe Zeit. Allen voran die Austern, denen man aphrodisische Wirkung nachsagte (was übrigens heute noch glaubhaft versichert wird). Man verspeiste sie deshalb gleich im Dutzend zum Frühstück. Schon Ludwig XIV. hatte sie hoffähig gemacht: die Fama berichtet, er habe vor seiner Hochzeit mit Maria Theresia deren 400 Stück gegessen. In welchem Zeitraum, ist nicht überliefert. Das 19. Jahrhundert war — ähnlich wie das Mittelalter — in Deutschland das Jahrhundert der Flußkrebse, wodurch sie wieder einmal zum Volksnahrungsmittel wurden. Zumindest für die Anrainer der klaren Flüsse und Bäche. Und wieder wurde es — wie im Mittelalter — verboten, den Dienstboten mehr als einmal wöchentlich ein Krebsessen vorzusetzen.

Weil aber nicht jeder in Fluß- oder Bachnähe wohnte, der Bedarf aber groß war, ließ es sich ein gewisser Herr Micha — auch Krebskönig genannt — angelegen sein, von Berlin aus ganz Deutschland mit Flußkrebsen zu versorgen. Er mästete sie kurioserweise mit Runkelrüben in extra angelegten Krebsgärten. Seinem und dem Krebsbestand des größten Teils europäischer Flüsse machte übrigens im Jahr 1876 die Krebspest den Garaus. Das hielt allerdings Theodor Fontane nicht davon ab, in seinem erst 1891 erschienenen Roman »Frau Jenny Treibel« köstliche Oderkrebse servieren zu lassen.

Trotz mancher Pannen im Leben der Schal- und Krustentiere, die Freude des Genießers an diesen ältesten Delikatessen der Welt ist heutzutage eher noch größer, als sie es je war.

Hannelore Blohm

LEXIKON DER MEERESFRÜCHTE

Eine Warenkunde für den Praktiker von Holger Hofmann

Um es gleich vorweg zu sagen: Die Familien der Schal- und Krustentiere sind so groß und weitverzweigt, daß es ein unmögliches Unterfangen wäre, alle Meeresfrüchte dieser Erde an dieser Stelle in einem Lexikon zu erfassen, das auf die kulinarische Seite dieses Buches hinführen soll. Ziel dieses Lexikons soll es sein, in die für die menschliche Ernährung wichtigsten Krabben-, Garnelen-, Krebs-, Muschel- und Schneckenarten Klarheit zu bringen. Ihre Herkunft, ihre Heimat, ihre Verbreitung und auch ihre wirtschaftliche Bedeutung darzustellen. Vor allem auch, sie beim richtigen Namen zu nennen, denn gerade da herrscht weltweit ziemliche Verwirrung.

Wie schwierig es war, für diese Warenkunde die richtige Auswahl zu treffen, zeigt allein die Tatsache, daß es beispielsweise rund 10000 verschiedene Großkrebsarten, 5000 Krabben- und 2000 bis 3000 Garnelenarten gibt. Von den mehr als 80000 Muscheln, Schnecken und anderen Weichtieren ganz zu schweigen.
Seit Jahrtausenden sind Schal- und Krustentiere ein wichtiger Bestandteil der menschlichen Ernährung. Doch erst in neuerer Zeit werden sie in großem Umfang ausgebeutet. In dem Maße, in dem Fangmethoden und -techniken immer raffinierter wurden, entwickelten sich auch Transport- und Konservierungsmöglichkeiten, bis einer weltweiten Vermarktung nichts mehr im Weg stand. Die Nachfrage nach den nahrhaften und gutschmeckenden Meeresfrüchten stieg so stark an, daß heute viele Arten gefährdet sind. Verschärft wird die Situation durch die zunehmende Verschmutzung der Meere. Die Folge ist eine ständige Suche nach unerschlossenen Fangplätzen, nach noch nicht befischten Arten, nach neuen Lieferquellen, wodurch das Problem allerdings nicht gelöst, sondern weltweit vergrößert wird. Hoffnungsvoll stimmt, daß unterdessen große Anstrengungen unternommen werden, die Vielfalt und Vielzahl der Meerestiere zu erhalten. Strenge Fangvorschriften, Schonzeiten und das Züchten geeigneter Arten in Aquakulturen sind ein deutlicher Ausdruck dieser Bemühungen.

DIE KREBSTIERE

Crustacea

Zehnfüßer

(Decapoda)

Garnelen, Langusten, Hummer und Taschenkrebs, Flußkrebs und Einsiedlerkrebs, Palmendieb, Meerspinne, Wollhandkrabbe, Bärenkrebs und Steinkrabbe — so verschieden diese Tiere auch alle sein mögen, sie gehören zur großen Ordnung der zehnfüßigen Krebse, der Dekapoden. Diese Zehnfußkrebse werden wiederum in zwei Unterordnungen aufgeteilt:

1. Garnelen, bzw. garnelenartige Langschwanzkrebse, die *Natantia*, d.h. die »Schwimmenden«. Sie bewohnen mit etwa 2000 Arten die verschiedensten Lebensräume zwischen Tiefsee und Süßwasser. Die meisten Arten sind jedoch Meerestiere.
Der Körper ist schlank, seitlich etwas zusammengepreßt. Der Panzer *(Carapax)* läuft nach vorn in einer Spitze aus *(Rostrum)*. Die Antennenschuppe *(Scaphocerit)* ist groß ausgebildet. Das Schwanzstück *(Abdomen)* hat die Länge des Panzers. Die verkümmerten beinähnlichen Glieder am Schwanzstück *(Pleopoden)* sind meist kräftig entwickelt und unterstützen das Tier beim Schwimmen. Zusammen mit dem Schwanzfächer ist das gesamte Schwanzstück länger als der Panzer.
Obwohl Garnelen Schwimmer sind, befinden sie sich oft auf dem Meeresboden. Dort stelzen sie auf ihren fünf Gehbeinpaaren herum oder sie wühlen sich in den Boden ein.

2. Panzerkrebse, Ritterkrebse, die *Reptantia*, d.h. die »Kriechenden«. Von den Garnelen unterscheiden sie sich durch ihren Panzer, der vom Rücken bauchwärts abgeplattet ist, und durch die kraftvollen Scheren am ersten Laufbeinpaar. Die Antennenschuppe fehlt oder ist gegenüber den Natantia-Arten reduziert. Das Schwanzstück ist oft kürzer als der Brustpanzer. Die verkümmerten Beine am Hinterleib werden nicht mehr zum Schwimmen benutzt, sondern von den Weib-

chen zum Anheften der Eier. Diese werden wie bei den Garnelen unter dem Schwanzstück getragen.
Die Panzerkrebse können wiederum unterteilt werden in:

a) Langschwänzige Bodenkrebse, deren berühmteste Vertreter die Langusten aus der Familie der *Palinuridae* sind. Ihnen fehlen die Greifscheren, doch haben sie mehr als körperlange Antennen. Weitere Berühmtheiten dieser Gruppe sind Hummer und Flußkrebs.

b) Mittelkrebse, die *Anomura*, die eine Verbindung von Langschwanzkrebsen zu Kurzschwanzkrebsen darstellen. Vertreter dieser Unterordnung sind Einsiedlerkrebs (Meer und Land) und die Steinkrabben, die nicht zu den Krabben gehören. Die Mittelkrebse tragen meist den Hinterleib nach innen, unter den Vorderleib geklappt.

c) Echte Krabben, Kurzschwanzkrebse, die *Brachyura*, die am höchsten entwickelten Krebse. Sie sind bereits aus der Jurazeit bekannt. Bei vielen dieser Tiere besteht die Vorliebe, sich mit Pflanzen oder anderen Dingen zu maskieren. Berühmte Vertreter der Unterordnung der Brachyura sind zum Beispiel Taschenkrebs, Schwimmkrabbe, Blaukrabbe.

Der **Körper** der Krebse läßt sich unterteilen in Kopf, Brustabschnitt und Hinterleib. Die Antennen- und Kiefersegmente werden zum Kopf gerechnet. Der Brustabschnitt trägt einige Kieferfüße und die Beinpaare zur Fortbewegung; teils sind Füße auch noch am Hinterleib vorhanden.

Die **Körperbedeckung** der Krebstiere ist ein kalk- und chitinhaltiger Panzer, der mehr rötlich, bläulich oder graubraun sein kann. Manche Krebse verändern auch zum Schutz ihre Farbe und richten sich dabei nach dem jeweiligen Untergrund. Oft ist der Panzer von Höckern, Tast- und Ruderhaaren und stachelartigen Fortsätzen bedeckt. Sind diese »Auswüchse« in Reihen angeordnet, werden sie von den Tieren auch meist zur Lauterzeugung, gleichsam als Schrilleiste benutzt.

Das **Wachstum** der Krebse geht nicht kontinuierlich vonstatten, denn der Panzer wächst nicht mit. Aus diesem Grund streift der Krebs unter dem Einfluß eines bestimmten Hormons den Panzer ab. Dann beginnt eine Wachstumsperiode. Unter dem alten Panzer hatte der Krebs schon die »neue« Haut, faltig und viel zu groß. In sie wächst das Tier nun gleichsam hinein. Jetzt wachsen auch verlorene Glieder wieder teilweise nach, nach jeder Häutung etwas mehr, so daß nach mehreren Häutungen das verlorene Glied meist wieder die alte Größe hat. Der nun ungeschützte, weiche »Butterkrebs« bildet im Lauf von maximal drei Wochen einen neuen, jetzt größeren Panzer — durch erneute Aushärtung von Chitin und Einlagerungen von Kalk. Den Kalk entnimmt das Tier dem Wasser.
Solange der Krebs weich ist, verbirgt er sich unter Steinen, kleinen Vorsprüngen und ähnlichem. In diesem Zustand sind manche Arten ein begehrter Artikel vor allem an der Ostküste der USA. Die dort sogenannten »Softshell Crabs« haben nämlich ein besonders feines Aroma.

Die Zehnfüßer **bewegen** sich fort durch Schwimmen, Klettern, Schreiten oder Wühlen im lockeren Boden. Die ersten drei Brustbeinpaare sind zu Kieferfüßen umgestaltet. Die folgenden fünf Beinpaare, die den Tieren auch den Namen »Zehnfüßer« gegeben haben, gelten als Laufbeine, wobei das erste dieser Beinpaare zu Scheren umgestaltet ist. Die Scheren dienen vorwiegend der Nahrungsaufnahme, der Abwehr von Feinden und dem Erfassen des Geschlechtspartners.
Wird ein Krebs im Kampf mit einem Rivalen oder einem anderen Feind seiner Scheren beraubt oder wirft er sie in Gefahr ab, so wird das erste Beinpaar als Werkzeug für Nahrungsfang und Nahrungsaufnahme eingesetzt. Verlorene Gliedmaßen wachsen bei den nächsten Häutungen wieder nach. Das letzte, endständige Schwimmbeinpaar ist verbreitert und bildet mit dem beinlosen Endstück, dem Telson, einen Schwanzfächer. Dieser ermöglicht bei drohenden Gefahren mit dem sich ruckartig krümmenden Hinterleib als Ruderschwanz eine beachtliche Schwimmgeschwindigkeit — nach rückwärts! Dies ist eine äußerst nützliche Fluchtrichtung, da das Tier den Gegner dabei im Auge behält.

Die **Nahrung** der Höheren Krebse setzt sich recht verschieden zusammen. Manche Krebse sind auch Filtrierer. Dem Atemwasserstrom, der von Anhängen der Beine herbeigestrudelt wird, entnehmen die Tiere kleine pflanzliche und tierische Teilchen, ebenso dem Bodenschlick. Algen, andere Pflanzen, kleinere Tiere, tot oder lebendig, werden mit den Scheren gegriffen. Als interessantes Beispiel sei die kleine Harlekingarnele *(Hymenocera picta)* genannt: Sie ernährt sich nur von Seesternen, die von ihr hochgestemmt und auf den Rücken gedreht werden. Dann bohrt sie diese mit ihren Scheren an und reißt sich nach und nach Gewebeteilchen aus der Öffnung.
Bei der Nahrungsaufnahme haben die Kieferfüße wichtige Aufgaben. Hier werden bereits die genießbaren Teile von den ungenießbaren aussortiert. Letztere werden dann bald ausgeschieden. Die Nahrung selbst wird in einer Art Kaumagen mit Chintinzähnen nochmals sortiert und zerkleinert.

Die **Sinnesorgane** sind bei den Zehnfußkrebsen gut entwickelt. Sie besitzen Komplexaugen, mit denen sie rundherum sehen können. Manche Krebsarten sehen sich bewegende Gegenstände oder Menschen bis über 15 Meter Entfernung. Bei Arten, die in tiefen Gewässern oder Höhlen leben, ist der Tastsinn hervorragend ausgebildet. Auch Vibrationen kleinster Art werden registriert. Wieder andere Arten haben einen ausgezeichneten Orientierungssinn, ausgerichtet nach Sonne, Mond, Strömung etc., wenn sie zur Nahrungssuche wandern oder zum Laichen flachere Gewässer aufsuchen und später an ihre alten Plätze zurückkehren.

Die Zeiten der **Fortpflanzung** sind bei vielen Krebsarten an bestimmte Jahreszeiten oder Mondphasen gebunden. Bei der Paarung hält das Männchen das Weibchen mit den Scheren fest. Bestimmte umgeformte Schwimmbeine fungieren als Begattungsorgane. Wenn das Weibchen einige Zeit nach der Paarung die Eier ablegt, heftet es diese an die Hinterleibsbeine an, bis die Larven genügend groß geworden sind. Die größeren Larven schwimmen und schweben sehr gut, so daß für eine große Verbreitung gesorgt ist. Geschlechtsreif werden die Tiere mit drei bis vier Jahren.
Die Zehnfußkrebse können sehr alt werden. Flußkrebse bringen es auf über 20 Jahre, wenn sie nicht vorher einem Feind erliegen. Hummer können 50 Jahre alt werden, unter Umständen schaffen sie sogar 80 Jahre.

GARNELEN/SHRIMPS/ PRAWNS (SCHWIMMKREBSE)

(Natantia)

Die mit dem zoologischen Namen »*Natantia*« bezeichnete Unterordnung der zehnfüßigen Krebse ist in vielen verwandten Formen in allen Weltmeeren vertreten. Fast sämtliche Garnelenarten haben einen relativ schmalen, d.h. hinten zusammengedrückten, etwas eingebogenen Körper mit verhältnismäßig langen Antennen (Fühlern). Viele Garnelenarten wirken leicht durchsichtig und haben eine grün-bräunliche oder rosa bis braunrote Färbung. Diese besteht aus einer hitzeunbeständigen blauen und einer hitzebeständigen roten Komponente; beim Kochen bleibt daher nur die rote Farbe erhalten. Die handelsüblichen Bezeichnungen »Shrimps« und »Prawns« sind für eine zoologische Bestimmung ungeeignet. Mit diesen Namen werden die rund 2000 bis 3000 verschiedenen bekannten Garnelenarten, von denen nur ein relativ kleiner Teil eine wirtschaftliche Bedeutung hat, meist ihrer Größe nach eingeteilt. Als Shrimps kommen bei uns diejenigen Garnelen in den Handel, von denen mehr als 200 Stück für ein Kilo benötigt werden. Diese kleineren Tiere sind zu einem erheblichen Teil Tiefseegarnelen. Die deutschen Nordseekrabben wie auch die ostasiatischen Riesengarnelen (King Prawns) sind dagegen Bewohner flacher Küstengewässer. Außer der Einteilung nach Größen und Wassertiefen kennt man die Trennung in Kaltwasser- und Warmwassergarnelen. Die Kaltwassergarnelen sind qualitativ meist besser und damit auch teurer. Dann gibt es noch die Unterteilung in Meeres-, Süßwasser-

Frische Garnelen haben einen vergleichsweise geringen Marktanteil, gemessen an den Mengen, die tiefgefroren oder konserviert an den Verbraucher gelangen. Solche topfrischen Sandgarnelen aus der Nordsee werden meist nur im Küstenbereich angeboten.

(anglo-amerikanisch: marine und freshwater) und Brackwassergarnelen.

Leider ist die Unterscheidung der Bezeichnungen »Shrimp« und »Prawn« international nicht einheitlich. Die Tiere werden vorwiegend nach Größe sortiert und bezeichnet, aber auch das in England anders als auf dem Kontinent, in Europa anders als in den USA mit seinen riesigen Fischereigründen, und wieder anders in Indien und dem gesamten pazifischen Raum. Einheitlich ist meist nur, daß sehr große Exemplare mit dem Hinweis »Riesen-«, »King« oder »Tiger« verkauft werden. Auf New Yorks Fulton Fischmarkt werden die Garnelen zum Beispiel in Pfund-Boxen gehandelt. Bei »Tiger Prawns« ergeben zwei Tiere etwa ein Pfund; »Prawn« oder »Jumbo« heißen die Tiere, von denen bis zu 15 Stück ein Pfund ausmachen; bei 16 bis 20 Stück pro Pfund nennt man sie »extra groß«, bei 21 bis 30 Stück pro Pfund sind sie »groß«, bei 31 bis 40 Stück pro Pfund »medium«.

Die Bezeichnung »Shrimps« wird verwendet, wenn etwa 160 bis 180 Tiere ein Pfund ergeben — dies gilt für den genannten New Yorker Fischmarkt. In Indien, dem Land mit den größten Zuchtfarmen (auch in wasserbedeckten Reisfeldern), wird alles Garnelenähnliche mit »Prawn« bezeichnet. Dort unterteilt man in Garnelen, die zur Familie der *Penaeidae* gehören, und in solche, die nicht dazugehören. Die indischen und pakistanischen Zuchttiere erreichen jedoch nicht die Qualität der freilebenden Garnelen.

In den USA werden zwei sehr gute Methoden angewendet, Garnelen künstlich zu ziehen, ohne daß sie an Qualität verlieren:

1. Junge Garnelen, die durch die Gezeiten in flachere Küstengewässer gerieten, dürfen hier in speziellen Teichen bis zu ihrer Marktgröße heranwachsen.

2. Man fängt weibliche Garnelen vor dem Laichen und läßt sie in künstlich angelegten Gewässern die Eier ablegen. Diese Methode wurde in Japan entwickelt und wird dort mit sehr großem Erfolg angewendet.

Die als Prawns oder King Prawns bezeichneten großen Garnelen spielen in sämtlichen Ländern für die feine Küche eine große Rolle. Zoologisch gehören sie in die Familie der *Penaeidae* und zum größten Teil zu den Gattungen *Penaeus* und *Metapenaeus*. Aufgrund der Ähnlichkeit der verschiedenen Gattungen und Arten gibt es in der Umgangssprache der

Sie werden oft verwechselt: Riesengarnele und Kaisergranat, obwohl der wertvollere Kaisergranat oder Scampo (Plural: Scampi) doch sehr wenig Ähnlichkeit mit den verschiedenen Garnelenarten hat. Von oben betrachtet, haben Garnelen einen sehr schmalen Schwanz, von der Seite gesehen ist er breit und nach hinten spitz zulaufend. Das Panzerkleid der Garnelenschwänze ist, verglichen mit dem der Scampi-Schwänze, recht dünn. Beim Kaisergranat sind die Panzerglieder dagegen sehr stabil und laufen an den Seiten nach unten in Spitzen aus, wie es sich bei einem Mitglied der Hummerfamilie gehört.

am Fang beteiligten Länder kaum differenzierte Unterscheidungen. Dazu tauchen eine Reihe nationaler oder lokaler Namen auf, die oft zu Verwechslungen führen. Noch komplizierter für den Handelsgebrauch sind die lateinischen Bezeichnungen, die sich bei einigen Namen im Lauf der Zeit geändert haben. Leider gibt es bislang keine verwendbare Zusammenstellung der wissenschaftlichen Namen kommerziell wichtiger Krebstiere.

In der nachfolgenden Aufstellung können schon aus Platzgründen nur die wichtigsten Beispiele für die Gruppe der Prawns gegeben werden. Vollständigkeit ist auch deshalb nicht erreichbar, weil ständig weitere Penaeiden auf den Markt kommen (schließlich sind sie alle eßbar), die gar nicht so schnell erfaßt werden können; oft haben sie auch nur lokale Bedeutung. Die deutschen Namen sind bei exotischen Tieren zum Teil aus den Landessprachen oder dem Englischen übersetzt und haben bisher in der Literatur noch keinen Niederschlag gefunden. Dabei wird im Englischen, entgegen den Handelsgewohnheiten, oft der Name »Shrimps« benutzt, obwohl es sich um große Tiere handelt.

Garnelen sind die am weitesten verbreiteten und populärsten Krustentiere überhaupt. Es gibt kaum ein Land, auf dessen Speisekarten sie nicht zu finden sind.

Die Garnelenfischerei hat sich zu einer beachtlichen Industrie entwickelt. Fangschiffe von der Größe dieser Nordsee-Krabbenkutter operieren im küstennahen Bereich. Tiefseegarnelen werden von großen, gut ausgerüsteten Hochsee-Fangschiffen gefischt und meist gleich an Bord gekocht und weiterverarbeitet.

Die wichtigsten Garnelen der Weltmeere

GEISSELGARNELEN
(Penaeidae)

Die zu dieser Familie gehörenden Garnelen sind relativ groß, 10 bis 20 cm lang, manche Arten bis zu 30 cm. Die vorderen drei Beinpaare enden in kleinen Scheren, während die beiden folgenden etwa gleichlangen Beinpaare spitz zulaufen. Eine Besonderheit dieser Familie besteht darin, daß die weiblichen Tiere die Eier nicht unter dem Schwanzteil mit sich herumtragen, sondern frei ins Wasser abwerfen.
Die Haut der Garnelen ist meist nur schwach verkalkt. Daher ist der Körper leicht und hervorragend zum Schwimmen geeignet. Die Geißelgarnelen kommen in ungeheuren Mengen vor. Da auch ihre Qualität als echte »Meerwasser«-und Tiefseetiere gut bis ausgezeichnet ist, bestimmen sie in jeder Hinsicht den Weltmarkt. Aus diesem Grund liegt es nahe, sich mit den Geißelgarnelen und ihren wichtigsten Herkunftsgebieten etwas genauer zu befassen.
In Europa sind Garnelen bekannt und sehr geschätzt, doch sind die USA mit Vorkommen, Fang, Verarbeitung und Zubereitung der dort allgemein »Shrimps« genannten Garnelenarten tonangebend. Shrimps sind in den USA die berühmtesten und beliebtesten Krustentiere. Die an sich anspruchslose Garnele wird hier die »Königin der Krustentiere« genannt. Die riesigen Fanggebiete an der Westküste von Kalifornien nach Norden über Washington bis Alaska, einem Schwerpunkt der Shrimp-Fischerei, bekräftigen dies, ebenso die Fanggründe an der Ostküste im Atlantik von North Carolina nach Süden über Florida zum Golf von Mexiko, einem weiteren Schwerpunkt des Shrimp-Fanges und der dazugehörigen Industrie.
In den USA sind mehrere Shrimp-Arten bekannt; die wichtigsten aus den genannten Gebieten seien im folgenden erwähnt. Sie voneinander zu unterscheiden ist für den Laien schwer bis unmöglich, auch die Farbbezeichnungen sagen nichts Wesentliches aus. So nennt man »Pink Shrimp« *Penaeus duorarum*, ebenso aber auch *Pandalus borealis* und *Pandalus jordani.*
Die besten, bekanntesten und beliebtesten Geißelgarnelen der Ostküste und vom Golf von Mexiko sind die »Lake Shrimp« oder auch »White Shrimp« genannte *Penaeus setiferus* wie auch die »Caribbean White Shrimp« *(Penaeus schmitti).*
Die erste Art, *Penaeus setiferus* (White oder Lake Shrimp), lebt am liebsten in Tiefen bis zu 100 Metern auf dem Meeresgrund. Die jungen Tiere suchen allerdings gern die Küste in der Nähe von Flußmündungen auf und werden dann auch dort gefangen. Zum Fang der erwachsenen Tiere sind die Kutter bis zu einem halben Monat unterwegs. Der Fang wird sofort auf dem Schiff vereist, damit im warmen Klima nichts verdirbt. Meist werden vorher die Vorderkörper mit den leicht verderblichen Eingeweiden entfernt. Die »Garnelenschwänze« werden an Land, in Eis verpackt, als Frischware an die weiterverarbeitende Industrie versandt. Sehr bekannt und beliebt sind auch verschiedene braune und rosa Shrimp-Arten wie *Penaeus duorarum* (Pink Shrimp), die wichtigste Art der Gruppe. Je nach ihrer geographischen Herkunft sind sie allerdings mehr rosa, braun oder gelb. Diese Art eignet sich auch gut für die künstliche Aufzucht in großen Tanks. Eine wirklich braune Geißelgarnele ist *Penaeus aztecus* (rötlichbraun); zu ihr gehört auch die *Penaeus brasiliensis.* Ebenfalls sehr beliebt ist die tiefrote Garnele aus dem Golf von Mexiko, die »Royal Red Shrimp« *(Hymenopenaeus robustus).* Doch auch sie erscheint manchmal in graurosa Farbe. Sie lebt vorwiegend in sehr großen Tiefen.
An der Westküste von Mexiko ist die Geißelgarnele »Blue Shrimp« *(Penaeus stylirostris)* beheimatet. Sie ergibt dort 90 Prozent des gesamten mexikanischen Fanges.
Aus dem pazifischen und indopazifischen Raum werden in großem Stil die »Giant Tiger Prawn« *(Penaeus monodon)*, die japanische »Kuruma Prawn« *(Penaeus japonicus)* und die *Metapenaeus mastrersii* in die USA importiert.

Afrikanische Tiefseegarnele *(Aristeus antennatus), engl. blue and red shrimp (prawn), franz. crevette rouge*
Eine relativ große Garnelenart mit starkem Stirnhorn und kurzen Fühlern. Die Gesamtlänge kann beim Weibchen bis zu 25 cm betragen. Die Verbreitung reicht von der portugiesischen Küste bis zu den Kapverdischen Inseln. Außerdem findet man diese Garnelen im Mittelmeer. Im tropischen Westafrika sowie im Raum zwischen Ostafrika und Indien leben verwandte Arten. Die Kopfstücke sind fleischrot gefärbt, der Schwanzteil oft fast weiß mit gelegentlichen blauen Flecken. Die Art lebt in Tiefen zwischen 200 und 1440 m.

Rote Tiefseegarnele *(Aristaemorpha foliacea), engl. giant red shrimp (prawn), franz. gambon rouge*
Eine große rote Garnelenart, die insbesondere an den Mittelmeerküsten von Spanien, Frankreich, Italien, Algerien und Israel in 250 bis 700 m Tiefe gefischt wird. Sie kommt an allen Küsten des Atlantischen Ozeans in Tiefen von 250 bis 1300 m vor und wird mit Sicherheit in Zukunft auch außerhalb des Mittelmeers größere Bedeutung erlangen.

Kadalgarnele *(Metapenaeus dobsoni), engl. Kadal shrimp, franz. crevette Kadal*
Diese Garnelenart wird vorwiegend im Indischen Ozean und an der Südküste Indonesiens gefischt. Die Weibchen erreichen Längen bis zu 13 cm, die Männchen nur etwa 7 cm. Im indischen Bundesstaat Kerala wird diese Art in Reisfeldern kultiviert.

Große südpazifische Garnele *(Metapenaeus ensis), engl. greasy back prawn, franz. crevette glissante, jap. yoshi-ebi, indon. udang gof godot, philippin. hipon suahe*
Große Garnelenart, ähnlich der Hauptmannsgarnele, die eine Länge von etwa 15 cm erreicht. Ihr Verbreitungsgebiet liegt in indopazifischen Gewässern von Sri Lanka bis Japan und Australien. Brustpanzer und Schwanzteil sind stark abgeflacht und laufen auf dem Rücken kammartig zu. Hauptanlandungen in Malaysia, Singapur und Indonesien.

Rosa Tropengarnele *(Penaeus brasiliensis), engl. red spotted shrimp, franz. crevette royale rose*
Etwa 20 cm lange Garnelenart mit extrem langen Antennen. Die Tiere bevorzugen Wassertiefen zwischen 45 und 65 m mit einem sandig-modrigen oder schlammigen Untergrund. Das Verbreitungsgebiet erstreckt sich auf die tropische südamerikanische Ostküste und die Südstaaten der USA, vor allem auch den Golf von Mexiko.

Bären- oder Schiffskielgarnele *(Penaeus monodon, früher P. carinatus), engl. giant tiger prawn, franz. crevette*

Garnelen aus dem Pazifik, besonders aus den wärmeren Gewässern um Malaysia und Indonesien, drängen auf den Markt. Exportiert werden meist nur tiefgefrorene Schwanzteile, entweder einzeln gefroren oder im Block, aber auch, speziell für Japan, mit Wasser aufgefüllt und dann gefroren. Geschmacklich erreichen sie jedoch die Qualität von Garnelen aus kalten Regionen nicht.

géante tigrée, jap. ushi-ebi, philippin. sugpo, indon. udang windu, chin. gwai ha
Im gesamten Indopazifik von Ostafrika bis Südostasien anzutreffende große Garnelenart, die sich gewöhnlich etliche Seemeilen von der Küste entfernt in Tiefen bis zu 110 m aufhält. Die Tiere erreichen Längen von 15 bis 33 cm. Es handelt sich hierbei um die verbreitetste und meistgegessene Art in dem indopazifischen Raum. Diese Garnelenart lebt in der Jugend im Brackwasser und als erwachsenes Tier im Meer.

Radgarnele *(Penaeus japonicus), engl. Kuruma prawn, Japanese prawn, franz. crevette Kuruma, jap. kuruma-ebi, philippin. hipon bulik*
Große Garnelenart mit Längen von 20 bis 22 cm und einem gelblichen Schwanzteil mit verstreuten schwarzen Flecken. Ihr Lebensraum erstreckt sich von den japanischen Inseln über den ganzen westpazifischen Raum bis Indonesien sowie bis zum Roten Meer, von wo sie durch den Suezkanal ins östliche Mittelmeer eingewandert ist. Die jüngeren Tiere bevorzugen relativ flaches Wasser, in ausgewachsenem Zustand ziehen sie sich bis zu etwa 20 m Tiefe zurück. In Japan findet man diese Garnele auch in etwa 100 m Tiefe.

Hauptmannsgarnele *(Penaeus chinensis, früher P. orientalis), engl. fleshy prawn, franz. crevette charnue, jap. korai-ebi*
Eine in Tiefen bis zu 80 m lebende langgestreckte Garnelenart, die in ausgewachsenem Zustand 18 cm erreichen kann. Sie lebt vorwiegend in den Küstengewässern zwischen Korea und China. Im Winter ziehen sich die Tiere in die offene See weiter nach Süden zurück und bewältigen dabei Distanzen von etlichen hundert Kilometern. Gefangen werden sie während des ganzen Jahres, doch liegen die größten Fänge in den Sommermonaten.

Furchengarnele *(Penaeus kerathurus, früher P. trisulcatus oder P. caramote Risso), engl. (nur in Westafrika) tiger shrimp oder striped shrimp (prawn), caramote prawn, franz. caramote, crevette du Maroc, ital. gambero imperiale*

Tiger Prawns, deutsch Bären- oder Schiffskielgarnelen, gehören zu den wichtigsten Garnelenarten auf dem Weltmarkt. Beheimatet sind diese Riesengarnelen (sie können bis zu 30 cm lang werden), im Indopazifik. In der Küche Asiens haben sie einen hohen Stellenwert.

Hauptmannsgarnelen werden auf dem Markt tiefgefroren als Prawns oder auch Chinesische Prawns angeboten. Sowohl ganze Tiere als auch Schwanzteile werden von der Volksrepublik China exportiert. Die mittelgroßen, etwa 15 bis 18 cm langen Garnelen sind geschmacklich von beachtlicher Qualität.

Green Tiger Prawn *(Penaeus semisulcatus).* Eine Garnele, die im gesamten indopazifischen Raum anzutreffen ist. Im Golf von Aden ist sie besonders stark vertreten. Aber auch im Roten Meer kommt sie vor und sogar im Mittelmeer, wohin sie über den Suezkanal gelangt ist. Dort wird sie im östlichen Teil auch kommerziell gefischt. In Indien, im Ganges-Delta, züchtet man sie in Reisfeldern.

Eine im östlichen Atlantik von Südengland bis Angola und im gesamten Mittelmeer verbreitete Garnelenart, die sich vorwiegend auf schlickigen Sandböden und auch in den Mündungsgebieten von Flüssen aufhält. Sie bevorzugt Tiefen von 5 bis 40 m. Die bis zu 23 cm langen Weibchen haben vor der Eiablage einen gelblichgrünen, sonst gelblichgrauen Grundton mit braun-violetten oder grünbronzenen Querbändern. Die Schwanzfächer zeigen eine blaurote Umrandung. Die Männchen sind kleiner, rosafarben und haben am Hinterteil ebenfalls dunkle Querstreifen.
Vorzugsweise werden die Tiere in den Stunden vor Mitternacht während der Eiablage gefangen. Diese

Tiefseegarnelen — tiefgefroren. So kommen sie überwiegend auf den Markt und sind, obwohl gefroren, von besonders guter Qualität. Sie kommen meist aus den nördlichen Meeren um Grönland und Spitzbergen. Geschmack und Konsistenz des Fleisches von Garnelen aus kalten Gewässern sind wesentlich besser als bei Garnelen aus wärmeren Lebensräumen.

geschmacklich besonders geschätzte Garnelenart wurde traditionell im Mittelmeer gefischt, bis ihre Bestände zurückgingen und importierte Arten größere Bedeutung erlangten.

LEUCHTGARNELEN
(Sergestidae)

Innerhalb dieser Familie unterscheidet man rund 35 Arten, von denen die meisten im Durchschnitt zwischen 12 und 113 mm messen. Ihr Verbreitungsgebiet liegt im offenen Meer, wo sie in größeren Schwärmen auftreten. Die kleineren Arten schwimmen nachts an die Oberfläche, so daß sie dann relativ leicht gefischt werden können. In der Praxis wird heute in größerem Umfang nur eine Art gefangen.

Leuchtgarnele *(Sergestes lucens), engl. sakura shrimp, franz. crevette sakura, jap. sakura-ebi*
Eine Tiefseegarnele, die mit Leuchtorganen ausgestattet ist und sich in Tiefen bis über 1500 m aufhält. Größere Exemplare erreichen eine Länge von 25 mm. Diese Garnelenart wird insbesondere in japanischen Gewässern gefischt und hat während der letzten Jahre für den Handel eine erhebliche Bedeutung erhalten. Meist wird sie getrocknet angeboten.

TIEFSEEGARNELEN
(Pandalidae)

Die Tiefseegarnelen sind eine kleinere, auch in kälteren Meeren lebende Garnelenfamilie, die im Handel zu den größeren Shrimp-Sorten zählt. Auch diese Familie ist in verschiedenen Arten weltweit zu finden, die sich jedoch von Laien kaum unterscheiden lassen. Die einzelnen exotischen Arten ähneln weitgehend den wichtigsten Vertretern der europäischen und amerikanischen Küsten. Die Mehrzahl lebt auf dem Meeresboden, meist in größeren Tiefen.

Tiefseegarnele (-krabbe), auch Grönland-, Nordmeer-, Nordische Garnele (Krabbe), (Hummergarnele oder -krabbe, eine im Handel nicht zulässige Bezeichnung) *(Pandalus borealis), engl. pink shrimp, northern shrimp, deep-sea prawn, franz. crevette nordique, dän. rejer, norw. reker, holl. diepzeegarnaal*
Die Tiefseegarnele ist an sich eine Spezialität des europäischen Nordmeeres. Ihre besten Fanggebiete liegen in den tiefen norwegischen Fjorden, bis zur Barentsee und bis Spitzbergen, ebenso an den Küsten Islands und Grönlands und gleichermaßen an der nördlichen Westküste der USA, der Küste von Alaska.
Sie sind etwas größer als andere Garnelenarten der gleichen Familie, nämlich bis zu 16 cm lang. Die Farbe ist von durchschimmerndem Rosa. Als Lebensraum bevorzugen sie Tiefen von 100 bis 250 m und mehr. Andere Arten, die etwas größer von Gestalt sind, kommen auch im Nord- und Indopazifik, d.h. in wärmeren Gewässern, vor.
Bei der Tiefseegarnele *Pandalus borealis* handelt es sich ausnahmsweise um Zwitter. Die Tiere sind zunächst männlich, in der zweiten Lebenshälfte legen sie dann als Weibchen etwa 1000 bis 3000 Eier. Die Tiere in den kalten Gewässern laichen im Herbst. Damit die Eier durch die Kälte keinen Schaden erleiden, werden sie bis zum nächsten Frühjahr unter dem Hinterleib getragen. Wenn die Wassertemperatur etwas steigt und die Nahrung reichlicher wird, schlüpfen die Larven aus. Garnelen aus wärmeren Gewässern haben derartige Probleme nicht. Laichen und Ausschlüpfen der Jungen kann sich innerhalb von wenigen Wochen abspielen.
Hauptfangzeiten sind zwischen März und Oktober. Da die Tiefseegarnele, wie ihr Name sagt, bevorzugt in großen Tiefen lebt, kann sie nur mit dem Trawl-Netz gefangen werden. Ihr Fleisch ist sehr empfindlich, daher wird es meist bereits an Bord gekocht und tiefgefroren.

Rosa Garnele (Krabbe) *(Pandalus montagui), engl. Aesop shrimp, pink shrimp, franz. crevette ésope*

Eine speziell vor der englischen Küste im flachen Wasser gefischte, aber auch die südliche Nordsee erreichende Garnelenart von etwa 5 cm Länge. Die Tiere bevorzugen einen festen Untergrund. Die Hauptfangzeiten liegen zwischen April und September. Es ist die in Großbritannien am meisten verbreitete heimische Garnelenart, die aber ansonsten kaum gefischt wird. Für den Laien ist sie von der vorgenannten Art kaum zu unterscheiden.

Mittelmeer-Tiefseegarnele
(Parapandalus narval)
Die Arten der Gattung *Parapandalus* unterscheiden sich durch ihren sehr langen und fein gesägten Stirnstachel (Rostrum) leicht von den *Pandalus*. Sie sind das subtropische/tropische Gegenstück zu den nördlichen Pandalus-Arten. Die hier aufgeführte Art ist häufig im Tiefwasser, vor allem dem des Mittelmeers, sowie im angrenzenden warm-gemäßigten Atlantik zu finden. Diese Garnelenart wird zunehmend stärker ausgebeutet, speziell auf den Kanarischen Inseln und Madeira, aber auch an der südeuropäischen Atlantikküste. Die Fänge haben vorwiegend lokale Bedeutung.

Camarón, Chilegarnele (-krabbe) *(Heterocarpus reedi), span. camarón, camarón nailon, gamba*
Eine im Indopazifik und im südlichen Ostpazifik verbreitete Garnelenart mit Körperlängen zwischen 6 und 12 cm. Im Handel wird sie jeweils mit einem Hinweis auf die Herkunftsregion angeboten. In zunehmendem Maß kommen chilenische Camarones, die wegen ihres wohlschmeckenden Fleisches sehr geschätzt sind, auch auf den deutschen Markt.

Camarón wird die südpazifische Tiefseegarnele *Heterocarpus reedi* im Herkunftsland Chile genannt. Qualitativ der Tiefseegarnele aus den Nordmeeren mindestens gleichwertig, wird sie bei uns gekocht und geschält angeboten. Sie wird nur tiefgefroren importiert.

FELSENGARNELEN
(Palaemonidae)

Kleiner als die *Pandalus*- und *Aristeus*-Arten sind die verschiedenen, ebenfalls in allen wärmeren Meeresteilen der gemäßigten Zonen verbreiteten *Palaemon*-Arten. In der älteren Literatur werden diese Arten auch unter *Leander* angegeben.
Aufgrund ihrer unterschiedlichen Lebensräume kann man die Familie der Palaemoniden in zwei Gruppen unterteilen: Die eine bevorzugt Meer-, also Salzwasser als Lebensraum, die andere lebt in Süßwasser, Brackwasser und Flußmündungen. Daher wird diese Gruppe auch »Freshwater Prawns« genannt, im Gegensatz zu den Geißelgarnelen, die ausschließlich im Meerwasser vorkommen und deshalb als »Saltwater Prawns« bezeichnet werden.

In unseren europäischen Küstengebieten kommen verschiedene Arten von Felsengarnelen vor, wobei einige Arten, wie zum Beispiel die Sägegarnele *(Palaemon serratus)*, Salzwasser bevorzugen, andere, wie die Langstirngarnele *(Palaemon longirostris)*, in den Mündungsgebieten der großen Flüsse leben. Eine Art dieser Familie, die Steingarnele *(Palaemon adspersus)*, lebt in Übergangsbereichen in Brackwasser. Sie kommt zwar auch in der Nordsee vor, lebt aber vorwiegend in der Ostsee und wird daher auch »Ostseegarnele« genannt. Sie wird bis zu 6 cm lang. Meist hält sie sich zwischen Tang und Algen auf. Wenn sie in Schwärmen auftritt, wird sie gefangen und dann zu Konserven verarbeitet.

Viele Formen dieser Garnelen-Familie findet man in Süßwassergebieten Südamerikas, auch auf den Antillen. In Südostasien werden sie zum Teil in Reisfeldern gezüchtet. Wichtig für die Aquakultur sind dabei speziell die *Macrobrachium*-Arten, zu denen die Japanische Garnele und die »Rosenberg Prawns« zählen. Von geringer wirtschaftlicher Bedeutung, jedoch gut im Geschmack, sind die Süßwassergarnelen aus der Familie *Atyidae*. Die Verbreitung der speziell im Süßwasser lebenden größeren Arten erstreckt sich vorwiegend auf den warmen indopazifischen Raum, die Karibik sowie auf den Süden von Nordamerika und den Norden von Südamerika.
Die Palaemoniden sind außerordentlich anpassungsfähig. Viele von ihnen besiedeln auch Höhlengewässer, zum Beispiel die des Balkans. Bei diesen Arten ist der Gesichtssinn fast verkümmert, dagegen der Tastsinn überdurchschnittlich gut ausgebildet. Andere gehen Symbiosen mit Schwämmen, Seerosen, Korallen und Fischen ein. Eine karibische Art, *Periclimenes petersoni*, winkt mit ihren Antennen Fische herbei, säubert ihnen Schuppen und Kiemen von Schmarotzern und darf sogar ins Maul schlüpfen, um wertlose Nahrungsreste wegzuputzen. Da Süßwassergarnelen oft einen etwas modrigen Geschmack haben, sind die meisten Arten für die Konservierung weniger geeignet; daher kommen sie vorwiegend frisch in den Handel.

Die beiden nachstehenden Arten sind Beispiele für sehr ähnliche Formen in anderen Gewässern.

Steingarnele, Ostseegarnele (-krabbe) *(Palaemon adspersus, früher Leander adspersus und adspersus ssp. fabricii), engl. baltic prawn, franz. bouquet balte, dän. Roskilde rejer, norw. strandreker, schwed. tångräka, holl. steurkrab, span. camarón baltico, auch esquilla oder gamarillo*
Ähnlicher Körperbau wie bei der Tiefseegarnele, doch mit kürzerem Stirnhorn, durchsichtigem Körper und braun-schwarzer Streifung. Länge bei Männchen bis 6 cm, bei Weibchen bis 8 cm. Die Steingarnele lebt auf gutbewachsenem Meeresboden in Tiefen bis zu 60 m, im Winter tiefer. Bevorzugt werden geschützte Buchten und Fjorde. Die Hauptverbreitungsgebiete befinden sich rund um Dänemark, an der gesamten Ostseeküste sowie im Atlantik, im Mittelmeer und im Schwarzen Meer. Die Hauptfangzeiten liegen im Sommer. Früher wurde diese Art an der deutschen Ostseeküste kommerziell genutzt, heute jedoch nur selten gefangen.

Sägegarnele, auch Rosa Krabbe *(Palaemon serratus, früher Leander serratus), engl. pink shrimp oder common prawn, fran. crevette rose oder bouquet, auch salicoque, port. camarzo mauro, span. gamba, esquilla, gambaretto commune*
Eine durchsichtige Garnelenart mit längerem Stirnhorn als die vorgenannte Art. Sie kann bis zu 12 cm lang werden. Verbreitungsgebiete sind felsige, stark bewachsene Partien der Süd- und Westküste Englands, der dänischen Nordseeküste sowie der Atlantikküsten von Frankreich, Spanien und Portugal und der Mittelmeerküsten. Eng verwandte Arten leben an allen ähnlich gestalteten Küsten der Welt. Außer für den menschlichen Genuß verwendet man diese Garnelen speziell in Großbritannien als Angelköder für Salmoniden. In Frankreich sowie in einigen Mittelmeerländern, wo sie lebend vermarktet werden, gelten sie als die besten.

Auf dem europäischen Markt sehr beliebt: die Sägegarnele oder Pink Shrimp. Die etwa 8 bis 10 cm langen Garnelen kommen frisch oder gekocht in den Handel und gelten dort, wo sie noch angeboten werden, beispielsweise in Frankreich oder Italien, als die besten auf dem Markt. — Die Bewohner der französischen Atlantikküste machen sich einen Spaß daraus, bei Ebbe, wenn das Wasser besonders weit zurückgeht, die Garnelen mit Handnetzen zu fangen und dann gleich zuzubereiten und zu verspeisen.

Japanische Garnele
(Macrobrachium nipponense, früher Palaemon nipponensis), engl. oriental river prawn, franz. bouquet nippon, jap. tenaga-ebi
Die mittelgroße Garnelenart von etwa 7 cm Länge fällt durch einen ausgeprägten Rückenhöcker und einen starken Nasendorn auf. Sie lebt in Brack- und Süßwasser im Gebiet der japanischen Inseln, in Nordchina, Taiwan und Vietnam. Versuche mit Aquakulturen werden in Japan durchgeführt.

Rosenberg-Garnele
(Macrobrachium rosenbergii), engl. Rosenberg prawn, giant river prawn, franz. bouquet géant, malaiisch udang galah
Diese große, im indopazifischen Raum beheimatete Garnele ist eine der bekanntesten in Südostasien. Mit ihren unverhältnismäßig dünnen, langgestreckten Scheren erinnert sie an den europäischen Kaisergranat *(Nephrops norvegicus)*. Allerdings sind die Scheren bei der Rosenberg-Garnele dunkel gefärbt und werden vor der Vermarktung abgetrennt. Die wohlschmeckenden Schwänze haben eine Länge von etwa 10 cm; sie werden in Europa zum Teil unter der nicht zulässigen Bezeichnung »Hummerkrabben« verkauft. Das Fleisch sollte — und das gilt für alle Süßwassergarnelen — niemals roh gegessen werden, da es Zwischenträger für Lungenegel ist.
Seit ' längerem werden die Rosenberg-Garnelen in Singapur, neuerdings auch in Israel, in Aquakulturen gezüchtet. In Israel werden sie unter dem Namen »Rosenberg Shrimps« gehandelt.

SÜSSWASSERGARNELEN
(Atyidae)

Süßwassergarnele *(Atya scabra), engl. Camacuto shrimp, franz. saltarelle Camacuto, cacador (Guadeloupe), port. conca, camarão de Pedra*
Mit etwa 7 cm Länge die größte Garnelenart aus der Familie der *Atyidae*, die sowohl in der Karibik (Guadeloupe und Antillen) als auch in Gewässern des tropischen Festlands von Amerika und Mexiko bis Brasilien zu finden ist. Wegen ihres Wohlgeschmacks wird sie sehr geschätzt. Ein Schwerpunkt der lokalen Nutzung liegt in Nordbrasilien.

SANDGARNELEN
(Crangonidae)

Für Deutschland spielt die Familie der Sandgarnelen eine bedeutende Rolle, denn zu ihr gehört auch die wirtschaftlich wichtige Nordseegarnele. Die Gattung *Crangon* ist mit etwa 30 Arten schwerpunktmäßig in den nördlichen kalten und kaltgemäßigten Gewässern verbreitet, sowohl im Nordatlantik als auch im Nordpazifik. Außer den beiden nachstehend genannten werden zur Zeit kaum andere *Crangon*-Arten ausgebeutet, was vermutlich damit zusammenhängt, daß sie sehr klein sind. Das könnte sich in Zukunft jedoch ändern, wenn nämlich die Bestände an anderen Garnelenarten durch Überfischung zurückgehen.

Nordseegarnele, Deutsche Nordseekrabbe, Granat
(Crangon crangon, früher Crangon vulgaris), engl. gray oder brown shrimp, sandy shrimp, common shrimp, franz. crevette grise, holl. gewone garnaal, ital. gambero della sabbia, port. camarão

Als Freshwater Prawn ist die Rosenberg-Garnele auf dem Markt bekannt. Die etwa 20 cm langen Garnelen mit den dünnen Scheren aus dem indopazifischen Raum sind von größter Wichtigkeit für den asiatischen Markt. Tiefgefroren (meist nur die Schwanzteile) werden sie aber auch in steigendem Maße exportiert. Die wohlschmeckenden und besonders fleischigen Garnelenschwänze werden oft auch unter der falschen Bezeichnung »Hummerkrabben« verkauft. Rosenberg-Garnelen werden schon seit Jahren erfolgreich in Aquakulturen gezüchtet.

Die im Durchschnitt 5 bis 7 cm langen Tiere haben einen durchsichtig grauen Körper und besitzen an ihrem kurzen, leicht eindrückbaren Brustpanzer — im Gegensatz zur Tiefseegarnele — nur ein kurzes, flaches Stirnhorn.

Von anderen Garnelen unterscheiden sie sich sofort durch ihr erstes, stark entwickeltes Scherenpaar. Die Schere ist nicht wie eine Pinzette geformt, sondern gleichsam mit einem kleinen Schlageisen ausgerüstet. Diese Garnelen leben sowohl im etwa 20 km breiten Küstenmeer als auch im Tiefwasser, vom Weißen Meer, dem Ostatlantik, der Nord- und Ostsee bis zum Mittelmeer und dem Schwarzen Meer.

Die beliebte Nordseegarnele ist ein Tier des Wattenmeeres, ein typischer Weichbodenbewohner. Fälschlicherweise wird sie auch Nordseekrabbe genannt. Krabben sind jedoch Kurzschwanzkrebse, die Nordseegarnele aber gehört zu den Langschwanzkrebsen. Allerdings ist der falsche Name bereits überall verbreitet und wird offiziell verwendet, so daß die Nordseegarnele auch hier mit ihrer üblichen Bezeichnung »Nordseekrabbe« genannt sein soll. Da die Nordseekrabbe im Wattenmeer lebt, ist sie den ständig wechselnden Temperaturen und dem verschieden starken Salzgehalt des Wassers ausgesetzt. Diesen Schwierigkeiten ist sie jedoch sehr gut angepaßt. Bei Ebbe läßt sie sich durch die Priele seewärts ziehen, bei Flut kehrt sie mit dem Wasser wieder aufs Watt zurück. Während des Tages gräbt sie sich gern in Sand und Schlick ein. Dabei schauen nur noch die Augen und die Antennengeißeln heraus. Nachts nimmt die Nordseekrabbe eine dunklere Schutzfarbe an und sucht sich Nahrung wie Kleinkrebse, Würmer, Schnecken, Muscheln, Algen und sonstige pflanzliche Teile. Wenn sie nicht vorzeitig gefangen wird, kann sie etwa drei Jahre alt werden. Da die Weibchen zweimal im Jahr Tausende von Eiern legen, ist auch für Nachwuchs bestens gesorgt.

Der kommerzielle Fang der in der Nordsee in riesigen Mengen vorkommenden Garnele erfolgt mit Kuttern, die jeweils mit zwei großen Netzen, den sogenannten »Baumkurren«, ausgerüstet sind. Die Hauptfangzeit liegt im Sommer und Herbst. Ab 5 cm Länge gelten die Garnelen als »Speisekrabben«. In einer mit klein- und großmaschigen Sieben versehenen Rüttelmaschine wird der gesamte Fang an Bord sortiert: Der Beifang bleibt im obersten Sieb und wird gleich zurück ins Meer geleitet, im zweiten Sieb bleiben die Speisegarnelen hängen, ganz unten landen die weniger als 5 cm langen Garnelen, die zu Tierfutter und Düngemehl weiterverarbeitet werden. Die Garnelen werden übrigens immer sofort an Bord gekocht.

Amerikanische Sandgarnele *(Crangon franciscorum), engl. California shrimp, franz. crevette californienne*
Kleine, der Deutschen Nordseegarnele verwandte Garnelenart im nördlichen Pazifik. Speziell an der Küste zwischen San Francisco und Vancouver gefischt, ist sie insbesondere auf den Fischmärkten um San Francisco die kommerziell wichtigste Garnele.

Die Nordseekrabbe — eine Garnele, die ganz offiziell einen falschen Namen tragen darf. Diese Sandgarnele gehört nämlich zu den Langschwanzkrebsen und nicht zu den Krabben, die wiederum Kurzschwanzkrebse sind.

PANZERKREBSE/ RITTERKREBSE (KRIECHENDE KREBSE)
(Reptantia)

Die Unterordnung der *Reptantia* kann, wie schon erwähnt, in drei Gruppen unterteilt werden: die Langschwänzigen Bodenkrebse, zu denen die scherenlosen Langusten und die ihnen nahestehenden Bärenkrebse sowie Hummer und Flußkrebse zählen; die Mittelkrebse *(Anomura)*, zu denen Furchenkrebse, Einsiedlerkrebse und die wirtschaftlich bedeutenden Steinkrabben gehören, und die am höchsten entwickelten Krebse, die Kurzschwanzkrebse oder Echten Krabben *(Brachyura)*.

Langschwänzige Bodenkrebse

LANGUSTEN *(Palinuridae)*

In der Familie Palinuridae sollen unter den bekannten Gattungen nur drei Erwähnung finden, die in ihrer äußeren Form auf den ersten Blick sehr ähnlich sind, doch folgende Unterscheidungsmerkmale aufweisen:
Bei *Palinurus* tritt der stark entwickelte Frontalstachel hervor und das zu einem kleinen Stachel reduzierte Stirnhorn (Rostrum). Bei *Panulirus* dagegen ist das Stirnhorn nicht einmal mehr als Dorn erhalten, sondern der Brustpanzer (Carapax) ist vorn im Mit-

Hummer und Langusten — Symbole des Luxus. Die steigende Nachfrage nach diesen Renommier-Krustentieren hat sie weltweit knapp werden lassen, mit dem Ergebnis kontinuierlich steigender Preise. Teilweise strenge Schutzmaßnahmen in den Erzeugerländern und recht optimistisch stimmende Zuchtversuche könnten für die Zukunft einen ausreichenden Bestand sichern.

telteil durch einen einfachen scharfen Rand begrenzt. Dagegen zeichnet sich die Gattung *Jasus* durch eine nach vorn gerichtete dreieckige Spitze aus. An beiden Seiten des Rostrums befinden sich zwei große, sogenannte Frontalstacheln, die durch ihre hohle Unterseite den Augenstielen Schutz gewähren, während bei den Arten der Gattungen *Palinurus* und *Panulirus* die Augenstiele frei beweglich unter den Frontalhörnern liegen.

Für den Normalverbraucher sieht die Languste wie ein Hummer aus, der seine Scheren verloren hat. Doch trotz der fehlenden Scheren ist die Languste nicht mehr gefährdet als andere Tiere. Um Feinde abzuschrecken, kann sie zum Beispiel mit ihren Antennengelenken ein knarrendes Geräusch erzeugen. Man hat allerdings auch herausbekommen, daß verliebte Langusten sich ebenfalls gegenseitig »anknarren«.

Als Scherenersatz hat die Languste für die Nahrungssuche und -aufnahme eine Art »Muschelöffner«, der einer Messerklinge ähnlich sieht. Mit Hilfe dieses Instruments löst die Languste Muscheln von Felsen oder anderen Untergründen und bricht sie damit auf.

Die Langusten leben an allen felsigen Küsten der gemäßigten, subtropischen und tropischen Meere mit mittleren Temperaturen, im Sommer meist in 30 bis 100 m Tiefe, im Winter noch darunter. Sie suchen ihre Nahrung (Schnecken, Muscheln, andere kleine lebende oder tote Tiere) meist nachts. Tagsüber verstecken sie sich in Felsspalten, sehr gern auch in Korallenriffen. Dabei lassen sie nur ihre sehr dünnen Antennen im Wasser spielen, um die unmittelbare Umgebung unter Kontrolle zu halten.

Zur Paarungszeit ziehen die Tiere in flacheres Wasser. Unmittelbar vor der Paarung häuten sich die Weibchen. Die Eiablage erfolgt nur in jedem zweiten Jahr. Die orange- bis korallenroten Eier werden unter dem Hinterleib getragen. Zum Ablaichen werden stille Buchten aufgesucht, damit sich die Brut in Ruhe entwickeln kann.

Da sich die Langusten tagsüber an schwer zugänglichen Plätzen aufhalten, sind die Fangmethoden sehr individuell und unterschiedlich. Teilweise werden sie von Tauchern gefangen (vor allem in tropischen Gewässern), meist aber mit beköderten Körben. Fangzeit ist von April bis Ende September. Langusten- und Hummerfang sowie deren Hälterung, Verpackung und Versand laufen oft, wie zum Beispiel in Irland und den USA, parallel.

Eine absolut sichere Methode, die Vitalität einer Languste vor dem Kauf zu testen, ist, die über den Augen liegenden Stirnhörner zu berühren. Eine frische, lebendige Languste reagiert sofort mit Zappeln.

Portugiesische oder Mauretanische Languste

(Palinurus mauretanicus), engl. spiny lobster, franz. langouste rose, auch langouste du Portugal, port. lagosta

Diese Languste mit einer Länge bis zu 75 cm und einem Gewicht von 5 bis 6 kg zeichnet sich durch eine zarte ziegelrosa Färbung ohne Flecken auf dem stacheligen Panzer aus. Auffallend sind die Antennen mit sich klar abgrenzenden rosa und weißen Ringen. An den Seiten der Schwanzglieder befinden sich unregelmäßige, kleine helle Punkte. Das Verbreitungsgebiet überschneidet sich mit dem der Europäischen Languste an der portugiesischen und nordafrikanischen Atlantikküste sowie im Mittelmeer und erstreckt sich bis etwa zum Mündungsgebiet des Kongo. Dabei bevorzugen die Tiere felsigen Grund und halten sich in größeren Tiefen auf (um 100 m) als die Europäische Languste.

Europäische Languste, auch Stachelhummer

(Palinurus elephas, früher P. vulgaris), engl. thorny oder spiny lobster, franz. langouste rouge, auch langouste bretonne,

Frische Langusten kann man, zumindest oberflächlich, nach Augenschein beurteilen. Der Schwanz sollte immer nach innen eingerollt sein. Hebt man die Languste hoch, muß sie kräftig mit dem Schwanz schlagen. Ist dabei gar ein knarrendes Geräusch zu hören, dann ist sie topfrisch! — Für den Versand werden die Langusten in feuchte Holzwolle gebettet. Feinschmecker legen allerdings Wert darauf, daß sie vorher noch in Papier eingeschlagen werden, damit der Holzgeruch den feinen Geschmack des Fleisches nicht beeinträchtigt.

Die Mauretanische Languste wird bei uns auch als Afrikanische oder Rote Languste gehandelt. Qualitativ steht sie, je nach Fanggebiet, der Europäischen Languste kaum nach. Auffallendes Unterscheidungsmerkmal: Ihr fehlen die weißen Punkte auf den Schwanzgliedern. Mit ihren 5 bis 6 kg Höchstgewicht zählt die Mauretanische oder Portugiesische Languste mit zu den größten ihrer Gattung. Das handelsübliche Gewicht für Langusten liegt jedoch zwischen 800 und 1500 g.

ital. aragosta oder »grillo di mare« (Venedig), port. lagosta vulgar, span. langosta
Von den anderen Langustenarten unterscheidet sich die Europäische Languste durch zwei Reihen weißer Flecke auf dem Schwanzteil, d. h., an beiden Seiten eines jeden Schwanzsegments befindet sich je ein weißer dreieckiger Fleck. Die Europäische Languste ist außerdem viel intensiver rot gefärbt und hat tiefrote Ringe an den Antennen. Sie kann bis zu 45 cm lang werden. Ihr Verbreitungsgebiet reicht von Schottland über Südengland entlang der französischen Atlantikküste bis zum Mittelmeer und sogar bis zur nordwestafrikanischen Atlantikküste. Sie bevorzugt flacheres Wasser als die Portugiesische Languste und hält sich in Tiefen zwischen 40 und 70 m auf.

Amerikanische Languste
(Panulirus argus), engl. Florida spiny lobster, franz. langouste brune
Diese amerikanische Langustenart, dominierend an der Atlantikküste von North Carolina bis Mexiko, ist entlang der gesamten Atlantikküste von den Bermudas und Bahamas über die Karibik (speziell Kuba) und Mittelamerika bis Rio de Janeiro zu finden. Im Äußeren und in der Farbe besteht Ähnlichkeit mit den europäischen und afrikanischen Arten, doch hat die Amerikanische Languste jeweils ein Paar großer weißer Flecken auf dem zweiten und sechsten Schwanzring. Die Körperlänge reicht bis zu 45 cm bei einem Gewicht von etwa 4 kg (11- bis 12jährig), die Antennenlänge beträgt bis 70 cm.
Eine Besonderheit dieser Art sind ihre jahreszeitlichen Wanderungen. Hunderte von Tieren legen auf dem Meeresboden Entfernungen von zum Teil über 100 km im Gänsemarsch zurück, um Gebiete mit besseren Ernährungsbedingungen zu suchen. So kann man in bislang langustenarmen Zonen überraschend große Fänge machen, zumal die Märsche dieser ausgesprochenen Nachttiere nur tagsüber stattfinden. Auf diesen Wanderungen werden von den Tieren auch bestimmte Laute erzeugt, eine Tatsache, die man erst vor wenigen Jahren entdeckt hat.
Die USA importieren Langusten aus Mexiko, Japan, Südafrika, Australien, Neuseeland und einigen karibischen Ländern. Die Ware, d. h. die Langustenschwänze, wird meist in Dosen oder tiefgefroren gehandelt. Vor allem in den USA werden Langusten als ein Teil des Handels und der Industrie mit Hummer angesehen.

Pazifische Languste
(Panulirus interruptus), engl. California spiny lobster, franz. langouste californienne, span. langosta roja
Dies ist eine an der nordamerikanischen Pazifikküste verbreitete Langustenart (vorwiegend in kalifornischen Gewässern und an der Westküste von Mexiko) mit geringen Abweichungen im Bau der Schwanzsegmente und der Kopfform gegenüber der vorgenannten Art. Sie ist oft erheblich länger als europäische und afrikanische Langusten.

Grüne Languste, Japanische Languste *(Panulirus versicolor), engl. painted rock lobster, franz. langouste verte, malaiisch karang, indon. udang barong*
Diese Langustenart unterscheidet sich von den bisher genannten durch wesentlich längere, dünn auslaufende Antennen und eine auffallende Färbung. Kräftiges Grün und Blau werden unterstrichen durch eine klare weiße Linie am hinteren Rand eines jeden Schwanzsegments und weiße Streifen entlang den Beinen. In der Größe stehen die Tiere den übrigen Arten nicht nach, bevorzugen jedoch seichteres Wasser in Tiefen zwischen 5 und 30 m. Ihr Verbreitungsgebiet liegt an der ostafrikanischen Küste, an der Nordküste Australiens und im warmen pazifischen Raum.

Australische Languste
(Panulirus cygnus), engl. western rock lobster, auch crayfish, franz. langouste australienne
Eine vorwiegend an der Westküste Australiens verbreitete Langustenart mit stärkerer rötlicher Färbung in üblicher Form und Größe. Kleine Unterschiede gibt es nur in Kopf- und Schwanzgestaltung. Die Langusten können bis zu 4,5 kg schwer werden, gefangen werden sie jedoch meist schon mit 0,5 kg Gewicht.

Eier tragende Langusten dürften eigentlich gar nicht auf den Markt kommen. Ist dennoch ab und zu ein solches Exemplar dabei, freut sich der Koch: Die Langusten-Eier sind eine hervorragende Substanz für feine Saucen. Über die unterschiedliche Fleischqualität von männlichen und weiblichen Langusten läßt sich streiten. Die weiblichen Langusten haben große, plattenförmige Hinterleibsbeine, unter denen sie die Eier tragen, bei den Männchen sind sie schmal.

An der irischen Westküste werden die besten Europäischen Langusten gefangen. Eine Küstenregion, die sowohl Hummer als auch Langusten in ausgezeichneter Qualität liefert. Exemplare von 6 bis 8 Pfund sind zwar nicht alltäglich (Bild rechts), aber auch keine Seltenheit. Typisch für die Europäische Languste: die hellen Flecken links und rechts auf den Gliedern des Schwanzes.

Langusten

sind eine internationale Delikatesse. Es gibt sie in allen Weltmeeren, wenngleich in unterschiedlichen Größen und Farben. Doch überall sind sie wegen ihres hervorragenden Geschmacks hochgeschätzt und begehrt, was wiederum zur Folge hat, daß ihre Bestände weltweit stark gefährdet sind. Moderne Zuchtversuche lassen jedoch hoffen, daß es die delikaten Krebstiere auch weiterhin geben wird.

Die Amerikanische Languste unterscheidet sich von der Europäischen nur unwesentlich: Die typischen weißen Flecken sind bei ihr nur an den Seiten des zweiten und sechsten Schwanzglieds zu finden. Nach Europa werden meist nur die Schwänze (Lobstertails) tiefgefroren exportiert, vornehmlich aus Kuba.

Ornatlanguste *(Panulirus ornatus), engl. ornate rock lobster, franz. langouste ornée*
Eine im gesamten Indopazifik verbreitete Langustenart mit grüner Grundfärbung, bei der die beiden hinteren Beinpaare sowie die Schwanzglieder mit weißen Linien abgesetzt sind. Der Panzer ist wesentlich ungleichmäßiger als bei anderen Langusten, und die weißen Antennen sind im ersten Drittel wulstförmig ausgebildet. Diese Languste bevorzugt steinig-felsigen Boden in Tiefen unter 50 m.

Kaplanguste, Afrikanische Languste, auch Rote Languste *(Jasus lalandii), engl. rock lobster, auch Cape crayfish, franz. langouste du Cap*
Die an der gesamten südafrikanischen Küste, vorwiegend jedoch an der Westküste Südafrikas vorkommende Langustenart ist die für Südafrika wirtschaftlich wichtigste. Die jährliche Fangquote beträgt 6500 t, wovon 90% exportiert werden. Die Kaplangusten werden im Handel vorwiegend frisch angeboten, was durch »Hälterung« (Lagerung in Lattenkisten auf dem Meeresboden) kein Problem ist, doch werden sie auch zu Konserven verarbeitet.
Wie die meisten anderen Arten lebt der »Rock Lobster« auf felsigem Boden. Da die Kaplanguste nur sehr langsam wächst — ihre maximale Länge von etwa 40 cm erreicht sie erst nach 30 bis 40 Jahren — und so ihre Bestände leicht gefährdet sind, gibt es seit einigen Jahren für den Fang strenge Vorschriften: Sie darf nur in den Monaten November bis Juni gefangen werden, und dann nur, wenn der Panzer (Carapax) mindestens 89 mm lang ist. Diese Länge erreicht die Languste erst nach ungefähr neun Jahren. Erst bei einer Carapax-Länge von 70 mm bei den männlichen und 80 mm bei den weiblichen Tieren sind die Langusten geschlechtsreif. Die vorgeschriebene Mindestlänge von 89 mm garantiert also, daß sie sich, bevor sie gefangen werden, noch vermehren können.
Etwas kleiner kommt die Kaplanguste auch an der Küste von Südwestafrika vor. In der Lüderitzbucht im heutigen Namibia werden die Tiere von Eingeborenen und dort Ansässigen mit einem Trick gefangen, der die Rivalität der Tiere untereinander ausnützt: An einem größeren Draht- oder Plastikring werden für Langusten begehrte Muscheln als Köder angebracht. Das Ganze wird an entsprechend felsigen Stellen oder vom Boot aus ins Wasser gehängt. Kommt eine Languste, so wartet man noch ab. Erst wenn zwei oder besser drei Tiere sich an dem Köder gütlich tun, wird der Reif mitsamt den Langusten nach oben gezogen. Aus Rivalitätsgründen und Futterneid läßt dabei keine der Langusten los. Eine einzelne zieht sich jedoch meist in der Schreckreaktion zurück.

Painted Rock Lobster heißt diese farbenprächtige Languste. In ihrer asiatischen Heimat ist sie jedoch mehr wegen des Wohlgeschmacks geschätzt. Auch gekocht sieht sie noch recht attraktiv aus.

Die schönsten Langusten (hier: *Panulirus polyphagus*) werden an tropischen Küsten gefangen. Die Fischer von Panyee Island, einem malerischen Pfahlbaudorf an der Westküste Thailands, fangen sie noch ohne Fallen oder Netze. In Asien sind Langusten für den einheimischen Markt von großer Bedeutung, sie erzielen auch relativ hohe Preise. In der Küche Südostasiens weiß man sie zu schätzen und hervorragend zu verarbeiten.

Ostaustralische Languste *(Jasus verreauxi), engl. eastern oder Sydney crayfish, auch rock lobster, franz. langouste tasmane*
Diese der Welt größte Languste (sie kann über 7,5 kg wiegen!) ähnelt der Kaplanguste. Sie kommt an der warmgemäßigten Südküste Australiens und Neuseelands vor.

BÄRENKREBSE *(Scyllaridae)*

Die Bärenkrebse, eine Familie mit etwa 50 verschiedenen Arten, haben alle einen ziemlich flachen Körper. Der Panzer des Vorderkörpers ist verbreitert und hat scharf gezahnte Seitenränder. Die

Vorwiegend als »Lobster Tails« und meist tiefgefroren werden die Ostaustralischen Langusten der Gattung *Jasus* auf dem Weltmarkt gehandelt, exportiert von Neuseeland und Australien. Lebende Exemplare gelangen nur selten per Luftfracht bis zum europäischen Verbraucher.

fünf Beinpaare enden in Klauen. Im Gegensatz zu den Langusten mit ihren äußerst dünnen und langen Antennen sind diese beim Bärenkrebs zu breiten, kurzen Panzerwülsten mit vorderen und seitlichen Spitzen reduziert. Vermutlich dienen sie zur Abwehr von Feinden, werden aber auch als Grabschaufel bei der Nahrungssuche eingesetzt. Vom mittleren Nasenteil gehen zwei kurze, an der Spitze klauenförmig gespreizte Fühler aus. Die Augen liegen in Höhlen, die vom Stirnrand des Panzers gebildet werden.

Bärenkrebse leben vorwiegend in Küstennähe, auf felsigem Grund, vor allem gern unter überhängendem Gestein. Hier krallen sie sich kopfüber fest. Man findet sie aber auch auf Korallenriffen.

Im indopazifischen Raum kommen die Gattungen *Thenus, Parribacus* und *Ibacus* vor.

Großer Bärenkrebs

(Scyllarides latus), engl. slipper lobster, squat lobster oder scyllarian, franz. la grande cigale, cigale de mer, ital. cicala di mare, magnosa, port. lagosta da pedra

Der große Bärenkrebs hat einen rostroten Rücken und eine gelbe Bauchseite. Auffallend sind am ersten Schwanzsegment hinter dem Brustpanzer zwei leuchtend rote Flecke, die sich in Ringen an den Beinen fortsetzen. Die Tiere können eine Länge bis zu 45 cm bei einem Gewicht von etwa 2 kg erreichen. Das Verbreitungsgebiet erstreckt sich über das Mittelmeer und den warm-gemäßigten Ostatlantik. Weitgehend halten sie sich in der Strandzone der Küsten in bis zu 10 m Tiefe auf. Im allgemeinen werden Bärenkrebse seltener als andere große Krustentiere gefangen.

Eine Delikatesse für Kenner ist das Fleisch vom Großen Bärenkrebs. Er gelangt nur so nebenbei in die Netze der Fischer und wird vielleicht deshalb so gering geschätzt. Tatsächlich ist aber sein Schwanzfleisch von ganz besonders gutem Geschmack.

Kleiner Bärenkrebs

(Scyllarus arctus), engl. slipper lobster, squat lobster oder scyllarian, franz. la petite cigale, ital. cicala di mare, magnosella, span. cigala, cangrejo, port. lagosta da pedra

In seiner klobigen Form entspricht der kleine Bärenkrebs seinem großen Vetter. Die Rückenseite hat einen starken Braunton. Am mittleren vorderen Rand eines jeden Schwanzsegments befindet sich ein roter, in den Konturen etwas verlaufender Fleck. Je nach Bodenbeschaffenheit kann die Färbung wechseln. Als Lebensraum bevorzugen die Tiere einen felsigen Untergrund, grobe Sedimentböden in Tiefen von 5 bis 25 m. Die Länge der kleinen Bärenkrebse liegt zwischen 7 und 12 cm. Sie leben im Mittelmeer und im angrenzenden Ostatlantik. Diese Krebse sind zwar sehr beliebt, werden aber nur lokal genutzt. Bei der Zubereitung werden sie vorzugsweise längs gespalten und gegrillt.

HUMMER/HUMMERARTIGE

(Homaridae/Nephropsidae)

Der Hummer ähnelt in seiner äußeren Form den Edelkrebsen. In der Regel ist die rechte Schere dicker und stärker entwickelt, da sie vorwiegend dazu dient, Feinde oder Nahrung festzuhalten und zu knacken. Die andere ist schlanker und hat die Aufgabe, die Beute zu zerkleinern und zum Mund zu führen.

Man findet jedoch auch Hummer, bei denen sich die stärkere Knackschere auf der linken Seite befindet. Das sind entweder »Linkshänder« oder aber Tiere, die ganz jung den rechten Scherenfuß verloren haben, worauf der linke sich ersatzweise zur Knackschere ausbildete. Älteren Tieren wächst in einem solchen Fall nach der Häutung die Schere in der ursprünglichen Form nach.

Der Hummer bevorzugt kühlere Gewässer mit felsigem Untergrund. Je nach Bodenbeschaffenheit ist die Färbung der Tiere regional abweichend. Die Rückenfarbe reicht von kräftiger Blaumarmorierung über Grünblau bis Schwarzviolett. Seiten und Unterteile sind gelblich mit rötlichen Einsprenkelungen. Alte Hummer, speziell aus amerikanischen Gewässern, können Längen bis zu 70 cm bei einem Gewicht von mehr als 9 kg erreichen.

Das Wachstum des Hummers ist, wie bei allen Krebsen, von einer regelmäßigen Häutung begleitet, die bei jungen Tieren häufiger als bei älteren stattfindet (im ersten Lebensjahr neunmal, im dritten nur noch viermal, ausgewachsen alle zwei Jahre). Sobald die gefräßigen Tiere mehr Fleisch angesetzt haben, bildet sich unter ihrem Panzer eine Art Lederhaut, während

Der asiatische Bärenkrebs *Thenus*, in Australien Moreton Bay Bug genannt, ist regional sehr beliebt, aber überhaupt nicht »marktfähig«; er wird nur selten angeboten. Was sicher damit zusammenhängt, daß der Schwanz, in dem das verwertbare, übrigens sehr schmackhafte Fleisch sitzt, gemessen an der Körpergröße sehr klein ist.

Homarus americanus und Homarus gammarus unterscheiden sich — zoologisch gesehen — nur in kleinen Details. Bei den auf dem Markt angebotenen Exemplaren allerdings sind meist deutliche Unterschiede auszumachen, die jedoch alters- bzw. größenabhängig sind: Der Amerikanische Hummer (hier rechts im Bild) hat meist größere Scheren mit höherem Fleischanteil, und auch seine gepanzerten Schwanzglieder erscheinen oft breiter als beim Europäischen.

das zunehmende Körpervolumen die harte Schale sprengt. Innerhalb einer halben Stunde wölbt sich dabei der Rücken auf, spaltet sich, und das Tier schlüpft aus seiner Umhüllung. Nach dem Verlust seines natürlichen Schutzes zieht sich der nun stark gefährdete Hummer in eine Höhle zurück. Im Zeitraum von etwa drei Wochen strafft und verfestigt sich die Haut zu einem neuen, maßgeschneiderten Panzer.

Der Hummer ist ein vorsichtiges Tier, das sich tagsüber in Höhlen und unter Steinen versteckt und nur nachts auf Beutezüge geht. Er lebt im Sommer in Küstennähe, im Winter in Tiefen bis über 50 m. Da die Tiere sehr langsam wachsen, werden sie auch erst mit etwa sechs Jahren geschlechtsreif. Die Männchen sind dann etwa 18 cm groß, die Weibchen etwas größer. Das Gewicht schwankt um 350 g. Zum Schutz gegen Überfischung gibt es in den meisten Ländern Schonvorschriften, nach denen Tiere unter 21 cm Länge nicht gefangen werden dürfen. Sind sie ins Netz oder in den Fangkorb gegangen, müssen sie wieder ausgesetzt werden.

Hummerweibchen laichen nur alle zwei Jahre ab, tragen dann allerdings eine ungeheure Anzahl von Eiern, zum Teil bis zu 100000, unter ihrem Schwanzteil. Sind die Larven ausgeschlüpft, dauert es noch zwei bis drei Wochen, bis sich die kleinen Krebse entwickelt haben. Bei Tieren in kälteren Gewässern zieht sich diese Entwicklung wesentlich länger hin.

Am vollfleischigsten sind Hummer kurz vor ihrem Panzerwechsel und zwei bis drei Monate danach. Die Scheren der männlichen Tiere werden besonders geschätzt, da sie mehr Fleisch enthalten als die von weiblichen Hummern. Dagegen ist der Hinterleib der weiblichen Tiere etwas breiter (und fleischiger) als der der männlichen Tiere. In vielen Gegenden gilt der weibliche Schwanzteil als die größere Delikatesse. Zum Fang werden Hummerkörbe mit Ködern ins Wasser gelegt. Diese Körbe sind bauchig und werden zur Öffnung hin schmal, so daß die Hummer zwar hineinkönnen, aber nicht wieder hinaus. Andernorts werden Hummer mit Grundschleppnetzen gefangen.

Da Hummer zu einem großen Teil lebend verkauft werden, müssen sie nach dem Fang auch entsprechend gelagert und transportiert werden. Dabei ist größte Sorgfalt vonnöten. Die Lagerung, ob in Europa, in den USA oder in Kanada, ist überall gleich oder ähnlich. Unterschiedlich sind meist nur die Größen der Behältnisse. Den gefangenen Tieren werden zuerst die Scheren zusammengebunden, damit sie sich nicht gegenseitig verletzen. Dann lagert man sie in Lattenkisten aus Holz oder Plastik, die an der Küste im Meerwasser liegen. So kann das Wasser ständig durch die Behälter fließen, und die Tiere haben auf diese Weise stets frisches Meerwasser. Die Kisten oder Boxen der Fischer in Europa fassen dabei nur einige Tiere oder wenige Dutzend, die Tanks der Händler in den USA oder in Kanada bis zu 4000 Hummer.

Der Transport der lebenden Hummer geht in Kisten, stabilen Schachteln oder Plastikbehältern vor sich, die jeweils entsprechende Öffnungen für ausreichende Luftzufuhr haben. Die Behälter werden mit Stroh oder Holzwolle gepolstert, manchmal wird auch Sägemehl verwendet. Für den Versand in sehr warme Klimagebiete wird unter die Stroh- oder Holzwolleschicht noch Eis gelegt. Bei größeren bis sehr großen Entfernungen wird der Versand mit dem Flugzeug vorgenommen. Werden die Hummer in großen geschlossenen Kanistern verschickt, so enthalten diese Behälter chemisch präpariertes Wasser, das im Verlauf der Zeit Sauerstoff abgibt. Derartig versorgt, können Hummer sogar von Kanada nach Australien geschickt werden.

Europäischer Hummer

(Homarus gammarus, früher H. vulgaris), engl. European lobster,

franz. homard européen, ital. astice, lupo di mare, elefante di mare, span. bogavante, lubrigante, port. lavagante, holl. zeekreeft, norw./schwed./dän. hummer

Das Verbreitungsgebiet dieses Hummers, des größten Krebses der europäischen Meere (er kann 60 cm lang werden und ein Gewicht von 5 bis 6 kg erreichen), reicht von der norwegischen, schwedischen und dänischen Küste bis nach Frankreich. Die meisten Europäischen Hummer werden rund um Großbritannien gefischt. Auch die Gewässer um die Iberische Halbinsel und das Mittelmeer gehören zum Lebensraum des Hummers. In nördlichen Gewässern liegt die Existenzgrenze bei einer Wassertemperatur von 5°C.

Das Fleisch dieser Krustentiere ist seit alters her sehr beliebt. Da die Nachfrage in den letzten Jahrzehnten ständig zugenommen hat und traditionelle Fanggebiete, wie zum Beispiel rund um Helgoland, fast ausgefischt sind, deckt der Europäische Hummer heute kaum noch 50% des Bedarfs. Das jährliche Fangergebnis liegt nur zwischen 3000 und 4000 t. Die europäischen Länder importieren daher Hummer aus den USA und Kanada, Frankreich importiert zusätzlich aus England, da es einen größeren Bedarf hat.

Amerikanischer Hummer

(Homarus americanus)
engl. northern lobster, franz. homard américain

Dieser Hummer, verbreitet an der Ostküste der USA und Kanadas, von Labrador bis North Carolina, unterscheidet sich nur wenig vom Europäischen Hummer. Er ist etwas größer als dieser, seine Farbe variiert von grünlich-blau zu rötlich-braun, der Panzer ist grünschwarz gesprenkelt.

Wirtschaftlich gesehen, hat der Amerikanische Hummer eine wesentlich größere Bedeutung als der Europäische, da nicht nur ein erheblicher Bedarf Europas von den USA und Kanada gedeckt wird, sondern auch der nordamerikanische Kontinent selbst einen großen Absatzmarkt hat. Jährlich werden, vorwiegend um Neufundland und an der Küste von Maine, etwa 40000 t Hummer gefangen. Der Staat Maine ist berühmt für seine Hummerwirtschaft. Von hier aus werden die Metropolen dieses Kontinents versorgt, wobei New York die größte Tonnage benötigt. Um eine gleichmäßige Belieferung zu garantieren, gibt es auch an der kanadischen Küste, speziell bei St. Andrews, große Anlagen, in denen regelmäßig mehrere hundert Tonnen lebende Hummer in frischem Salzwasser gehältert werden.

Hummerweibchen schmecken besser! Das meinen jedenfalls Feinschmecker, die die »Corail« genannten, tiefroten Eierstöcke als besondere Delikatesse schätzen. Von oben gesehen, kann man Männchen und Weibchen nur schwer auseinanderhalten. Weibchen haben einen etwas breiteren Schwanzteil, was allerdings nur zu erkennen ist, wenn man ein männliches Vergleichs-Exemplar zur Hand hat.

Männchen oder Weibchen? Man muß schon genau hinschauen, will man das feststellen. Beim Männchen ist das erste Hinterleibs-Beinpaar zu kleinen, spitzen Ruten umgebildet, die als Begattungsorgane dienen. Bei dem Hummer links im Bild sind sie, nach vorn unter die Brust geklappt, deutlich zu erkennen. Beim Weibchen (rechts) ist dieses Beinpaar ebenfalls zu sehen, wirkt dort nur viel kleiner. Die anderen, platten Hinterleibsbeine dienen zum Tragen der Eier.

Trotz der riesigen amerikanischen Anlagen ist das Geschäft mit dem Hummer in Kanada noch größer. Die kanadische Hummerwirtschaft gilt als die größte der Welt. Der Hummer spielt hier in der gesamten Fischwirtschaft eine bevorzugte Rolle. Der Handel mit lebenden Hummern ist nicht nur äußerst lukrativ, sondern auch noch weiter ausbaufähig. Wesentlich einfacher und preisgünstiger ist es allerdings, gekochten oder tiefgefrorenen Hummer zu verschicken. Fast zwei Drittel des kanadischen Hummers werden, lebend oder gekocht, in die USA, nach Frankreich und nach Belgien verkauft. In Kanada selbst gibt es einen blühenden Markt für ausgewähltes Hummerfleisch, entweder gefroren oder anderweitig konserviert. Dafür wird nur das beste Fleisch verwendet. In manchen Gegenden gibt es Hummerfleisch in zwei Qualitätsstufen: 100 Prozent Hummer oder 50 Prozent Hummer und 50 Prozent hervorragender Fisch. Ist der Fischanteil größer als 50 Prozent, darf der Name »Hummer« im Verkauf nicht mehr verwendet werden.

Bei einer derart großen Industrie und einem so riesigen Handelsaufkommen mit nur einer Krebsart ist es nicht verwunderlich, daß große Gebiete an den Küsten der USA und von Kanada überfischt sind. Um dieser Tatsache entgegenzuwirken, werden mit Hilfe von ausgefeilten Techniken größte Anstrengungen unternommen, Hummer künstlich aufzuziehen. Ob sich diese Bemühungen eines Tages für den Handel auswirken, bleibt bei dem relativ langsamen Wachstum des Hummers abzuwarten.

Der Stärkste auf dem Markt: Homarus americanus

Wenn man bei uns in Europa in ein gutes Restaurant geht, um Hummer zu essen, dann stehen die Chancen so etwa 50:50, daß das servierte Krustentier von der nordamerikanischen Atlantikküste eingeflogen wurde. Sein europäischer Verwandter, *Homarus gammarus*, schafft es nämlich schon lange nicht mehr, den Bedarf bei uns allein zu decken. So gibt es unterdessen eine stark frequentierte Luftbrücke über den Nordatlantik, über die die amerikanischen Vettern zu uns gelangen, um die Lücke aufzufüllen.

Der Amerikanische Hummer ist der weitaus stärkste auf dem Markt. Zwar wurden unterdessen ziemlich strenge Schutzvorschriften notwendig, um seine Bestände nicht zu gefährden, doch kommt er noch immer reichlich vor. Am reichlichsten in kanadischen Gewässern, vor Neufundland und Labrador, was dazu führte, daß es heute in Kanada die größte Hummer-Industrie der Welt gibt. Sogar die USA, der größte Hummer-Verbraucher, werden von dort beliefert, obwohl die eigenen Aufkommen nicht minder beachtlich sind. Maine, der nördlichste der Neuengland-Staaten an der amerikanischen Atlantikküste, wurde durch den American Lobster berühmt. Bereits 1840 begann man ihn dort kommerziell zu fangen. Zu dieser Zeit konnte er, wegen fehlender Kühlmöglichkeiten, zunächst nur frisch an Ort und Stelle vermarktet werden. Doch bereits 1854 war man in der Lage, das Lobster-Fleisch zu Konserven zu verarbeiten und zu exportieren. Der Weg zum Ruhm war damit vorgezeichnet.

Heute ist der Maine Lobster nicht nur berühmt, er ist in Amerika auch ausgesprochen populär. Das liegt natürlich auch daran, daß er in großen Mengen gefangen wird und daher zu erschwinglichen Preisen angeboten werden kann. Dennoch ist der Hummer heute auch in Amerika das teuerste Krustentier. Bei uns wird der Preisunterschied zum eigenen Europäischen Hummer, der um einiges teurer ist als der Amerikanische, durch die recht hohen Lufttransportkosten wieder wettgemacht. Die umfangreichen Importe aus den USA und Kanada ändern also nichts daran, daß der Hummer bei uns eine nicht eben preiswerte Delikatesse ist.

Maine Lobster — die Herkunftsbezeichung ist gleichzeitig Gütesiegel für feinen Hummer in Nordamerika, obwohl keineswegs alle »Maine« Lobster tatsächlich aus diesem Staat kommen. Die Erträge in dieser Region sind beträchtlich zurückgegangen, weshalb von den Regierungen der USA und Kanadas strenge Schutzmaßnahmen getroffen wurden. In bestimmten Küstenabschnitten darf der Hummer nur während zwei Monaten im Jahr gefangen werden.

Die richtigen Körbe wiederzufinden ist für den Fischer kein großes Problem, denn die Bojen tragen alle sein ganz bestimmtes Farbsymbol. Er muß dieses Symbol aber auch weit sichtbar an seinem Kutter anbringen, damit kontrollierbar ist, daß er auch wirklich nur seine eigenen Körbe an Bord hievt.

Auf eine Mindestgröße wird streng geachtet, Teil der Schutzmaßnahmen im amerikanischen Bundesstaat Maine. 80 mm, gemessen von den Augen bis zum Ende des Brustpanzers, sind das Minimum, das ein gefangener Hummer aufzuweisen hat, sonst muß er zurück in sein nasses Element. Dieses Mindestmaß entspricht übrigens einem Gewicht von 500 bis 600 g; Hummer dieser Größe werden daher auch »Portions-Hummer« genannt.

Der Hummerfang ist Sache der kleinen selbständigen Fischer, die mit ihren Motorkuttern so zwischen 300 und 400 Hummerkörbe in den Küstengewässern versenken und diese Stellen mit Bojen markieren. Die Körbe werden in regelmäßigen Zeitabständen kontrolliert.

Nicht jeder Korb birgt einen Hummer oder zumindest einen ausreichend großen. Dafür des öfteren Seesterne, Seeigel oder auch mal eine Jonahkrabbe. Dieser »Beifang« wird aber meist wieder über Bord geworfen, sofern der Fischer ihn nicht für den privaten Bedarf mitnimmt.

Der Köder muß dem Hummer schmecken, und die Fischer kennen seine Vorlieben. Fischkarkassen werden dafür mit Bindfaden oder Draht im Korb befestigt. In einigen Gegenden verwendet man auch Stücke aus frischer Kuhhaut oder sogar Katzenfutter-Konserven; die mit Löchern versehenen Dosen geben recht haltbare Köder ab.

Ein Hummer ausreichender Größe war in der einen Kammer des Korbes (der »Stube«, wie die Fischer sagen), ein zweiter mußte, wegen zu geringer Größe, wieder zurück ins Meer. Die »Küche«, die zweite Kammer im Korb, wird unterdessen mit einem neuen Köder bestückt.

Holzkeile sollen die Scheren unbeweglich machen. Leider ist diese Methode in Amerika noch weit verbreitet. Die in die Gelenke gestoßenen Keile quälen die Tiere nicht nur, sie fördern auch bei längerer Hälterung die Entstehung von Entzündungen und Krankheiten.

Favorit der Gourmets: Der europäische Hummer

Daß der Hummer zum Feinsten gehört, was man auf den Tisch bringen kann, darüber waren sich Feinschmecker diesseits und jenseits des Atlantiks immer einig. An diesem unverwüstlichen Hummer-Image konnte höchstenfalls die Languste etwas kratzen.
Seit der *Homarus americanus*, dank der modernen Verkehrstechnik, auf dem europäischen Markt erschien, hat der Europäische Hummer Konkurrenz aus der eigenen Familie bekommen. Die europäischen Gourmets waren aufgerufen zu entscheiden, wer der bessere sei. Natürlich wurde dem heimischen Hummer der Vorzug gegeben, doch gegessen wird meist der amerikanische: Das europäische Angebot würde bei weitem nicht ausreichen, den Bedarf zu decken.
Viele der ehemaligen europäischen Hummerfanggebiete sind leergefischt. Wirklich potente Lieferanten sind eigentlich nur noch Irland, England, Schottland und auch, allerdings in abnehmendem Maße, Norwegen.

Besonders schöne Europäische Hummer kommen von der Westküste Irlands. Sie erzielen auf dem europäischen Markt Höchstpreise. Ben Hugman, Aufkäufer und Exporteur, fährt im Sommer wöchentlich die Fischerdörfer an der Connemara-Küste ab, um frischen Hummer einzukaufen. Wenn er kommt, wie hier in Letterfrack, ist das für die Fischer ein Festtag.

Europäischer Hummer ist also immer noch zu haben. Sogar das ganze Jahr über, wenngleich die Sommermonate »Hummersaison« sind. Obwohl zum Beispiel Irland keine zeitlichen Schutzmaßnahmen verordnet hat, der Hummer also theoretisch das ganze Jahr über gefangen werden kann, werden nur in den Sommermonaten überdurchschnittliche Fänge registriert. Die Großhändler hältern jedoch die Hummer in Seewasser-Bassins, um eine kontinuierliche Belieferung des Marktes zu ermöglichen. Tatsache ist aber auch, daß die Qualität der Hummer abnimmt, je länger sie in diesen Bassins gelagert werden. Weil Hummer in Gefangenschaft keine Nahrung aufnehmen, leben sie in dieser Zeit praktisch von der Substanz. Man kann deshalb davon ausgehen, daß man vor der neuen Fangsaison, also in den Frühjahrsmonaten, nicht gerade die beste Qualität erhalten wird.

Eier tragende Hummerweibchen dürfen grundsätzlich nicht gefangen werden. Trotzdem kommen immer wieder solche Exemplare, die Tausende von Eiern tragen, in den Handel; für die notwendige Nachzucht gehen sie so verloren. Die Fischer haben dafür eine einleuchtende Erklärung: Bei eingeklapptem Schwanz kann man die Eier nicht erkennen.

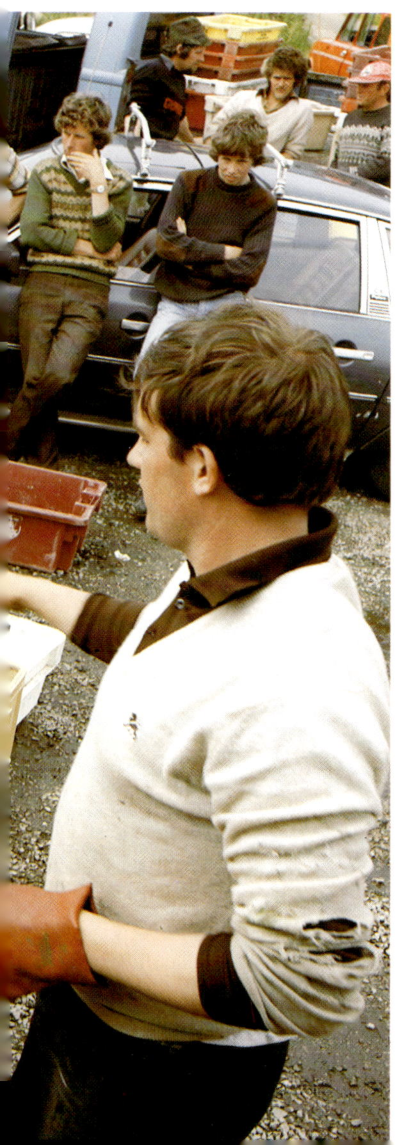

Die Scheren können gefährlich werden. Früher hat man am Gelenk den Muskel durchtrennt. Die Methode mit dem Gummiband ist zweifellos humaner. Mit sicherem Griff wird die Schere von hinten gepackt, die innere Hälfte mit einem Gummiband umschlossen, die Schere dann zusammengeklappt und ganz mit dem Gummiband umschlungen.

»German writing« nennen die irischen Fischer diesen originell geformten Bewuchs auf dem Hummerpanzer, offensichtlich in Anlehnung an die verschnörkelten Buchstaben der alten deutschen Frakturschrift. Es sind die Gehäuse von Dreikantwürmern, die bei diesem ausgewachsenen Exemplar, das sich schon lange nicht mehr gehäutet hat, genügend Zeit zum Wachsen hatten. Auch einige Seepocken, die kleinen runden Gebilde an Kopf und Schere, haben sich angesiedelt. Die Qualität des Hummerfleischs wird dadurch in keiner Weise beeinträchtigt.

Unter seinem italienischen Namen Scampo (Plural: Scampi) ist er auch bei uns weit besser bekannt als unter seinem deutschen Namen: der Kaisergranat oder Tiefseekrebs. Verwechselt wird dieser zur Hummerfamilie zählende delikate Krebs oft mit der Riesengarnele (siehe Seite 12), obwohl beide doch recht unterschiedlich aussehen.

Kaisergranat, Tiefseekrebs, Scampi, (im Handel nicht mehr zulässig: **Schlank-, Kaiser-, Trollhummer)** *(Nephrops norvegicus), engl. Danish oder Norway lobster, lobsterette, Dublin Bay prawn, franz. langoustine, scampi, schwed. havskräfta, holl. diepzee oder noorse kreeft, span. lagostino, maganto, port. lagostim, ital. scampo, scampolo*

Im Vergleich zum verwandten Hummer handelt es sich hier um ein Tier mit wesentlich schlankerem Körperbau, geringerer Gesamtlänge und auffallend dünnen Scheren. Die Greifklauen nehmen nur etwa das obere Drittel des vorderen Scherengliedes ein. Die Oberfläche der schmalen Scheren ist kantig und auf dem Kantengrat mit hellen, stacheligen Höckern besetzt, die auf beiden Innenseiten der Zangen ihre Fortsetzung finden. Der Kaisergranat verfügt über ein Paar langer Antennen, die eventuell über die Scherenspitze hinausragen können, sowie ein Paar gabelartig gespaltener kurzer Fühler. Der Panzer ist ziemlich glatt und, wie die Scheren, einheitlich hellachsrot. Die beiden vorderen Beinpaare enden in kleinen Scheren, während die hinteren Beinpaare in Klauen auslaufen. Die Scherenbeine weisen eine stärkere Rotfärbung auf. Im Gegensatz zu den dunkel gefärbten Krustentieren verändert der Kaisergranat beim Kochen kaum seine Farbe.

Da die Scheren kulinarisch ohne Bedeutung sind, gelangt meist nur der Schwanzteil in den Handel, nur ab und zu auch ganze frische oder gekochte Tiere. Vielfach wird der irreführende und nicht zulässige Name »Langustenschwänze« gebraucht. Eine Verwechslung mit Langusten oder Bärenkrebsen ist allerdings kaum möglich, da diese Krustazeen ein breiteres, stärker gepanzertes und dunkler gefärbtes bzw. gesprenkeltes Schwanzstück aufweisen und sich unter anderem durch ein charakteristisches Furchenmuster unterscheiden.

Mit dem Handelsnamen »Scampi« werden aber auch die Schwänze der Heuschreckenkrebse bezeichnet, die denen des Kaisergranats sehr ähnlich sind. Ihnen fehlt allerdings das charakteristische Furchenmuster.

Die Körperlänge des Kaisergranats ist nach Geschlecht unterschiedlich. Männchen können vom Stirndorn bis zur breitgefächerten Schwanzspitze bis zu 24 cm messen, Weibchen erreichen dagegen kaum mehr als 20 cm Länge. Im Durchschnitt sind die Tiere zwischen 12 cm und 14 cm lang.

Wie der lateinische Name bereits sagt, ist diese Art ursprünglich in Norwegen beschrieben worden. Man findet den Kaisergranat aber auch entlang der gesamten Atlantikküste vom Nordkap bis Marokko sowie im westlichen Mittelmeer und in der Adria. Das Schwergewicht der Fänge liegt zwischen Südnorwegen und England, zwischen Irland und der französischen Küste und in der Adria.

Die Tiere bevorzugen einen weichen, schlammigen Boden in Tiefen von etwa 50 bis 800 m. Wie der Hummer ist auch der Kaisergranat ein typisches Nachttier, das sich am Tag zum Schutz gegen Feinde im Schlamm in selbstgegrabenen Höhlen aufhält und bei Nacht auf Beute ausgeht. Die Geschlechtsreife tritt erst nach dem dritten bis fünften Lebensjahr bei einer Länge von 8 bis 10 cm ein. Die Weibchen laichen nur in jedem zweiten Jahr, wobei die Befruchtung erst nach der Eiablage erfolgt. Wie bei den meisten Krebstieren werden die Eier unter dem Schwanzteil klumpig zusammengehalten, bis die Larven nach etwa acht bis neun Monaten ausschlüpfen. Die ersten Häutungen erfolgen in kurzen Zeitabschnitten, wobei nach der dritten Häutung die Tiere etwa 11 mm Länge erreichen.

Zum Fang werden in erster Linie Schleppnetze benutzt. In nördlichen Gebieten ist es üblich, die Tiere sofort an Bord zu kochen und die Schwänze zu separieren. Die europäischen Fänge bringen jährlich etwa 15000 t, wobei rund die Hälfte von französischen Fischern aufgebracht wird.

Auch beim Kaisergranat trifft zu, was für viele Krebsarten gilt: Je kälter die Gewässer, in denen die Tiere leben, um so feiner und erlesener ist ihr Geschmack. Daher kommen die kulinarisch wertvollsten Tiere aus den Gebieten um Island, Schottland und Irland.

Flußkrebse haben heute das ganze Jahr über Saison. Durch Überfischung und Krankheiten wurden einzelne Arten zwar fast vollständig ausgerottet, doch werden sie inzwischen in verschiedenen Teilen der Welt mit großem Erfolg gezüchtet.

SÜSSWASSERKREBSE/ FLUSSKREBSE

Mehr als 300 Krebsarten gibt es auf der Welt, die nur in Süßwasser leben. 250 Arten und Unterarten davon sind in Nordamerika beheimatet. Allein im US-Staat Louisiana gibt es 29 Arten. Dagegen kommen Süßwasserkrebse in Afrika und in großen Teilen Asiens ursprünglich überhaupt nicht vor. Dort gibt es hauptsächlich Süßwasserkrabben.
Den größten Flußkrebs der Welt, der ein Gewicht von 6 kg erreichen kann, gibt es auf der australischen Insel Tasmanien, der kleinste (in Amerika) mißt nur knappe 3 cm.
Die wichtigsten Flußkrebs-Familien sind die *Astacidae*, die *Cambaridae* und die *Parastacidae*. Während die *Astacidae* und *Cambaridae* nur auf der nördlichen Hälfte der Erdkugel vorkommen, sind die *Parastaciden* in der südlichen Hemisphäre beheimatet. In Deutschland und in großen Teilen Europas kommen heute vorwiegend folgende Krebsarten vor: Edelkrebs *(Astacus astacus)*, Steinkrebs *(Austropotamobius torrentium)*, Galizier- oder Sumpfkrebs *(Astacus leptodactylus)*, Amerikanischer Fluß- oder Kamberkrebs *(Orconectes limosus)*, teilweise auch der Signalkrebs *(Pacifastacus leniusculus)*.
In den USA spielen die Flußkrebse eine bedeutende wirtschaftliche Rolle. Die wichtigsten Krebsarten dort sind: Signalkrebs *(Pacifastacus)*, Louisiana Flußkrebs *(Procambarus)*, Kamberkrebs *(Cambarus)* und *Cambarellus*. Sie leben meist in Teichen oder langsam fließenden Flüssen sowie in Sumpfgebieten. Steine und Wasserpflanzen dienen vielen als Verstecke, andere graben sich Höhlen, auch außerhalb des Wassers, in der Nähe von Flüssen und Teichen. Die Gänge führen bis zum Grundwasserspiegel und münden in eine mit Grundwasser gefüllte Kammer. In Nebengängen werden sogar Nahrungsvorräte aufbewahrt. Die Gänge werden mit den Scheren gegraben, die wie Gabeln in den Boden gestoßen werden. Die abgetragene Erde wird zum Höhlenausgang gebracht und mit Scheren festgedrückt. So entstehen um die Höhleneingänge typische »Schornsteine« aus getrocknetem Schlamm, die oft 30 cm hoch werden. In Trockenzeiten und im Winter verschließt der Krebs die Eingänge von innen. Ansonsten verläßt er nachts seinen Bau, um Nahrung zu suchen.
Die für die Wirtschaft der USA wichtigsten Arten, Signalkrebs und Louisiana Flußkrebs, werden allerdings vorwiegend in Krebszuchten gehalten. Louisiana »produziert« auf diese Weise allein 10 Millionen Pfund pro Jahr. Aber auch in Missouri, Texas, Mississippi, Alabama und Arkansas wird in zunehmendem Maße Krebszucht betrieben.
Fang und Transport werden je nach Kontinent etwas unterschiedlich gehandhabt, jedoch gibt es auch Methoden, die überall angewendet werden.
Vielerorts werden Flußkrebse mit sogenannten Krebstellern gefangen. Das sind runde Netze, die jeweils an einem Metall- oder Weidenring befestigt sind. In der Mitte ist ein Köder, meist aus Fisch oder Froschfleisch, befestigt. Die Teller werden auf den Grund des Gewässers gesetzt und mit einer Leine am Ufer gehalten. Wird ein Teller hochgezogen, richtet sich zuerst die Netzwand auf, so daß die am Köder sitzenden Krebse nicht mehr entfliehen können.
Außerdem werden Krebsreusen aus Drahtgeflecht oder Garn verwendet, doch auch aus Weide geflochtene Aalreusen eignen sich gut zum Krebsfang.
Der Transport lebender Krebse kann auf verschiedene Arten vorgenommen werden. Zwei der gebräuchlichsten Methoden seien hier erwähnt:
Plastikbeutel werden zu je 1/3 mit Krebsen, Sauerstoff und Wasser gefüllt und dann in abgepolsterte, stabile Schachteln gesetzt. Beim Transport mit dem Flugzeug dürfen die Beutel, wegen eventueller Luftdruckunterschiede, nicht zu prall mit Sauerstoff aufgefüllt sein.
Mehr noch werden die Krebse in Kisten oder Spankörben zu je 5 kg transportiert, und zwar schichtweise in angefeuchteter Papierwolle. Holzwolle eignet sich nicht so gut, da der Holzgeruch die Qualität des Krebsfleisches beeinträchtigt. Flußkrebse kommen etwa 48 Stunden ohne Wasser aus. An heißen Tagen werden mit Eis gefüllte Plastikbeutel unmittelbar vor dem Versand beigegeben.

FLUSSKREBSE der nördlichen Hemisphäre
(Astacidae/Cambaridae)

Edelkrebs, Solokrebs

(Astacus astacus), engl. freshwater crayfish, franz. écrevisse, ital. gambero di fiume, span. cangrejo de rio, holl. rivierkreeft

Die auf der Oberseite olivgrünen bis grauschwarzen oder bräunlichen Tiere, gelegentlich auch mit leicht bläulichem Schimmer, haben einen breiten, festen Brustpanzer und ein etwa gleichlanges Schwanzstück. Die an der Unterseite rötlich gefärbten Scheren sind kräftig ausgebildet und fast gleichmäßig in der Form. Die Fühler oder Antennen sind kürzer als der Körper, oft nicht länger als der Brustpanzer. Beim Männchen sind sie im allgemeinen länger als beim Weibchen. Die ersten beiden Schreitfüße (Pereiopoden) enden an der Spitze in kleinen Scheren, die beiden hinteren in Klauenform. Die Körperlänge des Männchens erreicht bis zu 15 cm bei etwa 140 g Gewicht, während das Weibchen höchstens 12 bis 13 cm bei 80 bis 100 g Gewicht mißt.

Edelkrebse waren früher in ganz Europa zu finden, von Westrußland über Südskandinavien und England bis zum Balkan. Die Tiere bevorzugen saubere, sauerstoffreiche, kalkhaltige, ruhig fließende Gewässer oder Seen mit nicht allzu schlammigem Boden; stark strömende und kalte Gewässer meiden sie. Sie verstecken sich nicht nur während der Häutungszeit (10 bis 14 Tage) vor Feinden, auch sonst suchen sie unterhalb des Wasserspiegels in Wurzelstöcken, unter Steinen und in Bodenlöchern Schutz. In lehmige, nicht zu harte Uferböschungen gräbt der Edelkrebs auch Höhlen. Dabei benutzt er den Schwanz als Schaufel. Solche Krebsröhren sind etwa 15 bis 20 cm lang und in der Breite dem Körper des Tieres angepaßt.

Erst bei einbrechender Dämmerung verläßt der Krebs sein Versteck und geht auf Fang aus. Er ernährt sich von verschiedenen Wassertieren wie Würmern, Insekten, kleinen Fischen und sonstigem Kleingetier. Ältere starke Männchen überfallen auch kleinere Weibchen oder Jungbrut und gerade in der Häutung befindliche Artgenossen. Aber auch Wasserpflanzen dienen als Nahrung.

Wie alle Krebsarten, betreibt auch der Edelkrebs Brutpflege. Bis zum Schlüpfen der Jungen werden die Eier unter dem Hinterleib getragen. Und die geschlüpften Jungtiere, deren Vorderkörper noch stark mit Dotter gefüllt ist, halten sich so lange am Hinterleib der Mutter fest, bis der Dottervorrat aufgezehrt ist.

Durch die vor rund hundert Jahren (ab 1878) in Europa aufgetretene, durch Pilzerreger hervorgerufene Krebspest wurden die Bestände stark dezimiert. Als Ersatz führte man die widerstandsfähigeren amerikanischen Krebse ein, die jedoch das Defizit nicht ausgleichen konnten. Außerdem versuchte man , die Krebse in stillgelegten Kiesgruben oder anderen Gewässern, die frei von räuberischen Fischen sind, zu züchten. Die Erfolge blieben jedoch sehr lokal begrenzt, bei uns nur auf die höher gelegenen bayerischen Seen.

Gekochte Flußkrebse. Links der Edelkrebs mit seinen mächtigen Scheren, rechts der »Galizier«. Er ist heute bei uns der meistgekaufte Krebs, obwohl er sich, was Geschmack und Fleischanteil betrifft, nicht ganz mit dem »edlen Solokrebs« messen kann.

Der Edelkrebs ist aus dem Handel fast verschwunden. Nur noch selten wird er gefangen. Man sollte sofort zugreifen, wenn er tatsächlich einmal angeboten wird. Sein Fleisch, vor allem das seiner vergleichsweise riesigen Scheren, schmeckt vorzüglich.

Nicht nur durch die Krebspest, auch durch die zunehmende Wasserverschmutzung ist das Aufkommen an Edelkrebsen stark zurückgegangen. Statistiken über Fänge bzw. Bestände liegen nicht vor. Nach einer Erhebung der Binnenfischerei aus dem Jahre 1962 betrugen damals die gesamten Krebsfänge innerhalb der Bundesrepublik 1618 kg. Den geringsten Anteil daran hatten ganz sicher die Edelkrebse. Demgegenüber sei erwähnt, daß noch um die Jahrhundertwende im damaligen Deutschen Reich mehrere hundert Tonnen Edelkrebse pro Jahr gefangen wurden. Noch im Jahr 1870 war der Edelkrebs ein gewöhnliches Nahrungsmittel. Das Schock Krebse, das waren 60 Stück zu je 80 g, kostete 30 bis 40 Pfennige. 1924 lag der Preis für diese Menge bereits bei 17 bis 25 Mark, und heute sind die Krebse eine hochbezahlte Delikatesse.

Galizier-, Teich- oder Sumpfkrebs, auch Schmalscherenkrebs *(Astacus leptodactylus), engl. freshwater crayfish, franz. écrevisse*

Der »Galizier«, wie man kurz im Handel sagt, zeigt einige augenscheinliche Merkmale, die ihn von anderen Krebsarten in Europa oder Nordamerika unterscheiden. Der Panzer mit seinem grauolivgrünen Grundton ist wesentlich heller. Bauch, Beine und Scherenspitzen weisen einen rötlichen Schimmer auf. Auffallend sind die langgestreckten schmalen Scheren, die nur wenig Fleisch enthalten, sowie die langen Antennen. Panzer und Scheren sind rauh, teilweise wie Schmirgelpapier. Der Brustpanzer ist ausladender als bei den anderen Krebsarten, jedoch relativ weich.
Beim Kochen wird der Galizier, wie alle anderen Krebsarten auch, rot. Die Färbung seines Panzers besteht nämlich aus einer hitzeunbeständigen blauen und einer hitzebeständigen roten Komponente. Das Rot bleibt beim Kochen also erhalten.

Diese Krebsart ist speziell in Osteuropa, im europäischen und mittelasiatischen Teil der Sowjetunion bis zum Ural sowie im südlichen Vorder- und Mittelasien inklusive des Kaspischen Meeres verbreitet. Teilweise findet man Galizier auch in deutschen Gewässern, da diese Spezies als immun gegen Krebspest gilt. In Norddeutschland beispielsweise, und hier im besonderen in Schleswig-Holstein, importiert man Tiere aus der Türkei. Allerdings nicht zu Zuchtzwecken; die Krebse werden nur zum Mästen ausgesetzt.
Durch die Kanalverbindungen mit der Wolga sind die Galizier auch in die Stromgebiete des Finnischen und Weißen Meeres gelangt. Der Krebs geht bis ins Brackwasser der Mündungsgebiete großer Flüsse. Der Galizierkrebs gilt als »temperamentvoll«, da er auch am Tag auf Nahrungssuche ausgeht. Das hat den Vorteil, daß er auch tagsüber gefangen werden kann. Vermehrung und Wachstum vollziehen sich schneller als beim Edelkrebs, was eventuell an klimatischen Verhältnissen beziehungsweise höheren Wassertemperaturen liegen kann.

Für die Versorgung von Frankreich, Deutschland und Skandinavien spielt diese Krebsart heute eine überragende Rolle. Hauptlieferant ist die Türkei; dort hat sich an den Seen in der Umgebung von Bursa eine ausgedehnte und ertragreiche Krebsfischerei entwickelt. Die Krebse kommen lebend in 5-kg-Körben und werden dann an den Zielorten in geeigneten Gewässern bis auf Abruf durch den Handel gehältert. Hauptabnehmerland ist Frankreich, das im Gegensatz zu Deutschland und Skandinavien kleinere 50- bis 60-g-Krebse bevorzugt. Krebse aus der Osttürkei und von der persischen Grenze werden gewöhnlich nach Istanbul gebracht und dort geschält und eingefroren. Zum Schutz der Krebse und somit auch der Krebswirtschaft führte die Türkei Schonzeiten ein, die jährlich neu festgelegt werden. In den 60er Jahren betrug die Schonfrist nur einen Monat, heute reicht sie von Anfang Januar bis Mitte Juni. Trotzdem werden die angebotenen Tiere immer kleiner und liegen im Durchschnitt nur noch bei 60 g gegenüber 80 bis 100 g vor 20 Jahren.

Dohlenkrebs

(Austropotamobius pallipes), engl. crayfish, franz. écrevisse

Ein Verwandter des Edelkrebses, der in kalten, stark strömenden Wasserläufen Westeuropas, einschließlich der Schweiz und Frankreichs, zu finden ist, aber auch in den Mittelmeerländern und in Großbritannien. Nur in Italien und Spanien hat er eine lokale wirtschaftliche Bedeutung. Auf der iberischen Halbinsel, in Mittelengland und in Irland ist er die einzige dort anzutreffende heimische Krebsart.

Steinkrebs

(Austropotamobius torrentium), engl. crayfish, franz. écrevisse

Diese in Deutschland unter Naturschutz stehende Krebsart ähnelt in der Form den Edelkrebsen, wird jedoch kaum länger als 7 bis 8 cm. Steinkrebse bevorzugen Gebirgsseen und klare fließende Gewässer mit sandigem und steinigem Boden. Sie sind in Deutschland in den Mittelgebirgen bis zur Mosel und im Alpenvorland der Nord- und Ostschweiz, auch auf österreichischer Seite, und auf dem Balkan verbreitet. Wegen ihrer geringen Größe spielen diese Krebse wirtschaftlich kaum eine Rolle.

Signalkrebs *(Pacifastacus leniusculus), engl. crayfish, franz. écrevisse*

Diese in Nordamerika beheimatete, ursprünglich aus Kalifornien stammende Krebsart aus der Familie der Astacidae verdankt ihren Namen den weißen bzw. blaugrünen Streifen an den Scherengelenken. In ihrem Äußeren ähnelt sie bis auf den breiteren Schwanz dem

Der Signalkrebs läßt sich leicht von anderen Krebsarten unterscheiden. Die »Signale«, weiße oder blaugrüne Streifen an den Scherengelenken, verraten sofort den Amerikaner, der auch bei uns ab und zu am Markt auftaucht.

Edelkrebs, kann ihn sogar im Wuchs übertreffen. Die Färbung reicht von Schwarzgrün bis Rötlichgrün bei hellbrauner Unterseite. In Amerika bewohnt dieser Krebs vorzugsweise hochgelegene kalte Bergseen, in denen er sich in Tiefen bis zu 40 m aufhält. Sein Verbreitungsgebiet beschränkt sich auf den Küstenstreifen zwischen dem Pazifik und dem Felsengebirge von Nordamerika. Die Qualität des Krebses und seine Lebensgewohnheiten veranlaßten den schwedischen Fischereiverband Ende der 60er Jahre, große Mengen von Signalkrebsen in dortigen Gewässern auszusetzen, die früher viel Edelkrebse enthielten oder für europäische Krebse überhaupt zu kalt waren.
Ob es wünschenswert ist, den Signalkrebs in Europa anzusiedeln, wird unterschiedlich beurteilt. Gegenwärtig werden sogenannte Besatz-Genehmigungen nur für abgeschlossene Gewässer erteilt und dann auch nur, wenn nachgewiesen werden kann, daß die Tiere nicht entkommen und sich so weiterverbreiten können.
Auch in deutschen Gewässern ist der Signalkrebs, sowohl bei wärmeren als auch bei kälteren Temperaturen, dem Edelkrebs an Widerstandskraft überlegen. Die Speisequalität betreffend, ist der Signalkrebs ein hervorragender Vertreter seiner Gattung, der unter den Krebsen Amerikas eine favorisierte Stellung einnimmt.

Ein unverwüstlicher Amerikaner ist der Red Swamp Crayfish *(Procambarus clarkii)*. Und zwar ein Südstaatler, der besonders prächtig in den riesigen Mangrovensümpfen von Louisiana gedeiht. Daher heißt der leuchtend rote Flußkrebs auch Louisiana Swamp Crayfish. In seiner Heimat wird er vorwiegend als »Crawfish« gehandelt, eine Bezeichnung, die im englischen Sprachraum sonst nur noch den Langusten vorbehalten ist. — Der Südstaat Louisiana ist im übrigen der größte und wichtigste Flußkrebsproduzent der USA.

Amerikanischer Flußkrebs, Kamberkrebs *(Orconectes limosus, früher Cambarus affinis), engl. cambarus crayfish, franz. écrevisse*

Von der Gattung *Cambarus* in weitestem Sinn zählt man über 70 Arten. Der Amerikanische Flußkrebs ist mit seinen 7 bis 10 cm Länge relativ klein und hat auch einen relativ schmalen Brustpanzer und kurze Antennen. Die Scheren wirken leicht verkümmert und enthalten wenig Fleisch. Ihre Spitzen zeigen einen gelborangenen Farbton, während die Fußenden eine schwache Rotfärbung aufweisen. Die Hinterleibssegmente tragen je zwei braunrote Flecken.

Der Kamberkrebs ist ein bemerkenswert genügsamer Krebs, der einen wesentlich weiträumigeren Biotop hat als der Edelkrebs. Er lebt in Seen, Haffen, Buchten, Altwässern, Kanälen und Bächen; sumpfiger Boden und eine relativ hohe Wasserverschmutzung machen ihm nichts aus. Er baut keine Wohnhöhlen, doch wühlt er sich gern in Schlamm ein, so daß nur Nase, Fühler und Augen zu sehen sind. In der kälteren Jahreszeit sucht er tiefere Gewässer auf. Wie alle nordamerikanischen Flußkrebse hat er sich als widerstandsfähig gegen die Krebspest erwiesen.

Der Kamberkrebs wurde anstelle der durch die Krebspest eingegangenen *Astacus*-Arten 1890 zuerst in einer kleinen Menge von 100 Stück durch Max von dem Borne in Deutschland, in der Gegend von Berneuchen, ausgesetzt. Über Oder, Warthe und Netze wanderte der Krebs westwärts in das Gebiet von Spree und Havel. Die Verbreitungsgeschwindigkeit lag bei etwa 10 km pro Jahr. In den 50er und 60er Jahren wurden nach und nach auch die westdeutschen Flüsse von dieser Krebsart erreicht. Die Verbreitung in Richtung Osten erfolgte durch polnische Fischereibehörden. Dort findet man ihn noch heute neben Galizier-und Edelkrebsen.

In Frankreich erfolgten die Einbürgerungen in den Jahren von 1911 bis 1931 in einem Nebenfluß der Loire, von wo aus der Krebs im Lauf mehrerer Jahrzehnte die Seine und Marne besiedelte. Über den Rhein-Marne-Kanal bzw. den Rhein-Rhône-Kanal gelangte er nach dem Zweiten Weltkrieg in das Oberlaufgebiet von Rhein und Mosel. Hier traf er dann auf die sich von Osten her verbreitenden Artgenossen. Inzwischen sind die *Orconectes*-Krebse auch in Savoyen, speziell im See von Annecy, anzutreffen.

Die amerikanischen Flußkrebse ernähren sich weitgehend von Wasserpflanzen, Insekten, Larven und anderen Kleintieren. Im Winter ziehen sie sich auf geschützte Stellen in 3 bis 4 m Wassertiefe zurück, gehen aber trotzdem weiter auf Nahrungssuche. Die ausgeschlüpften Krebse klammern sich bis nach der zweiten Häutung an die Schwimmfüße des Muttertieres. Danach entwickeln sie sich so schnell, daß am Ende des ersten Sommers bereits die Geschlechtsreife eintritt. Die ausgewachsenen Tiere häuten sich dreimal im Jahr.

Wird der Kamberkrebs bedroht, so versucht er nicht, wie der Edelkrebs, mit heftigen Schwanzschlägen schwimmend zu entkommen, er nimmt vielmehr eine wirksame Schreck- oder Abwehrstellung ein: Er preßt den Schwanz an den Körper und umklammert ihn noch mit den Füßen, während die Scheren vom Körper abgespreizt werden.

In Nordamerika ist der Kamberkrebs östlich der Rocky Mountains von Kanada bis Florida zu finden. Wegen der geringeren Größe und vom Geschmack her ist er dem Edelkrebs unterlegen, doch kann die Qualität des Fleisches durch Hälterung der Tiere in klarem Wasser deutlich verbessert werden. Allerdings werden nur die Schwänze verwendet.

Louisiana Flußkrebs *(Procambarus clarkii), engl. Louisiana swamp crayfish, franz. écrevisse rouge*

Ein leuchtend dunkelroter Flußkrebs, der speziell in den südlichen Bundesstaaten der USA verbreitet ist und die wichtigste wirtschaftlich genutzte Krebsart des Landes darstellt. Dies ist u. a. einer intensiven Teichwirtschaft zu danken.

Typisches Erkennungsmerkmal sind neben der Farbe die dichtbeperlten Scheren. Diese Krebsart wurde auch in Spanien, Ostafrika, Japan und Hawaii eingeführt. Teilweise hat dies sogar zu einer schädlichen Überproduktion in den fremden Gebieten geführt.

FLUSSKREBSE der südlichen Hemisphäre *(Parastacidae)*

Madagaskarkrebs *(Astacoides madagascariensis), franz. écrevisse malgache*

Dieser Flußkrebs aus der Familie der Parastacidae ist sehr groß. Er kommt in vier Unterarten in den verschiedensten Gewässern im Süden der Insel Madagaskar vor, er wird aber auch in den Flüssen der Baumregionen bis zu 2000 m Höhe gefunden. Auf den lokalen Märkten erscheint er reichlich im Angebot. Sein Fleisch ist sehr ergiebig.

Großer Australkrebs *(Euastacus armatus), engl. Murray river crayfish*

Der im Osten Australiens vorkommende Krebs ist der zweitgrößte Süßwasserkrebs der Welt. Er kann bis zu 50 cm lang werden. Zu finden ist er in den Flüssen von New South Wales, Queensland und Victoria, aber auch in Tasmanien. Auf den Märkten von Melbourne und Sidney wird er hin und wieder frisch angeboten.

Australkrebs *(Cherax tenuimanus), engl. marron*

Diesen drittgrößten Flußkrebs der Welt gibt es nur im Südwesten von Australien. Er erreicht ein Gewicht von bis zu 2 kg, vereinzelt wurden sogar schon 2,7 kg schwere Exemplare gefangen. Sein besonderes Erkennungsmerkmal sind fünf kielförmige Rippen auf dem Kopfteil, außerdem hat er zwei charakteristische Stacheln auf dem Schwanzende.

Wegen seines Wohlgeschmacks ist der Marron in Australien sehr populär und gefragt, so daß strenge Vorschriften eingeführt werden mußten, um ihn zu schützen. Außer den Schonfristen (Anfang Mai bis Mitte Dezember) ist eine Mindestgröße von 76 mm Carapax-Länge für den Fang vorgeschrieben, der nur für den privaten Bedarf bestimmt sein darf; zu kommerziellen Zwecken darf der Marron überhaupt nicht gefangen werden.

Seit 1976 wird der Marron in Aquakulturen gezüchtet. Da er relativ schnell wächst (die vorgeschriebene Mindestgröße kann er schon nach einem Jahr erreichen) und seine Haltung in künstlich angelegten Teichen keine besonderen Schwierigkeiten bereitet, wird »Marron Farming«, oft auch nur für den privaten Bedarf, immer populärer. Seit einigen Jahren werden große Anstrengungen unternommen, die Techniken und Methoden für die Marron-Zucht so zu verbessern, daß eine kommerzielle Nutzung in großem Umfang möglich ist. In Europa und in den USA besteht bereits starkes Interesse, den Marron zu importieren.

Weitere Austral-Krebse, die alle im westlichen Teil des Kontinents vorkommen, sind der Gilgie *(Cherax plebejus* und *Cherax glaber)*, und der Yabbie *(Cherax destructor-albidus)*, der an den europäischen Steinkrebs erinnert. Letzterer ist nicht im westlichen Australien beheimatet, er wurde aus dem Osten bzw. Südosten des Kontinents dorthin gebracht. Alle drei können auch längere Trockenperioden überleben, indem sie sich eingraben oder in Erdhöhlen zurückziehen.

Neuseelandkrebs
(Paranephrops), engl. crayfish
Drei Arten dieser kleinen Flußkrebsgattung sind auf der Südinsel Neuseelands beheimatet. Eine von ihnen *(P. planifrons)* ist auch auf der Nordinsel verbreitet.

Tasmanischer Krebs
(Astacopsis gouldi),
engl. Murray lobster
Der in den Flüssen der Insel Tasmanien lebende Krebs ist der größte Süßwasserkrebs überhaupt. Er kann 6 kg wiegen. Auch im Osten Australiens ist er zu finden.

Südamerikanischer Flußkrebs *(Parastacus)*
Die relativ kleine Krebsart ist in Flüssen und Seen weiter Teile Südamerikas zu finden. Vier der dort vorkommenden zehn Parastacus-Arten sind im Norden Argentiniens, in Uruguay und im Süden von Brasilien verbreitet. Sechs Arten leben in chilenischen Flüssen.

Populär und begehrt, aber knapp ist der Marron in seiner australischen Heimat. Seine natürlichen Bestände werden streng geschützt. Der überaus schmackhafte Flußkrebs eignet sich zwar hervorragend für die Zucht in Aquakulturen, und die Zahl der »Marron Farms« wird auch immer größer, doch gegenwärtig beträgt die Jahresproduktion der Züchter nur einige tausend Kilogramm. Und die decken bei weitem nicht den Bedarf. Die Bestrebungen der australischen Behörden, die Marron-Zucht zu intensivieren, lassen jedoch hoffen, daß die europäischen und amerikanischen Interessenten den Marron eines Tages doch noch importieren können.

Mittelkrebse
(Anomura)

Die Mittelkrebse bilden, ihrer Körperform nach, den Übergang von den Langschwanz- zu den Kurzschwanzkrebsen (Krabben). Deutlich erkennbar ist das bei den Furchenkrebsen *(Galatheidae)*, deren Schwanzfleisch in Deutschland meist als »Langostinos« gehandelt wird, jeweils mit einem Hinweis auf das Herkunftsland (zum Beispiel »Chile-Langostinos«).
Die Mitglieder der großen Steinkrabben-Familie *(Lithodidae)* ähneln, mit ihrem bauchwärts eingeschlagenen Hinterleib, bereits mehr den Echten Krabben, also den Kurzschwanzkrebsen *(Brachyura)*.
Eine weitere Gruppe der Anomura sind die Einsiedlerkrebse *(Paguridae)*, die meist in leeren Schneckenhäusern leben und die als Wasser- wie auch als Landbewohner vorkommen.

FURCHENKREBSE
(Galatheidae)

Charakteristisch für diese Familie der Mittelkrebse ist der relativ breite, gedrungene Brustpanzer mit scharfen Seitenrändern und einer gewöhnlich von Querrillen durchzogenen Oberfläche. Das gut ausgebildete Rostrum ist dreieckig oder als spitzer Dorn ausgebildet. Das vordere Beinpaar besteht aus ungewöhnlich langgezogenen Gliedern, die in einer kleinen Schere enden. Das ebenfalls gedrungene, kräftige Schwanzstück hat die Länge des Brustpanzers. Vertreter dieser Familie leben in allen Meeren und in allen Tiefen, von der Arktis bis zur Antarktis. Von wirtschaftlicher Bedeutung für den Weltmarkt sind vorwiegend die beiden hier genannten Arten, die sich zum Verwechseln ähneln.

Langostino, Chilekrabbe

(Pleuroncodes monodon und Cervimunida johni), engl. langostino, red crab, span. langostino amarillo, langostino chileno, langostino colorado, langostilla

Diese beiden Furchenkrebs-Arten, die etwa 20 bis 25 cm lang werden können, sind vorwiegend im Südostpazifik zu finden. *Pleuroncodes monodon* wird hauptsächlich an den Küsten Chiles gefangen und heißt dort Langostino colorado oder Langostino zanahoria. Wegen seines hervorragend guten Geschmacks ist das Fleisch dieses Langostinos sehr begehrt.

Langostinos sind Nachttiere, die sich tagsüber zwischen Gestein oder unter großen einzelnen Steinen verstecken. Bei der nächtlichen Nahrungssuche fegen sie mit ihren dritten Kieferfüßen über den Boden, mit den zweiten Kieferfüßen sortieren sie dann die Nahrungspartikel aus.

Frische Langostinos haben nur auf dem heimischen chilenischen Markt eine Bedeutung. Exportiert wird nur Tiefkühlware, nämlich die gekochten Langostinoschwänze. Das Fleisch ist von hervorragendem Geschmack und deshalb auch entsprechend begehrt. Das Verhältnis von verwertbarem Fleischanteil zur Gesamtgröße des Krebstiers ist jedoch denkbar ungünstig: etwa 1:10.

Tiefgefrorenes Langostinofleisch wird im Handel vielfach unter dem falschen Namen »Scampi« vermarktet, obwohl die kleinen Langostinoschwänze wirklich nur schwer mit dem *Nephrops norvegicus* zu verwechseln sind!

Tiefwasser-Springkrebs *(Munida rugosa), franz. galathé, puce de mer*
An der französischen Atlantikküste wird dieser Springkrebs aus der Familie der *Galatheidae* auf den lokalen Fischmärkten verkauft. Gelegentlich taucht er auch auf dem Pariser Markt auf, doch ist die Nachfrage nicht sehr groß. Für den Laien sieht der Krebs dem chilenischen Langostino colorado (siehe kleines Bild Seite 40) ähnlich, doch gehört er einer anderen Gattung an. Er lebt in 40 bis 70 Meter Wassertiefe und wird einschließlich der Scheren etwa 20 cm lang. Er ist im Nordatlantik von Norwegen bis Madeira verbreitet, aber auch im Mittelmeer.

EINSIEDLERKREBSE *(Paguridae/Coenobitidae)*

Einsiedlerkrebs, Eremitenkrebs *(Pagurus, früher Eupagurus), engl. hermit crab, franz. Bernard l'hermite, holl. heremietkreeft*
Das völlig asymmetrische Krebstier hat zwar ein gepanzertes Kopf-Brust-Stück, jedoch einen unbedeckten, weichhäutigen Hinterleib. Die Glieder der beiden hinteren Beinpaare sind verkümmert. Ihre Körperform ist völlig dem Leben in leeren Schneckengehäusen angepaßt. Der ungeschützte Hinterleib steckt tief im Schneckengehäuse und folgt durch seine spiralförmige Drehung dessen Windungen. Bei Gefahr ziehen sich die Krebse ganz in ihr Haus zurück und verschließen die Öffnung mit der größeren der beiden Scheren. Während ihres Wachstums müssen die »Eremiten« mehrmals in größere Häuser umziehen.
Die Gattung *Pagurus* ist mit etwa 100 verschiedenen Arten in allen Meeren, bis zur Arktis, vertreten. In Nordeuropa kennt man hauptsächlich den Bernhardskrebs *(Pagurus bernhardus)*, der lokal in Frankreich sehr beliebt ist.

Palmendieb, Kokosräuber, Diebskrabbe *(Birgus latro), engl. robber crab*
Dieser größte Einsiedlerkrebs, der in Anpassung an sein Landleben lungenartig entwickelte Brustpanzerhöhlen hat, kann bis etwa 30 cm lang werden und dann 2 bis 2,5 kg wiegen. Die Scherenbeine des unproportioniert wirkenden, rotbraun und dunkelbraun gefleckten Krebses sind besonders klobig und kräftig. Das gesamte Schwanzstück ist von einem kräftigen Panzer geschützt. Der ausgewachsene Einsiedlerkrebs lebt nicht mehr in Schneckenhäusern, sondern bewohnt Erdlöcher und ernährt sich, neben toten Tieren und Landkrabben, auch von Kokosnüssen. Er ist sogar in der Lage, die Bäume zu erklettern und die Palmfrüchte abzukneifen.
Der Palmendieb lebt vor allem auf tropischen Inseln im westlichen Indopazifik. Auf vielen Inseln ist er bereits ausgerottet, wobei die massenhaft versprühten Insektizide viel dazu beigetragen haben.

Einsiedlerkrebs, auf dem Bild: *Pagurus bernhardus.* Dieses Unikum unter den Krebstieren kommt zwar nicht gerade häufig auf den Markt, dafür schätzen ihn Feinschmecker seines feinen Fleisches wegen um so mehr. Seine Körperform ist völlig dem Leben in leeren Schneckengehäusen angepaßt. Gepanzert sind nur Scheren, Beine und Brust. Der im Haus verborgene Hinterleib hat keinen besonderen Schutz nötig.

Steinkrabben sind von großer wirtschaftlicher Bedeutung. Bekannt sind sie leider meist nur als »Crabmeat«-Konserven. Das Fleisch ist sicher von hervorragender Qualität, aber nur, wer schon einmal das Glück hatte, eine frisch gekochte Königskrabbe in Alaska, Chile oder Japan gegessen zu haben, kann ihren unvergleichlichen Wohlgeschmack ermessen. Als typische Tiefseekrebse können Steinkrabben jedoch nicht lebend über größere Entfernungen transportiert werden.

STEINKRABBEN *(Lithodidae)*

Bei oberflächlicher Betrachtung können die Steinkrabben leicht den Echten Krabben zugeordnet werden, so daß die Wissenschaftler auch von »Scheinkrabben« sprechen. Doch gehören sie tatsächlich zu den Mittelkrebsen und wären dort eher zu den Einsiedlerkrebsen zu zählen. Vermutlich waren die Steinkrabben wirklich einmal Einsiedlerkrebse. Im Laufe der Entwicklung wurde der weichhäutige Schwanzteil zurückgebildet und unter den Körper geklappt. Außerdem ist bei den Steinkrabben das fünfte Beinpaar stark verkleinert und dient nur noch als Kiemenbürste. Hinter den Scheren, die als erstes Laufbeinpaar anzusehen sind, folgen dann nur noch drei, allerdings kräftige, lange Gehbeinpaare.
Die zur Familie der *Lithodidae* gehörenden Krabben leben in den verschiedenen Weltmeeren. Es gibt sie im Nordpazifik und im Nordatlantik, an der amerikanischen Westküste entlang bis in den Südpazifik, aber auch im Südatlantik. Steinkrabben sind ausgesprochene Kaltwassertiere. In arktischen Gebieten leben sie in Küstengewässern. Je wärmer das Wasser nach Süden zu wird, in um so größeren Tiefen treten sie auf.
Eine Eigenart der Steinkrabben sind ihre Wanderungen, wobei sie pro Tag etwa 2 km zurücklegen können. Im Spätwinter beginnen sie, in die Nähe der Küsten zu wandern, wo sich die Weibchen häuten und dann mit den Männchen paaren. Danach ziehen sie sich wieder in tiefere Gewässer zurück. Die Weibchen tragen im Durchschnitt 240000 befruchtete Eier unter ihrem fächerartig geformten Schwanz. Erst nach fast einem Jahr schlüpfen die Larven aus. Die zunächst frei schwimmenden Larven verlieren nach ihrer vierten Häutung, wenn sich der kalkhaltige Panzer gebildet hat, ihre Fähigkeit zu schwimmen und bleiben dann auf dem Meeresboden.
Gefangen werden die Steinkrabben u. a. mit Grundstellnetzen, die eine Art Zaun bilden. Sie sind oft 100 m lang und haben 20 bis 30 cm große Maschen, in denen sich die Tiere verfangen. In Alaska versenkt man bis über 300 kg schwere Stahlreusen, etwa 1,50 x 1,50 x 1 m groß, auf den Meeresboden. In

King Crabs können eine beachtliche Größe erreichen. Dr. John F. Karinen, Meereskundler und Spezialist für Steinkrabben am Auke Bay Laboratory in Alaska, präsentiert hier ein etwa 15 Jahre altes Männchen mit einer Panzerbreite von etwa 20 cm. Solche älteren Jahrgänge sind bei den Fischern sehr beliebt, weil die Krabben dann nur noch alle zwei Jahre ihren Panzer wechseln und daher der Fleischanteil besonders groß ist. Die strengen Schutzbestimmungen Amerikas erlauben ohnehin nur den Fang von männlichen King Crabs mit einer Mindest-Panzerbreite von 137 mm (das entspricht etwa einem Alter von 7 Jahren). Für Weibchen besteht generelles Fangverbot.

senkt man bis über 300 kg schwere Stahlreusen, etwa 1,50 x 1,50 x 1 m groß, auf den Meeresboden. In diesen »pots« sind Heringsbrocken als Köder befestigt. Ein Fangschiff legt etwa 50 bis 100 solcher Reusen aus.

In einigen Küstengebieten mit intensiver Fischerei sind die Bestände an Steinkrabben bereits stark zurückgegangen. Daher besteht die Tendenz, andere als die bisher bekannten Steinkrabben-Arten auszubeuten.

Königskrabbe, Japankrabbe, Kamtschatkakrebs, Kronenkrebs (fälschlich auch **Japanischer Hummer** genannt) *(Paralithodes camtschatica), engl. red king crab, Japanese crab, Russian crab, Alaska king crab, holl. koningskreeft*

Seit Anfang der 50er Jahre wird die wegen ihrer Größe und ihres Wohlgeschmacks berühmt gewordene Königskrabbe im Nordpazifik und in der Beringsee von den USA, Japan und der Sowjetunion in großem Umfang gefangen und vermarktet. Daß sie so relativ spät für den internationalen Handel Bedeutung erlangte, hängt damit zusammen, daß sie aus mehreren hundert Metern Tiefe gefangen werden muß. Doch unterdessen hat sich im Nordpazifik bei allen beteiligten Staaten eine blühende, teils schwimmende Industrie entwickelt. Die oft als Fabrikschiffe ausgerüsteten Trawler und ihre Besatzungen müssen mit orkanartigen Stürmen, eisiger Kälte und extrem hohem Seegang fertig werden, da die Hauptfangzeit in den Wintermonaten liegt. Von Alaska aus sind jedes Jahr 200 solcher gut ausgerüsteten Fangschiffe unterwegs. Dort wird allerdings der Fang meist nicht an Bord verarbeitet, sondern auf schnellstem Wege lebend zu den nahe den Fanggebieten an der Küste liegenden Fabriken gebracht, wo die Tiere sofort gereinigt, gekocht und tiefgefroren werden. Bei der Verarbeitung gibt es strenge Kontrollen.

Übrigens werden nur die männlichen Tiere gefangen, die wesentlich größer und ergiebiger als die Weibchen sind. Sie haben dann meist ein Alter von 8 bis 9 Jahren und wiegen, bei einer Gesamtlänge von etwa einem Meter, zwischen 6 und 10 Pfund. Allerdings können ausgewachsene Königskrabben, nach etwa 15 Jahren, bis zu 12 kg wiegen. Konserven mit dem delikaten Krebsfleisch werden bei uns auch aus der Sowjetunion angeboten. Übrigens dürfen alle Krebskonserven der höchsten Qualitätsstufe nur das Fleisch der Königskrabbe enthalten.

Die Königskrabbe hat einen nach vorn dreieckig zulaufenden Panzer, der an den Seiten und auf dem Rücken mit spitzen Stacheln versehen ist. Zwischen den Stielaugen endet die Stirnpartie in einem pfeilartigen Nasendorn, zu dessen beiden Seiten sich zwei etwa doppelt so lange Fühler befinden. An der äußeren Seite der Augen befinden sich noch zwei lange Antennen.

Die drei hinteren Beinpaare enden in spitzen Klauen. Die Scheren sind zwar lang, aber relativ klein. Panzer, Beine und Scheren sind auf der Rückenseite rosarot, auf der Bauchseite und an den Stacheln elfenbeinfarben und gelblich.

Fast alles Fleisch der Königskrabbe (aus Scheren, Beinen und

King Crab Meat in Konserven stammt meist aus der Crab-Industrie Alaskas oder Chiles. Aber auch Japan und die Sowjetunion vermarkten das Krabbenfleisch, letztere mit der Zusatzbezeichnung »Kamtschatka«. Tiefgefroren werden die gekochten Beine der King Crab angeboten, gelegentlich auch ganze Tiere.

Die Beine der King Crab bergen das feinste Fleisch. Diese antarktische Königskrabbe, in Chile »Centolla« genannt, wird bei uns gekocht und tiefgefroren angeboten. Das Fleisch schmeckt ganz ausgezeichnet und läßt sich sehr gut für alle erdenklichen kalten Gerichte verwenden. Ganz abgesehen davon macht natürlich ein solches Exemplar schon seiner Größe wegen Eindruck.

Schwanz) ist eßbar und wird verwertet; das sind etwa 32% des Gesamtgewichts.

Neben *Paralithodes camtschatica* werden in den westlichen Küstengewässern Alaskas und in der Beringsee auch verschiedene andere Arten gefangen, wie *Paralithodes brevipes, Paralithodes platypus* (Blue King Crab) und *Lithodes aequispina* (Golden King Crab).

Antarktische Königskrabbe

(Lithodes antarctica), engl. southern king crab, span. centolla

Das südliche Gegenstück zu *Paralithodes camtschatica* ist diese vorwiegend an den südlichen Küsten Chiles und Argentiniens und in der Antarktis vorkommende Königskrabbe. Ihr Panzer ist mit vielen sehr spitzen Stacheln besetzt und mißt in der Breite etwa 15 cm. Sie lebt in Küstennähe in etwa 150 m Tiefe, doch findet man sie auch in Tiefen bis zu 600 m. In Chile wir ihr Fleisch vorwiegend zu Konserven verarbeitet und als »Crabmeat« angeboten (etwa 70%), nur etwa 5% des Fangaufkommens werden frisch verzehrt, der Rest wird tiefgefroren. 1979 wurden in Chile insgesamt 2300 t angelandet.

Eine ähnliche Art, die das gleiche Verbreitungsgebiet wie die Antarktische Königskrabbe hat, ist *Paralomis granulosa*, die in Chile Centollón, in Argentinien Falsa Centolla genannt wird.

Nördliche Steinkrabbe

(Lithodes maja), engl. northern stone crab

Eine andere Verwandte der Königskrabbe, die im Nord- und Ostatlantik und auch in der Nordsee vorkommt. Ihr kräftig ziegelroter bis erdig-brauner Panzer kann bis zu 20 cm lang werden, mit Beinen erreicht der Krebs sogar einen Durchmesser von 1 m. Dennoch spielt er für die Ernährung nur eine unbedeutende Rolle, da der eßbare Anteil zu gering ist.

Die Golden King Crab, aus der Steinkrabben-Familie wie die Rote Königskrabbe und an den Küsten Alaskas und in der Beringsee zu Hause, kann man nur schwer von letzterer unterscheiden. Abgesehen vielleicht von ihrem leicht goldschimmernden Teint und ihren längeren Stacheln.

Blue King Crab. Man muß schon genau hinschauen, wenn man die leicht blaue Färbung erkennen will. An den Scheren ist sie etwas stärker sichtbar. Die Blaue Königskrabbe wird ebenfalls in den Küstengewässern Alaskas gefischt. Die Fleischqualität ist genauso hervorragend wie die der übrigen Königskrabben.

Kurzschwanzkrebse/Echte Krabben

(Brachyura)

Die Brachyuren sind die am höchsten entwickelten Krebse. Charakteristische Merkmale dieser Untergruppe der Reptantia sind das gedrungene Kopf-Brust-Stück und der stark zurückgebildete Hinterleib, der als flache, kurze und gleichmäßig segmentierte Schwanzplatte fest unter das Bruststück geklappt ist. Beim Weibchen ist diese Schwanzklappe breit und gerundet und bildet einen Hohlraum zum Tragen der befruchteten Eier. Die Gruppe der Brachyura besteht aus zahlreichen Familien, die nach der Form des Kopf-Brust-Stücks eingeteilt werden. Einige Arten, wie zum Beispiel die zu den Rückenfußkrabben gehörende Wollkrabbe, maskieren sich, indem sie lebende oder tote Tiere oder Pflanzen auf ihrem Rücken transportieren. Auch der größte lebende Krebs überhaupt, die Japanische Riesenkrabbe, die mit gestreckten Beinen eine Spannweite von 3 m erreichen kann, gehört zu den Kurzschwanzkrebsen.

Der menschlichen Nahrung dienen in erster Linie das Fleisch aus Scheren, Beinen und Brustteil, sowie die Leber und die Eierstöcke. Doch werden einige Arten, wie zum Beispiel die Blaukrabben, auch im Ganzen gegessen, wenn sie direkt nach der Häutung gefangen werden und daher ganz weich sind. Sie werden dann als »Softshell Crabs« gehandelt.

RÜCKENFÜSSLER *(Homolidae)*

Großer Rückenfüßler

(Paromola cuvieri)

Die orangerote Riesenkrabbe mit fast rundem Brustpanzer hat relativ dünne, lange Beine, von denen das letzte, verkleinerte Paar auf den Rücken gedreht ist (daher der Name). Durch die langen Beine erreichen die Tiere eine Spannweite von etwa 90 cm, die Körperlänge beträgt jedoch nur 10 bis 18 cm. Man findet die Tiefseekrabbe im Mittelmeer, aber auch bis vor Island und in den warmen Regionen des Ostatlantiks. Sein Fleisch gilt zwar als besondere Delikatesse, doch wird der Rückenfüßler nur wenig gefangen und nur lokal genutzt.

Sein Fleisch gilt als besonders delikat, dennoch wird der Rückenfüßler kaum gefangen und nur lokal genutzt. Durch seine langen Beine bringt er es auf eine Spannweite von etwa 90 cm.

Cangrejo de la Santa Virgin — diesen klangvollen Namen haben die Kubaner der Seespinne *Mithrax spinosissimus* gegeben. Die Krabbe (hier auf Haiti fotografiert) gibt es in der gesamten Karibik, sie wird aber nur lokal genutzt.

Die Sheep Crab gehört ebenfalls zur Familie der *Majidae*. Größere Vorkommen gibt es nur an der Küste Kaliforniens. Bisher hat diese Seespinne kaum kommerzielle Bedeutung; mit dem Zurückgehen der Bestände an Königskrabben kann sich das allerdings ändern.

SCHAMKRABBEN *(Calappidae)*

Große Schamkrabbe, Hahnenkammkrabbe

(Calappa granulata), engl. box crab, franz. crabe honteux, ital. gallo

Die in der Breite bis 10 cm messende Krabbenart hat einen halbmondförmigen, stark gewölbten Panzer und auffallend gezähnte Scheren. Der hintere Rand des Panzers hat spitze Einkerbungen. Das vordere, gedrungene Scherenbeinpaar kann eng an den Körper angelegt werden. Die Grundfarbe der Krabbe ist hellbraun, der Rückenschild und die Außenseiten der Scherenbeine weisen karminrote Flecken auf. Schamkrabben leben auf Sandböden in allen wärmeren Meeren, in 30 bis 100 m Tiefe. Tagsüber graben sie sich ein, wobei die vor das »Gesicht« geklappten Scheren die Atemöffnung vor eindringenden Sandkörnern schützen. Bei der nächtlichen Nahrungssuche erbeuten sie hauptsächlich Schnecken, die sie mit ihren Scheren wie mit einem Büchsenöffner knacken können.

SEESPINNEN *(Majidae)*

Große Seespinne, Teufelskrabbe *(Maja squinado), engl. sea spider, spiny oder spinous spider crab, thornback crab, franz. grande araignée de mer, grampelle, ital. maia, granzo, granzevola, span. centolla, crana, cabra, port. santola, arola, burro, holl. spinkrab*

Die an eine Spinne erinnernde Krabbe hat einen stark gewölbten Rückenpanzer, dessen hinterer Teil gleichmäßig abgerundet ist. Er hat eine rauhe, holprige Oberfläche, sein vorderer Rand ist mit kräftigen scharfen Stacheln bewehrt. Die Rumpflänge beträgt zwischen 13 und 15 cm. Der Rücken ist braunrot gefärbt, die Beine sind leuchtend rot. Die schlanken, zierlichen Scheren ähneln spitzen Pinzetten, die etwa gleichlangen Gangbeine enden in spitzen Klauen. Die Große Seespinne ist von der Südküste Englands über die gesamte europäische Atlantikküste bis zur nordafrikanischen Küste sowie im Mittelmeer zu finden. Als Lebensraum bevorzugt sie algenbestandene Sandgründe oder bewachsene Felsabbrüche ab 20 m Tiefe. Sie

Die in Europa bedeutendste Seespinne ist die *Maja squinado*. In der französischen Küche spielt die Araignée de mer eine wichtige Rolle, denn ihr Fleisch ist sehr gut und daher unter Feinschmeckern begehrt. Dennoch hat sie keine große kommerzielle Bedeutung.

Die Nordische Eismeerkrabbe (Snow oder Tanner Crab) ist von bester Qualität. Zunächst hauptsächlich in Japan hochgeschätzt und in großem Umfang gefangen, wird sie mittlerweile auch in den USA und Kanada gefischt und vermarktet. Als Crabmeat in Konserven und mit ihren wohlschmeckenden, frisch oder tiefgefroren angebotenen Scheren macht sie den King Crabs inzwischen kräftig Konkurrenz.

Die langbeinige Schneekrabbe sollte ursprünglich, als Gegenstück zur King Crab, in den USA offiziell als »Queen Crab« vermarktet werden. Doch als Snow Crab aus Japan war sie bereits so bekannt, daß es bei diesem Namen blieb.

ernährt sich weitgehend von Wasserpflanzen. Während der Sommermonate lebt sie nur wenige Meter unter der Wasseroberfläche, im Winter zieht sie sich in Tiefen um 50 m zurück.
Zur Paarungszeit im Sommer finden sich die Tiere in größeren Kolonien zusammen. Unmittelbar nach der Häutung der Weibchen findet die Befruchtung statt. Anschließend bleiben die Männchen zum Schutz noch mehrere Wochen in der Nähe, bis sich bei den Weibchen der neue Panzer gebildet hat. Die Ablage der Eier erfolgt nach sechs Monaten; danach bleiben sie noch etwa sechs Monate am Hinterleib des Weibchens kleben, ehe die Larven schlüpfen. Die ausgewachsenen Tiere können sich wegen ihrer langen Beine nur schwerfällig bewegen.

Nordische Eismeerkrabbe, Schneekrabbe *(Chionoecetes opilio, auch Chionoecetes bairdi, C. tanneri, C. japonicus), engl./amerik. snow crab, queen crab, tanner crab*
Die langbeinigen, großen Seespinnenkrabben, die im Nordpazifik, hauptsächlich vor Alaska, in der Beringsee und bis nördlich der Beringstraße reichlich vorkommen, werden in den USA nicht unter der Bezeichnung »Spider Crab« gehandelt, sondern als »Snow Crab« vermarktet. Auch die Bezeichnungen »Tanner Crab« und »Queen Crab« sind geläufig. Während in Japan die Schneekrabbe schon lange sehr geschätzt wird und auf dem Markt ist, war sie in den USA zunächst wenig beliebt. Das hing vor allem damit zusammen, daß sich ihr Fleisch nur schwer auslösen ließ. Doch um 1967, als die Königskrabbe nicht mehr in so großem Stil wie bisher gefangen werden durfte, um ihre Bestände nicht zu gefährden, besann man sich wieder auf die Schneekrabbe. Neue Techniken wurden entwickelt, um das komplizierte Auslösen des Fleisches problemloser zu machen, zumal Japan das schmackhafte Fleisch schon seit langem in die USA exportierte. Nach einer Statistik der FAO (Food and Agriculture Organisation of the United Nations) in Rom wurden 1977 in den USA 44602 t Eismeerkrabben gefangen, in Japan über 21000 t.
Die Schneekrabbe ist kleiner als die Königskrabbe. Ein ausgewachsenes Exemplar kann eine Panzerbreite von 18 cm und ein Gewicht von etwa 2,5 kg erreichen. Etwa 20% des Körpergewichts sind verwendbares Fleisch. Übrigens kommt die Schneekrabbe auch im Nordatlantik, in den Küstengewässern Kanadas, vor.

Nur gekocht und tiefgefroren kommen sie auf den europäischen Markt, diese vorzüglich schmeckenden Scheren der Eismeerkrabbe. Das Fleisch läßt sich ganz leicht herausziehen.

TASCHENKREBSE *(Cancridae)*

Taschenkrebs *(Cancer pagurus L.) engl. common edible crab, European rock crab, puncher, franz. crabe tourteau, crabe poupart oder dormeur, ital. granciporo, favollo, span. cambaro masero, port. caranguejo moure, dän. taskekrabbe, schwed. hövring, norw. krabbtaska, holl. zeekrab*

Die etwa 20 Arten der Gattung Cancer sind in den Küstengewässern kalter und gemäßigter Meere anzutreffen. Von den Lofoten bis zur marokkanischen Küste, auch in der gesamten Nordsee, kommt der bei uns bekannte Taschenkrebs *Cancer pagurus* vor, gelegentlich auch im westlichen Mittelmeer und in der Adria.

In seinem Panzer sieht der Taschenkrebs aus, als sei er in zwei große flache Schalen eingebettet. Der Rand des Panzers ist an den Seiten und an der Vorderfront zahnartig eingekerbt. Zwischen den Augen liegen kurze Antennen.

Die gestielten Augen und die kurzen Fühler können »eingezogen«, das heißt in kleinen Vertiefungen versteckt werden. Von den zehn Füßen sind die beiden vorderen zu Greif- und Knackzangen ausgebildet, die vier hinteren Beinpaare aus je vier borstigen, behaarten Panzergliedern laufen klauenförmig aus. Sie sind braun bis braunviolett und in ihren Spitzen fast schwarz. Die Rückenfarbe des Panzers reicht von Braun bis Rötlichbraun, die Unterseite ist gelblich.

Die Krebse können ein Gewicht von 6 kg erreichen, der Panzer ist dann etwa 30 cm breit. Im Durchschnitt mißt der Panzer jedoch 20 cm.

Am liebsten lebt der Taschenkrebs in meerumspülten Felsenspalten in bis zu 100 m Tiefe. Dort findet er beim Beutemachen gute Deckung. Er gräbt sich aber auch oft in Schlick und Sand ein. Mit seinen starken Scheren greift er sich kleine Tiere, die sich wie er selbst langsam bewegen, vorwiegend Schnecken, Muscheln und Stachelhäuter. Natürlich wehrt er auch Feinde damit ab.

Naht die Häutungs- und Paarungszeit, so sucht sich der männliche Taschenkrebs ein Weibchen, hält dieses bis zu 8 Tagen vor der Häutung zwischen seinen Laufbeinen gefangen und hilft sogar bei der Häutung mit. Wenige Stunden nach der Häutung findet die Paarung statt, und nach einigen weiteren Tagen wird das Weibchen wieder freigelassen. Hierbei ergibt sich ein Kuriosum, denn das Weibchen ist in der Lage, das Sperma bis zu drei Jahren im Körper zu speichern. So können unter Umständen über mehrere Häutungen hinweg, unabhängig von der Begegnung mit einem Männchen, die Eier befruchtet werden. Die Eiablage erfolgt zwischen Oktober und Januar. Bis zum Sommer kleben die Laichklumpen, die mehrere Millionen Eier enthalten können, unter dem Hinterleib. Erst dann schlüpfen die Larven, die nach zwei Monaten und mehreren Häutungen eine Länge von 4 mm aufweisen. Sie beenden dann ihr schwimmendes Larvenstadium, um fortan auf dem Boden zu kriechen. Nach einem Jahr erreichen die kleinen Taschenkrebse eine Breite von etwa 3 cm. Erst nach fünf Jahren sind sie, bei einer Größe von etwa 12 cm, geschlechtsreif.

Im Gegensatz zu der imposanten Größe des Panzers enthält der Körper des Taschenkrebses relativ wenig Fleisch. Doch die Leber und die Eierstöcke sind hervorragend im Geschmack und gelten als Delikatesse. Das Fleisch wird vorwiegend den Scheren und dem Bruststück entnommen. Der Taschenkrebs wird (wie alle Krebstiere) erst gekocht und dann kalt oder warm weiterverarbeitet.

Zum Fang verwendet man beköderte Hummerkörbe, doch gehen die Taschenkrebse gelegentlich auch in die Netze der Garnelenfischer. Da es sich um ein beliebtes Krustentier handelt, sind wegen der Überfischung in einigen Ländern Schonzeiten und Mindestgrößen festgelegt worden. Von den europäischen Ländern werden jährlich rund 20000 t Taschenkrebse gefangen. Frankreich ist daran mit 8000 bis 9000 t beteiligt, die Britischen Inseln mit rund 10000 t.

Besonders bei den Franzosen ist der Taschenkrebs sehr beliebt. Für die Bewohner der Atlantikküste ist er fast ein Nationalgericht. Die Briten verspeisen zwar auch viele Taschenkrebse, doch werden sie hier nicht so hochgeschätzt.

Taschenkrebse können, wenn sie richtig zubereitet werden, eine wahre Delikatesse sein. Der Fleischanteil ist allerdings gering. Die besten Stücke sind in den kräftigen Scheren verborgen. Aber auch die Leber ist hervorragend im Geschmack und gilt unter Feinschmeckern als Delikatesse. Der mächtige Panzer eignet sich gut zum Füllen und Gratinieren oder auch als attraktives Gefäß für einen feinen Krabbensalat.

Kalifornischer Taschenkrebs *(Cancer magister), engl./amerik. dungeness crab, California oder market crab, franz. crabe americain*

Der an der Westküste der USA populärste Krebs ist entlang der Pazifikküste, von Alaska bis Mexiko, zu finden. Die Hauptfangplätze liegen jedoch rund um San Francisco. Ihrer Größe nach entspricht die Krabbenart in etwa dem europäischen Taschenkrebs, hat jedoch einen fast trapezförmigen Panzer. Die Augenstiele liegen eng beieinander, die Fühler sind etwas kürzer. Auch sind die Scheren etwas schlanker, die Beinglieder länger und beweglicher. Der auf dem Rücken braungrüne Panzer wird zwischen 20 und 25 cm breit, das Gewicht der Krebse beträgt dann etwa 800 g. Es gibt aber auch größere Exemplare mit ungefähr 30 cm breitem Panzer und mit einem Gewicht von fast 2 kg. Obwohl nur etwa 25% des Körpergewichts zum Verzehr geeignetes Fleisch sind, steigt die Nachfrage auf dem Markt stetig. Um jedoch eine Überfischung zu verhindern, haben die Fischereibehörden Fangbeschränkungen angeordnet. Weibliche Dungeness dürfen überhaupt nicht gefangen werden (sie sind ohnedies relativ klein), und männliche Krebse erst ab einer Panzerbreite von mindestens 15 bis 17 cm. Gehen Weibchen und kleinere Krebse in Netze und Körbe, müssen sie wieder freigesetzt werden.

In ihren Lebensgewohnheiten und der Art der Fortpflanzung zeigen diese Tiere viel Ähnlichkeiten mit dem europäischen Taschenkrebs.

Die ersten kommerziellen Fänge des *Cancer magister* fanden um 1880 statt. Eine groß angelegte, wirtschaftlich lohnende Fischerei entwickelte sich jedoch erst ab 1920, zusammen mit der verbesserten Kühltechnik.

Wer den Kalifornischen Taschenkrebs frisch genießen will, der muß schon an die Westküste der USA reisen, wenn er nicht gerade dort lebt. Frisch gibt es ihn nämlich einzig und allein dort. Verläßt die Dungeness Crab die Westküste, dann nur in gefrorenem oder anderweitig konserviertem Zustand. Frisch darf sie auch innerhalb der USA nicht versandt werden.

Dungeness Crab — der kalifornische Taschenkrebs *(Cancer magister)* ist mit Abstand das populärste Krustentier an der Westküste der USA und für San Francisco fast so etwas wie ein Wappentier. In den Sommermonaten gehört ein Crab-Essen im Fishermans Wharf, dem Hafenviertel von San Francisco, für Einheimische und Touristen zum abendlichen Bummel.

Die Crabs werden, ganz amerikanisch-unkompliziert, unter freiem Himmel gekocht und auch so angeboten. Man kann sie mitnehmen oder gleich an Ort und Stelle probieren. Wer letzteres vorzieht, dem werden die Krebse verzehrgerecht aufgebrochen, die Scheren werden angeschlagen, damit sich das feine Fleisch ohne Mühe herausholen läßt. Die Restaurants dort bieten zwar diverse Zubereitungsarten, aber wirklich umgehen können mit dieser Delikatesse nur die chinesischen Köche im nahen Chinatown. Gourmets lassen sich von ihnen beraten, wie solch ein Taschenkrebs am besten schmeckt.

Das große Angebot trügt. Obwohl bei den Händlern im Fishermans Wharf kein Mangel an Dungeness Crabs herrscht, sind sie tatsächlich rar geworden und müssen durch strikte Schonzeiten geschützt werden. Weibchen dürfen grundsätzlich nicht gefangen werden, die männlichen Crabs erst ab einer Panzerbreite von mindestens 15 cm.

Felsenkrabbe *(Cancer irroratus), engl. common rock crab*
Die wie eine Ellipse geformte Krabbe (der Rückenpanzer ist anderthalbmal so breit wie lang) kommt entlang der gesamten amerikanischen Atlantikküste, von Labrador bis Florida und bis zu den Bahamas, vor. An der Küste von Neu-England und im Golf des St.-Lorenz-Stroms gibt es die meisten. Auffallend ist ihr hellgelber Rückenschild mit kleinen roten oder violetten Punkten. Der Panzer hat an seinem vorderen Rand neun flache, zahnartige Einkerbungen, die Scheren sind relativ weich. Die männlichen Tiere sind größer als die Weibchen, ihr Panzer kann eine Breite von 15 bis 18 cm erreichen. Die weiblichen Tiere bringen es nur auf etwa 12 cm.
Die Lebensweise dieser Tiere ist noch relativ wenig erforscht. Wirtschaftlich spielen die Krabben nur eine untergeordnete Rolle; sie werden gewöhnlich von Hummerfischern als Beifang aufgebracht. Hummern dienen sie gelegentlich als Nahrung.

Jonahkrabbe *(Cancer borealis), engl. jonah crab*
Der Felsenkrabbe sieht die Jonahkrabbe zum Verwechseln ähnlich: Die Vorderkante ihres Rückenpanzers weist ebenfalls neun zahnartige Einkerbungen auf, die helle Färbung des Panzers mit den roten Einsprenkelungen unterstreicht die Ähnlichkeit noch. Allerdings wird die Färbung dunkler, d. h. braunrot, je weiter nördlich sie auftauchen.
Die Oberfläche des Panzers und die stark ausgebildeten Scheren sind sehr rauh. Die Jonahkrabbe bevorzugt klares Wasser und Tiefen bis zu 180 m und mehr. Man findet sie von Nova Scotia bis Florida. Ihr Fleisch ist sehr delikat, dennoch hat sie nur lokale Bedeutung.

RUNDKRABBEN *(Atelecyclidae)*
Ihr fast kreisrunder Panzer, der 20 cm Durchmesser erreichen kann, gibt dieser Krabbenfamilie ihren Namen. Rundkrabben leben in allen Meeren. Für Ernährung und Handel spielen die beiden nachfolgenden Arten die wichtigste Rolle.

Eßbare Rundkrabben
(Telmessus sp. und Erimacrus isenbecki), jap. kurigani bzw. kegani
Diese beiden Krabbenarten werden, seit alters her, nur in Japan gefangen und sind dort auf den Fischmärkten zu haben. Das Fleisch wird auch international als Crabmeat oder Krebsfleisch vermarktet, wobei die Konserven meist aus der Sowjetunion oder den USA stammen.

SCHWIMMKRABBEN *(Portunidae)*
Ähnlich dem Taschenkrebs haben die Schwimmkrabben einen flachen Körper, an dessen Seiten sich meist lange Stacheln befinden. Charakteristisch ist jedoch vor allem die Form des fünften Beinpaares: Die an den Rändern dicht mit feinen Härchen bewachsenen Endglieder sind ruderartig verbreitert und sehen wie Paddel aus. Mit diesen Ruderbeinen können die Tiere, auch seitwärts, hervorragend schwimmen. Sie benutzen diese Fähigkeit zur Flucht und vor allem zum Beutefang. Schwimmkrabben sind nämlich aktive Jäger, spezialisiert auf Fische als Beutetiere. Sie schwimmen diese regelrecht an und ergreifen sie. Die »Leichtbauweise« ihres Körpers ist diesem Verhalten angepaßt. Der zarte Panzer enthält sehr wenig Kalk. Nur den Scheren, die übrigens sehr scharf sind, wird durch verhärtete Längskanten Festigkeit verliehen.

Schwimmkrabben der Gattung Liocarcinus haben für die Küche kaum Bedeutung, da die Fleischausbeute sehr gering ist. In der Bretagne allerdings wird die Haarige Schwimmkrabbe *(Liocarcinus puber)* als Leckerbissen geschätzt und ist auf den Märkten dort zu finden. Sie ist zwar sehr schwer zu zerlegen, ihr Fleisch hat jedoch einen besonders feinen Geschmack.

Schwimmkrabben leben meist in den Küstenzonen der Meere, vorzugsweise auf Sand- oder Schlickboden, in den sie sich eingraben können. Einige Arten leben auch in Brackwasser.

Gemeine Krabbe, Gewöhnliche Strandkrabbe
(Carcinus maenas), engl. common shore crab, green shore crab, harbour crab, franz. crabe vert, crabe enragé, ital. carcino, ripario, granchio marino comune, span. cangrejo de mar, cranc d'herba, port. caranguejo morraceiro, norw./schwed./dän. strandkrabbe, holl. strandkrab
Eine der kleinsten für die menschliche Ernährung verwendbaren Krabbenarten. Obwohl sie zu den Schwimmkrabben zählt, besitzt sie nicht deren typische »Paddelfüße«, das letzte Beinpaar endet vielmehr in lanzettförmigen Grabfüßen. Die Scheren sind klein, aber kräftig, der platte Rückenpanzer wird etwa 8 cm breit und 4 cm lang. Die Strandkrabbe ist, als Bewohnerin der Gezeitenregionen, im Wattenmeer zu Hause.

Die Jonahkrabbe taucht auf dem amerikanischen Markt seltener auf als die Felsenkrabbe. Aber beide sind von ganz ausgezeichneter Qualität. Sie werden meist zubereitet wie der europäische Taschenkrebs.

Carcinus aestuarii oder Gemeine Krabbe. Die in ähnlicher Form in allen europäischen Küstengewässern vorkommende Schwimmkrabbe wird vor allem in Italien gern als »Softshell Crab«, also direkt nach der Häutung gefangen und fritiert gegessen.

»Pu dao«, zu deutsch Sternkrabbe, ist der thailändische Name für die Schwimmkrabbe *Portunus sanguinolentus* mit den drei auffallenden roten Punkten. Sie kommt im gesamten Indopazifik, von Ostafrika bis Japan und Australien vor.

Bei Ebbe wandert sie seewärts, vergräbt sich aber auch im Sand oder versteckt sich unter Tang und Steinen, um die nächste Flut abzuwarten.
Die Strandkrabbe ist die im Nordatlantik, vom Nordkap bis zur spanischen Atlantikküste, am häufigsten vorkommende Krabbenart. Im Mittelmeer und an der Schwarzmeerküste lebt eine nahe Verwandte, *Carcinus aestuarii.* Wirtschaftlich gesehen, ist die Strandkrabbe jedoch nur von lokaler Bedeutung. In Italien wird sie, nicht mehr so häufig wie früher, im Ganzen und in Öl ausgebacken gegessen, wenn sie direkt nach der Häutung gefangen wird, also ganz weich ist. In Frankreich wird die Strandkrabbe ebenfalls sehr gern gegessen, in kleinen Mengen wird sie auch exportiert. In England gilt sie seit jeher als Arme-Leute-Essen.

Schwimmkrabbe
(Liocarcinus sp., früher auch Portunus sp.), engl. swimming crab, velvet crab, franz. etrille, ital. gambaro, grancella
Im Flachwasser und bis zu 70 m Tiefe leben verschiedene Liocarcinus-Arten entlang der Atlantikküste, von den Lofoten über Großbritannien und Frankreich bis Marokko, aber auch im Mittelmeer. Auch einige tropische Arten sind bekannt. Der trapezförmige Panzer mit scharf gezähnter Vorderfront wird etwa 10 x 12 cm groß und ist auf dem Rücken braun. Die Augenstiele stehen weit auseinander, dazwischen befinden sich zwei kurze Antennen und Fühler. Die Scheren sind kurz und klobig und haben eine rauhe Oberfläche. Das hintere Beinpaar ist flossenartig ausgebildet. Mit ihrer Färbung können sich die Tiere der jeweiligen Umgebung anpassen.

Kreuzkrabbe und Pazifische Schwimmkrabbe gehören zum täglichen Fang der Fischer in den tropischen Gewässern Südostasiens. Beide haben ein recht schmackhaftes Fleisch, wenngleich nicht übermäßig viel. Sie werden deshalb in erster Linie gekocht, wegen der schmackhaften Brühe, seltener gegrillt oder gebraten. — Eine Besonderheit bei der Schwimmkrabbe *Portunus pelagicus* ist ihre unterschiedliche Färbung: Die Männchen sind hellblau mit weißer Zeichnung, die Weibchen braun und weiß gezeichnet

Große Pazifische Schwimmkrabbe *(Portunus pelagicus, früher Neptunus pelagicus), engl. sand crab, blue swimming crab, indon. rajungan, malaiisch ketam renjong, philipp. alimasag, chin. far haai*
Besonders im indopazifischen Raum ist diese große Schwimmkrabbenart verbreitet, doch ist sie durch den Suezkanal bis ins östliche Mittelmeer vorgedrungen. Im indopazifischen Raum ist sie eine der wirtschaftlich wichtigsten Krabbenarten. Die männlichen Tiere sind größer als die Weibchen, ihr Panzer kann 20 bis 25 cm breit werden. Ein Gewicht von 750 g ist keine Seltenheit. Ihr Fleisch findet vor allem Verwendung bei der Herstellung von konserviertem Crabmeat. Der lebhaft blaumarmorierte oder braunweiße Panzer verläuft zu beiden Seiten des Kopfes und des hinteren Teils geradlinig, die ganze Vorderkante ist dicht mit Stacheln besetzt. Die Scheren sind sehr schlank.

Pazifische Rotpunkt-Schwimmkrabbe *(Portunus sanguinolentus, früher Neptunus sanguinolentus), engl. swimming crab, star crab*
Drei runde, purpurrote Flecken auf der hinteren Hälfte des grünlichgelben Panzers sind das besondere Merkmal dieser Schwimmkrabbe, die im gesamten indopazifischen Raum vorkommt. Sie wird, wie alle großen Portunus-Arten (ihr Panzer wird 20 bis 25 cm groß), wirtschaftlich genutzt und oft vermischt mit der Pazifischen Schwimmkrabbe angeboten.

Ladykrabbe *(Ovalipes ocellatus), engl. lady crab, sand crab, calico crab*
Eine an der Atlantikküste der USA, vornehmlich an den Küsten der Südstaaten und Mexikos vorkommende kleine Krabbenart, die im Ufersand in bis zu 18 m Wassertiefe lebt. Der fast weiße, mit roten Punkten gesprenkelte Panzer kann 8 cm breit werden. Die größten Vorkommen gibt es bei New Orleans, wo sie auch die wirtschaftlich größte Bedeutung hat.

Kreuzkrabbe *(Charybdis cruciata), engl. striped crab, mask crab, indon. rajungan karang, chin. hung haai*
Im tropischen indopazifischen Raum und im Chinesischen Meer lebt diese Krabbenart, deren trapezförmiger Rückenpanzer 10 bis 15 cm breit werden kann. Der glatte Panzer hat ein auffälliges Streifenmuster, das an eine Maske erinnert. Die Thailänder nennen sie auch Zebrakrabbe.
An den Scherengliedern, die länger sind als die übrigen Beine, befinden sich auffallend spitze Stacheln. Das fünfte Beinpaar endet, wie bei allen Schwimmkrabben, in Paddeln. Die Kreuzkrabbe lebt auf Sandböden, in die sie sich bis zu zwei Meter tief eingräbt.

Blaukrabbe *(Callinectes sapidus), engl. blue crab, in gehäutetem Zustand: peeler oder softshell crab, franz. chancre nageron*
Für die amerikanische und mexikanische Fischereiindustrie spielt die Blaukrabbe eine bedeutende Rolle. Sie kommt an der amerikanischen Atlantikküste vor, hauptsächlich von Massachusetts bis Florida und bis zu den Bahamas, besonders reichlich auch im Golf von Mexiko. Doch auch weit nach Norden, bis Nova Scotia, und im Süden bis Nordargentinien ist die Blaukrabbe zu finden. Die außergewöhnlich gute Schwimmerin ist sogar in andere Meere verschleppt worden, so daß es Blaukrabben unterdessen auch im Mittelmeer und in der Ägäis gibt.
Obwohl in den USA noch viele andere Krabbenarten auf dem Markt sind, ist die Blaukrabbe, und das nicht nur unter Feinschmeckern, die bekannteste und beliebteste. Das hängt zum einen mit der sehr guten Qualität ihres Fleisches zusammen, im besonderen aber damit, daß sie die wohlschmeckendste und vor allem ergiebigste »Softshell«-Krabbe ist. Während der Häutung, wenn also die Krabbe ihren alten Panzer »sprengt«, wird sie zusehends und um ein ganzes Drittel größer. Die nunmehr ganz weichen, fleischigen Tiere werden dann sofort aus dem Salzwasser genommen, damit sie als die berühmten Softshell Crabs auf den Markt kommen können. Der Zeitpunkt muß genau abgepaßt werden, denn der neue Panzer wächst sehr schnell, wenn die Tiere im Salzwasser bleiben. Da die Softshell Crabs immer begehrter werden, hat sich mittlerweile eine regelrechte Industrie daraus entwickelt. Die Blaukrabben werden gefangen und so lange in großen Anlagen gehältert, bis sie die richtige Größe haben und die Häutung stattgefunden hat.
Im Flachwasser werden Blaukrabben gewöhnlich mit kleineren Netzen gefangen, die über den Grund gezogen werden. In tieferem Wasser werden meist große Körbe oder Kästen aus Drahtgeflecht eingesetzt, in denen Köder befestigt sind. Den höchsten Absatz erzielen die lebend-frischen Tiere, ein großer Teil des Fangs wird aber auch tiefgefroren oder zu Konserven verarbeitet.

Blue Crab, die wirtschaftlich interessanteste Krabbe an der amerikanischen Ostküste. Diese äußerst wohlschmeckende Schwimmkrabbe wird in großen Mengen entlang der Küste Virginias und dort insbesondere in der Chesapeake Bay gefangen; daher auch ihr in den USA gebräuchlicher Name »Virginia Crab«. Links im Bild ein Blaukrabben-Männchen, rechts ein Weibchen.

Softshell Crabs sind in den Monaten Mai und Juni der Schlager auf dem Krustentier-Markt der USA. Frisch gehäutete Krabben werden zwar auch in anderen Ländern auf den Markt gebracht, wie zum Beispiel in Italien und Frankreich die Strandkrabbe, aber die feinen weichen Blaukrabben aus der Chesapeake Bay haben sich zu einem echten Markenartikel entwickelt und werden bereits nach Europa exportiert.

Blaukrabben sind echte Schwimmkrabben, ihr fünftes Beinpaar endet daher in oval geformten flachen Paddeln. Der Rückenpanzer wird 10 bis 20 cm breit und bildet im hinteren Teil ein Trapez. Der vordere halbrunde Teil weist an seiner Kante scharfe Dornen auf. Die Scheren sind relativ schlank und meist viel länger als die Schreitbeine. Nach 15 Häutungen sind die Tiere ausgewachsen, das ist nach etwa 12 bis 18 Monaten. Sie können drei bis vier Jahre alt werden.

Mangrovenkrabbe *(Scylla serrata), engl. mangrove crab, mud crab, serrated crab, franz. crabe des paletuviers, indon. kepiting, malaiisch ketam batu, philipp. alimangong palaisdaan, chin. chang haai*
Diese größte, im tropischen Indopazifik verbreitete Schwimmkrabbe ist zugleich die wirtschaftlich und kulinarisch wichtigste in ganz Südostasien. Der Panzer wird bis zu 20 cm breit, 1,5 kg Gewicht sind keine Seltenheit. Das Scherenfleisch ist besonders gut, wobei der Fleisch enthaltende Teil der auffallend großen Scheren etwa 15 x 6 cm mißt.
An der Vorderfront des Panzers befinden sich spitze Stacheln, der Rücken ist dagegen völlig glatt. Die Krabbe ist oliv bis braun gefärbt. Sie bewohnt mit Vorliebe, wie ihr Name schon sagt, Mangrovengebiete.
In Japan und in Thailand wird das Krabbenfleisch auch zu Konserven verarbeitet und exportiert.

HÖHERE STEINKRABBEN *(Xanthidae)*

Die Xanthidae sind mit über 900 Arten die formenreichste Krabbenfamilie. Charakteristisch ist ihr harter, schwerer Panzer und die mächtigen Scheren. Xanthiden sind schwerfällig und bewegen sich nur langsam. Sie kommen in allen Meeren vor, besonders stark und zunehmend jedoch in tropischen Gewässern.

Australische Riesenkrabbe *(Pseudocarcinus gigas), engl. Tasmanian giant crab*
Mit einem Gewicht bis zu 15 kg und einer Panzerlänge von knapp 30 cm hält die Riesenkrabbe den Größenrekord unter ihren Artgenossen. Vorwiegend ist sie an der

australischen Südküste zu finden, in Tiefen von 90 bis 450 m. Bis vor kurzem wurde sie nur als Beifang angelandet, doch wird sie neuerdings auch versuchsweise gezielt gefangen.
Die Japanische Riesenkrabbe, *Macrocheira kaempferi,* wird in der Literatur zwar auch als die größte bezeichnet; bei ihr bezieht sich der Größenrekord jedoch nicht auf den Panzer, der kleiner ist als bei der Australischen Riesenkrabbe, sondern auf die Gesamtgröße: Bei gestreckten Beinen kann die Spannweite der Krabbe ganze 3 m betragen.

Große Steinkrabbe

(Menippe mercenaria), engl. stone crab
Der charakteristische schwere, ovale Panzer dieser Steinkrabbe wird etwa 13 cm breit und ist purpurfarben bis dunkelbraun oder rötlich mit braunen Flecken. Der Körper ist etwa 5 cm dick, was die Steinkrabbe voluminöser aussehen läßt als andere Krabben. Die dicht behaarten Beine weisen rote und gelbe Bänder auf und sind mit scharfen Klauen bewehrt, die sehr großen Scheren enden in schwarzen Spitzen.
Steinkrabben können etwa 10 Jahre alt werden. Sie leben an der Atlantikküste von North Carolina bis Florida, im Golf von Mexiko und in der Karibik. Die meisten und größten Exemplare gibt es im Küstengebiet des südlichen Florida.
Die Steinkrabbe hält sich am liebsten in der Nähe kleiner Buchten und Flußmündungen auf, und zwar in tiefen Löchern im Schlamm oder Sand, aber auch unter Felsen und Mangrovenwurzeln. Sie spielt wirtschaftlich eine erhebliche Rolle und wird in großem Stil gefangen, hauptsächlich mit Fallen und beköderten Maschendrahtkörben. Fast alles eßbare Fleisch befindet sich in den großen Scheren. Daher brechen die Fischer von den gefangenen Tieren oft nur die Scheren ab und lassen die Krabben dann wieder frei. Im Laufe von etwa 18 Monaten wachsen ihnen neue Scheren nach. Die fehlenden Scheren beeinträchtigen das Tier nicht; an ihrer Stelle wird das zweite Beinpaar zum Greifen der Nahrung eingesetzt. Die nachwachsenden »Zweitscheren« werden allerdings nicht mehr so groß wie die ersten. Die Scheren werden unmittelbar nach dem Fang gekocht und dann entweder gekühlt als frische Ware verkauft oder tiefgefroren. Ungekochte, sogenannte »grüne« Scheren können nicht tiefgefroren werden, weil das Fleisch dann an der Schale kleben bleibt. Daher kommen nur vorgekochte Scheren auf den Markt.

Italienischer Taschenkrebs

(Eriphia verrucosa), franz. eriphie, ital. favollo, port. caranguejo mouro
Diese zu den Höheren Steinkrabben zählende Spezies ähnelt in Form und Größe der Strandkrabbe, hat jedoch größere Scheren. Die breite Stirnfront ohne Stachelspitze (Rostrum) ist mit kurzen, kräftigen Zähnen besetzt. Auf den Scherengliedern sitzen kurze Borsten, die Beinpaare sind stark behaart. Auf dem rotbraunen Rücken befinden sich gelbe Flecken, dazwischen rotbraune Höcker. Bei diesen Tieren lassen sich, wie beim Hummer, deutlich Knack- und Schneideschere unterscheiden.
Die Taschenkrebse, deren Panzer bis 10 cm breit wird, bewohnen gern Felslöcher oder verstecken sich unter Steinen in bis zu 10 m Tiefe. Sie werden im gesamten Mittelmeergebiet vornehmlich lokal gehandelt, sind sehr schmackhaft, doch wenig ergiebig.

Die Scheren der Stone Crab zählen zu den Delikatessen auf dem amerikanischen Markt. Sie werden ausschließlich gekocht angeboten, da sich das Fleisch sonst nur schwer herauslösen ließe. Das hervorragend schmeckende Scherenfleisch eignet sich bestens für alle kalten Crab-Gerichte. Es wäre zu hoffen, daß Stone-Crab-Scheren eines Tages auch auf den europäischen Markt kommen.

Die Mangrovenkrabbe oder Serrated Crab (gezähnte Krabbe), wie sie in Südostasien auch genannt wird, gehört zu den beliebtesten Krustentieren dieser Region. Der Fleischanteil ist besonders groß (sie hat sehr kräftige, fleischige Scheren), die Fleischqualität ist ebenfalls beachtlich.

Diese glatte Korallenkrabbe, *Carpilius corralinus*, ist in der Karibik verbreitet. Korallenriffe sind ihr bevorzugter Lebensraum. Zusammen mit anderen verwandten Arten wird sie auf den lokalen Fischmärkten angeboten.

Der Italienische Taschenkrebs hat in den Mittelmeerländern nur lokale Bedeutung. Der Fleischanteil ist relativ gering, doch die Fleischqualität wird von italienischen Feinschmeckern sehr hoch eingeschätzt.

SÜSSWASSERKRABBEN
(Potamidae)

Viele Krabbenarten können zeitweilig auch in Brack- oder Süßwasser leben, doch gibt es auch reine Süßwasserbewohner. Zu ihnen gehört die Familie der *Potamidae*. Ihre Arten sind in den Tropen und Subtropen der alten Welt verbreitet. *Potamidae* und andere Süßwasserkrabben-Familien sind rund um den mittleren Erdgürtel verbreitet, nämlich genau dort, wo es keine Flußkrebse gibt.

In den Mittelmeer- und Balkanländern leben die Süßwasserkrabben in Flüssen, Bächen und Teichen. In tropischen Gegenden findet man sie auch in Urwäldern unter feuchten Blätterhaufen oder Steinen. Eine Reihe von Süßwasserkrabben sind so zum Landleben übergegangen und atmen feuchte Luft. In Südamerika, im Kongogebiet in Afrika, auch im Kaukasus gibt es Arten, die sich bis zum Grundwasserspiegel eingraben, so daß sie sich in Trockenzeiten in eine »Wasserkammer« zurückziehen können.

Wie die Flußkrebse übergehen die Süßwasserkrabben bei der Fortpflanzung das Larvenstadium. Aus den unter dem Hinterleib getragenen Eiern schlüpfen zwar winzige, aber völlig ausgebildete kleine Krabben.

Die Lebens- und Verhaltensweisen der Tiere sind so unterschiedlich wie die Umgebung, in der sie leben. Auch die Formen des Brustpanzers weichen stark voneinander ab. Normalerweise sind die Tiere breiter als lang und oval, können aber auch einen runden oder gar rechteckigen Panzer haben.

Italienische Flußkrabbe
(Potamon fluviatile), engl. freshwater crab, franz. crabe d'eau douce, ital. granzo tenere
In einigen Binnengewässern Italiens, speziell in den Seen von Albano und Nami, ist diese Flußkrabbe mit rundem Brustpanzer heimisch. Sie lebt in seichtem Wasser zwischen Baumwurzeln und Steinen. Genutzt wird sie nur lokal. Vorzugsweise wird sie direkt nach der Häutung, wenn sie also ganz weich ist, gefangen und verzehrt.

TIEFSEEKRABBEN *(Geryonidae)*

Rote Tiefseekrabbe *(Geryon quinquedens), engl. deep sea red crab*
Zu der relativ kleinen, eigenständigen Familie der Tiefseekrabben

Die Wollhandkrabbe ist in China — dort Shanghai Crab genannt — eine Delikatesse. Bei uns wird sie nur gering geschätzt. Die zwischen Süß- und Salzwasser wechselnde Krabbenart hat ihren Namen von den »wolligen Handschuhen« über den Scheren der Männchen (bei den Weibchen sind sie kaum zu erkennen). So richtig zur Geltung kommen die Handschuhe aber nur im Wasser (rechtes Bild).

(Geryonidae) gehört diese kräftig rote Krabbe. Die starken Beine machen das Tier zu einem guten Läufer. Der Panzer ist eher rundlich und weist, wie der Artname schon andeutet, fünf stumpfe Zähne auf. Am Stirnrand befinden sich außerdem vier spitze, stachelartige Zähne. Der Brustpanzer wird maximal 18 cm breit. Tiefseekrabben bevorzugen gleichmäßig kaltes Wasser und schlammigen Boden, gelegentlich auch steinigen Untergrund. Sie sind an der amerikanischen Atlantikküste zwischen Nova Scotia und Brasilien verbreitet.

Wirtschaftlich gesehen, hat die Tiefseekrabbe keine große Bedeutung, wenngleich sie seit einigen Jahren auch planmäßig gefangen wird. Ihr Fleisch gleicht in Geschmack und Aussehen dem der King Crab.

Im Ostatlantik kommt eine ähnliche Tiefseekrabbe, *Geryon maritae,* vor. Im heutigen Namibia wird eine andere Art, *Geryon chuni*, kommerziell gefangen und in erster Linie nach Japan exportiert.

SPRINGKRABBEN *(Grapsidae)*

Tropische Springkrabbe

(Grapsus grapsus), engl. rock crab

Eine mittelgroße Krabbenart mit rundlichem Panzer, deren Augen an der Stirn relativ eng zusammenstehen. Die Scheren sind im Verhältnis zum Körper ziemlich klein und haben löffelartige Fingerspitzen. Sie dienen zum Abkratzen von Algenbewuchs. Die Tropische Springkrabbe ist nämlich eine der wenigen Krabben, die in der Brandungszone leben. Sie ernährt sich dort von den Algen, mit denen die Klippen und Steine bewachsen sind.

Die Springkrabbe lebt an den Ost- und Westküsten Mittel- und Südamerikas, von Südkalifornien bis Chile, von Florida bis Brasilien. Springkrabben sind schwer zu fangen und haben deshalb nur lokale Bedeutung, insbesondere als Köder beim Octopus-Fang.

Wollhandkrabbe *(Eriocheir sinensis), engl. chinese mitten crab, franz. crabe chinois*

Die Wollhandkrabbe — sie hat ihren Namen von den dick bepelzten Scheren der Männchen — gehört zu den Arten, die unbeschadet zwischen Salzwasser, Süß- und Brackwasser wechseln können. Das hängt damit zusammen, daß sie den Salzgehalt ihres Blutes selbst auf einer gewissen Höhe halten können, unabhängig vom jeweiligen Wasser, das sie umgibt.

Regelmäßig in jedem Jahr wandern etwa ab Juli alle Männchen, die eine Körperbreite von mindestens 45 mm haben, zum Meer. Sie legen dabei pro Tag 8 bis 12 km zurück. Gibt es im Wasser Hindernisse (Wehre und dergleichen), so gehen sie auch kurzfristig über Land. Am Unterlauf und an den Mündungen der Flüsse angelangt, bilden sie eine regelrechte Sperre, die von den etwas später eintreffenden Weibchen passiert werden muß. Dabei findet die Paarung statt. Die Jungen schlüpfen im folgenden Jahr im Mai bis Juni. Nach der Brutpflege gehen die Muttertiere meist ein. Die jungen Wollhandkrabben entwickeln sich im Wasser in Küstennähe. Bereits im letzten Larvenstadium, nach drei Monaten, wandern die Tiere in die Mündungsgebiete der großen Flüsse, und die sich dort entwickelnden Jungtiere wandern dann ihrerseits mit zunehmendem Alter immer weiter flußabwärts.

Diese in chinesischen Gewässern beheimatete Krabbenart wurde vermutlich um 1912 in die Nordseehäfen eingeschleppt. Von da aus eroberte sie Flüsse und Kanäle und ist jetzt in Frankreich, Belgien, Holland, Deutschland und Skandinavien verbreitet. Da die Tiere sich stark vermehren und daher in Massen auftreten, sind sie bei uns zu Schädlingen geworden. Sie dezimieren die Süßwasserfischbestände empfindlich, fressen auch gefangene Fische in Netzen und Reusen und durchwühlen außerdem Deiche und Dämme an der Küste.

Früher wurden die Wollhandkrabben meist an den Wehren in Fallgruben gefangen, heute werden sie vorwiegend durch elektrische Zäune aufgehalten, die quer durch die Flüsse gelegt werden. Die meisten der so gefangenen Tiere werden zu Düngemehl verarbeitet. Wollhandkrabben werden allerdings nur noch in sehr geringem Umfang gefischt.

Versuche, die Wollhandkrabbe in Deutschland zu vermarkten, blieben erfolglos. Bis vor etwa 10 Jahren wurde sie noch angeboten, doch Abnehmer waren nur die China-Restaurants. Heute ist sie auf dem Markt nicht mehr zu finden. In China allerdings gilt sie als Leckerbissen.

Wegen ihrer auffallenden blauen Färbung wird die Karibische Landkrabbe *(Cardisoma guanhumi)* vor allem in Florida auch Blue Land Crab genannt. Ihr zartweißes und leicht süßliches Fleisch ist sehr delikat und hält einem Vergleich mit dem ihrer meeresbewohnenden Namensvetterin, der Blaukrabbe, ohne weiteres stand. Bisweilen, vor allem um die Weihnachtszeit, haben Pariser Restaurants die Karibische Landkrabbe auf ihren Speisekarten. Sie wird aus den Antillen importiert.

LANDKRABBEN *(Gecarcinidae)*

Zur Familie der *Gecarcinidae* gehören 17 Arten. Diese Krabben haben den Übergang vom Meerwasser zum Land vollzogen. Die Kiemenhöhle ist bei den höchstentwickelten Arten zu einer Art Lunge umgebildet. Zur Fortpflanzung müssen sie jedoch das Meer aufsuchen, da ihre Larven sich nur im Wasser entwickeln. Ansonsten können sie bis ins Landesinnere vordringen. Bei ihren Wanderungen werden sie auch meist gefangen.

Die Landkrabben sind in allen tropischen Ländern verbreitet. Sie sind vorwiegend Vegetarier, fressen aber auch Aas, so daß sie in manchen Gegenden geradezu als »Räumungstrupp« angesehen werden.

Tropische Landkrabbe

(Cardisoma), engl. land crab, franz. crabe terrestre, span. cangrejo terrestre

Die Gattung *Cardisoma* ist mit sieben Arten von den Kapverdischen Inseln bis Angola, von Florida bis Brasilien, an der Westküste Mittel- und Südamerikas und im tropischen indopazifischen Raum verbreitet. Die Krabben graben sich tiefe Erdlöcher, in denen sie sich am Tag verbergen. Nachts gehen sie auf Nahrungssuche und unternehmen dabei zum Teil weite Wanderungen. Im Umkreis ihrer Höhle rennen sie auf Blätter und herabgefallene Früchte zu.

Die eiertragenden Weibchen wandern bei Vollmond in großen Scharen zum Meer, um ihre Larven ins Wasser abzuschütteln. Der Vollmond signalisiert ihnen dazu den günstigsten Zeitpunkt, weil dann die Flut besonders hoch aufläuft. Die Paarung und die Entwicklung der Eier findet zwar an Land statt, die Larven entwickeln sich jedoch nur im Meerwasser.

Das Fleisch der Tropischen Landkrabbe ist sehr schmackhaft. Dennoch hat sie wirtschaftlich nur lokale Bedeutung.

Karibische Landkrabbe *(Cardisoma guanhumi), engl. blue land crab, auch white oder mulatto crab, franz. »tourlourou« (Antillen), span. cangrejo azul*
Das Fleisch dieser sehr großen Landkrabbe ist zartweiß und süßlich und wird mit dem der Blaukrabbe verglichen. Im Süden Floridas, wo es bis in die fünfziger Jahre die Tiere in großen Mengen gab, so daß sie bei ihren Wanderungen regelrecht die Straßen versperrten, fängt man Exemplare bis zu 500 g Gewicht. Der Rückenpanzer der Landkrabbe wird bis zu 9 cm lang und 15 cm breit. Die Scheren, vor allem die der Männchen, sind kräftig ausgebildet. Die Krabbe kommt von Florida über die Karibischen Inseln bis Brasilien vor. Sie lebt bis zu 2 km landeinwärts auf Feldern, in Wäldern und auf bewachsenen Hügeln, in selbstgegrabenen, bis zu 2 m tiefen Erdhöhlen. Von Eingeborenen werden die Landkrabben in Käfigen gehalten und mit Mais, Bananen und Palmensamen gemästet. Im allgemeinen sind die Tiere schwer zu fangen, doch wandern die Weibchen, wie bei allen *Cardisoma*-Arten und wie bei der zuvor beschriebenen Tropischen Landkrabbe, bei Vollmond in großen Scharen zum Meer, eine günstige Gelegenheit, ihnen nachzustellen.

Gemeine Landkrabbe *(Gecarcinus ruricola), engl. red land crab, franz. »tourlourou« (Antillen)*
Diese auf allen Karibischen Inseln verbreitete Landkrabbe lebt weit von der Küste entfernt auf Hügeln und Bergen in selbstgegrabenen Höhlen. Ihr trapezförmiger bis quadratischer Panzer mißt durchschnittlich 9 cm. Beide Scheren sind gleich stark entwickelt, die vier hinteren Beinpaare enden in spitzen Klauen. Gefangen und gegessen wird sie vorwiegend in den Herbstmonaten, weil sie dann am besten schmeckt.
Eine verwandte Art im Indopazifik, *Gecarcoidea lalandii*, ist ein ausgesprochenes Tagtier. Nur zur heißesten Tageszeit oder bei Dauerregen ziehen sich diese Landkrabben in ihre Höhlen zurück. Andere verwandte Arten kommen auf Inseln des Pazifiks und des Atlantiks vor. Sie haben ähnliche Lebensweisen wie *Gecarcoidea lalandii*, sind zum Teil jedoch reine Nachttiere.

REITER- ODER RENNKRABBEN *(Ocypodidae)*
Die hochentwickelten Krabben dieser Familie können mit ihren staksigen Beinen äußerst schnell, und zwar seitwärts, laufen. Sie bevölkern tropische und subtropische Sandstrände und graben bis zu 2 m tiefe Höhlen. Die Männchen mancher Arten bauen zur Paarungszeit, als Signale für die Weibchen, hohe Sandpyramiden. Mit ihren Augen, die auf zusammenklappbaren Stielen sitzen, können Reiterkrabben übrigens sehr gut sehen.

Winkerkrabbe *(Uca), engl. fiddler crab, franz. crabe violiniste*
Die Gattung *Uca* ist mit etwa 65 Arten an den Küsten aller warmen Meere vertreten. Ihr Name ist auf ihr auffälliges Liebeswerben zurückzuführen; mit der im Verhältnis zur Freßschere übergroßen Winkschere, die nur die Männchen besitzen, werden Balzgesten vollführt. Jede Winkerkrabben-Art macht das auf ihre eigene Weise. Die einen kreisen ihre Winkscheren rhythmisch hoch über dem Körper, andere vollbringen damit, zusammen mit ihren Stelzbeinen, wahre Ballettkunststücke. Auch für wirksame Drohgebärden, etwa bei der Verteidigung des Höhleneingangs, benutzen die Männchen ihre Winker. Die Weibchen dagegen haben nur zwei gleichgroße Freßscheren. Als Leckerbissen sind nur die Winkscheren der Krabben interessant. Sie enthalten das beste Fleisch. In Andalusien ist es üblich, bei den Männchen der dort vorkommenden Art *Uca tangeri* lediglich die große Schere abzubrechen und die Tiere wieder freizulassen. Im Lauf eines Jahres wächst die Schere wieder nach, wenn auch etwas kleiner.
Das Scherenfleisch findet Verwendung bei der Zubereitung von Hors d'œuvre. In Japan werden Winkerkrabben eingesalzen und als Beilage zu Reis serviert.

Atlantische Landkrabbe *(Ucides cordatus), engl. mangrove crab, franz. mangrove crabe*
Eine im tropischen Osten Amerikas verbreitete Landkrabbe. *Ucides occidentalis,* eine ähnliche Art, kommt auch an der Westküste Amerikas, zwischen Südkalifornien und Peru, vor. Das Fleisch dieser Krabbe wird besonders geschätzt. Die Eingeborenen lassen die Krabbe allerdings vor der Zubereitung einige Tage hungern, weil sie sich auch von dem giftigen Manzanillo-Baum ernährt.

Andere Krebstiere

Ein Drittel aller Krustazeen, das sind etwa 10000, gehören zu den Zehnfußkrebsen, den Dekapoden. Sie bilden die uns bekannteste Gruppe der Krebstiere, da zu ihnen die berühmtesten und am weitesten verbreiteten eßbaren Krustentiere gehören. Im folgenden sollen einige der nicht zu den Dekapoden gehörenden, weniger bekannten, doch ebenfalls eßbaren Krebstiere erwähnt werden, deren berühmtester Vertreter sicher der Heuschreckenkrebs ist.

HEUSCHRECKENKREBSE
(Stomatopoda)

Gemeiner Heuschreckenkrebs, auch Fangschreckenkrebs *(Squilla mantis), engl. mantis shrimp, franz. squille, prie Dieu, ital. canocchia, pannocchia, cicala di mare, span. galera, castañeta, holl. sprinkhaankreeft, jap. shako, philipp. tatampal, palpatok, chin. taan ha*
In der Familie der *Squillidae*, zu der auch dieser größte nicht zu den Dekapoden gehörende Krebs des Mittelmeers zählt, gibt es viele verschiedene Arten. Sie haben ihren Namen aufgrund der Ähnlichkeit mit einer Fangschrecke, hier im besonderen mit der Gottesanbeterin *(Mantis religiosa)*. Diese Ähnlichkeit entsteht durch die großen, kräftigen, doppelt zusammenlegbaren Fangbeine, die dem ersten Beinpaar der Gottesanbeterin gleichen. Der Brustpanzer des 20 bis 25 cm langen Krebses ist extrem kurz, der Schwanzteil breit und lang. Das zweite Beinpaar, eben das Fangbeinpaar, hat einen kräftigen, klappmesserartigen Mechanismus, mit dessen Hilfe der Heuschreckenkrebs seine Beute (Garnelen, Fische, Weichtiere) fängt.
Er lebt in den Küstenzonen warmer Meere, in Tiefen zwischen 20 und 100 m, und zwar am liebsten auf seegrasbewachsenem, sandigem Schlammboden, in den er sich auch eingräbt.
Gefangen werden Heuschreckenkrebse nachts mit schweren Schleppnetzen, besonders an der italienischen Küste. In Südostasien werden hauptsächlich drei Arten gefangen: *Harpiosquilla raphidea* ist die größte und daher entsprechend gefragt, außerdem *Harpiosquilla harpax* und die kleinere *Oratosquilla nepa*.
In Amerika werden Heuschreckenkrebse kommerziell nicht genutzt, obwohl sie sowohl an der Atlantik- wie auch an der Pazifikküste vorkommen. Die Italiener handeln das wohlschmeckende Schwanzfleisch auch unter der für vieles herhaltenden Sammelbezeichnung »Scampi«.

RANKENFÜSSLER
(Cirripedia)
Zu dieser Ordnung der niederen Krebse gehören die Seepocken und Entenmuscheln, von denen in Europa nur letztere eine gewisse kulinarische Bedeutung haben. Seepocken werden nur in Chile gegessen, wo die große *Megabalanus psittacus* von Felsen abgesammelt und dann vermarktet wird.

ENTENMUSCHELN *(Lepadidae, Scalpellidae)*
Dem Laien fällt es schwer zu glauben, daß diese merkwürdig anmutenden Tiere zu den Krustentieren gehören. Denn wie der Name bereits zum Ausdruck bringt, sehen sie eher wie Muscheln aus. Der flache Körper sitzt in einem muschelähnlichen Kalkgehäuse, dieses wiederum auf einem fleischigen Stiel. Sie heften sich an schwimmenden Gegenständen fest, wie Holzplanken oder Seegras und Tang, und können nur in relativ sauberem Wasser leben. Entenmuscheln sind nicht zu verwechseln mit den in Amerika unter demselben Namen gehandelten echten Muscheln.

Große Entenmuschel *(Lepas anatifera), engl. barnacle, goose neck, franz. barnacle, holl. eendenmossel, port. perceve, span. bellota de mar, percebe, ital. balani, pico*

Dieses Mitglied der Krustazeen-Familie sitzt auf einem braunen Stiel, der bis zu 5 cm lang werden kann. Die Große Entenmuschel setzt sich auf Planken, Flaschen und anderen treibenden Gegenständen fest. Gegessen wird nicht die »Muschel« selbst, sondern ihr Stiel. Die etwas lederne äußere Haut ist nach dem Kochen leicht abzulösen.

Felsenentenmuschel
(Pollicipes cornucopia), engl. rock barnacle, franz. pousse-pied, span. percebe
In der Form gleicht sie der Großen Entenmuschel, doch besteht das Kalkgehäuse auf jeder Seite aus mehreren Kalkplatten. Sie ist in der Gezeitenzone wärmerer Küsten zu finden, setzt sich jedoch nicht an freischwimmenden Gegenständen, sondern an Felsen fest. Felsenentenmuscheln werden vor allem in Spanien und Italien gesammelt und auf den Fischmärkten verkauft, es gibt sie aber auch im Pazifik, von den Aleuten bis Chile. In Chile werden sie als Delikatesse gehandelt und kommen dort frisch und als Konserven auf den Markt.

LEUCHTKREBSE
(Euphausiacea)
Die kleinen, nur millimetergroßen Leuchtkrebse könnte man zwar leicht mit Garnelen verwechseln, sie gehören jedoch nicht zu den Zehnfußkrebsen. Man kennt etwa 100 Arten, doch interessiert an dieser Stelle nur *Euphausia superba*, eine Art, die unter dem Namen »Krill« bekannt wurde.
Von den Zehnfußkrebsen unterscheiden sich Leuchtkrebse unter anderem dadurch, daß ihre seitlich liegenden Kiemen nicht vom Panzer bedeckt sind und daß sie keine Scheren besitzen. Die Leuchtorgane, meist zehn, liegen am Grund der Augenstiele, an den Beinen und den Hinterleibsringen. Sie werden, wie beim Leuchtkäfer, durch eine bestimmte Nerventätigkeit zum Leuchten gebracht. Die Lebensweise der Leuchtkrebse ist holoplanktisch, das heißt, sie verbringen ihr ganzes Leben frei im Wasser schwebend. Leuchtkrebse leben in riesigen Schwärmen. Einer der größten jemals von Menschen gesichtete Schwarm wurde in antarktischen Gewässern registriert: Er war mehrere Quadratkilometer groß und etwa 200 m tief und machte insgesamt um die 10 Millionen Tonnen aus. Leuchtkrebse bewohnen das Freiwasser aller Meere. In diesem Lebensraum bilden sie einen wichtigen Bestandteil des Großplanktons.

Krill *(Euphausia superba)*
Der Name »Krill« ging vor mehreren Jahren durch die Presse, als man die ersten Überlegungen anstellte, wie die riesigen Vorkommen für die menschliche Ernährung nutzbar gemacht werden könnten. Die Schätzungen des möglichen jährlichen Aufkommens schwanken zwischen 30 Millionen und 160 Millionen Tonnen. Mit ein Grund dafür, daß es offensichtlich so riesige Mengen Krill gibt, ist, daß viele der Wale, die sich fast ausschließlich von Krill ernähren, stark dezimiert wurden. Mit über 60 Prozent Proteingehalt wäre Krill eine wertvolle Nahrungsquelle für die Menschen. Zur Zeit wird er jedoch hauptsächlich zu Tierfutter verarbeitet, da bisher alle Versuche, Krill auf schmackhafte Weise zuzubereiten, nicht sehr erfolgreich waren. In Japan wird Krill zu einer Krillfleischpaste verarbeitet, in der Sowjetunion gibt es daraus eine »Ozeanpaste«. In Kombination mit Schmelzkäse wird Krill als Brotaufstrich auch in europäischen Ländern erprobt.

Heuschreckenkrebse. Sie haben meist nur lokale Bedeutung, weil die Fangmengen gering sind. Wenn diese schönen Tiere angeboten werden, sollte man sofort zugreifen. Das Schwanzfleisch ist nicht nur außerordentlich schmackhaft, auch der Fleischanteil ist relativ groß. Vermarktet werden sie oft als »Scampi«.

DIE WEICHTIERE

Mollusca

Wenn von den Mollusken die Rede ist, werden fast immer zuerst die Muscheln genannt, obwohl zu der großen Ordnung der Weichtiere so verschiedenartige Gruppen gehören wie Schnecken, Muscheln und Tintenfische. Von der verwirrenden Vielfalt der auf der Erde verbreiteten Mollusken können hier nur die wichtigsten genannt werden. Dabei folgt die gewählte Gruppierung nicht so sehr der zoologischen Systematik, sie orientiert sich vielmehr an den Marktgegebenheiten und der kulinarischen Bedeutung.

Alle Mollusken sind wirbellose Tiere, deren Körper sich in vier Abschnitte unterteilen läßt: den Kopf, der die Mundöffnung und oft hochentwickelte Sinnesorgane wie Tentakeln (Fühlarme) und Augen trägt; den muskulösen Fuß, der der Fortbewegung dient; den Eingeweidesack mit den meisten vegetativen Organen und den Mantel, der die Kiemenhöhle umschließt und die Schale abscheidet. Die Atmung erfolgt bei den Weichtieren durch Kiemen oder durch eine lungenartig ausgebildete Mantelhöhle, wie bei den Lungenschnecken. Mit Ausnahme der Auster sind die Mollusken meist getrenntgeschlechtlich. Bei vielen Muscheln werden Eier und Spermien ins Wasser abgestoßen, wo dann die Befruchtung stattfindet. Die Entwicklung verläuft über Larven, die als Teil des Planktons eine Zeitlang im Wasser schwimmen, dann zum Meeresboden sinken und sich dort weiterentwickeln.

Auffallendstes Merkmal der meisten Mollusken ist das Gehäuse, das nicht nur Schutz und Stabilität verleiht, sondern auch als Ansatzstelle für die Muskeln dient. Es überdauert meist das Leben der Tiere. Oft sind von solchen Tieren nur die Schalen bekannt. Diese Schalen bestehen aus kohlensaurem Kalk, der vom Mantel ausgeschieden wird. Der Kalk wird mit Hilfe der Atmungskohlensäure aus dem Untergrund gelöst und mit der Nahrung aufgenommen.

Das Gehäuse der Mollusken besteht aus drei Schichten: Ganz außen befindet sich eine organische Schicht, die die darunterliegenden Kalkschichten vor Auflösung bei Säureeinwirkung schützt. Dann folgen noch zwei dicke Kalklagen. Die Fülle an Formen und Größen reicht von winzigen millimeterlangen Schalen bis zu dem weit über einen Meter langen Kalkgehäuse der Riesenmuschel, das Zentnergewicht erreichen kann. Dazu kommen die Vielfältigkeit und die Verschiedenartigkeit der Strukturen und Farben, die die Menschen seit alters her faszinieren und dazu veranlassen, die schönsten und reizvollsten zu sammeln, aufzubewahren und zu Schmuckstücken zu verarbeiten. Von den Naturvölkern wurden aus Muschelschalen sogar Gebrauchsgegenstände wie Messer, Löffel, Klingen gefertigt.

MUSCHELN
(Bivalvia)

Mit ihren etwa 8000 Arten sind Muscheln die zweitgrößte Gruppe innerhalb der Weichtiere. Ihr Gehäuse besteht aus zwei Schalen oder Klappen, die am Rücken durch ein Schloßband miteinander verbunden sind. In geschlossenem Zustand bergen die Schalen den Körper der Muschel vollständig. An einer Seite befindet sich zusätzlich ein Schloß, ähnlich einem Scharnier, mit Gruben und Zähnchen an beiden Schalen, die genau ineinandergreifen. Das Schließen der Schalenhälften bewirkt ein Schließmuskel, der in zwei Abschnitte geteilt ist: Der eine kann die Schalen bei hohem Energieverbrauch ganz schnell schließen, ermüdet aber rasch. Der andere Abschnitt kann die so geschlossene Muschel bei geringem Energieverbrauch wochenlang geschlossen halten. Beide Reaktionen sind für das Tier lebensnotwendig: das schnelle Schließen als Schutz gegen Feinde, das Geschlossenhalten als Abwehr bei »Belagerung« und um Gegner (zum Beispiel Seesterne) daran zu hindern, die Schalen auseinanderzuziehen und zu öffnen. Hier ein Beispiel für den Kräfteaufwand: Bei der Auster kann der schnelle Muskelteil 500 g je Quadratzentimeter heben, der Sperrmuskelteil kann dagegen einer Belastung von 12 kg standhalten!
Muscheln sind in der Regel recht unbeweglich. Die meisten bewegen sich mit ihrem Fuß fort, indem sie ihn so weit wie möglich nach vorn strecken, am Untergrund verankern und sich selbst dann langsam nachziehen. Doch gibt es auch festsitzende Arten, die sich überhaupt nicht fortbewegen können, wie Miesmuscheln und Austern. Die Miesmuscheln zum Beispiel verankern sich mit Haftfäden (Byssusfäden) am Untergrund. Dann gibt es noch Arten, die sich in Torf, Holz oder Gestein graben oder bohren. Einige wenige Muschelarten können allerdings auch schwimmen, wie die Kammuscheln bzw. Scallops.

> Strenge Qualitätskontrollen sorgen dafür, daß die bei uns auf den Markt kommenden Muscheln einwandfrei sind. Dennoch sollte man beachten:
> - Rohe Muscheln müssen immer geschlossen sein.
> - Beim Kochen müssen sich die Muscheln öffnen. Tun sie's nicht, sind sie ungenießbar.
> - Muscheln müssen unbedingt frisch verzehrt werden. Ist die Frische nicht gewährleistet, lieber nicht essen!

Muscheln, die besten Filteranlagen der Meere

Ein besonderes Merkmal der Muscheln sind ihre Kiemen. Sie befinden sich in einer Kiemenhöhle, die durch den Mantel gebildet wird. Die Kiemen sind mit feinen Wimpern oder Härchen bedeckt, die das Wasser über die Kiemenoberfläche leiten.
Die Kiemen üben eine Doppelfunktion aus. Zum einen besorgen sie die Atmung, gleichzeitig aber filtern sie das Atemwasser, wobei als Nahrung geeignete Partikel aussortiert und dem Mund zugeführt werden. Diese Filterleistungen sind nach Art und Größe der Muscheln und entsprechend den Umweltbedingungen sehr verschieden. Eine kleine Miesmuschel filtert pro Stunde bei 14°C Wassertemperatur etwa 2 l Wasser, die Europäische Auster bei 15°C bereits 12 l und die Amerikanische Auster bei 20°C über 18 l, bei 24°C sogar mehr als 37 l Wasser pro Stunde. Durch diese enorme Filterleistung wird das Wasser von Sink- und Abfallstoffen gesäubert. Die Muscheln erfüllen auf diese Weise als »Gesundheitspolizei« des Meeres eine wichtige Aufgabe für alle Lebewesen. Das birgt andererseits für den Menschen, der die Muscheln verzehrt, auch Gefahren. In stark verschmutzten Meeresregionen können die Muscheln durch diese Filtertätigkeit in ihrem Körper gefährliche Stoffe anhäufen, so daß ihr Genuß zu Vergiftungen führen kann. Strenge Kontrollen der kommerziellen Fänge halten dieses Risiko allerdings gering.

MIESMUSCHELN *(Mytilidae)*

Miesmuschel, Pfahlmuschel, Seemuschel
(Mytilus edulis), engl. blue mussel, edible mussel, franz. moule, mouscle, ital. mitilo comune, muscolo, cozza, span. mejillón, mocejone, port. mexilhão

Die blauschwarze Miesmuschel, zwischen 5 und 10 cm lang, war schon den alten Griechen als die eßbare Muschel schlechthin bekannt. Im nördlichen Teil aller Ozeane verbreitet, ist sie ein wahres Geschenk der Natur an den Menschen. Mit ihrem schmackhaften Fleisch stellt sie ein hochwertiges Nahrungsmittel dar, das reichlich Mineralsalze, Eisen, die Vitamine A, B, C, D und viel Eiweiß enthält. Wo keine Muscheln vorkommen, können sie fast immer künstlich in »Muschelgärten« gezüchtet werden.
Von Natur aus liegt ihr Lebensraum zwischen 10 m Tiefe und der Wasseroberfläche. Man findet sie auf Steinen, Pfählen und anderen natürlichen Unterlagen. Häufig gibt es an Meeresküsten mit Flachwasser riesige Muschelpolster, die sich über mehrere Quadratkilometer erstrecken können.
Die Miesmuschel sitzt oder steht nicht mit ihrem Fuß auf dem gewählten Standort, sie heftet sich mit Byssusfäden an. Byssus ist eine breiartige Substanz, die in einer an der Fußbasis liegenden Drüse erzeugt wird. Zu Fäden versponnen, wirkt die Masse hornartig und widersteht auch starkem Zug. Will sich die Miesmuschel festheften, so drückt sie ihre Fußspitze an den gewählten Untergrund. Dabei tritt ein klebriges Sekret aus, von dem mit dem Fuß eine Haftscheibe geformt wird. Mittels der Drüse wird dann ein Byssusfaden nach dem anderen produziert und an die Scheibe geklebt.
Heute werden die robusten und sehr anpassungsfähigen Schaltiere fast überall in künstlichen Anlagen gezüchtet. Da sie sich ungeheuer stark vermehren — eine einzige Muschel kann zwei- bis dreimal im Jahr 5 bis 12 Millionen Eier zur Befruchtung ins Wasser ablegen — gibt es bei der Aufzucht kaum Probleme.
Gemessen an den hervorragenden Marktverhältnissen in Europa ist der Muschelverbrauch in den USA und in Kanada vergleichsweise gering. Hier hat man sich mehr auf den Versand von lebendfrischen Muscheln eingestellt.
Da Muschelfleisch in seiner Verwendung sehr vielseitig ist und obendrein ein sehr preiswertes Nahrungsmittel, ist anzunehmen, daß der Verbrauch auch in den USA noch steigen und der Markt sich somit erheblich ausweiten wird.

Verwandte der Miesmuschel

Innerhalb der Mytilidae-Familie unterscheidet man mehrere Gattungen und Arten, die weltweit verbreitet sind, doch in manchen Gebieten konzentriert vorkommen. Vorwiegend an der Pazifikküste, vom südlichen Alaska an, ist *Mytilus californiensis* verbreitet, in Südostasien herrscht die 8 bis 10 cm lange, leuchtend grüne *Mytilus smaragdinus* vor. Dort wird die Muschel, nach dem Kochen, auch getrocknet und dann erst gebraten oder eingelegt. Die Thailänder lieben es, die getrockneten Muscheln mit Zucker zu überziehen, bevor sie sie braten.
Im Mittelmeergebiet gibt es hauptsächlich *Mytilus galloprovincialis*, die Blaubart- oder Seemuschel. Daneben findet man dort aus dieser Familie die Bartmuschel *(Modiolus barbatus)*, auch bärtige Miesmuschel genannt, die auf ihren dunklen Schalen einen Bart hat, der den breiten Hinterrand der Schale weit überragen kann.
Eine weitere interessante Muschel des Mittelmeergebietes ist die Stein- oder Meerdattel *(Lithophaga lithophaga)*. Sie ätzt mit Hilfe von Säuredrüsen Löcher in Kalkstein, in denen sie dann lebt.

Von Muschelgärten und Muschelsaat

Wo immer Muscheln in Kulturen gezüchtet werden, spricht man von sogenannten »Muschelgärten«. Je nach Beschaffenheit der Küste können die Muschelgärten auf unterschiedliche Weise angelegt werden. Es gibt jedoch zwei Hauptmethoden, die je nach Gegebenheiten abgewandelt werden: Entweder sitzen die Muscheln an ins Wasser gehängten Seilen oder in den Meeresboden gerammten Pfählen fest, so daß sie also frei im Wasser zwischen Wasseroberfläche und Meeresboden heranwachsen, oder sie werden auf dem Meresboden »ausgesät«. In Holland wird ausschließlich letztere Methode angewendet, in Spanien werden dicke Taue ins Wasser gehängt, in Italien sind es Gras- oder Hanfseile, und in Frankreich werden Pfähle oder Sträucher in den Meeresboden gerammt.
Die niederländische Methode der Kultivierung gilt als die fortschrittlichste. Ausgangspunkt für die Zucht ist dort die sogenannte »Muschelsaat«. Wenn sich die zunächst frei im Wasser schwimmenden Larven als kleine Muscheln auf dem Meeresboden festsetzen, entstehen regelrechte Muschelsaat-Bänke. Die Meeresströmungen, die die winzigen Muscheln an bestimmten Plätzen zusammentreiben, wo sie sich dann aneinander festsetzen, spielen bei der Bildung dieser Bänke eine entscheidende Rolle.
Zweimal im Jahr, im Mai und im September/Oktober, wird die Muschelsaat zum Fang freigegeben. Jedem der lizensierten Muschelzüchter wird dafür ein bestimmtes »Revier« zugeteilt. Die so erbeutete Muschelsaat wird dann zunächst im Flachwasser auf dem Meeresboden »ausgesät«; später, wenn die Muscheln eine Größe von 3 bis 4 cm erreicht haben, versetzt man sie in tieferes Wasser. Jeder Züchter hat seine eigenen »Parzellen«, die er für die Zucht vom Staat gepachtet hat.
Haben die Muscheln ihre Marktgröße (5 bis 7 cm) erreicht, werden sie mit Schleppnetzen vom Meeresboden geholt und dann in sogenannte »nasse Lagerhäuser« gebracht. Das sind von den Händlern gepachtete Meerwasser-»Parzellen« an der Küste. In dieser wichtigen Zwischenstation brauchen die Muscheln zwischen 8 Stunden (im Sommer) und 24 Stunden (im Winter), um Sand und sonstige Verunreinigungen, die durch den Fang mit dem Schleppnetz in die Muscheln gelangt sind, wieder auszuscheiden. Je nach Herkunft und Qualität der Muscheln können die Lagerzeiten zwischen einer und drei Wochen variieren. Die Hälterung garantiert also nicht nur die gute Qualität der Muscheln, sondern ermöglicht auch, zusammen mit den modernen Kühlmöglichkeiten und Kühltransporten, eine fast kontinuierliche Belieferung der Abnehmer. Die alte Regel, man solle Muscheln nur in den Monaten mit einem »r« essen, bezieht sich auf eine mögliche Muschelvergiftung, die nur in den Sommermonaten auftreten kann: Hochgiftige Panzergeißelalgen (Dinoflagellaten), die die Muscheln als Filtrierer mit dem Wasser aufnehmen, können eine gefährliche Giftkonzentration in ihnen bewirken. Das Risiko einer Muschelvergiftung war früher allerdings, als noch schlechte Lager- und Transportbedingungen hinzukamen, um einiges größer als heute.

In Neuseeland in großen Mengen gefangen und vermarktet wird die grüne *Perna canaliculus.* Die wohlschmeckende Miesmuschel aus der Mytiliden-Familie erobert sich zunehmend den Weltmarkt.

Muschelbauern nennt man die holländischen Erzeuger in der Scheldemündung. Die Aqua-Bodenkultur hat tatsächlich mit der Fischerei nicht mehr viel gemein, wenngleich das Sammeln der winzigen »Muschelsaat«, das »Aussäen« und »Ernten« mit dem Schiff besorgt werden.

Exportartikel Miesmuschel

Von einem einzigartigen »Bodenschatz« sprechen die Niederländer im Zusammenhang mit ihren ausgedehnten Muschelkulturen. Ein wirtschaftlich bedeutender Exportartikel sind die holländischen Qualitäts-Miesmuscheln allemal.
Muscheln werden zwar in vielen Teilen der Welt gezüchtet, doch in großem Rahmen nur in Europa. Spanien liegt mit etwa 150000 t pro Jahr an erster Stelle, gefolgt von Holland mit jährlich etwa 100000 t. In Europa kommen pro Jahr insgesamt etwa 300000 t Miesmuscheln auf den Markt. Davon verspeisen allein die Franzosen 80000 t.
Holland exportiert in erster Linie nach Frankreich und Belgien, Spaniens Muscheln landen hauptsächlich in den Kochtöpfen Italiens. Die Holländer selbst schätzen ihren Muschel-Segen offensichtlich nicht besonders; fast die gesamte Muschelernte wird, frisch oder konserviert, exportiert.

Yerseke ist das Muschelzentrum Hollands, und die Methode der Kultivierung sicher die fortschrittlichste. Holländische Miesmuscheln sind zu einem Qualitätsbegriff geworden — nicht zuletzt, wie auch in Spanien, durch konsequente staatliche und freiwillige Gesundheitskontrollen.

Mit schweren Schleppnetzen werden die Muscheln vom Meeresboden geerntet. Diese Methode wurde so perfektioniert, daß ein Schiff mit nur zwei Mann Besatzung innerhalb von drei Stunden mehrere Tonnen ernten kann.

Galizien, im Nordwesten Spaniens, ist heute der größte Muschelproduzent des Landes. Bis zu 8 m lange, starke Taue werden mit Muschelsaat besetzt und dann mit einer Art Mullbinde, hauchdünn und großmaschig, umwickelt. Von verankerten Flößen werden die Taue dann ins Wasser versenkt.

Eine arbeitsintensive Methode ist die Muschelzucht an Tauen, denn während ihres Wachstums müssen die Muscheln zwei- bis dreimal umgesetzt werden. Wenn sie etwa 3 cm lang sind, werden sie zum ersten Mal von den Tauen gepflückt und auf neue versetzt, an denen sie wiederum festgewickelt und ins Wasser gehängt werden.

Muschelzucht in Spanien

Muscheln an Tauen hängend zu züchten, ist eine Methode, die sich in den an norwegische Fjorde erinnernden »Rías« der spanischen Atlantikküste besonders gut anwenden läßt. Die geschützte Lage dieser ruhigen Meeresbuchten und der ständige Wasseraustausch durch Ebbe und Flut begünstigen auch die Bildung von Plankton, der Hauptnahrung der Muscheln. Heute gibt es an der Küste Galiziens über 3000 festverankerte Flöße, an denen die mit Muscheln besetzten Taue hängen. Aufgrund der außerordentlich günstigen Lebensbedingungen wachsen die Muscheln in den Rías sehr schnell, so daß sie — nach zwei- bis dreimaligem Umsetzen während ihres Wachstums — bereits nach 8 bis 9 Monaten die handelsübliche Größe, das sind 7 cm Länge oder mehr, erreicht haben. Eine Größe, zu der die Muscheln andernorts, beispielsweise in Kanada oder England, 4 bis 5 Jahre brauchen.
Die dann um die 120 kg schweren Taue werden in die Boote gehievt und abgeerntet. Muscheln, die frisch auf den Markt kommen sollen, werden gleich an Bord gewaschen und meist auch verpackt. Die anderen werden in die Konservenfabriken an der Küste gebracht, dort gekocht, sortiert und anschließend von Hand geschält. Dieser Arbeitsgang wird grundsätzlich nicht maschinell ausgeführt, da das zarte Muschelfleisch sehr empfindlich ist.

An den verankerten Flößen hängen die Taue frei im Wasser, ohne den Meeresboden zu berühren. Die ruhigen und geschützten Meeresbuchten an der spanischen Atlantikküste, die Rías, mit ihrem ständigen Wasseraustausch durch Ebbe und Flut, bieten den Muscheln ideale Wachstumsbedingungen.

In großen Metallkörben werden die schweren Taue an Bord gehievt, wenn die Muscheln die handelsübliche Größe erreicht haben, d. h., mindestens 7 cm oder größer sind. Die spanischen Muscheln wachsen schneller und werden meist größer als ihre holländischen oder amerikanischen Verwandten an der Küste von Maine.

Gewaschen werden die Muscheln gleich an Bord. Dafür gibt es schonend und mit Meerwasser arbeitende Maschinen. Frei von Sand sind die spanischen Muscheln ohnehin, da sie nicht mit dem Meeresboden in Berührung kommen.

Qualitätsmuscheln werden sortiert — nicht nur wie hier in Spanien, auch in Holland oder an der amerikanischen Ostküste. Nicht ausreichend entwickelte Exemplare werden am Fließband von Hand entfernt.

In Neuseeland geht es wesentlich moderner zu, wenngleich die Methode dieselbe ist wie in Spanien. Die ruhigen, kristallklaren Gewässer der inselreichen Marlborough Sounds zwischen der Nord- und Südinsel bieten, mit ihren günstigen, durch die Gezeiten bedingten Strömungen, ideale Voraussetzungen für diese Art der Kultivierung. An sogenannten »Longlines«, die sich direkt unter der Wasseroberfläche befinden, und an den daran vertikal ins Wasser hängenden langen Tauen wachsen die grünen Miesmuscheln Neuseelands in etwa 18 Monaten zu ihrer Marktgröße von 10 cm heran.

AUSTERN *(Ostreidae, Pteriidae, Malleidae)*

Unter den Schaltieren nimmt die Auster, kulinarisch gesehen, einen herausragenden Platz ein. Allein die Erwähnung dieser unscheinbaren, fast unansehnlichen, grauweißlichen bis graugrünlichen, schuppigen Muschel läßt die Herzen aller Feinschmecker höher schlagen. Als »Zierde des Meeres« haben Dichter sie besungen, Festivals werden ihr zu Ehren veranstaltet. Von Casanova wird berichtet, daß er jeden Abend mindestens 50 Austern verspeist haben soll. Das sich seit alters her hartnäckig haltende Gerücht, der Genuß von Austern sei mit sehr anregenden Nebenwirkungen verbunden, hat sicher zum Ruhm der Molluske beigetragen. Fest steht, daß Austern überaus nährstoffreich sind. Sie bestehen zwar zu 83% aus Wasser, der Rest hat es jedoch in sich: etwa 9% Eiweiß, 4,8% Kohlenhydrate, 1,2% Fett, die Vitamine A, B_1, B_2, Nicotinamid, Biotin, Folsäure und B_{12}, dazu die Mineralstoffe Kalzium, Magnesium, Zink, Eisen, Jodid und Phosphor. Die Kalorienmenge hält sich dabei mit 71,1 kcal pro 100 g in Grenzen.

Die Geschichte der Auster läßt sich weit zurückverfolgen. Schon in prähistorischer Zeit wurde sie gegessen. Die Chinesen und die genußsüchtigen Römer entdeckten ihren Feinschmeckerwert. Von weither, hauptsächlich aus Gallien und Britannien, wurden die begehrten Muscheln in mit Meerwasser gefüllten Amphoren herangeschafft. Die Römer waren es auch, die — vor nunmehr zweitausend Jahren — damit begannen, Austern in geschützten Meeresbuchten zu hältern. In Frankreich begann man mit Versuchen, Austern künstlich anzusiedeln, erst sehr viel später. Die ersten größeren Zuchtparks wurden im letzten Jahrhundert, nämlich 1858, angelegt.

Durch die Einschleppung der Bonamia-Viren Anfang der 70er Jahre mit den aus Japan eingeführten Felsenaustern (*Crassostrea gigas*) wurden die heimischen Austernbestände an der französischen Küste praktisch total vernichtet. Erst später erkannte man die Bonamia-Krankheit, die durch Zuchtaustern auch nach Holland verschleppt worden war.

Die mehr als hundert in allen gemäßigten und warmen Weltmeeren verbreiteten Austernarten unterscheiden sich zwar in Form, Farbe und Größe, sie haben jedoch alle ungleichmäßige, schuppige Schalen und nur einen Schließmuskel. Mit der linken, flacheren Klappe kitten sie sich auf einem harten Untergrund fest. Ihre Nahrung besteht aus kleinsten pflanzlichen und tierischen Schwebeorganismen (Plankton), die sie mit Hilfe ihrer Kiemen (auch »Bart« genannt) aus dem Atemwasser herausfiltern.

Entgegen der Regel bei Muscheln sind die meisten Austernarten Zwitter. Die männlichen und weiblichen Geschlechtszellen reifen jedoch zu verschiedenen Zeiten. Wann sich eine Auster im männlichen oder weiblichen Stadium befindet, hängt von den Nahrungsverhältnissen und der Wassertemperatur ab. Aus den befruchteten Eiern (eine europäische Auster produziert beispielsweise im Jahr zwischen 600000 und 3 Millionen Stück) schlüpfen Larven, die einige Wochen als Plankton im Wasser umherschwärmen, ehe sie Schalen bilden und sich auf einem harten Untergrund festkitten. An geeigneten felsigen Stellen können so riesige, aus Millionen von Tieren bestehende Austernbänke entstehen.

Nach ungefähr drei Jahren sind die Austern ausgewachsen. In planktonreichen Meeresregionen brauchen sie dazu allerdings nicht ganz so lange. Einige Austernarten können bis zu 30 Jahre alt werden.

Bis hierher war nur die Rede von den eigentlichen oder echten Austern, den *Ostreidae*. Unter dem kommerziellen Sammelbegriff »Austern« werden aber auch andere, den Austern ähnelnde Muscheln zusammengefaßt, die mit den echten Austern eigentlich nichts zu tun haben. Das sind zum Beispiel die Perl- oder Vogelmuscheln *(Pteriidae)* oder die Hammermuscheln *(Malleidae)*, auch Hammeraustern genannt. Da sie als solche vermarktet werden, sehen sie auch in diesem Buch bei den Austern.

Arcachon an der französischen Atlantikküste ist ein traditionsreiches Austernzentrum. Hier gibt es ausgedehnte Austernparks, aus denen die als »Gravettes d'Arcachon« gehandelten flachen Rundaustern kommen. Aber auch viele »Marennes«-Austern stammen eigentlich aus Arcachon, wo sie in den Parks bis zu ihrer Marktgröße heranwachsen, ehe sie in den Claires von Marennes gemästet, verfeinert und »gegrünt« werden.

Aufwendig und langwierig: Die Austernzucht

Die Austernzucht ist eine zeitaufwendige, arbeitsintensive Angelegenheit. Drei bis vier Jahre dauert es und 35 verschiedene Arbeitsgänge sind erforderlich, ehe eine Auster marktreif ist.

Am Anfang steht das »Einfangen« der winzigen Larven, die sich nach dem Ablaichen (in den Monaten Juni bis August) einige Zeit frei im Wasser schwimmend bewegen, ehe sie einen Ankerplatz suchen. Dabei helfen ihnen die Austernzüchter, indem sie ihnen geeignete Plätze in Form von sogenannten »Kollektoren« anbieten. Das können mit Kalk überzogene Schieferplatten oder Dachziegel, auf Drähten aufgereihte Muschelschalen, Plastikstäbe und -würfel sein.

Nach etwa acht Monaten werden die jungen Austern von den Kollektoren abgepflückt und in sogenannte »Austernparks« gebracht. Das sind abgesteckte, oft durch niedrige Gitter gegen Stürme und natürliche Austernfeinde (wie Krabben, Seesterne, Raubschnecken, Tintenfische) geschützte Parzellen in der Gezeitenzone, durch die planktonreiches Wasser fließt. Die Jungaustern werden entweder frei, in flachen Drahtkästen oder in grobmaschigen Plastiksäcken auf dem Meeresboden, manchmal auf flachen Stellagen, ausgelegt. Hier verbleiben sie zwei bis drei Jahre, bis sie ihre Marktgröße erreicht haben. In dieser Zeit müssen sie gehegt und gepflegt werden. Sie dürfen nicht zu dicht zusammenwachsen, Algenbewuchs und Miesmuscheln müssen entfernt werden.

Nun kann eine weitere Station folgen — bei den französischen »Marennes« oder »Fines de Claires« beispielsweise ist das ein Muß —, das Mästen und Verfeinern in den sogenannten »Claires«, flachen Becken oder ehemaligen Meeressalinen, in denen das Wasser sehr planktonreich, aber nicht mehr so salzig wie in den Parks ist. Innerhalb weiterer zehn bis zwölf Monate erreichen die Austern hier ihre optimale Qualität und ihren »typischen« Geschmack, der von den Wasser- und Nahrungsbedingungen in den jeweiligen Claires abhängt. Die berühmtesten Claires sind die im französischen Marennes, die den Austern nicht nur einen feinen nußartigen Geschmack verleihen, sondern auch eine zarte grüne Farbe. Sie wird durch eine kupferhaltige Kieselalge, von der sich die Austern dort vorwiegend ernähren, hervorgerufen.

Zum Schluß, bevor die Austern verkauft werden, müssen sie noch für einige Tage in saubere, von den Behörden ständig überprüfte Bassins, in denen sie auch Sand und sonstige Verunreinigungen ausscheiden können. In Marennes »lernen« die Austern in diesen Becken auch gleich, wie sie bei Trockenheit überleben können. Dazu werden die Bassins nachts entleert. Die Tiere »begreifen« schnell, daß sie ihre Schalen dann hermetisch geschlossen halten müssen, damit nichts von dem in der Schale gespeicherten Wasser verlorengeht. Dieses »Training« ist wichtig für den Transport und die anschließende Lagerung, die so — bei entsprechender Kühlung — bis zu zwei Wochen dauern kann.

In Europa liegt die traditionelle Austernsaison in den Monaten mit »r«, sie dauert also von September bis April. In anderen Teilen der Welt ist das aufgrund der unterschiedlichen saisonalen Gegebenheiten natürlich anders.

Austernzucht wird heutzutage an den Küsten der meisten Industrieländer betrieben. Führend auf diesem Gebiet sind die USA, gefolgt von Japan, Frankreich, Dänemark, Holland, England, Irland, Australien, Neuseeland und Kanada. Nur 20% der amerikanischen »Produktion« werden roh gegessen, der Rest wird auf verschiedene Art konserviert — geräuchert, tiefgefroren, sogar luftgetrocknet, vorwiegend jedoch zu Konserven verarbeitet. In Europa ist dieses Verhältnis gerade umgekehrt. Hier werden gute 80% lebend-frisch verzehrt.

»Huîtres creuses« aus Frankreich, wie diese aus der Bretagne, sind immer Felsenaustern der Gattung *Crassostrea*; entweder die heimischen »Portugaises« oder die seit den 60er Jahren eingebürgerten pazifischen »Japonaises«.

Europäsische Auster *(Ostrea edulis), engl. flat oder plate oyster, common oyster, franz. huître plate, norw. østers, schwed. ostron, dän. Europaeisk østers, holl. oester, span. ostra, ostion, port. ostra, ital. ostrica*
Bis in die Nachkriegszeit hinein deckte diese flache, annähernd runde Auster in Deutschland und in den nordeuropäischen Staaten fast den gesamten Bedarf der Gastronomie und der privaten Verbraucher. Inzwischen sind die Bestände dieser Auster, als Folge der Bonamia-Krankheit, an der Atlantik- bzw. der Nordseeküste außerordentlich zurückgegangen. Von den Konsumenten wurde das jedoch kaum bemerkt, denn die Austernzüchter glichen diesen Mangel schnell durch englische und irische Austern aus, sowie durch die inzwischen nach Europa gebrachte Pazifische oder Japanische Auster (*Crassostrea gigas).*
Die Europäische Auster wird zwischen 5 und 12 cm groß. Nach etwa drei Jahren ist sie erwachsen, sie wächst jedoch nicht so schnell wie die ebenfalls in Europa heimische Portugiesische Felsenauster. Ihre Färbung ist sehr unterschiedlich und reicht von hellen Grau- und Grüntönen bis zur Sandfarbe. Farbe, Form und Größe ebenso wie der Geschmack des Fleisches werden bei der Auster stark von der Umgebung beeinflußt. Die mineralogische Beschaffenheit des Wassers sowie die verfügbare Nahrung sorgen für unterschiedliche Merkmale. Daher unterscheidet man Austern oft nach ihrer Herkunft. Die Europäische Auster ist auf dem Markt mit einer ganzen Reihe unterschiedlicher Sorten vertreten. Herkunftsorte oder -landschaften geben ihnen die Namen: In Frankreich sind es die Belons, Marennes oder Gravettes d'Arcachon, in Belgien die Ostendes, in Holland die Imperialen, in Dänemark die Limfjords und in Irland Rossmoie-, Red-Bank- oder Galway-Austern. Die Engländer haben ihre Colchester, Helford, Pyefleet und Whitstable oder auch Native Oysters.
Beheimatet ist die mild schmeckende Europäische Auster in der Bretagne. Heute sind die Austernparks dieser französischen Provinz jedoch mehr für die kräftiger schmeckenden Felsenaustern bekannt.

Portugiesische Auster, Felsenauster, früher auch **Arcachon** *(Crassostrea angulata), engl. Portuguese cupped oyster, franz. huître creuse, huître Portugaise, dän. Portugisisk østers, holl. Portugese oester, ital. ostrica di Portugal, span. ostra de Portugal*
Die zweitwichtigste europäische Austernart kommt zwar teilweise in denselben Gebieten wie die vorgenannte Europäische Auster vor, ansonsten unterscheidet sie sich

»Oesterpotten« oder »Verwaterbassins« werden die Klärbecken in Holland genannt, in die sich die marktreifen Austern — wie die abgebildete »Imperial« — noch für einige Tage in »Quarantäne« begeben müssen, ehe sie verkauft werden. Hier im holländischen Yerseke werden die Bassins mit dem Wasser der Oosterschelde gespeist. Sie dienen gleichzeitig der Lagerung, die bis zu eineinhalb Monate dauern kann.

jedoch deutlich von dieser. Vor allem auch im Geschmack, der nicht ganz so edel ist.
Die Felsenauster ist schiefergrau bis bräunlich gefärbt. Ihre Form läßt an schuppige, nicht abgeschliffene Steine denken, zumal die Trennung zwischen den beiden Klappen nur schwer zu erkennen ist. Während das Fleisch der flachen Europäischen Auster beige- oder sandfarben ist, schimmert es bei der tiefen Portugiesischen grau-violett.
Bekannt für die Zucht Portugiesischer Austern ist vor allem Frankreich. In den Austernteichen, den Claires, um Marennes-Oléron wird als Nahrung für die Austern eine bestimmte Art von Kieselalgen kultiviert, die den Austern aufgrund ihres hohen Mineraliengehalts eine grüne Färbung verleihen. Diese Austern werden als »Fines de Claires« oder gar als »Spéciales Claires« bezeichnet und gelten als die besten unter den Portugiesischen Felsenaustern. Bei der Bezeichnung orientiert man sich auch ansonsten an der Zuchtmethode. Ganz normale Zuchtaustern, die direkt aus den Austernparks auf den Markt kommen, ohne noch in den Claires verfeinert und gemästet zu werden, heißen beispielsweise einfach »Huîtres de Parc«. In Deutschland und Nordeuropa war es üblich, die aus Frankreich stammenden Portugiesischen Austern mit der Bezeichnung »Arcachon« zu versehen. Heute sind solche Ursprungsbezeichnungen den flachen Austern vorbehalten. Seit den 60er Jahren sind Bestände und Ertrag der Portugiesischen Auster weit zurückgegangen. In Europa wurde sie weitgehend durch die Pazifische Felsenauster ersetzt, während sie unterdessen in den USA verstärkt gezüchtet wird.

Amerikanische Auster
(Crassostrea virginica), engl. eastern oder Atlantic oyster, American cupped oyster, franz. huître creuse américaine
Obwohl diese Auster, zoologisch gesehen, zu den Felsenaustern gehört, zeigt sie mit ihrer runden Form eine bemerkenswerte Ähnlichkeit mit der Europäischen Auster, und hier im besonderen — wegen der Gondelform — mit der englischen Colchester. Es gibt sie an der gesamten Atlantikküste der USA, vom St.-Lorenz-Golf bis Florida. Sie deckt etwa 85% des Austern-Bedarfs in den östlichen USA. Bekannt ist sie dort unter einer Reihe verschiedener Namen, die meist ihre genaue Herkunft verraten: Blue Point, Cape Cod, Kent Island, Chincoteague, Apalachicola. Das Fleisch hat die Farbe der Europäischen Auster. Das Fleischgewicht pro Auster ist größer, doch erreicht es nicht die Qualität der Europäerin.
Versuche, die Amerikanische Auster in Europa anzusiedeln, scheiterten weitgehend an den zu niedrigen Wassertemperaturen.

Pazifische Felsenauster, Japanische Auster *(Crassostrea gigas), engl. Pacific cupped oyster, Pacific king oyster, Japanese oyster, franz. huître creuse du Pacific, chin. mau lai, indon. und malaiisch tiram, philipp. talaba, jap. ma-gaki*
Beheimatet ist diese Austernart in den Gewässern um Japan und im Chinesischen Meer. Ähnliche Unterarten findet man im indopazifischen Raum und in den Korallenriffen der Südsee. In großen Kulturen wird sie unter anderem in Hongkong, in China, in Japan und in Korea gezüchtet. Wegen ihrer beachtlichen Größe — immerhin kann sie eine Länge von 30 cm erreichen — wird sie nicht selten auch Riesenauster genannt. In der Form ähnelt sie der Portugiesischen Felsenauster, sie ist jedoch stärker gewölbt und kompakter und erinnert so an die Form einer Gondel. Wegen ihrer Größe und Ergiebigkeit wird sie sehr oft gekocht und in warmen Gerichten verwendet. In Asien wird sie vielfach auch getrocknet. Der Ertrag aus den Kulturen in Hongkong wird zum großen Teil auf diese Weise weiterverarbeitet.
Anfang der 50er Jahre begann man, die Pazifische Auster auch an der amerikanischen Westküste auszusetzen und zu züchten. Da sie, im Gegensatz zu den meisten anderen Austern, nicht ihr Geschlecht wechselt, ist auch ein genetischer Ausleseprozeß möglich. Inzwischen gibt es sie an der Westküste von Alaska bis Kalifornien. Als zu Beginn der 60er Jahre die Erträge mit der Europäischen Auster stark zurückgingen, vor al-

Die feinen englischen Rundaustern stehen bei den Gourmets heute oft höher im Kurs als die berühmten französischen Belons. Viele haben die »Colchester« (linkes Bild) mit dem »unvergleichlichen Geschmack und dem genau richtigen Biß« zu ihrer Austern-Königin erwählt, andere schwören auf die mildschmeckende »Whitstable« (rechtes Bild).

Die robuste »Portugaise«, *Crassostrea angulata* (linkes Bild), ebenfalls europäischer Herkunft, ist nicht ganz so edel wie die *Ostrea edulis.* Dennoch gibt es Berühmtheiten unter diesen »Huîtres creuses«, nämlich die in den Claires von Marennes gemästeten grünen »Fines de Claires« und »Spéciales«. — Ähnlichkeit mit den Portugiesischen haben die Pazifischen Felsenaustern, wie hier (rechtes Bild) die »Yearling« aus dem US-Pazifik.

Die widerstandsfähige Pazifische Felsenauster *(Crassostrea gigas),* beheimatet in japanischen und chinesischen Gewässern, wurde in Europa und in den USA anstelle der stark dezimierten heimischen Arten eingeführt. Heute deckt sie hier wie dort den größten Teil des Bedarfs. Wegen ihrer Größe und Ergiebigkeit werden die Pazifischen Felsenaustern (auf den Bildern: links eine besonders große Sorte aus den USA, rechts eine »Komimoto«) auch sehr viel gekocht verwendet.

lem in Holland und Frankreich, wurden ersatzweise auch hier Pazifische Austern ausgesetzt und kultiviert. Sie erwiesen sich vor allem als widerstandsfähig gegen den verheerenden Bonamia-Befall. Im Hinblick auf die Ähnlichkeit mit der Portugiesischen Auster wird die »Japonaise«, wie sie in Frankreich genannt wird, wie diese nach den Zuchtmethoden klassifiziert. Zum Teil hat es sich auch eingebürgert, die Klassifikation noch mit dem Namen des Zuchtbetriebes zu verbinden.
Heute bestreitet die Pazifische Felsenauster den größten Teil des Bedarfs in den USA und in Europa. An den europäischen Küsten nimmt sie mittlerweile eine dominierende Stellung ein. Es gibt sie unterdessen auch über das westliche Mittelmeer hinaus bis zur dalmatinischen Küste, so daß die dort heimische Portugiesische Auster immer bedeutungsloser wird.
Während die europäischen Austernproduzenten diese gewölbte Auster in immer stärkerem Maße einführen, wird die flache nordeuropäische in Kanada und Japan immer populärer. Sie wird dort intensiv kultiviert und wegen ihres besonders feinen Geschmacks gerühmt.

Westamerikanische Auster
(Ostrea lurida), engl. western oyster, olympia flat oyster, native oyster, franz. huître plate indigène, span. ostra
Die an der Pazifikküste der USA heimische Austernart weist starke verwandtschaftliche Merkmale zur Europäischen Auster auf. Sie wird bis zu 5 cm groß und gilt als besonders delikat. Durch Überfischen und Wasserverschmutzung sind ihre Bestände sehr stark zurückgegangen. Es gibt jedoch bereits Bestrebungen, durch geeignete Zuchtanlagen die Bestände wieder zu vergrößern, so daß diese Auster in Zukunft wieder eine stärkere Bedeutung erlangen wird.

Australische Auster, Sydney Felsenauster
(Crassostrea commercialis), engl. Sydney rock oyster, indon. tiram, malaiisch tiram batu, philipp. talaba
An der Südostküste Australiens verbreitete Felsenauster. Schon

So verschieden sie auch aussehen, sie sind alle von derselben Art: sechsmal *Crassostrea virginica*, jedoch unterschiedlicher Herkunft. Wie bei den Europäischen verraten die Namen der Amerikanischen Austern meist ihren genauen Herkunftsort. Hier liegen auf Eis (oben von links nach rechts) die würzig schmeckende Blue Point von Long Island, die Chincoteague aus Virginia, die kleine Apalachicola, benannt nach dem gleichnamigen Fluß in Florida, und (unten von links nach rechts) eine Chatam von der US-Ostküste, eine feine Belon aus Maine und eine Box Oyster von Long Island.

Mit einer solchen Austern-Waage werden die Schaltiere nach Gewicht für den Handel sortiert. Jede Auster wird einzeln in eine der Wiegeschalen gelegt, das Gerät beginnt zu rotieren, die Schale mit der Auster bleibt vor einer der — entsprechend den Gewichtsklassen fest eingestellten — Skalen stehen, und die Auster fällt nach unten in die bereitstehenden Behälter durch.

Im Dutzend nicht billiger

Wie teuer die üblicherweise im halben oder im ganzen Dutzend verkauften, lebend-frisch verspeisten Luxus-Schaltiere sind, hängt zum einen natürlich von der Sorte (und damit der Qualität) ab, zum anderen von ihrem Gewicht bzw. ihrer Größe. So verwirrend wie die vielen unterschiedlichen Sorten-Namen sind auch die Systeme, mit denen sie für den Handel klassifiziert werden. Zusätzliche Verwirrung entsteht dadurch, daß diese Systeme im Laufe der Jahre verschiedentlich geändert und neu festgelegt wurden.
In Holland werden die flachen Rundaustern, die »Imperialen« *(Ostrea edulis)*, nach einem Nullen-System gestaffelt, für das zur Zeit folgende Mindestgewichte gültig sind:

3/0	=	60 g
4/0	=	75 g
5/0	=	90 g
6/0	=	105 g
6/0E	=	120 g

In England, Frankreich und Irland wird die *Ostrea edulis* gegenwärtig nach Mindestgewichten folgendermaßen eingestuft:

Nr. 4	=	40 g
Nr. 3	=	50 g
Nr. 2	=	60 g
Nr. 1	=	75 g
Nr. 0	=	90 g
Nr. 00	=	100 g
Nr. 000	=	110 g
Nr. 0000	=	120 g
Nr. 00000	=	150 g

Für die tiefen »Portugaises« *(Crassostrea angulata)* und die Pazifischen Felsenaustern oder »Japonaises« *(Crassostrea gigas)* haben die Franzosen eine ganz andere, einfachere Unterteilung. Danach gibt es:
— sehr große (TG) mit mehr als 100 g Gewicht pro Auster,
— große (G) mit 75 bis 99 g Gewicht,
— mittlere (M) mit 50 bis 74 g Gewicht und
— kleine (P) mit weniger als 50 g Gewicht.
Am einfachsten machen es sich die Amerikaner. Sie haben für ihre Austern nur drei Größenbezeichnungen:
— large (also groß)
— medium
— small (klein).

um 1870 begann man an der Küste von New South Wales, zwischen Wallis Lakes und Georges River/Botany Bay, diese Wildauster zu kultivieren.
Auch sie verändert ihr Geschlecht und gilt als besonders fruchtbar. Innerhalb von drei Jahren erreicht sie eine Länge von etwa 7 cm und das handelsübliche Gewicht von rund 55 g. Ein Nachteil dieser geschmacklich guten Auster ist, daß sie besonders schwer zu öffnen ist. Australien gehört zu den größten Austernproduzenten der Welt. In dem oben genannten Gebiet beschäftigen sich etwa 400 Betriebe mit der Austernzucht. Seit Ende 1983 gibt es Kontakte zwischen dem australischen Züchterverband und europäischen Importeuren, um die Möglichkeit zu prüfen, australische Jungaustern auf europäischen Austernbänken aufzuziehen.

Klammerauster *(Lopha frons), engl. oyster, franz. huître*
Diese kleine, im Küstengebiet der Karibik und des Südpazifiks verbreitete Muschelart hat die Form eines unregelmäßigen Ovals und eine stark höckrige Oberfläche mit kräftigen, unregelmäßigen radiären Rippen. Sie lebt auf Fels oder an Stämmen von Hornkorallen.

Flügel-, Perlauster, Vogelmuschel *(Pinctada sp.), engl. wing oyster, pearl oyster, chin. chun chu law, malaiisch sapanda, togok, indon. tapistapis*
Flügelaustern sind eine Gruppe pazifischer Muscheln, unter denen die Gattungen *Pteria* (früher *Avicola*) und *Pinctada* (früher *Melegrina*) am bekanntesten sind. Die Schalenform ist regelmäßiger als bei europäischen oder amerikanischen Austern, sie sind teilweise größer und haben zum Teil nach einer Seite hin einen langen, schnabelartigen Fortsatz. Die Innenseite ist stets perlmuttrig. Sie können einen Durchmesser von über 20 cm erreichen. In Südostasien gilt ihr Fleisch als Delikatesse. Vorwiegend werden sie jedoch zur Perlmuttgewinnung und Schmuckherstellung verwendet.

Schwarze Hammermuschel *(Malleus malleus), engl. hammer oyster, franz. marteau commune*
Die stark geblätterte Schale hat die Form eines Hammers oder Bergsteiger-Pickels. Die Muschel ist zwischen 10 und 20 cm lang und kommt im indopazifischen Raum vor.

Weiße Hammermuschel *(Malleus albus), engl. white hammer oyster, franz. marteau blanc*
Die Schale dieser vollständig im Sand eingegrabenen Art kann bis zu 20 cm lang werden. Sie ist, wie die Schwarze Hammermuschel, im indopazifischen Raum zu finden.

ARCHENMUSCHELN *(Arcidae)*

Die Familie der Archenmuscheln verkörpert eine der ältesten Muschelformen überhaupt. Es gab sie bereits im Kambrium vor rund 500 Millionen Jahren. Beide Schalen sind in der Form gleich, und zwar rechteckig bis trapezförmig oder oval. Gelegentlich sind die Schalen auch gerippt. Die Mehrzahl der rund 200 Arten lebt in tropischen Gewässern. Bemerkenswert an den Archenmuscheln ist ihr Schloßband mit zahlreichen, ziemlich gleichartigen Zähnen, das oft beinahe so lang ist wie das ganze Gehäuse. Wie bei den Schnecken hat der Fuß der Archenmuscheln eine Kriechsohle.

Arche Noah *(Arca noae), engl. Noah's ark, franz. arche de Noé, ital. arca di Noè, span. pepitona, arca de Noe, port. castanholas, griech. calognomi*
Die bekannteste und kulinarisch wichtigste Archenmuschel hat eine langgestreckte, an einen Kahn erinnernde Form. Die dunkelbraune Färbung wird von rötlichen Zickzackstreifen unterbrochen. Am Mantelrand befinden sich etwa 100 Augen. Die Muschel lebt auf Hartböden, oft auch in Felsnischen im Mittelmeer und im Ostatlantik. In südlichen Ländern wird die 7 bis 9 cm lange Arche Noah vorzugsweise roh gegessen. In Italien findet man sie auf allen Fischmärkten.

Zebramuschel *(Arca zebra), engl. West Indian turkey wing, span. pepitona (Südamerika)*
In der Form ähnelt die Muschel der Arche Noah. Ihre Schale ist unregelmäßig weiß-braun gestreift und weist radiär verlaufen-

de Rippen auf. Die bis zu 9 cm lange Muschel gibt es an der südlichen Atlantikküste der USA von North Carolina über Bermuda bis zu den Antillen und bis Brasilien.

Riesenarchenmuschel
(Anadara grandis), engl. giant ark, span. sangara
Die Schale dieser bis 15 cm großen Muschel ist außerordentlich dick und schwer. Ihre Form erinnert etwas an eine Herzmuschel. Die weiße, mit kräftigen Radiärrippen versehene Außenseite ist mit einer dicken braunen Chitinschicht *(Periostracum)* überzogen, die an den Wirbeln meist abgeblättert ist.
Die Riesenarchenmuschel lebt an der Westküste Mittelamerikas von Niederkalifornien bis Peru, in Sandböden in der Gezeitenzone, und wird von den Einheimischen gesammelt und meist in Suppen gegessen. Man kocht sie auch in ihrer Schale.

Japanische Archenmuschel
(Anadara subcrenata), engl. mogai clam, franz. clam mogai, span. arca japonesa
Diese mit kräftigen Radiärrippen und mit einer Chitinhaut *(Periostracum)* überzogene Muschel ist in China, Japan und Korea verbreitet. In Japan hat sie eine beachtliche kommerzielle Bedeutung. Sie wird etwa 5 cm lang.

Rotfleischige Archenmuschel *(Anadara granosa), engl. blood cockle, franz. arche grenue*
Die im Indopazifik verbreitete 6 bis 9 cm lange Archenmuschel ähnelt der zuvor genannten Art, hat aber auf den Radiärrippen ausgeprägte Knoten. Ihr Fleisch ist auffallend blutrot gefärbt. In einigen Ländern Südostasiens wird sie in Aquakulturen gezüchtet.

Schöne Arche *(Anadara notabilis)*
Die Schale dieser an eine breite Herzmuschel erinnernden Archenmuschel ist weiß bis elfenbeinfarben und hat etwa 25 Radiärrippen, die von feinen konzentrischen Wachstumslinien gekreuzt werden. Ihr Verbreitungsgebiet sind die amerikanische Atlantikküste von Florida bis Brasilien und die Bermudas.

Eine ausgewachsene Riesenarchenmuschel hat ein beträchtliches Gewicht, denn ihre Schalen sind dick und schwer. Von der Seite gesehen, erinnert sie an eine Herzmuschel. Charakteristisch ist eine dicke braune Chitinschicht *(Periostracum)*, die an den Wirbeln fast immer abgeblättert ist.

Die runden und dickschaligen Samtmuscheln *(Glycymeris glycymeris)* werden im Mittelmeer das ganze Jahr über gefangen und auf den Märkten angeboten. Bei Feinschmeckern ist ihr Fleisch, insbesondere das der großen Exemplare, allerdings nicht sehr gefragt.

Westafrikanische Archenmuschel *(Senilia senilis, früher Arca senilis), engl. ark shell, franz. arche large-côtes*
Die im Durchmesser 6 bis 10 cm große, dickschalige und schwere Muschel mit breiten, flachen konzentrischen Rippen ähnelt von der Form her einer Herzmuschel. Sie kommt hauptsächlich an der westafrikanischen Küste vor, von der Westsahara bis Angola.

SAMTMUSCHELN
(Glycymeridae)

Eine in den Tropen und den warm-gemäßigten Meeren heimische Familie, von der vier Gattungen bekannt sind.

Samtmuschel *(Glycymeris glycymeris, früher Pectunculus glycymeris), engl. dog cockle, bittersweet, franz. amande de mer, ital. piè d'asino, span. escupiña, inglesa, pectunculo*
Ihre fast kreisrunden, flachen und sehr dicken Schalen, die denen einer Pilgermuschel ähneln, haben ausgeprägte konzentrische Streifen. Sie sind vorwiegend weiß mit bräunlichen unregelmäßigen Einsprenkelungen. Am Mantelrand befinden sich Augen. Die Samtmuschel erreicht einen Durchmesser von 6 bis 8 cm. Sie ist von Norwegen bis Marokko, seltener im Mittelmeer zu finden. Sie lebt im Boden eingegraben in etwa 20 m Tiefe.

Echte Samtmuschel
(Glycymeris pilosa, früher Pectunculus pilosa), engl. dock cockle, franz. amande de mer
Die Echte entspricht in Form und Größe der zuvor genannten Samtmuschel, jedoch ist ihre Schale dunkelbraun und weist feine konzentrische Streifen auf. Die weißen Innenseiten der Klappen haben einen auffallenden braunen Fleck.

Violette Samtmuschel
(Glycymeris violacescens, früher Pectunculus violacescens), engl. violet bittersweet, franz. pétoncle violâtre, ital. piè d'asino, span. almejón, perillo
Im Gegensatz zu den beiden vorgenannten Arten ist die Form dieser Samtmuschel ungleichmäßig rund. Die Oberfläche weist feine radiäre Rippen auf, die am Rand leicht gewellt auslaufen. Die Schale ist grauviolett gefärbt, die weiße bis rosa getönte Innenseite hat leichte braunviolette Flecken. Die im Durchmesser 4 bis 8 cm erreichende Muschel lebt auf Sandböden vom Flachwasser bis 60 cm Tiefe, und zwar im Mittelmeer und an der Atlantikküste von Portugal bis Marokko.

Große Pazifische Samtmuschel *(Glycymeris gigantea), engl. giant bittersweet*
Die gleichmäßig runde Muschel mit radiärer Skulpturierung ist weiß mit zickzackförmiger Quermusterung. Sie erreicht einen Durchmesser von etwa 10 cm und ist im Golf von Kalifornien bis Acapulco/Mexiko in 7 bis 13 m Tiefe anzutreffen.

Die Große Pazifische Samtmuschel *(Glycymeris gigantea)* fällt durch ihr braunes Zickzackmuster auf. 10 cm Schalendurchmesser sind keine Seltenheit.

STECKMUSCHELN *(Pinnidae)*

Diese auffallend großen, keil- oder fächerförmigen Muscheln heißen Steckmuscheln, weil sie mit der Spitze nach unten bis zu einem Drittel ihrer Länge im Untergrund stecken. Dort verankern sie sich zusätzlich mit Byssusfäden. Mit ihren verschiedenen Gattungen sind Steckmuscheln in allen Weltmeeren vertreten.

Große oder Edle Steckmuschel *(Pinna nobilis), engl. mediterranean pen shell, fan mussel, franz. jambonneau, ital. astura, ortura, span. alabarda, ostra pena, pina*

Mit bis zu 80 cm Schalenlänge ist die Große Steckmuschel die in europäischen Gewässern größte Muschel. Besonders bei den jungen Muscheln sind die im oberen Teil breiten und nach unten gleichmäßig spitz zulaufenden rötlichbraunen Schalen mit konzentrisch verlaufenden, dicht beieinanderliegenden Schuppenringen besetzt. Das Innere der Schalen glänzt durch eine rosa getönte Perlmuttschicht. Als Lebensraum bevorzugen die Steckmuscheln flache Sandböden in bis zu 50 m Tiefe, in der Nähe von Seegraswiesen sind sie besonders häufig zu finden. In ihnen lebt gewöhnlich eine kleine Krabbe, der Muschelwächter, der sich vom Körperschleim und von der Nahrung der Muschel ernährt. Ihre Bestände sind in den letzten Jahrzehnten im Flachwasser sehr stark zurückgegangen, was nicht zuletzt auf die Unterwasser-Touristen und Sporttaucher zurückzuführen ist, für die die Große Steckmuschel zu den begehrtesten Trophäen gehört. In Italien werden aus den äußerst kräftigen Byssus-Haftfäden sogar Flecht- und Webarbeiten hergestellt.

Schwarze Schinkenmuschel *(Atrina vexillum), engl. stiff pen, franz. pinne pavillon*

Der obere Teil der schwarzglänzenden Muschel bildet ein Halbrund, der untere einen spitzen Winkel. Die Schalen, die einen Durchmesser von über 30 cm erreichen, sind feinwandig und empfindlich. Im Gegensatz zu den *Pinna*-Arten graben sich die Arten der Gattung *Atrina* völlig in den Sedimentboden ein, so daß auch der hintere Gehäuserand nicht herausragt.

KAMMUSCHELN/SCALLOPS *(Pectinidae, Spondylidae)*

Aphrodite, nach der griechischen Mythologie die Göttin der Liebe und der Schönheit, die aus dem Meer Geborene, erhob sich aus den Fluten des Ägäischen Meeres und gelangte auf der Schale einer Kammuschel, gezogen von sechs Seepferden, zur Insel Cythara. Seither sind Kammuscheln eng mit dem Begriff der Schönheit verbunden. In Kunst und Architektur findet die anmutige Form der Pectenschalen seit alters her ihren Niederschlag.

Die berühmten Jakobsmuscheln schmecken am besten zwischen November und März — die offizielle Fangzeit in Europa. Dann ist der orangefarbene, »Corail« genannte Rogensack eine Delikatesse für sich. Das cremigweiße Fleisch des Schließmuskels ist fest, doch zart im Biß. Der »Bart« und alle dunklen Teile werden vor der Zubereitung entfernt.

Heute ist die Kammuschel eher durch das Firmensymbol des Shell-Konzerns oder als Gefäß für Ragoût fin bekannt.
Die Schalen sind mit zum Rand hin strahlenförmig verlaufenden Rippen versehen. Bei vielen Arten sind sie ungleichmäßig, meist rechts gewölbt, links flach. Auf beiden Seiten des Schlosses befinden sich die charakteristischen »Ohren«, die die Schloßplatte flügelartig verbreitern. Auch sie sind meist verschieden groß. Ein weiteres Charakteristikum ist der mit deutlich erkennbaren Augen und Tentakeln versehene Mantelrand. Kammuscheln graben sich nicht ein. Bis auf einige Ausnahmen, die sich wie die Austern festsetzen, können sie sich schwimmend fortbewegen. Durch schnelles Auf- und Zuklappen der beiden Schalen bewegen sie sich nach dem Rückstoßprinzip in großen Sprüngen vorwärts.
Das Fleisch der Kammuschel ist zart und schmeckt leicht süßlich. Im Verhältnis zur Schale ist der Fleischanteil größer als bei der Auster. Der große rote oder orangefarbene Rogensack (Corail), der sich nach dem Öffnen der Muscheln leicht separieren läßt, ist eine Delikatesse für sich.
Weltweit zählt man etwa 300 Arten von *Pectiniden*, kommerziell genutzt werden jedoch nur etwa zwei Dutzend Arten. Im europäischen Raum kommen die besten Kammuscheln aus den Gebieten um Schottland, Irland, die Isle of Man und Frankreich. Sie werden mit Grundschleppnetzen von November bis März gefischt. In den europäischen Gewässern sind die Fangzeiten streng geregelt.
In den USA sind die Scallops nach den Austern die bekanntesten und beliebtesten Muscheln. Dort wie auch in Kanada wird in erster Linie das cremig-weiße Fleisch des Schließmuskels gegessen. Es ist zwar fest in der Konsistenz, aber zart im Biß. Bei normal großen Muscheln hat der Muskel einen Durchmesser von etwa 1,2 bis 3 cm und wiegt ungefähr 30 g.
An der Ostküste der USA und Kanadas ist die wirtschaftlich wichtigste Art der Sea Scallop *(Placopecten magellanicus)*, vom Standpunkt der Feinschmecker ist allerdings der Bay Scallop *(Pecten irradians)* die beste und wichtigste.
Auch Kanada ist auf dem Fischereimarkt mit Kammuscheln stark vertreten. Der Großteil der Fänge wird jedoch exportiert, 75% allein in die USA.

Pilger- oder Jakobsmuschel *(Pecten jacobaeus), engl. scallop, fan shell, franz. coquille St.-Jacques, peigne de St.-Jacques, vanne, manteau, ital. capa santa, conchiglia di San Jacopo, pellegrina, span. rufina, capa santa, pelegrina, port. vieira, penteola, romeiro, holl. grote kamschelp*

Ihren Namen hat die berühmte Kammuschel vom Apostel Jakobus, der als Märtyrer in Palästina starb und dessen Gebeine nach Spanien gebracht wurden. Nach der Entdeckung seines angeblichen Grabes im Jahre 820 in Compostela wurde der Ort zur Wallfahrtsstätte und Jakobus zum Schutzpatron aller Spanier und auch aller Fischer. Die Muscheln, die in der Umgebung gefangen wurden, dienten den Pilgern als Nahrung. Ihre schönen Schalen wurden bald zum Erkennungszeichen und Symbol aller Pilger.
Die fast weißschalige Jakobsmuschel erreicht einen Durchmesser von 10 bis 13 cm. Ihre Schalen haben 14 bis 16 scharfkantige breite Strahlenrippen, auf denen wiederum je vier ebenfalls strahlenartig laufende Einkerbungen sitzen. Die Muschel bevorzugt Sand- und Korallengrund und ist vorwiegend im Mittelmeer verbreitet.
Die Jakobsmuschel wird im Handel vielfach mit der Großen Pilgermuschel sowie der Reisemantelmuschel verwechselt.

Große Pilgermuschel *(Pecten maximus) engl. common scallop, great scallop, franz. grande peigne, grande coquille St.-Jacques, escallop, ital. ventaglio, span. vieira, concha de peregrino*

Die im Durchmesser zwischen 13 und 16 cm messende Schale dieser Kammuschel ist rötlich bis rotbraun gefärbt und hat einen violetten Schimmer. 12 bis 13 runde Rippen bzw. Rillen verlaufen parallel zur Spitze. Die radiär laufenden Rippen sind auch auf den relativ großen Ohren zu finden. Die Große Pilgermuschel lebt auf fein- bis grobsandigem Boden und kommt in Flachwasser, aber auch in Tiefen bis zu 200 m vor. Verbreitet ist sie vorwiegend im Atlantik von Norwegen über die Britischen Inseln bis zur afrikanischen Küste, nicht jedoch im Mittelmeer.

Knotige Kammuschel
(Nodipecten nodosus, früher Chlamys nodosus), engl. Lion's paw, franz. peigne coralline
Eine etwas ungleichmäßig geformte Kammuschelart mit rötlich-brauner Tönung. Auf der Oberseite sind sieben durch Knoten unterbrochene Strahlenbündel zu erkennen, die Ohren sind ungleichmäßig geformt. Der Schalendurchmesser beträgt zwischen 7 und 15 cm. Die Knotige Kammuschel ist an der Südostküste der USA, an der brasilianischen Küste und in der Karibik verbreitet.

Atlantischer Tiefwasser-Scallop *(Placopecten magellanicus), engl. Atlantic deep sea scallop, sea scallop, auch giant oder smooth scallop, franz. pétoncle, pecten d'Amérique*
Diese runde Kammuschel mit gleichmäßig geformten Ohren und zahlreichen feinen Radiärrippen auf hellbrauner Fläche ist die am häufigsten vorkommende Kammmuschelart an der Ostküste der USA und zugleich die beliebteste und wirtschaftlich wichtigste. Sie wird hauptsächlich an der Küste von Maine gefangen, ist aber von Labrador bis North Carolina zu finden. Ihr Schalendurchmesser kann 24 cm betragen. Mit Schleppnetzen wird sie aus bis zu 280 m Tiefe geholt.

Isländische Kammuschel
(Chlamys islandicus), engl. Iceland scallop, franz. pétoncle
Neben dem Atlantischen Tiefwasser-Scallop ist dies die zweite wichtige Kammuschelart in der Nordregion der amerikanischen Atlantikküste. Die größten Vorkommen gibt es im Norden von Neufundland. Der Durchmesser der

Die Knotige Kammuschel sieht tatsächlich ein bißchen wie eine Löwenpranke aus. »Lion's Paw« heißt sie jedenfalls auf Englisch.

Die Purpurkammuschel wird ihrem Namen nur mit der Innenseite ihrer Schale gerecht, die einen breiten, kräftig purpurfarbenen Rand aufweist. Diese hier stammt aus Chile.

Die Alaska-Kammuschel gibt es auch in Kalifornien, nämlich entlang der gesamten Pazifikküste der USA. Ihre Schalen sind fast kreisrund.

Der Königsmantel gehört zu den schönsten Kammuscheln. Der gleichmäßige »Faltenwurf« und die intensiven Farben (Violett-, Lachs-und Gelbtöne) sind fürwahr königlich.

Schalen beträgt etwa 10 cm, die Grundfarbe der Oberfläche ist Braungrau. Die gesamte Oberfläche verläuft in strahlenförmigen Rillen, die an ihrem Rand teilweise weiß gefärbt und aufgerauht sind. Die Ohren sind ungleich geformt. Diese Kammuschel ist von Island über Grönland, über die arktischen Meere bis hin zur japanischen Küste verbreitet.

Bunte Kammuschel
(Chlamys varius, Pecten varius), engl. variegated scallop, franz. vanneau, pétoncle, peigne, ital. pettine vario, canestrello, span. golondrina, volondeira, port. leque, penteola, romeira, dän. jomfruøsters, schwed. urskjell, holl. bonte mantel
Eine in vielen verschiedenen Farbtönen vorkommende Muschelart mit deutlich gewölbter Schale und einem Durchmesser bis zu 6 cm. Ihr Verbreitungsgebiet reicht von Norwegen bis Westafrika und dem westlichen Mittelmeer.

Purpurkammuschel
(Argopecten purpuratus, früher Chlamys purpuratus), engl. scallop, franz. peigne pourpré, span. ostión del norte, concha de abanico, jap. harategai
Wie die meisten ihrer Art hat auch diese Kammuschel ungleiche Ohren. Von den etwa 25 Rippen sind sieben stark ausgebildet und gewölbt. Die Rippen sind weiß-rot gesprenkelt. Man findet den Purpur-Scallop an der chilenischen und peruanischen Küste auf Sand- und Schillböden in Tiefen bis 90 m.

Reisemantel, Kleine Pilgermuschel *(Chlamys opercularis), engl. Queen scallop, common scallop, franz. vanneau, vanne, pétoncle, ital. canestrello, pettine opercolare, span. golondrina, zamoriña, volondeira, holl. wijde mantel*
Die rötlich-braune Schale der Kleinen Pilgermuschel ist ähnlich geformt wie die der Großen Pilgermuschel, doch ist ihre Oberfläche leicht marmoriert. Die 18 bis 22 Rippen sind nicht so stark ausgeprägt. Sie lebt im Mittelmeer und im Ostatlantik, von Norwegen bis zu den Kanarischen Inseln. Ihre Schale erreicht einen Durchmesser von etwa 8 cm.

Alaska-Kammuschel
(Chlamys hastata hericia), engl. Pacific pink scallop
Die fast kreisrunden Klappen weisen zwischen 10 und 21 große Radiärrippen und mehrere kleine in den Zwischenräumen auf. Die Farbe variiert zwischen rosarot bis leicht gelb oder weiß. Die Muschel lebt im Flachwasser bis 35 m Tiefe und kommt an der Pazifikküste von Alaska bis Kalifornien vor.

Königsmantel *(Chlamys nobilis), engl. noble scallop, old scallop, franz. peigne sénateur*
Eine gleichmäßige, mit etwa 20 Rillen versehene Kammuschel mit unterschiedlich großen Ohren in auffallend bunten Violett-, Lachs- und Gelbtönen. Ihr Schalendurchmesser beträgt 8 bis 15 cm. Sie lebt in japanischen Gewässern, von Mittel-Honshu bis Kijushu, in Tiefen bis zu 20 m.
Die in der Form sehr ähnliche, jedoch wesentlich kleinere Senatormuschel *(Chlamys senatorius)*, die 3 bis 6 cm groß wird und 24 bis 40 flache Rippen aufweist, ist im Indopazifik von Ostafrika bis Tonga anzutreffen. Auffallend ist ihre Zeichnung mit bräunlich-violetten Flecken.

Herzogmantel *(Chlamys pallium), engl. mantle scallop*
Eine im indopazifischen Raum weit verbreitete Muschelart mit orange- bis purpurgefärbter Schale. Die etwa 15 strahlenförmig laufenden Rippen sind kräftig ausgebildet und werden von drei radialen hellen Farbreihen unterbrochen. Der Innenrand der Schalen ist in 5 bis 10 mm Breite braunrot gefärbt.

Japanische »Sonne- und Mond«-Muschel, Japanische Fächermuschel *(Amusium japonicum), engl. Asian moon scallop*
Die in japanischen Gewässern verbreitete, bemerkenswert gleichmäßig geformte Kammuschel mit kleinen Ohren hat ihren Namen von der unterschiedlichen Färbung der beiden Schalenhälften: Die linke Klappe ist rotbraun und symbolisiert für die Japaner die Sonne, die rechte in einem hellen Elfenbeinton den Mond. Die Muscheln erreichen einen Durchmesser von 10 bis 12 cm.

Atlantische Stachelauster
(Spondylus americanus), engl. Atlantic thorny oyster, franz. spondyle d'Amérique
Eine in den Gewässern um Florida und in der Karibik verbreitete runde, flache Kammuschelart, die wie die Austern mit einer Klappe am Untergrund festwächst. Ihre Schale ist rötlich gefärbt und hat kräftige helle Kalkstacheln. Ähnlich, aber noch stacheliger, ist die in Südostasien verbreitete Königliche Stachelauster (*Spondylus regius*, engl. Regal Thorny Oyster), die einen Durchmesser von etwa 8 bis 12 cm erreicht. Eine andere verwandte Art, die Pacific Thorny Oyster (*Spondylus princeps*) mit rötlicher Grundfarbe und breiten, flachen Stacheln, ist an der Westküste Panamas bis Nordperu zu finden.

HERZMUSCHELN *(Cardiidae)*

Ihren schönen Namen verdanken alle Mitglieder dieser großen Familie ihrem Profil: Durch ihre bauchige Wölbung, die sich zum Wirbel hin verstärkt, bilden die geschlossenen Klappen, von der Seite gesehen, ein Herz. Alle Herzmuscheln haben fast gleichgeformte und gleichgefärbte, halbrunde bis runde Schalen, die meist mit kräftigen Radialrippen versehen sind, auf denen wiederum Stacheln, Schuppen oder dornige Fortsätze sitzen können. Doch gibt es auch Herzmuscheln mit fast glatter Oberfläche.
Charakteristisch für die meisten Herzmuschel-Arten ist außerdem ihr langer fingerförmiger, abgeknickter Fuß, mit dem sie sich springend fortbewegen können. Auf einen festen Untergrund gesetzt, wird er mit einer kräftigen Bewegung geradegestreckt, wodurch die Muschel sich regelrecht selbst wegschleudert, bis zu 50 cm weit. Mit ähnlichen Bewegungen kann sie sich bei Gefahr auch in den weichen Meeresboden wühlen.
Die Nahrung strudeln sich die Herzmuscheln über den Ein- und Ausströmsipho, eine kurze Röhre, ein, an deren Rändern sich fransenartige Tentakel befinden können.
Mitglieder der Familie *Cardiidae* gibt es in allen Meeren. Je weiter man nach Süden geht, um so größer ist die Artenvielfalt. Im europäischen Raum werden sie vor allem in Frankreich und Italien für die Ernährung genutzt.

Eßbare oder Gemeine Herzmuschel *(Cerastoderma edule), engl. edible oder common cockle, heart shell, franz. coque, bucarde, bigon, rigadot, ital. capa tonda, capa margarota, cuore edule, span. berberecho, carneiro, perdigone, port. berbigão, norw./dän. hjertemuslinger, holl. gewone hartschelp, kokkel*
Diese Herzmuschel lebt vorwiegend in der Gezeitenzone auf Weich- und Sandböden bis zu 10 m Tiefe. Sie ist im Nordatlantik, im Mittelmeer, im Schwarzen Meer sowie in der Nord- und Ostsee bis zum Bottnischen Meerbusen anzutreffen. Daß sie in diesen so verschiedenartigen Gewässern leben kann, liegt an ihrer ungeheuren Anpassungsfähigkeit, besonders in bezug auf geringer werdenden Salzgehalt.
Die Gemeine Herzmuschel wird an der deutschen Nordseeküste, an den Küsten Englands, Hollands, Frankreichs, Spaniens und Portugals industriell gefischt. In Westeuropa wie auch in den USA werden die Schalen als Kollektoren bei der Austernzucht verwendet.
Die Schale dieser Herzmuschel hat eine von Elfenbein bis Bräunlich reichende Färbung, ihre Radialrippen sind gut ausgeprägt. Sie erreicht etwa 5 cm Durchmesser.

Dickrippige oder Knotige Herzmuschel *(Acanthocardia tuberculata), engl. knotted cockle, franz. bucarde tuberculée, ital. cuore tubercolato, span. carneiro, marolo, port. berbigão*
Eine größere Herzmuschelart, die einen Durchmesser von 5 bis 9 cm erreichen kann. Ihre Schalen sind dick und hell bis braun gefärbt. Auf den kräftigen Radiärrippen sitzen kleine warzenförmige Knoten. An der europäischen Atlantikküste von Südengland bis zu den Kanaren und im Mittelmeer findet man sie vor der Niedrigwasserlinie in Tiefen bis zu 100 m.

Stachelige Herzmuschel
(Acanthocardia aculeata), engl. spiny cockle, franz. coque rouge mediterrané, coque épineuse, ital. cuore spinoso, span. marolo, concha, port. berbigão, crica, norw. pigget middelhavs hjertemuslinger
Die in Form und Farbe der Warzigen Herzmuschel gleichende Art ist von Südnorwegen bis zur nordafrikanischen Küste und im Mittelmeer zu finden. Statt der Warzen hat sie jedoch spitze Stacheln auf den Rippen. Sie wird etwa 8 bis 11 cm groß.

Mit solchen Spezialschiffen werden in Holland »Kokkels« gefangen. Durch dicke Rohre wird unter Hochdruck Wasser in den Meeresboden gepreßt und die aufgewirbelte Sandmasse mit den darin versteckten Herzmuscheln in einen Korb gesaugt. An Bord werden die Muscheln dann aus dem Sand herausgewaschen. Das Fleisch wird in Fabriken konserviert und zum großen Teil exportiert, hauptsächlich nach Frankreich.

Der Fleischanteil bei der Gemeinen Herzmuschel ist gering. Sein Verhältnis zur Schale beträgt nur etwa 15:85%. In Holland laufen seit vielen Jahren Versuche, Herzmuscheln zu kultivieren. Doch trotz ihrer großen Anpassungsfähigkeit blieben alle Bemühungen bisher ohne nennenswerten Erfolg.

Dornige Herzmuschel
(Acanthocardia echinata), engl. red nosed cockle, franz. grand coque, coque rouge, span. carneiro, port. berbigão, holl. gedoornde hartschelp
Diese in Frankreich besonders beliebte Herzmuschel hat tiefe Längsfurchen. Der Schalenrand endet in stachelartigen Fortsätzen. Die elfenbeinfarbenen bis trübweißen Schalen werden zum Rand hin braunrot. Ihr Schalendurchmesser mißt bis zu 8 cm. Sie ist im gesamten Atlantik und im Mittelmeer in Tiefen zwischen 10 und 350 m verbreitet.

Halbherzmuschel
(Corculum cardissa), engl. heart cockle, jap. torigai
Bei dieser weißen bis elfenbeinfarbenen Muschel mit gleichmäßiger Rillenstruktur ist die Herzform gut ausgeprägt. Der Kiel ist seitlich

leicht gezähnt. Die zwischen 6 und 9 cm große Muschel kommt im gesamten Indopazifik vor. In Japan werden das Fleisch und der muskulöse Fuß als besonders zart und delikat geschätzt. Das dunkle Ende des Muschelfleisches ist fast wie ein Hühnerschnabel geformt, auch der Geschmack erinnert an Hühnerfleisch. Daher der japanische Name »torigai«; tori heißt Huhn, gai steht für Schaltier.

RIESENMUSCHELN
(Tridacnidae)

Zu dieser im Indopazifik heimischen Muschelfamilie gehört auch die größte Muschel überhaupt: die Riesen- oder Mördermuschel *Tridacna gigas.* Riesenmuscheln haben sehr dicke, wellig gerippte Schalen. Sie liegen mit der Seite, an der sich die Wirbel befinden, im Flachwasser auf dem Meeresboden, mit nach oben leicht geöffneten Schalen. Wenn die Muscheln noch jung sind, heften sie sich mit Byssusfäden fest, später sind sie durch ihr Eigengewicht ausreichend am Untergrund verankert.

Riesenmuschel *(Tridacna gigas), engl. giant clam, franz. tridacne gigantesque, indon. kimah, malaiisch kima, gebang, thail. hoy mu sua, holl. reuzenmossel*
Mit bis zu 1,3 m Länge ist sie die größte Muschel aller Weltmeere. Eine einzelne Muschel kann bei diesen Ausmaßen ein Gewicht von 500 kg erreichen. Die Schalen, die 4 bis 6 stark ausgeprägte Radiärrippen ohne Schuppen aufweisen, können bis zu 30 cm dick werden. Die nach oben leicht geöffneten Schalen können mit dem überaus kräftigen Schließmuskel bei Gefahr blitzschnell geschlossen werden. Das hat der Muschel auch den Namen »Mördermuschel« eingebracht. Es kursieren immer wieder Berichte, nach denen Taucher, die versehentlich mit einem Fuß oder mit den Schläuchen ihrer Tauchausrüstung in den offenen Spalt einer Riesenmuschel gerieten, sich aus dem festen Griff der sich sofort schließenden Klappen nicht mehr befreien konnten. Belegt sind solche Geschichten allerdings nicht.
Die Riesenmuschel ist in der Tropenzone des Westpazifiks verbreitet, besonders auf den Korallenriffen des Südseegebiets. Dort gehört das Muschelfleisch zur Nahrung der Inselbewohner.

Kleine Gienmuschel
(Tridacna elongata), franz. tridacna allongée, arab. arbinem-bus
Eine besonders im Roten Meer verbreitete kleine Art aus der Familie der Riesenmuscheln. Die sich im Sand eingrabenden Tiere haben eine Länge von 12 bis 20 cm. Ihr Lebensraum erstreckt sich vom Roten Meer bis zum Indischen Ozean in Tiefen von 5 bis 15 cm. Das Fleisch wird von den Arabern sehr geschätzt.

VENUSMUSCHELN *(Veneridae)*

Mit über 500 Arten bilden die Venusmuscheln eine außerordentlich große Familie. Sie sind in geradezu allen Meeren und an allen Küsten vertreten. Ihr Lebensraum sind Sedimentböden, vorwiegend sandiger, schlammiger Grund, in den sie sich meist eingraben. Ihre weißgelblich grundierten, festwandigen, porzellanartigen Schalen sind oft bunt gezeichnet und weisen deutliche konzentrische Streifen und zum Teil radiale Rippen auf. Mit den Herzmuscheln haben manche Venusmuscheln den »Springfuß« gemeinsam, mit dem sie sich wie diese fortbewegen können.

Rauhe Venusmuschel
(Venus verrucosa), engl. baby clam, wart venus, franz. praire, coque rayée, ital. verrucosa, tartufo, capparozzolo, span. escupina gravada, almeja vieja, port. pé de burro, holl. wrattige venusschelp
Die braunrote, leicht ovale, bauchige Muschel von 3,5 bis 8 cm Durchmesser ist eine der in Europa bekanntesten Venusmuscheln. Charakteristisch sind ihre stark ausgeprägten, konzentrisch verlaufenden Streifen, die teilweise in warzenartigen Knoten enden oder von unregelmäßigen, höckerigen Strängen gekreuzt werden. Man findet die Rauhe Venusmuschel an sandigen Küsten Westeuropas, im Mittelmeer, an der westafrikanischen Küste bis Kapstadt, und zwar auf Sandböden im Flachwasser und bis zu 100 m Tiefe.

Strahlige Venusmuschel
(Chamelaea gallina), engl. striped venus clam, franz. clovisse, petit praire, palourde, venus poule, ital. vongola, cappa gallina, beverazza, poverazza, span. almeja, port. pé de burrinho, holl. venusschelp
Die kleine, hellbraune Muschel wird 3 bis 4 cm groß. Ihre Schalen haben ungleichmäßige ringförmige Rillen und sind meist konzentrisch gestreift. Die Muschel lebt auf reinem, grobem Sand im Flachwasser. Sie kommt häufig im Mittelmeer vor und wird dort, insbesondere in Italien, kommerziell genutzt.

Kleine Pazifische Venusmuschel *(Venus lamellaris), engl. lamellate venus*
Eine beige-violette Muschel mit ringförmig aufgesetzten, geschuppten Lamellenstreifen, deren Innenschalen rötlich getönt sind. Sie haben einen Durchmesser von 4 bis 5 cm und sind im Indopazifik und Westpazifik verbreitet.

Riesenvenusmuschel
(Callista gigantea, Macrocallista nimbosa), engl. sunray venus clam, giant callista)
Mit ihrer langgestreckten Form ähnelt sie der europäischen Teichmuschel. Die Schalen sind glatt und dünn und mit konzentrischen Ringen versehen. Ihre Länge kann bis zu 15 cm betragen. Die Riesenvenusmuschel wird von North Carolina bis Florida und Texas gefangen.

Große Pazifische Venusmuschel *(Callista lilacina), franz. cythérée lilacine*
Die elfenbeinfarbene bis braune Muschel kommt an der gesamten tropischen Pazifikküste vor. Ihre Schalen, die mit gleichmäßigen konzentrischen Rillen versehen sind, haben einen Durchmesser von bis zu 8 cm.

Glatte oder Braune Venusmuschel *(Callista chione, Pitaria c., Meretrix c.), franz. cythère, vernie, ital. issolon, cappa chione, span. concha, saverina*
Sie hat eine feste braune Schale von 8 bis 12 cm Länge mit einer konzentrischen breiten Bänderzeichnung. Die konzentrischen Wachstumsringe, die von strahlenförmigen, hellen Streifen gekreuzt werden, sind jedoch nur schwach ausgeprägt. Die lackartig glänzende Oberfläche fühlt sich fast glatt an. Die Muschel gibt es von Südwestengland bis zu den Kanaren und im Mittelmeer, in den südlichen Breiten ist sie jedoch häufiger als im Norden.

Die ausgeprägten konzentrischen Streifen auf der Schale der Rauhen Venusmuschel *(Venus verrucosa)* sind wie ein Keil geformt. Das erleichtert den Muscheln das Eingraben in den sandigen Meeresboden. Die in Europa sehr populäre Venusmuschel wird vielfach roh verzehrt. Sie kann aber auch wie die Miesmuschel auf verschiedenste Art zubereitet werden.

Beliebt und reichlich vorhanden ist die Strahlige Venusmuschel *(Chamelaea gallina)* im Mittelmeerraum. Insbesondere von den Italienern wird die dort als »Vongola«, »Cappa gallina« oder »Beverazza« gehandelte Muschel kommerziell genutzt. Sie wird überwiegend gekocht verwendet. In Dosen konserviert gelangt sie auch nach Deutschland, wo sie in italienischen Restaurants als »Spaghetti vongole« serviert wird.

Sehr gut und daher begehrt ist die Kreuzmuster-Teppichmuschel *(Venerupis decussata)*. Für die Bewohner der Bretagne ist die »Palourde croisée« gar die feinste unter den Venusmuscheln. Mit etwas Wein, Knoblauch, Lorbeerblatt und Pfeffer gedünstet, kommt ihr Wohlgeschmack gut zur Geltung. Sie wird auch oft roh gegessen.

Kreuzmuster-Teppichmuschel *(Venerupis decussata, früher Tapes decussata), engl. grooved carpet shell, franz. palourde croisée, ital. vongola, span. almeja*

Bei dieser großschaligen, braungelben Muschel läuft der hintere Teil der Schale etwas breiter aus. Die Oberfläche ist längs gerippt und quer gestreift, so daß ein Gittermuster entsteht. Sie wird 4 bis 8 cm lang und ist von Norwegen bis zum Senegal verbreitet, das Mittelmeer eingeschlossen.

Getupfte Teppich- oder Venusmuschel *(Venerupis pullastra), engl. carpet shell, franz. clovisse, palourde, span. almeja, holl. tapijtschelp*

In der Form entspricht diese 6 bis 7 cm große Spezies den anderen Venusmuscheln. Die Struktur der Schalenoberfläche erinnert mit ihren Längs- und Querstreifen an ein Gewebe oder einen Teppich. Diese Teppichmuschel ist vorwiegend an den europäischen Atlantikküsten zu finden, von Norwegen bis zum Senegal einschließlich des Mittelmeers, bei uns auch in der Deutschen Bucht.

Pazifische Teppichmuschel *(Venerupis oder Tapes literatus), engl. lettered venus*

Die ungleich ovalförmige Muschel hat auf ihrer Schale nur schwache konzentrische Ringe, über die sich ein braunes, wie Schrift aussehendes Muster zieht. Die Schale wird bis zu 9 cm lang. Die Muschel ist im gesamten tropischen Indopazifik zu finden.

Japanische Teppichmuschel *(Tapes philippinarum, früher Venerupis philippinarum), engl. Manila clam, baby clam, Japanese littleneck clam, franz. clam japonaise, jap. asari*

Ihre lebhaft braun und weiß gemusterte Schale ist 4 bis 5 cm lang und in der Form der Kreuzmuster-Teppichmuschel ähnlich, hat jedoch eine kräftigere, ausgeprägtere Radiärstruktur und ein etwas spitzer zulaufendes Hinterende.

Diese japanische Art wurde 1935 mit Saataustern nach Puget Sound an der Westküste der USA eingeschleppt. Heute ist sie von Puget Sound bis Nordkalifornien verbreitet. In den Staaten Washington und British Columbia wird sie kommerziell genutzt.

Ostamerikanische Venusmuschel, Quahog-Muschel *(Mercenaria mercenaria), engl. quahog (quahaug), hardshell clam, Lord clam, franz. praire, le clam*

Die Schalen dieser an der Ostküste Kanadas und der USA (vom St.-Lorenz-Golf bis Florida) und im Golf von Mexiko verbreiteten Venusmuschel wurden bis ins 19. Jahrhundert hinein zu Muschelgeld verarbeitet: Aus ihnen schliffen die zu den Algonkin gehörenden Indianerstämme des östlichen Nordamerika zylindrische weiße und violette Perlen, die ihnen, auf Schnüre aufgereiht, als Zahlungsmittel dienten. Auch breite Ketten oder Gürtel wurden aus den Perlen gearbeitet. Ursprünglich haben die Algonkin-Indianer diese »Wampum« genannten Ketten und Gürtel auch als Vertrags-Urkunden verwendet. Die darin eingearbeiteten Figuren und Ornamente waren nur von den Beteiligten zu »entziffern«, die sich die Symbole eingeprägt hatten.

Der Name »Quahaug«, vereinfacht »Quahog«, unter dem die Muschel in den USA hauptsächlich bekannt ist, entstammt ebenfalls der Sprache der Algonkin-Indianer. Er wird meist mit dem Zusatz »Bay« gebraucht, denn es gibt noch eine verwandte, »Black Quahaug« genannte Art, die nur im sehr tiefen Wasser des Nordatlantiks vorkommt.

Die Schale der Bay Quahog ist oval geformt, sandfarben, dick

Eine der größten und zugleich schmackhaftesten Venusmuscheln ist die Glatte oder Braune *Callista chione*. Wegen ihrer Größe ist sie etwas zäh, schmeckt aber farciert vorzüglich.

»On the half shell«, also lebendfrisch, servieren die Amerikaner die Japanische Teppichmuschel *(Tapes philippinarum)*. Bei ihnen heißt sie Manila Clam.

und relativ glatt und hat unregelmäßige, dünne konzentrische Rillen. Der Durchmesser beträgt etwa 4 bis 13 cm.
Eine Verwandte gibt es weiter südlich, zwischen Virginia und Texas: *Mercenaria campechiensis,* gewöhnlich »Southern Quahog« genannt. Sie ist größer und hat eine noch dickere Schale.
Auch in Europa ist die Quahog-Muschel bekannt. Hier kommt sie hauptsächlich an der französischen Atlantikküste vor, besonders im Mündungsgebiet der Charente, und an der englischen und französischen Kanalküste. Sie wurde dort — wie übrigens auch in Kalifornien — zu kommerziellen Zwecken eingeführt und angesiedelt.

SÄGEZÄHNCHEN, DREIECKS- ODER KOFFERMUSCHELN *(Donacidae)*

Diese kleinen festschaligen Muscheln kommen in verschiedenen Formen — rundlich bis langgestreckt oder dreieckig, mit konzentrisch oder radiär gestreiften Schalen — in gemäßigten, warmen oder tropischen Meeren vor, und zwar hauptsächlich in Küstennähe auf Sandböden. Die Zahl der Arten und Unterarten ist sehr groß, so daß hier nur einige wichtige genannt werden können.

Südafrikanische Dreiecksmuschel *(Donax serra), engl. white sand mussel, giant South African wedge shell*
Die weiße oder elfenbeinfarbene bis purpurbraune, fast glatte Muschelschale hat feine, sich kreuzende Längs- und Radiärrippen, die sich am hinteren Teil faltenartig oder keilförmig verstärken und so den Muscheln ein leichteres und schnelleres Eingraben in den Sand ermöglichen. Die Innenseite der 7 bis 9 cm langen Schale hat einen violetten Schimmer. Die Dreiecksmuschel lebt in der Brandungszone der südafrikanischen Küste.

Gestreifte Koffermuschel *(Donax striatus), span. chipi-chipi (Südamerika)*
Die braune Schale dieser Dreiecksmuschel ist von feinen Radiärrillen und breiteren konzentrischen Streifen überzogen. Die Schalenlänge beträgt etwa 4 cm. Die Koffermuschel ist in der Karibik verbreitet.

Schmetterlingsmuschel *(Donax variabilis), engl. coquina shell, pompano shell, wedge shell*
Diese sehr kleine Dreiecksmuschel von nur etwa 1,5 bis 2 cm Länge gibt es in zahlreichen Tönungen und mit auffälligen, verschiedenartigen Radiärstreifen. Sie kommt an den Küsten von Virginia bis Florida und Texas vor.

Mittelmeer-Dreiecksmuschel *(Donax trunculus), engl. wedge clam, franz. haricot de mer, donace, ital. calcinello troncato, trilatera, span. xarleta, tellerina, port. cadelinha, holl. zaagje muizetandje*
Die kleine, in Ringen braun gestreifte Schale erreicht eine Länge von etwa 3 cm. Innen ist sie tiefviolett. Am unteren Schalenrand befinden sich scharf geriffelte Sägezähne. Die Muschel lebt im flachen Küstengebiet von der Biskaya bis Marokko und im Mittelmeer und tritt oft in großen Kolonien auf. Sie bevorzugt Sandböden in und direkt unterhalb der Brandungszone.

Gebänderte Dreiecksmuschel, Sägezähnchen *(Donax vittatus), engl. banded wedge shell, franz. donace, olive, flion, span. chirla, xarleta, holl. zaagje*
Eine mit feinen Zähnchen am inneren Schalenrand ausgestattete Muschel mit leicht spitz zulaufendem Hinterende. Das Gehäuse ist etwa zweimal so lang wie breit, wobei der Wirbel hinter der Mitte liegt. Außen ist die Schale weiß bis gelblichbraun, innen ist sie bisweilen leicht violett getönt. Die Schalen sind mit konzentrischen Ringen versehen, die von unregelmäßig verteilten weißen Strahlen durchzogen werden. Die 4 bis 5 cm lange Muschel lebt an den östlichen Atlantikküsten von Norwegen bis Marokko sowie im Mittelmeer. Auch in der Deutschen Bucht kommt sie häufig vor.

Dreiecksmuscheln, wie die im Mittelmeer häufig vorkommende Art *Donax trunculus*, sind ziemlich klein und werden daher ebenfalls meist roh verzehrt. Ihre Schalen sind häufig am Strand zu finden.

Karibisches Sägezähnchen *(Donax denticulatus), engl. caribbean coquina, franz. donace,*

Little Neck Clams sind eigentlich Quahog-Muscheln *(Mercenaria mercenaria).* In den USA werden diese jedoch nach Handelsgrößen mit unterschiedlichen Namen belegt. Die Little Neck ist die kleinste, sie wird meist roh gegessen.

Cherrystone heißt die nächst-größere Quahog, benannt nach dem Cherrystone Creek in Virginia. Die so klassifizierten Exemplare sind dann etwa fünf Jahre alt und bis zu 7 cm groß.

Als Chowder oder Steamer Clams werden alle Quahogs verkauft, die größer als die Cherrystones sind. Man nennt sie so, weil sie dann zu groß sind, um noch roh gegessen zu werden, und daher meist in Chowders (Fisch-Eintöpfen) Verwendung finden.

donace denticulée, span. chipi-chipi (Südamerika)
Die in verschiedenen Farbtönen vorkommende kleine, nur 2 bis 2,5 cm lange Muschel hat eine keilförmige, bauchige Schale mit auffallenden, meist deutlich getönten Radiärstreifen, die von konzentrischen Ringen durchkreuzt werden. Die Ränder sind fein gezähnt. Ihr Verbreitungsgebiet erstreckt sich von der Karibik über die Küsten Zentralamerikas bis Nord-Brasilien.

SCHEIDENMUSCHELN, SCHWERTMUSCHELN, MESSERMUSCHELN *(Solenidae)*

Bei allen zu dieser Familie gehörenden Arten sind die Schalen schmal und langgezogen, entweder gerade oder leicht gebogen, einer Messerscheide oder der Scheide eines Schwertes ähnlich. Die gleichförmigen Schalen sind glatt und an den etwas auseinanderklaffenden Enden fast im rechten Winkel abgestutzt. Der Wirbel liegt nahe am Vorderrand. Mit Hilfe ihres Fußes und durch ruckartiges Ausstoßen von Wasser können sich einige Arten bei Flucht vor Freßfeinden mit bis zu 50 cm langen »Sprüngen« fortbewegen.
Scheiden- und Schwertmuscheln bewohnen weiche, sandige bis feinsandige Böden, in denen sie sich mit Hilfe ihres Fußes und aufgrund ihrer schlanken Schalenform schnell und tief eingraben können. In den so entstehenden senkrechten Gängen können sie auf- und absteigen. Mit Ausnahme der kalten Zonen sind Scheiden- und Schwertmuscheln in allen Meeren verbreitet, die meisten Arten jedoch in den Tropen.

Gemeine Scheidenmuschel, Messerscheide *(Solen marginatus), engl. jackknife clam, grooved razor clam, samquin clam, franz. couteau gaine, ital. cannolicchio, capalonga, manicaio fodero, span. longueirón, navaja, mango de cuchillo, holl. messerscheede*
Die röhrenförmige Muschel mit weißer bis gelbbrauner Oberfläche wird 12 bis 16 cm lang. In Längsrichtung werden die beiden Klappen, an deren Schloßrand sich je ein Hauptzahn befindet, durch eine Skulptur- und Farbabgrenzung diagonal in zwei spitze Dreiecke aufgeteilt. Die Maserungen der beiden Zonen verlaufen dabei senkrecht zueinander. Am Vorderende ragt der Fuß heraus, am Hinterende die beiden Atemröhren (Siphonen). Die Gemeine Scheidenmuschel kann sich bis zu 1 m tief eingraben. Sie ist im wärmeren Atlantik von der englischen Küste bis Mauretanien, im ganzen Mittelmeer und im Schwarzen Meer verbreitet. Die Hauptfangzeit liegt in den Wintermonaten.

Rosa Scheidenmuschel
(Solen rosaceus), engl. rosy jackknife clam
Die bis 7,5 cm lange Scheidenmuschel ist sehr variabel grün und rosa gefärbt, wobei die Rosatöne vorwiegend in den konzentrischen Ringen zu finden sind. Sie kommt an der Pazifikküste Südkaliforniens und Mexikos vor.
Eine ähnliche Art, *Solen roseomaculatus* (engl. rose-spotted solen), ist im Indopazifik von Madagaskar bis Japan und Neuguinea verbreitet. Sie ist leicht gebogen und hat eine ungleich schattierte Rosafärbung mit dunkleren Tupfen, die auch auf der Innenseite der Schale zu erkennen ist.

Große Japanische Scheidenmuschel *(Solen grandis), engl. giant Japanese solen*
Die olivfarbene bis hellbraune, relativ breite, vorn abgestutzte und hinten abgerundete Schale dieser Muschel ist mit bräunlichen konzentrischen Wachstumsringen versehen. Die bis zu 12 cm lange Scheidenmuschel ist in China und Japan verbreitet.

Kleine Japanische Scheidenmuschel *(Solen strictus), engl. Gould's solen*
In Farbe und Maserung ist sie der Großen Japanischen Scheidenmuschel ähnlich, jedoch wesentlich schmaler und an beiden Enden abgestutzt. Sie erreicht ebenfalls eine Länge von 12 cm und ist aus Japan und China bekannt.

Amerikanische Schwertmuschel *(Ensis directus), engl. Atlantic jackknife clam, Atlantic razor clam, franz. couteau de l'Atlantique, holl. Americaanse zwaardscheede*
Mit ihrer weißlichen Färbung und ihrer Form ähnelt sie den europäischen Schwertmuscheln, ihre Schalen sind jedoch breiter und etwas gebogen. Beide Enden sind leicht abgerundet. Das Verbreitungsgebiet der bis zu 17 cm lang werdenden Schwertmuschel reicht von Labrador bis South Carolina. Neuerdings ist sie auch in die südliche Nordsee eingeschleppt worden, besonders in der Deutschen Bucht ist sie mittlerweile sehr häufig zu finden.

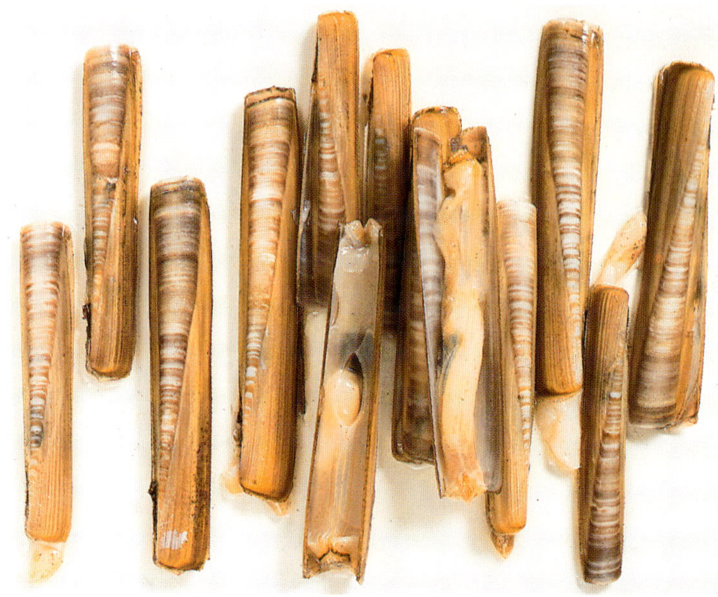

Eine Unterart der Großen Schwertmuschel ist die kleinere *Ensis siliqua minor* aus dem Mittelmeer. Ihr Fleisch ist cremig-weiß und kann auch roh gegessen werden. Mit Butter und Knoblauch gedünstet, wird es zu einer wahren Delikatesse. — Die ungewöhnlich geformtem und strukturierten Scheiden- oder Schwertmuscheln sind einigermaßen schwer zu fangen und werden daher nicht sehr häufig angeboten.

Kleine Schwertmuschel
(Ensis ensis), engl. sabre razor, franz. couteau sabre, couteau courbe, span. langueiron, ital. cappa di deo, cappa lunga, holl. kleine zwaardscheede, span. caravela, navaja
Die wie ein Säbel leicht gebogene Schwertmuschel wird etwa 8 bis 13 cm lang. Am Schloßrand der linken Klappe befinden sich zwei Hauptzähne, am Schloßrand der rechten ein Hauptzahn. Die konzentrischen Streifen verlaufen wie bei der Gemeinen Scheidenmuschel derart gegeneinander, daß die Klappen in zwei spitze dreieckige Flächen geteilt werden. Die gelbweiße Grundfarbe wird von rötlich-braunen Streifen parallel zu den Wachstumslinien unterbrochen. Die Kleine Schwertmuschel lebt im Atlantik von Norwegen bis Marokko, im Mittelmeer und im Schwarzen Meer. Auch in der Deutschen Bucht kommt sie vor.

Große Schwertmuschel
(Ensis siliqua), engl. pod razor, franz. solen silique, ital. capalonga nostrana, span. navaja, longueiron, mango de cuchillo, holl. tafelmesheft
Diese besonders große Spezies unter den Schwertmuscheln erreicht Längen zwischen 15 und 22 cm. Die Schalen sind schwach gekrümmt und an den Enden leicht abgestutzt, gelbweiß und mit violetten Wachstumsringen versehen. Die Große Schwertmuschel lebt in feinsandigen Böden. Sie ist im Atlantik von Norwegen über die Britischen Inseln bis Galizien (Nordspanien) zu finden. Im Mittelmeer und vor Marokko gibt es eine sehr ähnliche Unterart, *Ensis siliqua minor.* Eine weitere Art, die Mittlere Schwertmuschel *(Ensis arcuatus),* unterscheidet sich von *Ensis siliqua* durch ihre leicht gebogene und schmalere Form. Sie wird bis 17 cm lang und kommt von Norwegen bis Portugal vor, einschließlich der Deutschen Bucht, aber nicht im Mittelmeer.

Die Dickschalige Trogmuschel *(Spisula solida)* gehört mit zu den schmackhaftesten Muscheln. Sie ist weit verbreitet und wird vor allem von den Franzosen und Engländern gefischt. Aus Frankreich gelangt sie auch auf den deutschen Markt, wo sie recht oft im Angebot zu finden ist. Gedünstet schmeckt sie vorzüglich.

Chilenische Schwertmuschel *(Ensis macha), span. navaja del mar, navajuela, huepos, machi*
Diese Schwertmuschel wird bis zu 20 cm lang und 4 cm breit. Sie lebt an der chilenischen Küste von Calera südwärts bis Feuerland, von dort an der Atlantikküste nordwärts bis Argentinien (Golfo de San Martin). Sie wird mit der Hand gefangen und in allen Küstenorten Chiles frischgekocht gegessen. Auch kommerziell wird sie gefischt.

TROGMUSCHELN
(Mactridae, Mesodesmatidae)

Trogmuscheln sind weltweit in allen Meeren reichlich vertreten. Die gewöhnlich gleichklappigen Schalen sind oval, eiförmig oder mehr dreieckig, meist kalkig grau gefärbt, von sehr dünn und zerbrechlich bis dickschalig. Das Schloß weist v-förmige Hauptzähne auf.

Geflügelte Trogmuschel *(Mactra alata), engl. winged surf clam*
Ihre Grundform ist ähnlich wie bei anderen Trogmuscheln, doch ist sie an beiden hinteren Teilen flügelartig ausgezogen. Die fast seidige Oberfläche hat feine konzentrische Rillen. Die bis zu 8 cm große Geflügelte Trogmuschel ist in der Karibik verbreitet.

Gemeine Trogmuschel *(Mactra corallina, Mactra stultorum), engl. rayed trough shell, surf clam, franz. mactre coralline, span. escupiña bestia, huevo, pechina lisa, holl. groote strandschelp*
Die weiße, rund bis dreieckig geformte Muschel wird bis zu 6 cm groß. Die feine konzentrische Zeichnung auf der fast glatten Oberfläche wird in unregelmäßigen Abständen von Radiärstrahlen gekreuzt. Die Innenseite der Schalen ist oft leicht violett getönt. Die Gemeine Trogmuschel bevorzugt Sandböden und ist im Atlantikgebiet von Südnorwegen bis Marokko sowie im Mittelmeer und im Schwarzen Meer verbreitet.

Zerbrechliche Atlantische Trogmuschel *(Mactra fragilis), engl. fragile Atlantic mactra*
Die Schalen dieser Trogmuschel sind hellbräunlich gefärbt und in der Form halbrund, zum Wirbel hin dreieckig zulaufend. Die im Atlantik von North Carolina bis Texas und vor den Antillen verbreitete Muschel erreicht einen Durchmesser von 6 bis 8 cm.

Gestreifte Pazifische Trogmuschel *(Mactra hians), engl. hians surf clam*
Die eiförmige, etwa 9 cm lange Muschel ist mit konzentrischen, breiten braunen Bändern versehen, die durch eine helle Strahlenzeichnung gekreuzt werden. Die Innenseite der Schalen ist hellviolett. Diese Muschelart lebt vorwiegend in Südostasien. Eine wesentlich kleinere Art *(Mactra australis)* findet man an den Küsten Australiens.

Gestreifte Trogmuschel *(Mactra striatella)*
Sie entspricht in Form und Farbe der Gemeinen Trogmuschel, hat jedoch sehr dicht beieinanderliegende, unterschiedlich getönte konzentrische Rillen und erreicht einen Durchmesser von bis zu 10 cm. Sie ist an der tropischen Atlantikküste verbreitet.

Dickschalige Trogmuschel *(Spisula solida), engl. thick trough shell, franz. mactre solide, holl. stevige strandschelp*
Diese Trogmuschel hat eine ovale, sehr kräftige weiße Schale mit ungleichmäßig verlaufenden konzentrischen Ringen. Sie wird zwischen 3 und 5 cm lang. Die Schließmuskeleindrücke sind deutlich ausgeprägt. Die Muschel kommt an der gesamten östlichen Atlantikküste bis Nordafrika vor, ebenso in der Deutschen Bucht und in der westlichen Ostsee.

Riesentrogmuschel *(Spisula solidissima), engl. Atlantic surf clam, bar clam, franz. fausse-praire, mactre solide, palourde de dune, holl. reuzenstrandschelp*
Eine bis zu 20 cm messende ovale weiße Muschel mit stark ausgeprägtem Wirbel, deren Oberfläche mit unregelmäßigen konzentrischen Wachstumsringen versehen ist. In den USA ist sie eine beliebte Speisemuschel. Sie ist mit zwei Unterarten an der amerikanischen Atlantikküste von Nova Scotia bis Florida und Texas zu finden.

Lange Trogmuschel, Ottermuschel *(Lutraria lutraria), engl. common otter shell, franz. lutraire, span. arola, cabra, navallón, holl. ovale slijkschelp, otterschelp*
Die aufallend langgestreckte Schale dieser Trogmuschel hat abgerundete Enden und weist eine zum Rand hin dunkler werdende Tönung auf. Sie wird 9 bis 13 cm lang. Sie lebt auf Schlamm- und grobsandigem Boden in Tiefen bis zu 55 m und ist von Norwegen bis Westafrika verbreitet. Die Gattung *Lutraria* ist mit einigen einander ähnlich sehenden Arten in allen Meeren vertreten, einschließlich des Mittelmeers.

Weiche Entenmuschel *(Anatina anatina), engl. smooth duck clam*
Die Schalen der Entenmuschel sind gewölbter als die der an europäischen Küsten verbreiteten Trogmuscheln, etwas gedrungener und sehr zerbrechlich. Die weißgraue Färbung wird zum Rand hin kräftiger. Die verwaschen aussehenden konzentrischen Wachstumsringe sind auch auf der Innenseite der Schale erkennbar. Die im westlichen Atlantik von North Carolina bis Brasilien verbreitete Muschel bevorzugt einen weich-schlammigen Untergrund.
Als »Entenmuscheln« werden in Deutschland und den Niederlanden auch die zu den Krebstieren zählenden *Lepadidae* bezeichnet. Sie sind jedoch in keiner Weise mit den hier genannten Muscheln verwandt.

Nordamerikanische Gefurchte Entenmuschel *(Raeta plicatella), engl. channeled duck clam*
Bei der weißen, irisierenden, halbrund-dreieckigen Gefurchten Entenmuschel sind die Rillen wesentlich stärker ausgeprägt als bei der Weichen Entenmuschel. Die kräftigen konzentrischen Rillen sind ungleich tief. Der Schalendurchmesser kann bis zu 9 cm betragen. Die Muschel lebt auf schlammig-sandigen Böden und ist von South Carolina bis in die Karibik verbreitet.

Chilenische Trogmuschel *(Mesodesma donacium)*
Im Gegensatz zu den eigentlichen Trogmuscheln ist bei den *Mesodesmatidae* im allgemeinen wie auch bei der hier aufgeführten Art das Vorderende wesentlich länger als das zum Teil scharf abgestutzte Hinterende. Die 7 bis 9 cm lange beliebte Speisemuschel lebt in der Gezeitenzone in Sandböden und ist von Peru bis Chile verbreitet. In

beiden Ländern wird sie kommerziell genutzt, von Chile wird sie in zunehmendem Maße exportiert. In Neuseeland werden die Arten *Mesodesma ventricosum* und *Mesodesma subtriangulatum* unter den Namen »Toheroa« bzw. »Tuatua« als Speisemuscheln sehr geschätzt.

PFEFFERMUSCHELN *(Scrobiculariidae)*

Zu dieser artenarmen Familie gehört nur eine einzige Gattung, die *Scrobicularia.* Ihre Arten leben in Schlickböden des Flachwassers und sind hauptsächlich in europäischen Gewässern verbreitet.

Flache Pfeffermuschel

(Scrobicularia plana), engl. furrow shell, franz. scrobiculaire, lavignon, ital. caparozzolo, holl. platte slijkgaper

Die 4 bis 6 cm langen Schalen dieser Muschel sind eiförmig bis rund und am hinteren Rand etwas angespitzt. Ihre weiße bis graue Oberfläche ist mit dichten konzentrischen Wachstumslinien versehen. Die Muschel lebt auf Sedimentböden an ruhigen Mittelmeerstränden, aber auch an wärmeren, verschlickten Küsten des Atlantiks. Ihren Namen verdankt sie dem pfefferigen Beigeschmack, der für alle Muscheln der Gattung *Scrobicularia* typisch ist.

KLAFFMUSCHELN *(Myidae)*

Die ovalen, langgestreckten, etwas ungleichen Schalen dieser Muschelfamilie klaffen am hinteren Ende leicht auseinander — daher der Name. Klaffmuscheln graben sich nämlich bis zu 30 cm tief in Sand- und Schlickböden ein. Um atmen und sich ernähren zu können, strecken sie durch diese klaffende Öffnung bis zur Sedimentoberfläche ein Rohr, das den Ein- und den Ausströmsipho enthält. Dieses Siphonalrohr wird aus einem verwachsenen Teil des Mantelrandes gebildet. Klaffmuscheln werden zwischen 5 und 12 cm lang, mit ausgestrecktem Siphonalrohr können sie bis zu 40 cm messen.

Als Softshell Clam sehr populär ist die Große Sandklaffmuschel *(Mya arenaria)* in den USA. Roh (mit einer Spur Zitrone) oder gekocht essen sie die Amerikaner sehr gern. Aber auch andere Zubereitungsarten sind beliebt, wie Braten und Fritieren. Farciert schmeckt sie vielen am besten.

Die Geoduck Clam *(Panopea generosa)* kann gute 4 kg wiegen. Die Hälfte des Fleischgewichts fällt auf den charakteristischen Sipho, der meist separat verkauft wird. In den USA wird die Geoduck zunehmend vermarktet und neuerdings auch exportiert, vor allem nach Japan und Honkong. Sie wird oft mit der ebenfalls großen, sehr ähnlich aussehenden Horse Clam *(Tresus nuttalli)* verwechselt, die jedoch zu den Trogmuscheln gehört.

Große Sandklaffmuschel, Sandmuschel, auch Strandauster

(Mya arenaria), engl. softshell clam, sand gaper, long neck, empire clam, franz. mye, clanque, bec-de-jar, span. leito ama, holl. strandgaper

Diese bekannteste Klaffmuschelart hat eine eiförmige Schale mit dicht beieinanderliegenden konzentrischen Wachstumslinien. Die Schalenlänge beträgt zwischen 5 und 12 cm. Sandklaffmuscheln sind speziell im Nordatlantik einschließlich der Nord- und Ostsee verbreitet, an der amerikanischen Atlantikküste gibt es sie von Labrador bis North Carolina (Cape Hatteras), mit den größten Vorkommen an der Küste Neu-Englands und in der Chesapeake Bay. Von der Atlantikküste wurde die Sandklaffmuschel auch an die Pazifikküste gebracht, wo sie von Alaska bis Kalifornien zu finden ist, hauptsächlich aber in der Bucht von San Francisco gefischt wird.

In den USA ißt man die Muscheln meist gekocht oder gebraten, auch in Fett ausgebacken. Farciert wird sie in Eintöpfen und anderen Gerichten verwendet.

Gestutzte Klaffmuschel

(Mya truncata), engl. blunt gaper, clam, franz. mye trouquée, holl. afgeknotte gaper

Die der Großen Sandklaffmuschel ähnelnde, jedoch kleinere Muschel ist am hinteren Ende fast senkrecht abgestutzt und klafft weiter auseinander. Sie hat eine ähnlich skulpturierte Schale und wird 3 bis 9 cm lang. Sie lebt in tieferen Bereichen der Nordsee, in der Deutschen Bucht, in der westlichen Ostsee und an der amerikanischen Atlantikküste (Massachusetts), sowie im Atlantik von der Arktis bis zur Biskaya, aber auch im Pazifik (Sachalin).

FELSBOHRER *(Hiatellidae)*

Die vier Gattungen dieser Familie leben hauptsächlich in kälteren bis sehr kalten Meeren. Die Schalen dieser Muscheln, die sich in Sand und Schlamm eingraben, klaffen mehr oder weniger weit auseinander.

Geoduck *(Panopea generosa), engl. geoduck clam*

Die größte Muschel der amerikanischen Pazifikküste hat große, lange, in einem fleischigen Rohr vereinigte Siphonen, die nicht in die Schale zurückgezogen werden können. Sie bilden etwa die Hälfte des Fleischgewichts der Muschel, die bis zu 4 kg wiegen kann. Die Siphonen können bis zu einer Länge von 1,30 m ausgestreckt werden. Durch sie atmet die Muschel Wasser ein und aus. Bei Ebbe kann man Geoducks an den an der Sandoberfläche sichtbaren »Fontänen« des ausgestoßenen Wassers orten. Die Schalen, die bis zu 20 cm lang werden, klaffen am Hinterende auseinander.

An der amerikanischen Pazifikküste ist »Geoduck hunting« zu einer Art Sport geworden. Die vereinten Kräfte von zwei Personen sind nötig, um die bis 1,20 m tief eingegrabene Muschel aus ihrem Untergrund herauszuholen. Ihr Fleisch wird in Scheiben geschnitten und gebraten. Auch der Sipho wird, enthäutet und feingehackt, in Suppen und Chowders verwendet.

SCHNECKEN *(Gastropoda)*

Die zweite und zugleich artenreichste Gruppe der Weichtiere sind die Schnecken, die überall auf der Welt vertreten sind. Sie bewohnen die unterschiedlichsten Lebensräume, es gibt sie im Meer, in Süßwasser und auf dem Land. Die meisten von ihnen haben ein spiralförmig gewundenes, einteiliges Gehäuse, doch gibt es auch Arten ganz ohne und andere mit zurückgebildetem Gehäuse, das auf den ersten Blick wie eine Muschelklappe aussehen kann.
Die Zoologen bezeichnen die Schnecken als Bauchfüßer oder Gastropoden. Auffallendes Merkmal aller Schnecken ist nämlich ihr großer Kriechfuß mit der Kriechsohle. Durch Zusammenziehen und Strecken der darin befindlichen Muskeln können sich die Tiere in dem sprichwörtlichen »Schneckentempo« fortbewegen. Nach Art und Lage der Atmungsorgane unterteilen die Zoologen die Gastropoden außerdem in Vorderkiemer *(Prosobranchia)*, Hinterkiemer *(Opisthobranchia)* und Lungenschnecken *(Pulmonata)*. Bei den vorwiegend im Meer lebenden Vorderkiemern liegen die Kiemen vor dem Herzen, bei den Hinterkiemern die einzige noch erhaltene Kieme hinter dem Herzen. Viele Hinterkiemer haben ein zurückgebildetes Gehäuse. Sie sind für die menschliche Ernährung nicht von Bedeutung. Bei den Lungenschnecken sind die Kiemen völlig zurückgebildet, statt dessen ist bei ihnen die Mantelhöhlendecke lungenartig ausgebildet. Bei vielen Arten spielt außerdem die Hautatmung eine Rolle.
Schnecken haben einen deutlich erkennbaren Kopf mit einem oder zwei Paaren von »Fühlhörnern«, den Tentakeln, die zum Tasten dienen. Auf ihnen oder an ihrer Basis sitzen auch die Lichtsinnesorgane, in vielen Fällen richtige Linsenaugen. Die Mantelhöhle sowie der spiralig aufgewundene Eingeweidesack befinden sich im schützenden Gehäuse, mit dem der Weichkörper nur durch den sogenannten Spindelmuskel verbunden ist. Schnecken können sich meist ganz in ihr Gehäuse zurückziehen, wobei einige Arten dieses mit einem auf der Rückseite des Fußes sitzenden hornigen oder kalkigen Deckel verschließen können.
Charakteristisch für alle Schnekken ist die sogenannte *Radula*, eine mit feinen Zähnen besetzte Reibeplatte im Schlundkopf. Sie kann aus der Mundhöhle herausgestreckt werden und dient so zum Abraspeln von Aufwuchs, wie zum Beispiel Algen. Pflanzen können damit ebenso zerkleinert werden. Durch Abwandlungen der Raspelzunge sind außerdem die unterschiedlichsten Nahrungsquellen erschlossen worden. Unter den Schnecken gibt es auch Aasfresser, Jäger und sogar solche, deren Raspelzunge zu einem Giftpfeil umgewandelt ist.
Die meisten Schnecken gibt es im Meer. Lungenschnecken leben vorwiegend auf dem Land, aber auch in Teichen, Seen oder Flüssen. Sie kommen zum Luftholen regelmäßig an die Wasseroberfläche. Wie die Muscheln sind Schnecken entweder getrenntgeschlechtlich oder zwittrig. Sie legen Eier.
Bei den marinen Arten verläuft die Entwicklung über eine frei schwimmende Larve, bei den Lungenschnecken schlüpfen aus den Eiern voll entwickelte Jungschnecken.
Gegessen wurden Schnecken schon im alten Rom. Im letzten Jahrhundert vor Christus betrieben die Römer in sogenannten Cochlearien bereits eine ausgedehnte Schneckenzucht, die sie später auch in Gallien und Germanien einführten. In der Blütezeit der Klöster galten Schnecken als Fastenspeise. Meeresschnecken wurden bereits in der Mittelsteinzeit als Nahrung genutzt.
Es sind vor allem die Meeresschnecken, die nicht nur durch vielfältige und ausgefallene Formen, sondern auch durch die unterschiedlichsten Farbschattierungen und Zeichnungen auffallen. Landschnecken sind dagegen in ihrer Färbung eher unscheinbar.
Es gibt Schnecken, die nur einige Millimeter groß werden, und andere, die eine Größe von etwa 60 cm erreichen können. Zu den großen Schnecken gehört auch das »Tritonshorn«. In der griechischen Sagenwelt blasen Götter und Centauren darauf, in buddhistischen Klöstern dient es noch heute als Musikinstrument. Aus Helmschnecken wurden schöne Schmuckstücke angefertigt, wie Gemmen und Kameen. Die Schalen der Meerohren sind wegen ihres schimmernden Perlmutts begehrt. Berühmt sind auch die Kaurischnecken, die bereits in vorchristlicher Zeit als Geld dienten.

Meeresschnecken: Vorderkiemer
(Prosobranchia)

MEEROHREN/ABALONEN
(Haliotidae)

Für den Laien sehen sie auf den ersten Blick wie Muscheln aus, doch gehören sie zu den Schnecken: die Meerohren oder Abalonen. Der aus dem Griechischen abgeleitete wissenschaftliche Name *Haliotis* heißt soviel wie Meerohr. »Ohr« deshalb, weil das Gehäuse einem menschlichen Ohr ähnelt. Die am Wirbel feinen Windungen werden zum Rand hin so breit, daß die letzte Halbwindung den größten Teil der flachen Schale ausmacht. Meerohren haben einen sehr kräftigen großen Saugfuß, dessen Sohle die gesamte Öffnung des Gehäuses ausfüllt. Mit ihm saugen sie sich auf Steinen und Felsen fest. Die Saugkraft des Fußes ist so groß, daß sie auch der stärksten Brandung widersteht. Sie kann das Viertausendfache ihres Eigengewichts betragen. Meerohren können daher nur äußerst schwer von ihrem Untergrund gelöst werden.
Charakteristisch für alle Abalonen ist eine Reihe von Löchern am Gehäuserand, von denen jedoch nur die letzten geöffnet sind. Durch diese Öffnungen werden die Exkremente ausgeschieden, die sonst durch die Mantelhöhle geschleust werden müßten, aber auch das Atemwasser wird durch sie abgegeben. Durch die Löcher werden außerdem zusätzliche Tentakel nach außen gestreckt.
Eine weitere Besonderheit bei den Meerohren ist, daß die für alle Schnecken typische Reibezunge, die *Radula,* zusätzlich zu den Mittel- und Seitenzähnen fächerförmig angeordnete Randzähnchen hat. Sie wird daher auch als Fächerzunge bezeichnet.
Es gibt etwa 100 verschiedene Arten von Meerohren, von denen einige einen Durchmesser von 25 cm erreichen können. Sie leben in den Brandungszonen der Meere, wo sie als reine Pflanzenfresser die Algenböden »abweiden«. Abalonen sind in allen wärmeren Meeren verbreitet. Sie sind nicht nur als kulinarische Köstlichkeit sehr geschätzt, sondern auch wegen ihrer besonders schönen Gehäuse, deren Innenseiten eine irisierende Perlmuttschicht aufweisen. Je nach Art schillern sie in intensivem Grün, Blaugrün, Rosa, Schwarz oder Weiß. Die in aller Welt überaus begehrten Schnecken sind in ihren Beständen bereits sehr stark zurückgegangen. Besonders in den USA gibt es daher strenge Schutzvorschriften. In Kalifornien beispielsweise dürfen Abalonen nicht zu Konserven verarbeitet werden, auch dürfen sie weder frisch noch tiefgefroren aus Kalifornien ausgeführt werden, nicht einmal in andere US-Bundesstaaten. Die auf dem Markt erhältlichen Konserven kommen meist aus Japan.

Silbernes Meerohr *(Haliotis australis), engl. silver paua, franz. haliotide australe*
Die Perlmuttschicht im Innern des Gehäuses, das 7 offene Löcher aufweist, schimmert stark silbrig, außen weist die helle, oliv- bis sandfarbene Schale eine axiale oder radiäre Riffelung auf. Das 7 bis 9 cm lange Meerohr gibt es in Neuseeland, ist aber seltener als die gleichfalls dort vorkommende größere und ebenfalls kommerziell genutzte Art *Haliotis iris.*

Rosafarbenes Meerohr *(Haliotis corrugata), engl. pink or corrugated abalone*
Die relativ runde Schale hat 2 bis 4 offene Löcher. Die Oberfläche ist auffällig und stark unregelmäßig gerippt und glänzt innen rosa. Der Gehäusedurchmesser beträgt 14 bis 16 cm. Die Rosa Abalone gibt es an der amerikanischen Pazifikküste, vorwiegend vor der kalifornischen Küste bis nach Niederkalifornien, in Tiefen zwischen 5 und 40 m.

Schwarze Abalone *(Haliotis cracherodi), engl. black abalone*
Das bis zu 15 cm lang werdende, ovale Gehäuse ist weitgehend glatt. Am Rand befinden sich 5 bis

neun offene Löcher. Die dunkle, fast schwarze Abalone kommt an der pazifischen Küste vom südlichen Oregon bis Niederkalifornien vor, wo sie unter Steinen und an Felsen in der unteren Gezeitenzone zu finden ist.

Glattes Seeohr *(Haliotis laevigata), engl. smooth ear shell, green lip abalone*
Das grünlich-weiße Gehäuse dieser 15 bis 20 cm lang werdenden Abalone ist oval mit gleichmäßig abgerundeten Seiten und relativ glatter Oberfläche. Es weist etwa 12 kleinere offene Löcher auf. Das Glatte Seeohr lebt auf Felsböden oder an den Seitenwänden von Felsblöcken unterhalb der Gezeitenzone. Es ist im südlichen Australien zwischen Victoria und Westaustralien verbreitet.

Grünes Meerohr *(Haliotis fulgens), engl. southern green abalone*
Die Farbe dieser Abalone schwankt von Rotbraun bis Grün-Opal mit braunen Einsprenkelungen. Die Innenseite der Schale ist auffallend dunkelgrün bis violett glänzend. Außen hat das Gehäuse 30 bis 40 relativ gleichmäßige Spirallinien, am Rand befinden sich 5 bis 6 offene, kleine, etwas erhabene Löcher. Das Grüne Meerohr kann bis zu 25 cm lang werden. An der kalifornischen und niederkalifornischen Küste kommt es unterhalb der Gezeitenzone in Tiefen bis zu 8 m vor.

Südafrikanisches Meerohr *(Haliotis midae), engl. perlemoen (Südafrika), midas abalone, franz. ormeau*
Die große, braunrote bis erdfarbene Abalone hat unregelmäßige, spiralförmig verlaufende Rillen auf ihrem Gehäuse, das einen Durchmesser von 12 bis 18 cm erreichen kann. Am Gehäuserand befinden sich 9 offene erhabene Löcher. Die Perlemoen ernährt sich von Tang. Sie kommt an der südafrikanischen Küste zwischen Kapstadt und Port Alfred vor.

Diese Kamtschatka-Seeohren *(Haliotis kamtschatkana)* wurden zwar in Kalifornien fotografiert, doch sind sie dort eher selten. Beachtliche Vorkommen gibt es erst viel weiter nördlich an der Pazifikküste. — Kalifornien hat übrigens strenge Schutzmaßnahmen eingeführt: Weder frisch noch konserviert dürfen Abalonen den Bundesstaat verlassen.

Kamtschatka-Seeohr *(Haliotis kamtschatkana), engl. Japanese abalone, Kamtschatka abalone*
Das ovale, 10 bis 15 cm lange Gehäuse mit rauher, ungleichmäßiger Oberfläche und verhältnismäßig hohem Gewinde hat 4 bis 5 offene Löcher. Die relativ kleine Art gibt es an der Pazifikküste der USA von Kalifornien bis Südalaska, wo sie auch innerhalb der Gezeitenzone zu finden ist. In Kalifornien ist sie nicht sehr häufig. Je weiter man nach Norden kommt, um so größer sind ihre Vorkommen. Das Kamtschatka-Seeohr soll auch in Japan verbreitet sein.

Roe-Abalone *(Haliotis roei), engl. roe's abalone*
Die Schale ist rund-oval, ähnlich wie beim Grünen Meerohr, und hat ausgeprägte spiralförmige knorpelige Rippen. Ihre Farbe ist braun-grün, am Rand sind 7 offene Löcher. Die bis zu 12 cm lange Abalone ist an der australischen Küste verbreitet, insbesondere im Süden und Südwesten, einschließlich der Insel Tasmanien, wo sie im bewegten Flachwasser an Kalksteinriffen zu finden ist.

Rotes Meerohr *(Haliotis rufescens), engl. red abalone*
Mit einem Schalendurchmesser bis zu 30 cm ist sie eine der größten Abalonen und die größte an der amerikanischen Pazifikküste vorkommende Art. Die helle, sandfarbene bis rötlich-braune Gehäuseoberfläche hat schuppenartige, konzentrische Abstufungen, die von Radiärrippen gekreuzt werden. Die innere irisierende Perlmuttschicht ist hell, der Weichkörper der Schnecke schwarz. Die an der kalifornischen Küste vorkommende und dort sehr beliebte Abalone ist, wie andere Meerohren auch, wegen zu stark betriebenen Raubbaus geschützt.

Seeohr *(Haliotis tuberculata), engl. ormer, franz. oreille de Saint-Pierre, ital. orecchia di San Pietro*
Das sehr flache, 8 bis 10 cm lange Gehäuse des Seeohrs ist spiralförmig gestreift, braun oder rosa gefleckt und etwas marmoriert. Am Gehäuserand befinden sich 6 bis 8 offene Löcher; die innere Perlmuttschicht glänzt besonders stark. Das Seeohr ist, neben einer im Mittelmeer vertretenen kleinen Art *(Haliotis lamellosa)*, die einzige an der wärmeren östlichen Atlantikküste vorkommende Abalonen-Art. Es gibt sie von Südengland bis zum Senegal.

Frische Abalonen, hier drei Glatte Seeohren *(Haliotis laevigata)* aus Australien, gelangen in Europa nur selten in den Handel. Das Fleisch vom Gehäuse zu separieren, erfordert etwas Geschicklichkeit. Vor der Zubereitung werden dunkle Teile und Eingeweide entfernt, nur das weiße Muskelfleisch wird verwendet. Man muß es ziemlich lange kochen oder aber, vorm Dünsten oder Braten, zartklopfen, denn es ist einigermaßen zäh. Trotzdem ist das rohe Abalonen-Fleisch bei den Japanern als Sushi-Zutat sehr beliebt.

NAPFSCHNECKEN *(Patellidae)*

Napfschnecken haben ihren Namen von der Form ihres Gehäuses, das wie ein spitzer Hut oder eben wie ein Napf aussieht. Wie bei den Meerohren erinnert ihr Gehäuse eher an eine Muschelklappe. Form, Struktur und Farbe vieler Napfschnecken wirken auf uns sehr exotisch. Die Gehäuse vieler Arten sind mit sternförmigen Radiärrippen und Farbstreifen versehen, andere sind kreisförmig und erinnern mit ihren schönen Färbungen auf der Innenseite an ein Medaillon. Teilweise haben die napfförmigen Schalen an ihrer Spitze ein Loch, andere Arten sind geschlossen. Napfschnecken gibt es an allen felsigen Küsten der Welt, die meisten Arten kommen jedoch in den gemäßigten und tropischen Meeren vor. Sie leben in der Gezeitenzone, wo sie sich mit ihrem kräftigen Saugfuß auf Felsen und Steinen festsaugen. Dort suchen sie sich meist einen festen Wohnplatz, vorzugsweise kleine Vertiefungen, in die sie gerade hineinpassen. Auch die stärkste Brandung kann sie dort nicht losreißen. Nachts verlassen die Napfschnecken ihren Wohnplatz, um auf Nahrungssuche zu gehen. Sie weiden den Algenaufwuchs der Felsen ab. Dabei kriechen sie in einem Bogen von etwa 1 m Durchmesser um ihren Wohnplatz herum, zu dem sie immer wieder auf ihrer Kriechspur zurückfinden.
Die meisten Napfschnecken werden nicht sehr groß und enthalten wenig Fleisch, so daß nur einige größere Arten für die menschliche Ernährung von Bedeutung sind.

Südafrikanische Napfschnecke *(Patella barbara), engl. limpet, franz. patelle*
Die Schale der lehmfarbenen, unterschiedlich gerippten Schnecke hat einen stark gezackten Rand. Das Innere des Gehäuses hat einen hellen Porzellanton. Die bis zu 10 cm groß werdende Schnecke ist vorwiegend an der südafrikanischen Küste bis Mosambik verbreitet. Im gleichen Gebiet gibt es eine ähnliche Art, *Patella oculus,* deren Innenseite einen starken schwarzbraunen Rand aufweist. Außen ist das Gehäuse, das einen Durchmesser von etwa 11 cm erreicht, dunkelbraun.

In den Küstenländern des europäischen Atlantiks wird die Gemeine Napfschnecke *(Patella vulgata)* wegen ihres guten Geschmacks zwar gern gegessen, doch ist ihr Fleisch recht zäh. Am Strand findet man häufig ihre weißgewaschenen Gehäuse (wie links im Bild).

Mexikanische Napfschnecke
(Patella mexicana)
Eine trübweiße, dickschalige Schnecke mit stark ausgebildeten Radiärrippen und einem hufeisenförmigen Muskelfleck auf der Innenseite des Gehäuses. Der weiche Körper ist schwarz mit weißen Flecken. Mit 15 bis 35 cm Durchmesser ist sie die größte Napfschnecke. Ihre Bestände sind bereits stark dezimiert. Sie ist im Pazifik an den Küsten von Mexiko bis Peru verbreitet.

Afrikanische Napfschnecke
(Patella safiana)
Sie ähnelt der Gemeinen (europäischen) Napfschnecke, doch sind ihre Strahlenrippen in großen farbgleichen Bündeln, abwechselnd weiß und rotbraun, zusammengefaßt. Diese Rippen werden von ringförmigen schmalen Wülsten gekreuzt. Das durchscheinende und innen glänzende Gehäuse erreicht einen Durchmesser von 7 cm. Die Schnecke ist in der Gezeitenzone an der afrikanischen Westküste von Marokko bis Angola verbreitet.

Gemeine Napfschnecke
(Patella vulgata), engl. common limpet, franz. patelle vulgaire, bernique, span. lapas, ital. patello
Die orange-graue Schale dieser in Europa verbreiteten Napfschnecke ist mit abwechselnd stärkeren und schwächeren Radiärrippen versehen. Die wechselnde Färbung verläuft ringförmig. Die bis zu 6 cm messende Napfschnecke lebt in den Küstengebieten des europäischen Atlantiks, von den Lofoten über England bis Nordspanien. Im Mittelmeer kommt eine verwandte Art, *Patella caerulea,* vor. In manchen Küstenländern wird sie lokal zu Nahrungszwecken genutzt, sie ist jedoch recht zäh.

Schildkrötennapfschnecke
(Notoacmaea scutum), engl. tortoise shell limpet, franz. tortoise limpet
Das leicht ovale Gehäuse ist mit breiten braunen Radiärstreifen versehen, der Untergrund ist rötlichbraun. Die Zeichnung erinnert an den Panzer einer Landschildkröte. Die Innenseite mit einem dunklen Mittelstück auf Perlmutt-Untergrund wirkt wie ein Medaillon. Die im Durchmesser etwa 4 cm messende Schnecke kommt an der pazifischen Küste von der südlichen Beringsee bis Kalifornien vor.

Große Eulennapfschnecke
(Lottia gigantea), engl. giant owl limpet
Das ovale, außen grünbraunlehmige Gehäuse sieht innen wie ein Medaillon aus. Der weißbräunliche, leicht blau unterlegte Muskelfleck, der wie der Umriß einer Eule aussieht, ist von einem blauschwarzen Rand umgeben. Der Lebensraum dieser Napfschnecke, die 5 bis 9 cm Durchmesser erreicht, sind die südlichen pazifischen US-Küstengewässer bis Niederkalifornien.

STRANDSCHNECKEN
(Littorinidae)
Die Mehrzahl der Strandschnecken ist mit nicht mehr als 4 cm Gehäusedurchmesser recht klein. Die Gehäuse sind, mit wenigen Ausnahmen, dickschalig und kegelförmig. Die getrenntgeschlechtlichen Tiere haben einfach oder doppelt gefiederte Kiemen. Viele Arten dieser Familie halten sich in der Spritzwasserzone auf. Schon in vorgeschichtlicher Zeit wurden Strandschnecken gegessen. Auch heute stehen sie hoch im Kurs und werden auf verschiedenste Weise verarbeitet. An der französischen Atlantikküste werden sie an einigen Stellen in sogenannten Schneckenparks gehalten.

Gemeine Strand- oder Uferschnecke *(Littorina littorea), engl. periwinkle, franz. bigorneau, vigneau*
Die im gesamten nordatlantischen Gebiet vom 43. Breitengrad an beheimatete Schnecke ist eine der häufigsten Meeresschnecken der europäischen Küsten. Auch in deutschen Küstengewässern ist sie überall vertreten. Ihr kegelförmiges Gehäuse mit scharfer Spitze ist

Unter ihrem französischen Namen Bigorneaux sind die Gemeinen Strandschnecken *(Littorina littorea)* am bekanntesten. Eine klassische Zubereitungsart ist es, sie einfach in Salzwasser zu kochen (nicht länger als 12 Minuten) und mit einer Kräuter-Vinaigrette zu servieren. Das Fleisch wird mit Hilfe einer Nadel oder eines kleinen Spießchens herausgeholt. Wichtig ist, etwa nicht abgelöste Deckel, mit denen die Schnecken ihre Gehäuse verschließen, sorgfältig zu entfernen.

grau-grün und konzentrisch gestreift. Es erreicht einen Durchmesser von etwa 4 cm.

Stumpfe Strandschnecke *(Littorina obtusata), engl. flat periwinkle, franz. littorine obtuse, bigorneau jaune*
Eine kleine, kaum mehr als 1,5 cm messende, fast runde Schnecke, deren stumpf endendes Gehäuse spiralig schwarz-gelb gestreift ist. Sie lebt in der unteren Gezeitenzone im Tang und ist von Island bis zu den Azoren verbreitet.

KREISELSCHNECKEN *(Trochidae)*

Eine große Familie kleiner bis großer Meeresschnecken, deren Gehäuse an einen Kinderspielkreisel erinnert, das heißt, die Windungen sind nicht konvex, sondern mehr oder weniger flach. Im Gegensatz zu den nachstehend beschriebenen *Turbinidae* ist der Deckel, mit dem die Schnecken das Gehäuse verschließen können, dünn und hornig. Die zahlreichen Arten dieser Familie bewohnen die warm-gemäßigten und tropischen Meere. Die großen Arten des Indopazifiks werden zur Perlmuttgewinnung genutzt.

Westindische Tigerschnecke *(Cittarium pica), engl. West Indian top shell, franz. turbopie*
Eine dickschalige Schnecke mit großen Endwindungen in schwarzer Grundfarbe mit unregelmäßigen hellen Einsprenkelungen. Das konisch geformte Gehäuse erreicht einen Durchmesser von 6 bis 10 cm. Die im karibischen Raum verbreitete Schnecke ist dort sehr beliebt und wird viel in Ragouts (Clam Chowders) verwendet, aber auch (als Aphrodisiacum!) roh gegessen.

RUNDMUNDSCHNECKEN *(Turbinidae)*

Mit einigen hundert Arten ist diese große Schneckenfamilie auf der ganzen Welt zu finden. Ihre Gehäuse sind denen der Strandschnecken sehr ähnlich, doch im allgemeinen dickwandiger. Die meisten Arten haben einen starken Kalkdeckel, mit dem sie das Gehäuse verschließen können.

Turbanschnecke *(Astraea rugosa, früher Turbo rugosus), franz. turbo scabre, ital. occhio di Santa Lucia*
Die grünlich-braune, festschalige, konisch geformte Schnecke hat sieben gewölbte Schalenwindungen und eine Stachelreihe an der Peripherie jeder Windung. Der ovale Deckel ist innen braun und außen orange. Die Turbanschnecke, die etwa 4 cm Durchmesser erreicht, bevorzugt Hartböden ab 3 m bis in größere Tiefen. Sie ist von der baskischen Küste bis zu den Kanaren und Azoren, aber auch im Mittelmeer verbreitet.

Grüner Ölkrug *(Turbo marmoratus), engl. green turban, franz. turbo marbré*
Das große, dickwandige, spitz zulaufende Gehäuse dieser Schnecke hat einen Durchmesser von 15 bis 28 cm. Die grüne Oberfläche wird von braun-weißen oder bräunlichen ringförmigen Streifen durchbrochen. Die weite Öffnung schimmert rosa-perlmutt. Das Verbreitungsgebiet erstreckt sich vom Roten Meer bis zur Südsee. Dort findet man die Schnecken in 15 bis 40 m Tiefe. Die Eingeborenen pazifischer Inseln essen nicht nur ihr Fleisch, sondern fertigen aus den Gehäusen auch Knöpfe und Schmuckgegenstände an. Wegen Überfischung haben einige Pazifikstaaten die Ausfuhr verboten.

Gehörnte Turbanschnecke *(Turbo cornutus), engl. horned turban, franz. turbo cornu*
Das goldbraune, etwas unansehnliche und ungleichmäßig geformte, spitz zulaufende Gehäuse von 7 bis 10 cm Durchmesser ist oft mit zwei Reihen Stachelhöckern besetzt. In ruhigen Gewässern fehlen gewöhnlich die Stacheln. Die sehr beliebte, doch stark abgefischte Schneckenart lebt in 4 bis 10 m Tiefe vor Korea und der japanischen Küste zwischen Süd-Hokkaido und Kiushu. In der japanischen Küche hat sie erhebliche Bedeutung.

FLÜGELSCHNECKEN, SPINNENSCHNECKEN, FINGERSCHNECKEN *(Strombidae)*

An der Küste Floridas sind die dort »Conch« (sprich: Konk) genannten Schnecken aus der Familie der *Strombidae* überaus populär. Ganz besonders auf den Florida vorgelagerten Inseln, den Florida Keys, werden sie sehr viel gegessen, wenngleich ihre Bestände dort durch Überfischung stark zurückgegangen sind. Schon Kolumbus fielen die Conchs auf, als er auf die auf den Bahamas lebenden Arawak-Indianer traf. Sie aßen nicht nur das Fleisch dieser großen Schnecken, sondern fertigten aus ihren Schalen auch Werkzeuge und rituelle Gegenstände. Die Gehäuse dieser Schnecken sind heute beliebte Sammlerobjekte.

Riesenflügelschnecke *(Strombus gigas), engl. edible pink conch, queen conch*
Die von der Küste Floridas bis Trinidad verbreitete Schnecke erreicht eine Größe von etwa 30 cm. Ihr Gehäuse weist 5 bis 7 stachelartige Auswüchse auf.
Der Genuß ihres Fleisches wie auch anderer Conch-Arten kann gelegentlich einen Brechreiz auslösen. Als vorbeugende Maßnahme wird daher das Fleisch vielerorts zweimal gekocht bzw. das Kochwasser während des Kochens gewechselt. Das Fleisch läßt sich übrigens nur relativ schwer aus dem festen Gehäuse auslösen.
In Florida unterscheiden die Conch-Esser zwischen den sogenannten »dicklippigen« und den »dünnlippigen« Conchs. Die dünnlippigen sind die jüngeren Exemplare; den breiten, »dicklippigen« Auswuchs am Mündungsrand findet man nur bei den älteren Schnecken.

Fechterschnecke *(Strombus pugilis), engl. fighting conch*
Diese tropische Seeschnecke ähnelt in der Form der Riesenflügelschnecke, sie ist jedoch mit etwa 8 cm Durchmesser wesentlich kleiner. Wie alle Flügelschnecken hat auch sie einen klauenförmigen Fuß mit einem scharfkantigen Deckel, mit dem sie bei Gefahr wild um sich schlägt; daher ihr Name. Sie hält sich in Wassertiefen von 2 bis 6 m auf. Das Gehäuse ist hellorange gefärbt.

STACHELSCHNECKEN *(Muricidae)*

Eine sehr artenreiche Familie, die in tropischen, subtropischen und warm-gemäßigten Meeren heimisch ist. Ihre stark skulpturierten Gehäuse sind mit 3 bis 12 axialen Wülsten versehen, den sogenannten Varizen, auf denen sich mehr oder weniger lange Stacheln befinden. Stachelschnecken sind Räuber, die sich von anderen Schnecken und Muscheln ernähren, indem sie deren Gehäuse anbohren.

Mittelmeerschnecke, Herkuleskeule *(Murex brandaris), franz. murex massue, rocher épineux, ital. murice comune, garusolo, cornetto di mare, span. busano, port. búzio*
Das 6 bis 10 cm hohe, meist gelbe Gehäuse ist sehr variabel skulpturiert und entweder nur mit axialen

Nur das Muskelfleisch der Conch *(Strombus gigas)* ist eßbar. Der hornige Deckel wird entfernt, der Muskel enthäutet. Je nach Verwendungsart wird das Fleisch dann zartgeklopft oder feingehackt.

Auf den Fischmärkten Italiens ist die als »Herkuleskeule« bekannte Stachelschnecke *Murex brandaris* oft zu finden. Sie gelangt meist als Beifang in die Schleppnetze der Fischer.

Die Purpurschnecke *(Murex trunculus)* ist ebenfalls eine Mittelmeerschnecke. Ihr Fleisch, wenngleich nicht übermäßig zart, schmeckt gekocht sehr gut.

Wülsten oder auch mit Stacheln versehen. Ein relativ langer Kanal läßt es wie eine Keule aussehen. Die im Mittelmeer und an der Algarve vorkommende Art bevorzugt Sandböden unterhalb der Gezeitenzone bis etwa 20 m Tiefe. Sie wird meist als Beifang mit Schleppnetzen gefischt und vermarktet.

Purpurschnecke *(Murex trunculus), franz. rocher à pourpre, biou nègre, cornet, ital. murice, scoglio troncato, garusolo femena, span. canailla, caracol de roca, bucios*
Das mit Wülsten oder ganz kurzen Stacheln versehene Gehäuse wirkt gedrungen und hat einen kurzen, dicken Siphonalkanal. Es ist relativ hoch getürmt und bräunlich und hat zwei dunkelbraune Spiralbänder auf jeder Windung. Die Purpurschnecke kommt im gesamten Mittelmeer vor, wo sie auf Hartböden (Fels, Geröll) lebt. Sie bleibt oft in Grundstellnetzen hängen und wird dann auf Märkten angeboten.
Die Purpurschnecke wie auch die zuvor beschriebene Herkuleskeule dienten in früheren Zeiten zur Purpurerzeugung. Die Absonderung einer in der Mantelhöhle gelegenen Drüse wird, sobald sie dem Sonnenlicht ausgesetzt ist, erst gelb, dann rot und schließlich purpurfarben.

WELLHORNSCHNECKEN
(Buccinidae und Melongenidae)

Wellhornschnecken spielen als »Gesundheitspolizei des Meeres« eine wichtige Rolle, denn sie sind hauptsächlich Aasfresser. Mit ihrem gut entwickelten Geruchssinn spüren sie Nahrung in bis zu 30 m Entfernung auf. Es gibt auch Arten, die die Schalen anderer Weichtiere aufbohren, um an deren Fleisch zu gelangen. Unter diesen gibt es regelrechte Austernspezialisten.
Ihre Gehäuse sind vielgestaltig geformt, sie können oval, birnenförmig, kugelig oder spindelförmig sein.
Wellhornschnecken sind von den beiden Eismeeren bis zur tropischen Äquatorzone verbreitet. Kulinarisch interessant aus der Familie der *Buccinidae* sind vor allem die großen Wellhornschnecken, wie zum Beispiel die *Buccinum undatum*.

Im tropischen Pazifik ist die Spirale von Babylon *(Babylonia formosae)* heimisch. Gekocht und in einer scharfen oder auch süßsauren Sauce angerichtet, werden diese Wellhornschnecken gegessen.

Wellhornschnecke *(Buccinum undatum), common whelk, waved whelk, buckie, franz. buccin, ondé, bulot*
Die überwiegend auf weichem Sandboden, aber auch felsigem und schlammigem Grund bis zu 1200 m Tiefe lebende Wellhornschnecke ist vom nördlichen Eismeer über die Nordsee und die westliche Ostsee bis zur Biskaya verbreitet. Das kegelförmige, hellbraune bis sandfarbene Gehäuse wird bis zu 11 cm hoch. Typisch sind seine feinen, konzentrisch-spiralförmigen Rippen, die von einigen senkrecht dazu verlaufenden hellen Furchen gekreuzt werden. Die Mündung ist innen weiß bis mattrosa und hat einen Kanal für die Atemröhre, den Sipho.
Trotz ihres schweren Gehäuses kann sich die Wellhornschnecke relativ schnell bewegen. Am Strand findet man gelegentlich traubenartig zusammengeballte runde Gebilde. Das sind die Eikapseln der Wellhornschnecke. Gewöhnlich sind sie leer, da die jungen Schnecken bereits geschlüpft sind.
Wellhornschnecken werden besonders in den Fanggebieten auf den Fischmärkten verkauft, sind aber auch gelegentlich in Fisch- oder Feinkostläden im Inland erhältlich. Hauptabnehmer sind Frankreich und der französischsprachige Teil Kanadas. Dort wird das gekochte Schneckenfleisch in Teig ausgebacken oder fritiert. Man bereitet aus Wellhornschnecken aber auch Clam Chowders oder ähnliche Gerichte.

Mittelländisches Tiefseewellhorn *(Buccinum humphreysianum)*
Eine zwischen Norwegen und Portugal sowie im Mittelmeer in Tiefen ab 80 m vertretene Spezies mit dünnschaligem, leicht transparentem Gehäuse. Die Färbung des bis zu 6 cm hohen Gehäuses ist fast gleichmäßig elfenbein-rosa mit unregelmäßigen blaßbraunen Flecken.

Lebend-frisch vom Pariser Markt sind diese zwischen 4 und 8 cm hohen Wellhornschecken der Art *Buccinum undatum*. In Frankreich, vor allem in der Normandie, werden sie viel und gern gegessen, vorwiegend zu Suppen und Farcen verarbeitet. In der Schale gekocht oder in Essig eingelegt findet man sie ebenfalls im Angebot.

Hornschnecke, Sardische Wellhornschnecke *(Euthria cornea, früher Buccinulum corneum), engl. horn whelk*
Die etwa 7 cm hohe, gelbe, gleichmäßig spiralförmig gewundene Schnecke hat einen wulstig verdickten Mundrand und einen zurückgebogenen Siphonalkanal. Sie lebt in Tiefen bis zu 30 m im Mittelmeer, vor allem in den Gewässern um Sardinien.

Spirale von Babylon *(Babylonia formosae), engl. spiral babylon*
Das dünnschalige Gehäuse ist weiß und mit mehreren Spiralkreisen aus braunen, fast rechteckigen Farbtupfern versehen. Es erreicht eine Höhe von etwa 7 cm. Die Schnecke lebt in feinsandigen Küstenzonen in Tiefen bis zu 20 m und ist im tropischen Pazifik von Taiwan bis Vietnam und Malaysia verbreitet.

Japanische Babylonschnecke *(Babylonia japonica), engl. Japanese babylon*
Sie ist ähnlich geformt wie die zuvor genannte Spezies, doch sind die ebenfalls mit ungleichmäßigen braunen Farbtupfern besetzten Windungen etwas bauchiger. Das Gehäuse wird bis zu 8 cm hoch. Hauptverbreitungsgebiet sind die Gewässer Japans, wo die Schnecken in Tiefen bis zu 20 m vorkommen.

Gestreifte Japanische Wellhornschnecke *(Siphonalia signum), engl. signum whelk*
Die nur etwa 6 cm lange Schnecke ist besonders reichlich auf küstennahen Weichböden vor dem mittleren und südlichen Japan vertreten. Die Spiralwindungen ihres Gehäuses werden wiederholt durch feine Kanten unterbrochen. Auf elfenbeinfarbenem Grund zieht sich spiralförmig ein feiner brauner Streifen bis zur Spitze. Der Rand der Öffnung ist gewölbt.

Große Japanische Wellhornschnecke *(Japelion hirasei), engl. hirase's whelk*
Das etwa 12 cm hohe, schlanke Gehäuse hat eine flach nach oben führende Spirale. Die gelblich-braune Schnecke ist besonders in den kalten nördlichen Gewässern Japans zu finden.

Südaustralische Wellhornschnecke *(Penion maxima), engl. dilated whelk*
Eine bis zu 25 cm messende Schnecke mit weiß-bräunlichem Gehäuse, dessen Windungen in

pagodendachartigen Abstufungen spiralförmig verlaufen. Die Öffnung ist nach unten durch eine Rinne für den Sipho stark verlängert. Der Lebensraum dieser Wellhornschnecke sind in tiefem Wasser liegende Sandböden zwischen Australien und Tasmanien.

Gefurchte Birnenschnecke *(Busycon canaliculata), engl. channeled whelk, pear whelk*
Eine speziell an der amerikanischen Atlantikküste zwischen Boston und dem Golf von Mexiko vorkommende große, dünnschalige Schneckenart, deren Gehäusewindungen im Gegensatz zu den meisten anderen bisher beschriebenen Arten so flach verlaufen, daß der Körper sich fast nur im unteren Teil des Gehäuses befindet. Die Oberfläche der bräunlichen Schale ist ungleichmäßig gefurcht. Sie wird 15 bis 18 cm hoch. Die Schnecke lebt auf Sandböden im Flachwasser.

Knotige Birnenschnecke *(Busycon carica), engl. knobbed whelk, giant whelk*
Eine an der Ostküste der Vereinigten Staaten (Massachusetts bis Florida) verbreitete Schneckenart, die bis zu 20 cm groß wird. Von der Gefurchten Birnenschnecke unterscheidet sie sich durch einen Ring von Knoten im breiten Mittelteil. Nach oben hin hören die Knoten auf. Die Öffnung des ansonsten grauen Gehäuses ist ziegelrot gefärbt. Die Knotige Birnenschnecke ist die größte Schneckenart der nordamerikanischen Atlantikküste.
Gefangen werden Wellhornschnecken, ähnlich wie Hummer und Langusten, meist mit beköderten Körben.

Hauptabnehmer für Wellhornschnecken in den USA sind die italienischen Fischhändler. Die Channeled Whelks im Bild *(Busycon canaliculata)* sind nach den Waved Whelks *(Buccinum undatum)* und Knobbed Whelks *(Busycon carica)* am häufigsten im Angebot.

Landschnecken: Lungenschnecken *(Pulmonata)*

ACHATSCHNECKEN, RIESENSCHNECKEN *(Achatinidae)*

Die im tropischen Afrika beheimateten Achatschnecken sind die größten lebenden Landschnecken. Ihre hellen bauchigen Gehäuse, meist hochgetürmt, sind mit braunen Linien und Streifen überzogen. Eine einzige Schnecke kann ohne Gehäuse bis zu 500 g schwer sein. Daher gewinnt die Gattung *Achatina* auch zunehmend an wirtschaftlicher Bedeutung.
Die Echte Achatschnecke *(Achatina achatina)* gibt es nur in einem kleinen Gebiet Westafrikas (Sierra Leone, Liberia, Elfenbeinküste). Ihr Gehäuse kann über 20 cm hoch und 10 cm breit werden. Sie hält sich vorwiegend in Regenwäldern auf. In angelegten Pflanzungen richtet sie aufgrund ihrer Gefräßigkeit oft großen Schaden an.

Gemeine Achatschnecke, Riesenschnecke *(Achatina fulica), engl. agate type snail, giant African snail, franz. escargot achatine*
Ursprünglich an der ostafrikanische Küste und auf Madagaskar beheimatet, ist sie durch den Menschen über ganz Asien verbreitet worden und bis nach Amerika gelangt. Nach dem Zweiten Weltkrieg sollen in Kalifornien die ersten Exemplare gefunden worden sein. Sie wurden vermutlich von den Japanern verbreitet, die sie mit Vorliebe verspeisen. Ihr Fleisch gilt als vollwertiger Ersatz für das der Weinbergschnecke. Daher spielt die 10 cm lange, der Weinbergschnecke ähnlich sehende, jedoch höher getürmte Schnecke für den europäischen Feinkosthandel eine zunehmend größere Rolle. Sie wird in verschiedenen Gegenden Südostasiens gezüchtet und als Konserve auch nach Europa exportiert.

Weinbergschnecken werden selten frisch, sondern meist als vorgekochte Konserve angeboten. Auch tiefgefroren mit Gehäusen, oft bereits komplett mit der würzigen Butter für die berühmten »Escargots bourguignonne«, sind sie fast überall erhältlich.

SCHNIRKELSCHNECKEN *(Helicidae)*

Die artenreiche, weltweit verbreitete Familie der *Helicidae* gehört zu den Lungenschnecken. Sie haben keine Kiemen, sondern eine lungenartig ausgebildete Mantelhöhle. Dennoch leben einige Arten in Süß- oder Brackwasser. Alle Schnirkelschnecken sind Zwitter, die sich wechselseitig begatten. Ihr flachgewundenes, meist kugeliges Gehäuse können sie zu ungünstigen Jahreszeiten mit einem Deckel verschließen, so daß sie vor Kälte und Trockenheit geschützt sind. Sie sind reine Pflanzenfresser und gelten daher bei uns oft als Schädlinge, wie zum Beispiel die Gartenschnecke *(Cepaea hortensis)*. Die größte mitteleuropäische Art ist die Weinbergschnecke, die für die menschliche Ernährung von herausragender Bedeutung ist.

Weinbergschnecke *(Helix pomatia), engl. snail Bourgogne, franz. escargot de Bourgogne*
Die in der gemäßigten Zone Europas überall anzutreffende Landschnecke hat früher in Weinbergen, wo sie besonders gern die jungen Rebentriebe abfraß, großen Schaden angerichtet. Daher ihr Name. Heute ist sie in den Weinbaugebieten ausgerottet. Man findet sie in Gärten, Parks, an Hecken-, Feld- und Wiesenrainen und in der Randzone der Laub- und Mischwälder. Sie bevorzugt nicht zu trockene, kalkreiche Böden, dazu schattenspendendes Buschwerk.
Vor Beginn des Winters graben sich die Weinbergschnecken bis zu 30 cm tief in den Boden ein und verschließen dabei ihr Haus mit einem Kalkdeckel. Mit der Frühjahrssonne kommen die Tiere wieder zum Vorschein. Sobald sie ihren Wasserverlust ausgeglichen haben, beginnen sie mit der Paarung. Nach etwa sechs bis acht Wochen legen sie etwa 3 mm große Eier, aus denen nach weiteren 25 bis 28 Tagen winzig kleine Schnecken mit zarten, durchsichtigen Gehäusen schlüpfen. Eine Schnecke kann bis zu 55 Eier pro Jahr legen.
Mit ihrer gewölbten, stark gezahnten Raspelzunge, der *Radula*, kann die Weinbergschnecke ihre Nahrung gut zerkleinern. In Zuchtanlagen kann man im Sommer abends ihr raspelndes Freßgeräusch hören.
Die Weinbergschnecke gilt heutzutage als Delikatesse, während sie früher ein weitverbreitetes Volksnahrungsmittel war. Obwohl heute im allgemeinen weniger Schnecken gegessen werden, kann der Bedarf nicht mehr aus den Vorkommen in der Natur gedeckt werden. Man züchtet und mästet sie daher in sogenannten Schneckengärten. Früher wurden vorwiegend Winterschnecken exportiert, da sie sich länger hielten und aufgrund ihrer Winterreserve besonders fett waren. Heute werden die »Kriecherschnecken« im Frühjahr vorgezogen. Sommerschnecken sind zum Verzehr nicht so gut geeignet, da ihr Gewebe zu dieser Zeit viel Kalk enthält.
Auf dem Markt werden Weinbergschnecken meist tiefgefroren oder als vorgekochte Konserve gehandelt.

Gesprenkelte Weinbergschnecke *(Helix aspersa), engl. Bourgogne type snail, franz. escargot petit gris*
Dies ist eine etwas kleinere südeuropäische Art der Schnirkelschnecken mit weißen und gelblichen Einsprenkelungen auf dem Gehäuse. In ihrem Verbreitungsgebiet findet man noch weitere nahe Verwandte der mitteleuropäischen Weinbergschnecke, wie beispielsweise in Venezien die kleine *Theba pisana* oder die *Helix secernenda* von Kroatien bis Albanien. Eine andere Art, *Helix naticoides*, die es in Süditalien gibt, lebt mit Ausnahme der feuchten Winterzeit fast immer vergraben. Eine weitere ähnliche Art ist die *Helix ligata*, die vorwiegend in Mittel- und Süditalien bis Kalabrien zu finden ist. Die wesentlich größere *Helix lucorum* ist in Italien östlich des Apennin, auf der Balkanhalbinsel und in Kleinasien beheimatet. Anstelle der knapp gewordenen Weinbergschnecke *(Helix pomatia)* werden diese Arten zunehmend bei uns eingeführt.

KOPFFÜSSLER/ TINTENFISCHE
(Cephalopoda)

Die Kopffüßler, zu denen Tintenschnecke, Kalmar, Krake und Perlboot gehören, sind die am höchsten entwickelten Weichtiere. Sie sind durchweg Meeresbewohner. Unter ihnen gibt es die größten wirbellosen Meerestiere überhaupt. So leben in der Tiefsee Tintenfisch-Arten der Gattung *Architeuthis,* deren Körper 6 m lang wird und die es einschließlich der ausgestreckten Arme auf eine Länge von etwa 17 m bringen. Aufgrund von Saugnapffunden in Pottwalmägen könnte es über 21 m lange Formen geben. Sie sind zugleich die schnellsten Meeresbewohner. Die den Schnecken sehr viel näher als den Fischen stehenden und daher auch richtig Tintenschnecken genannten *Cephalopoden* haben hochentwickelte Sinnesorgane und ein ebenso hochentwickeltes Nervensystem. Sie können räumlich sehen und Farben unterscheiden, und sie sind fähig zu »lernen« und sich zu »erinnern«. Der Kopf mit den großen Linsenaugen ist deutlich vom Körper abgesetzt. Im Mund befinden sich außer der bereits von den Schnecken her bekannten Raspelzunge *(Radula)*, die hier nur noch als rauhe Zunge beim Verschlingen der Beutetiere hilft, zwei Kiefer, die wie ein Papageienschnabel aussehen. Mit ihnen können die Tiere ihre Beute — hauptsächlich Muscheln, Krebse und Fische — zerteilen. Der Mund ist von sehr beweglichen, oft mit Saugnäpfen besetzten Armen umgeben, die zum Ergreifen der Beute und zum Tasten und Kriechen benutzt werden. An der Bauchseite des sackförmigen Körpers befindet sich eine geräumige Mantelhöhle, in die der Darm, die Harn- und Geschlechtswege münden und in der sich auch die Kiemen befinden. Durch die nach vorn geöffnete Mantelhöhle strömt das Atemwasser ein und durch ein enges Rohr, den Trichter, wieder aus. Geschieht dieses Ausstoßen ruckartig, kann sich das Tier durch den dabei entstehenden kräftigen Rückstoß sehr schnell fortbewegen. Während dies meist nur zur Flucht genutzt wird, haben viele Arten zur langsameren Fortbewegung auch Flossen an den Seiten des Rumpfes.

Fast alle *Cephalopoden* besitzen eine Farbstoffdrüse, den sogenannten Tintenbeutel. Naht ein Angreifer, produziert diese in die Mantelhöhle mündende Drüse eine schwarzbraune Flüssigkeit, die beim Rückstoßschwimmen aus dem Trichter ausgestoßen wird. Sie verteilt sich wie eine Wolke um das Tier herum und macht es so für den Feind (das kann ein Delphin, Pottwal, Thunfisch oder Kabeljau sein) unsichtbar. Oft ahmt die ausgestoßene Farbwolke sogar die Form der Tintenfische nach, so daß der Angreifer nach dieser und damit ins Leere schnappt.

Die Haut der meisten *Cephalopoden* enthält bewegliche Farbzellen, die es den Tieren möglich machen, die Farbe zu wechseln. Zum einen spielt das bei dem der Begattung vorausgehenden Werbeverhalten eine Rolle, bei Bodenbewohnern wie den Kraken wird diese Fähigkeit aber auch zur Tarnung eingesetzt.

Alle Kopffüßler sind getrenntgeschlechtlich. Sie legen Eier, aus denen die fertigen, vollentwickelten Jungen schlüpfen.

Eine äußere Schale wie die Muscheln und Schnecken haben die meisten der heute lebenden Kopffüßler nicht. Von den wenigen noch vorkommenden Arten mit einem Gehäuse ist das in der Südsee lebende Perlboot *(Nautilus)* am bekanntesten. Fossile Funde belegen jedoch, daß es früher viele weitere *Cephalopoden*-Formen mit solchen vielkammerigen, spiralig gewundenen Gehäusen gab. Dennoch haben die meisten der heute lebenden Kopffüßler eine Schale, nämlich im Innern ihres Körpers. Nur einige wenige Arten haben überhaupt keine Schale.

Diese Schulp genannte Kalkschale ist meist länglich oval und leicht bauchig. Durch winzige, im Innern befindliche, mit Gas gefüllte Kammern ist sie porös und sehr leicht. Man findet solche Schalen oft am Strand. In Zoohandlungen werden sie unter der Bezeichnung »Sepia« als Wetzstein für Singvögel verkauft.

Nach Anzahl der Kiemen unterteilt man die *Cephalopoden* in Vierkiemer und Zweikiemer. Von den heute lebenden Arten gehört nur noch das Perlboot *(Nautilus)* zu den Vierkiemern, alle anderen Kopffüßler sind Zweikiemer. In Südostasien wird das Perlboot übrigens in großen Mengen gefangen, vor allem in Burma. Und zwar nicht nur wegen seines Fleisches, sondern auch wegen des begehrten Gehäuses.

Die Zweikiemer werden nach der Anzahl ihrer Arme unterteilt. Danach gibt es achtarmige *(Octobrachia)* und zehnarmige Tintenschnecken *(Decabrachia)*, die außer den acht, meist gleichgestalteten Armen noch zwei längere Fangarme haben.

Cephalopoden sind in allen Weltmeeren reichlich vertreten und seit eh und je besonders für die Küstenbewohner ein wichtiges Nahrungsmittel. Dank der Konservierungs- und Tiefkühltechniken sind Sepia, Kalmar und Octopus zu wichtigen Handelsartikeln geworden und heutzutage praktisch überall erhältlich. Ihre Bedeutung für die menschliche Ernährung dürfte in Zukunft noch zunehmen, da sie weitverbreitet und ihre Bestände zunächst noch weniger gefährdet sind als die der meisten Meerestiere.

Tintenfische gehören in den mediterranen Ländern zum Küchenalltag. Und sie schmecken wirklich köstlich, wenn sie richtig zubereitet sind. Die Galizier zum Beispiel verstehen es, aus einem Octopus eine Delikatesse zu zaubern. Selbst in Amerika, vor allem an der Westküste, werden Tintenfische, dank der Köche aus Italien, Spanien und Griechenland, ganz langsam populär.

Zehnarmige Tintenfische/ Tintenschnecken *(Decabrachia)*

SEPIAARTIGE *(Sepioidea)*

Von den zu den *Sepioidea* gehörenden Familien interessieren hier vor allem die Familien der *Sepiidae*, zu der auch der Gemeine Tintenfisch zählt und von der es etwa 80 Arten gibt, sowie die *Sepiolidae*, zu der zum Beispiel die vor allem im Nordatlantik und im Mittelmeer verbreitete Große Rossie *(Rossia macrosoma)* gehört.

Sepia, Gemeiner Tintenfisch *(Sepia officinalis), engl. common sepia, cuttle-fish, franz. seiche, ital. seppia commune, seppia officinale, span. luda, sipia, port. choco, holl. gewone inktvis*

Wie bei allen Arten der Gattung *Sepia* ist der Körper beim Gemeinen Tintenfisch oval bis rund und abgeflacht. An den Seiten läuft er in einem dünnen Flossensaum aus. Typisch ist eine an Zebrastreifen erinnernde dunkle Quermusterung auf dem Rücken, der Bauch ist nur schwach gefärbt. Die zwei Fangarme sind antennen-

Die Sepia oder der Gemeine Tintenfisch *(Sepia officinalis)* ist der »Tintenfisch« unter den Tintenfischen, als Sepia ist er kaum bekannt. Rezepte mit dem Zusatz »... en su tinta« kommen meist aus Spanien und bedeuten, daß die Tintenflüssigkeit mitverwendet wird. Sie gibt der Kochflüssigkeit eine fast schwarze Farbe. In der eigenen Tinte werden aber auch Kalmare geschmort.

Der Gemeine Krake *(Octopus vulgaris)* ist im Mittelmeerraum sehr häufig und populär. An seinen acht Fangarmen mit jeweils zwei Reihen von Saugnäpfen ist er zu erkennen. Für seine Zubereitung gilt, wie bei allen Tintenfischen, die bei uns auf den Markt kommen: lange genug kochen! Der Octopus braucht sogar länger als Sepia und Kalmar. Bei großen Exemplaren empfiehlt es sich, das Fleisch vor dem Garen weichzuklopfen.

artig lang ausgebildet und mit vier Reihen von Saugnäpfen besetzt. Sie werden jedoch gewöhnlich eingerollt und in Hohlräumen beiderseits vom Mund verborgen. Kommen Beutetiere in die Nähe des Tintenfischs, kann er die überlangen Arme blitzschnell herausschleudern.

Normalerweise hält sich der Gemeine Tintenfisch in der Nähe des Meeresbodens auf, in lockeren Sand wühlt er sich oft durch Schütteln seines Flossensaums ein. Der sich dabei auf seinem Körper ablagernde Sand dient ihm als Tarnung. Die größten Exemplare können eine Länge von 65 cm erreichen, wobei fast die Hälfte auf die Fangarme entfällt. Ihr Körper mißt im Durchschnitt 25 bis 30 cm. Den Gemeinen Tintenfisch gibt es im gesamten Atlantik, von Norwegen bis Südafrika. Arten der Gattung *Sepia* gibt es jedoch in allen Weltmeeren.

Rossie *(Rossia sp.), engl. ross-cuttle, franz. rossie, ital. seppiola grossa, span. rosia*

Die wirtschaftlich wichtigste Spezies der Gattung Rossia ist die Große Rossie *(Rossia macrosoma)*, die im Atlantik nördlich des Äquators und in westlichen Teilen des Mittelmeers vorkommt. Die *Rossia*-Arten sehen zwar den Arten der Gattung *Sepia* entfernt ähnlich, jedoch haben sie zwei gerundete und flügelartige seitliche Flossen, auch ist ihre innere Schale bis auf einen kleinen Rest zurückgebildet. Der meist braune, sackartige Rumpf wirkt gedrungener als bei den *Sepia*. Die Arme sind an der Wurzel durch eine Haut verbunden. Die *Rossia*-Arten verfügen über Leuchtorgane, die einen leuchtenden Schleim produzieren. Dieser wird bei Störungen durch den Trichter ausgestoßen. Eine im Indischen Ozean verbreitete Tiefseeart *(Rossia mastigophora)* zeigt dieses Verhalten besonders ausgeprägt und kann damit Verfolger regelrecht »blenden«.

Sepiole, Kleine Sprutte

(Sepiola sp.), franz. sépiole, sépiou, span. globitos, sepiola, ital. seppiola, port. pota, zula, holl. dwerginktvis

Diese vorwiegend im Mittelmeer verbreitete Gattung der Tintenschnecken ist sehr klein und daher auch als Zwerg-Sepia bekannt. Die Tiere werden nur 3 bis 6 cm lang. Ihre innere Schale ist stark zurückgebildet. Mit flügelschlagähnlichen Bewegungen der am Rumpf sitzenden Flossen können sie sich fortbewegen. In größeren Tiefen lebende *Sepiola*-Arten verfügen über Leuchtorgane, mit denen sie, ähnlich wie die *Rossien*, Verfolger irritieren und blenden können, während die in Küstennähe lebenden Arten sich durch schnelles Eingraben oder eine Tintenwolke schützen.

KALMARE *(Teuthoidea)*

Im Gegensatz zu den *Sepioidea* haben die Kalmare oder *Teuthoidea* einen sehr schlanken, langen, torpedoartigen Körper, der in einer rhombenförmigen Schwanzflosse endet. Der Kopf mit den Tentakeln ist ebenfalls langgestreckt. Die Mundarme sind relativ kurz und haben zwei Reihen von Saugnäpfen. Auf den beiden Fangarmen sind zwei oder vier Saugnapfreihen angeordnet. Diese Fangarme können allerdings im Gegensatz zu denen der *Sepioidea* nur teilweise eingezogen werden. Kalmare sind sehr gute Schwimmer. Indem sie die Richtung des Trichters, durch den das Atemwasser ausgestoßen wird, beliebig ändern können, sind sie in der Lage, rückwärts und vorwärts, in alle Richtungen zu schwimmen. Sie sind aktive Jäger, die es hauptsächlich auf Fisch abgesehen haben.

Die wirtschaftlich wichtigsten Arten gehören der Familie *Loliginidae* an. In den USA gibt es bereits einen ziemlich großen Markt für die dort »Squids« genannten Kalmare. Aber auch die asiatischen, orientalischen und mediterranen Völker schätzen sie als wertvolles und zugleich schmackhaftes Nahrungsmittel. Sofern der Kalmar nicht frisch verzehrt wird, ist er entweder tiefgefroren, eingelegt (»pickled«) oder in Dosen konserviert erhältlich.

Kalmare werden übrigens noch in zwei Überfamilien eingeteilt, die Nacktaugen- und die Schließaugenkalmare. Zu den Nacktaugenkalmaren gehört auch die als »Wunderlampe« bekannte Art *Lycoteuthis diadema*; der fast durchsichtige Kalmar hat 22 Leuchtorgane. Ebenso dazu gehören die Riesenkalmare der Familie

Der Gemeine Kalmar *(Loligo vulgaris)* wird auf den europäischen Fischmärkten reichlich angeboten. 80 % sind eßbares Fleisch, das fest, mager und proteinreich ist — aber keinesfalls zäh; das wird es nur durch falsche Zubereitung. Die Kochzeit sollte, je nach Größe, etwa 30 bis 45 Minuten betragen, zum Braten wird das Fleisch am besten vorher faserig geklopft. Kleine Exemplare können auch sehr gut im Ganzen gekocht werden. Die sackartigen Körper der Kalmare eignen sich hervorragend zum Füllen, wobei in vielen Rezepten die feingehackten Tentakel für die Füllung mitverwendet werden. In den mediterranen Ländern fehlt der Kalmar in keiner Fischsuppe, auch sonst ist er in den Kochtöpfen dort oft zu finden. Bei uns kennt man ihn hauptsächlich aus den italienischen Restaurants, kleingeschnitten und fritiert oder im Salat. Schade, daß man oft meinen könnte, auf Gummiringen zu kauen.

Architeuthidae, die mehrere Tonnen wiegen und um 17 m lang werden können. Über diese in der Tiefsee lebenden Riesen wurde und wird noch viel Seemannsgarn gesponnen.

Gemeiner Kalmar *(Loligo vulgaris), engl. calamary, long-finned squid, franz. calmar, encornet, ital. calamàro comune, span. calamar, port. lula, calamar, holl. pijlinktvis*
Die zur Familie der *Loliginidae* zählende Gattung *Loligo* ist besonders reichlich auf den europäischen Fischmärkten vertreten.

Der Gemeine Kalmar wird 30 bis 50 cm lang und kann ein Gewicht von 2 kg erreichen. Seine Haut ist glatt und sandfarben bis braun und rot gefärbt. In Nordamerika ist *Loligo pealei*, der Nordamerikanische Kalmar, der wirtschaftlich bedeutendste. Er tritt in großen Schwärmen auf, die sich wie Zugvögel formieren und diese Formation auch bei Richtungswechseln beibehalten. Die innere Schale ist zu einem hornartigen Stützblatt reduziert.

Vom kulinarischen Standpunkt aus wird in den USA jedoch *Loligo opalescens* als die wichtigste Squid-Art angesehen. Sie wird in großen Mengen in Kalifornien gefangen.
Die Mitglieder der Familie *Loliginidae* leben vorzugsweise in flacheren Küstengewässern, kommen aber auch in Tiefen bis zu 200 m vor.

Kurzflossenkalmar *(Illex sp.), engl. Atlantic squid*
Die Arten der Gattung *Illex* gibt es vor allem im Atlantik bis zur amerikanischen Küste und im Mittelmeer. Sie zeichnen sich durch eine große Schwimmtüchtigkeit aus und leben gewöhnlich in größeren Schwärmen. Sie machen Jagd auf Fische, Heringe sind bevorzugte Beutetiere. Die herzförmigen Flossen werden dabei nicht mitbenutzt; sie nutzen zum Schwimmen nur den Rückstoßeffekt, der beim Ausstoßen des Atemwassers durch den Trichter entsteht.

Pfeilkalmar *(Ommastrephes sp.), engl. squid, franz. encornet*
Bei den Pfeilkalmar-Arten haben die Flossen die Form einer Raute. Die bläulich-violett gefärbten Tiere können 150 cm lang und 15 kg schwer werden. Pfeilkalmare kommen in großen Mengen im Nordatlantik bis Norwegen vor und spielen daher eine bedeutende wirtschaftliche Rolle.

Achtarmige Tintenfische
(Octobrachia)

KRAKEN *(Octopodidae)*

Haben die bisher genannten Kopffüßler noch eine innere Schale, den Schulp, so haben die *Octopodiden*, denen außerdem auch die beiden verlängerten Fangarme fehlen, überhaupt keine Schale mehr. Sie verbringen ihr Leben auch nicht, wie die zuvor genannten Tintenschnecken und Kalmare, in erster Linie schwimmend, sondern sind zu Bodenbewohnern geworden. Flossen fehlen ihnen ganz. Sie können zwar rückstoßschwimmen, tun dies aber nur über kurze Strecken und hauptsächlich, wenn sie flüchten müssen. Die meiste Zeit verbringen sie in Felsspalten und -höhlen, deren Eingänge sie mit Steinen und Muscheln tarnen und die sie gegenüber Artgenossen verteidigen. Der gedrungene Körper geht bei fast allen Arten direkt in die gleichmäßig langen Fangarme über, die einreihig oder doppelreihig mit Saugnäpfen besetzt sind. Zur Ordnung der *Octobrachia* gehören neben der hier genannten Familie der *Octopodidae* noch fünf weitere artenreiche Familien. Zu ihnen zählen die für die menschliche Ernährung und somit kommerziell wichtigsten Arten. Besonders in den Mittelmeerländern und in Japan sind sie von Bedeutung.
Die Bezeichnung Krake wird fälschlicherweise oft auf Riesenkalmare angewandt. Andererseits werden Kraken oft als Polypen bezeichnet, was ebenso falsch ist, da Polypen zum Stamm der Nesseltiere gehören.
Kraken gibt es in allen Weltmeeren, wobei die größten Spezies Armlängen von bis zu 5 m aufweisen.

Gemeiner Krake *(Octopus vulgaris), engl. common octopus, sucker, amerik. poulp, franz. pieuvre, poulpe, ital. polpo comune, span. pulpo comun, port. polvo, holl. achtarm*
Der Gemeine Krake ist ein vor allem an den felsigen Küsten des Atlantiks und im Mittelmeer verbreitete *Octopus*-Spezies. Auf dem

In der fernöstlichen Küche spielt der Octopus eine wichtige Rolle, ganz speziell in Japan und Korea. Vielfach wird er in den Geschäften bereits gekocht und dann in Salzlake eingelegt angeboten, wie der große Krake vorn im Bild. Die kleineren im Hintergrund wurden zusätzlich mit Kräutern und Gewürzen mariniert. Auch beim Sushi fehlt der Octopus oder »Tako«, wie er auf Japanisch heißt, nicht. Dabei finden meist nur die Tentakel Verwendung. Gekocht und in Scheiben geschnitten, werden sie auf dem Sushi-Reis angerichtet.

sackförmigen Körper sitzen starr blickende Augen mit Lidern, die geschmeidigen Arme sind mit jeweils zwei Reihen von Saugnäpfen besetzt. Es gibt diese Kraken auch in der Nordsee, wo sie eine Gesamtlänge von etwa 70 cm erreichen, während sie im Mittelmeer und anderen wärmeren Gewässern bis zu 3 m lang werden können.

Wie die anderen Tintenfische geht auch der *Octopus* nur nachts auf Beutefang. Hauptnahrung sind Krebse, Krabben und Muscheln. Mit den kräftigen Armen kann er auch ausgewachsene Hummer überwältigen.

Seine Gewohnheit, als Einsiedler zu leben, gibt der Krake nur zur Paarungszeit auf. Oft finden heftige Kämpfe zwischen den um Weibchen kämpfenden Männchen statt. Bei den Männchen ist ein Arm zum Begattungsarm umgestaltet, der in die Mantelhöhle des Weibchens eingeführt wird. Ein Octopusweibchen kann etwa 100000 Eier legen. Die von durchsichtigen Kapseln geschützten Eier werden in dicken Trauben an festen Gegenständen, wie Steinen, festgeheftet. Aus ihnen schlüpfen fertige kleine Kraken, die noch etwa zwei Monate lang frei im Wasser schweben. Nach der Eiablage geht das Muttertier meist ein.

Zirrenkrake *(Ozaena cirrhosa), engl. curled octopus, franz. eledone, pourpre blanc, ital. polpo bianco, span. pulpo de alto, port. polvo do alto*

Ebenfalls im Mittelmeer und im Atlantik kommt dieser Krake vor, dessen Fangarme nur eine Reihe von Saugnäpfen aufweisen. Die Tiere sind mit etwa 40 cm Gesamtlänge kleiner als die Gemeinen Kraken. Ihre Fangarme sind an den Ansatzstellen durch Häute verbunden, so daß sie einen gut ausgebildeten, sogenannten Armschirm bilden.

In Form und Größe sehr ähnlich ist der Warzen- oder Moschuskrake *(Ozaena moschata),* der vorwiegend auf Schlamm- und Sandböden des Mittelmeers anzutreffen ist. Wie die meisten anderen Krakenarten kann er sich durch Verfärbung der Haut gut seiner Umgebung anpassen und sich so hervorragend tarnen. Die Zirrenkraken gelten als minderwertiger als die echten Kraken.

Andere Meeresfrüchte

Der weitaus größte Teil der vom Menschen verzehrten Meeresfrüchte gehört zu den beiden bisher aufgeführten großen zoologischen Gruppen der Krebs- und Weichtiere. Es gibt aber noch eine Reihe anderer eßbarer Meeresbewohner, die in diesem Buch nicht fehlen dürfen. Die verschiedenen Gruppen, zu denen sie gehören, sind zwar, zoologisch gesehen, von meist gleichrangiger Bedeutung und mindestens so vielgestaltig wie die der Krustazeen und Mollusken, doch spielen ihre wenigen zum Verzehr geeigneten Vertreter für die menschliche Ernährung und somit für dieses Buch nur eine untergeordnete Rolle. Sie sollen deshalb an dieser Stelle zusammengefaßt werden.

MEDUSEN/ SCHEIBENQUALLEN
(Scyphozoa)

Der Stamm der Nesseltiere oder *Cnidaria,* zu denen außer den Quallen z. B. auch die Seeanemonen und Korallen gehören, umfaßt rund 7700 verschiedene Arten. Die Medusen oder Scheibenquallen gehören zu den bekanntesten Erscheinungen des Meeres. Ihr Schirm ist wie eine Pilzkappe oder eine Glocke geformt, nach unten hängen Tentakel und Mundlappen. Quallen gibt es in der Hochsee aller Meere. Bei uns in Europa sind Quallen als Nahrungsquelle wohl kaum bekannt. Doch gibt es einige Arten von Scheibenquallen, die eßbar sind und die vor allem in Asien gegessen werden. Die Chinesen schätzen sie besonders, weil sie »zart, knusprig und elastisch« sind, eine Kombination von Eigenschaften, die nur durch die Art der bei ihnen üblichen Zubereitung verständlich wird: Die Quallen werden zunächst getrocknet und in Scheiben geschnitten und so auf dem Markt angeboten. Diese Scheiben werden dann in Wasser eingeweicht und in Streifen geschnitten, die wiederum mit heißem Wasser überbrüht werden, was bewirkt, daß sie sich wie Locken aufrollen. Die Streifen werden in einer Sauce aus Sesamöl, Sojasauce, etwas Essig und Zucker angerichtet.

In Japan kommen auch vollständige Exemplare getrocknet auf den Markt. Eine traditionelle Zubereitungsweise ist eine Kombination der eingeweichten und in Streifen geschnittenen Quallen mit Seeigeleiern. Diese pastenartige Mischung ist als Beigabe zu Reiswein sehr beliebt.

Wurzelmundquallen *(Rhizostoma pulmo)* gibt es auch in der Nordsee, als Nahrungsquelle werden sie jedoch nicht genutzt. Dieses Exemplar wurde am Strand der Nordseeinsel Wangerooge angespült.

Wurzelmundqualle *(Rhizostoma pulmo), engl. jellyfish, jap. kurage, türk. deniz anasi, franz. rhizostome, ital. botte di mare, span. aguamar*

Diese eßbare Qualle hat einen sehr stabilen Schirm, der einen Durchmesser von 60 bis 80 cm erreichen kann. Er ist weißlich bis zartgelb getönt, die Randlappen sind kobaltblau.

Aus dem Schwarzen Meer, wo die Wurzelmundqualle stark verbreitet ist, gelangt sie in großen Mengen durch die Bosporusströmung ins Marmarameer. Dort wird sie neuerdings von den Türken gefischt, in Salzlauge eingelegt und stark entwässert nach Japan geliefert. Die Jahresproduktion beträgt zur Zeit etwa 15 t.

Pazifische Wurzelmundqualle *(Rhopilema esculenta), engl. edible jellyfish, jap. kurage, morasaki zuken, vietn. sua, chin. hoy cheek*

Die große, im warmen westlichen Pazifik verbreitete Quallenart wird vorwiegend in China, Japan, Thailand und Indonsien gegessen. Ihr Durchmesser kann 45 cm betragen. Sie wird entweder getrocknet oder in Salzlake auf den Markt gebracht. Der Jahres-Handelsumsatz soll etwa eine Million US-Dollar betragen.

SCHWERTSCHWÄNZE
(Xiphosura)

Die seltsam gestalteten Schwertschwänze sind, zoologisch gesehen, Verwandte der Spinnentiere *(Arachnida)*, mit denen zusammen sie zu der großen Gruppe der Scherenfüßler *(Chelicerata)* gehören. Fossile Funde belegen, daß es sie in sehr ähnlicher Form schon vor 500 Millionen Jahren gab. Die urtümlichen Wurm- und Weichtierfresser wühlen im Schlamm der flachen Küstengewässer. Sie laufen hauptsächlich, können aber auch schwimmen. Im Gegensatz zu Insekten und Krebsen hat sich bei ihnen das erste Gliedmaßenpaar nicht zu antennenartigen Fühlern, sondern zu greifenden, zerkleinernden Scheren und zangenartigen Werkzeugen verwandelt. Schwertschwänze besitzen Facettenaugen wie Insekten, alle übrigen Spinnentiere haben jedoch einfache Augen.
Hauptverbreitungsgebiete sind die Küstengewässer des südlichen indopazifischen Raums und des amerikanischen Atlantiks, wo sie in großen Mengen auftreten können.

Schwertschwanz *(Limulus polyphemus), engl. horseshoe crab, franz. xiphosure*
Von den flachen Gebieten der Atlantikküste der US-Südstaaten bis in den karibischen Raum ist der Schwertschwanz zu finden. Unter dem glatten Kopf-Brust-Stück befinden sich fünf Laufbeinpaare, wobei die vorderen vier mit Scheren ausgerüstet sind, das fünfte hat gefächerte Schwimmflossen. Die schon erwähnten Facettenaugen sitzen an den Seiten des Panzers und werden durch eine Schildeinbuchtung geschützt. Darüber hinaus gibt es noch ein Paar einfacher Mittelaugen. Der vordere Schild endet in nach unten abfallenden Spitzen. Beweglich an diesen vorderen Panzer schließt ein aufgewölbter, unregelmäßiger Rückenschild des Hinterleibs an, der an den Seiten in einer spitzen Stachelreihe ausläuft. Es folgt ein Schwanzstachel, der fast so lang ist wie die beiden Panzerteile zusammen. Insgesamt erreichen die Tiere rund 50 cm Länge.
Im Gegensatz zu Ostasien ist im amerikanischen Raum der Schwertschwanz für die menschliche Ernährung von sehr geringer Bedeutung. Gegessen werden nur Leber und Eier.

Horseshoe Crab — beim Anblick dieser zu den Scherenfüßlern zählenden Tiere (hier: *Tachypleus gigas)* kann man schon an einen Pferdehuf denken. In Südostasien gelten Eier und Leber als Delikatessen, das Fleisch wird kaum gegessen. Kommerziell sind die Molukkenkrebse nur von geringer Bedeutung. Auf den lokalen Fischmärkten, beispielsweise in Thailand, werden sie jedoch oft angeboten.

Pfeilschwanzkrebs, Molukkenkrebs *(Tachypleus), engl. horseshoe crab, beetle crab, franz. xiphosure, indon. mimi, ikan mimi, malaiisch keroncho, belangkas*
Im indopazifischen Raum kommen zwei Gattungen mit vier verschiedenen Arten von Pfeilschwanzkrebsen vor. In ihrem Äußeren wie auch in ihrer Verhaltensweise sind sie kaum von den atlantischen Tieren zu unterscheiden, nur legen die Weibchen ihre Eier nicht in den Sand, sondern tragen sie bis zum Schlüpfen der Larven mit sich herum.
Den Pfeilschwanzkrebs gibt es von Japan bis Indonesien. Leber und im besonderen die Eier gelten als Delikatesse. Doch auch das Fleisch wird teilweise verwendet, vor allem in Suppen.
Carcinoscorpius rotundicauda ist eine dort ebenfalls vorkommende Art, die man tunlichst nicht essen sollte, denn sie ist giftig. Der Verzehr dieser Tiere soll schon zu Todesfällen geführt haben.

SEEIGEL
(Echinoidea)

Ans Mittelmeer oder auch an fernere Strände reisenden Urlaubern sind Seeigel von einer eher unangenehmen Seite bekannt. Die spitzen, harten Stacheln können einem Badenden, der auf ein solch kugeliges Tier tritt, schmerzhafte Verletzungen zufügen. Nichtsdestoweniger sind manche dieser etwa pflaumen- bis apfelgroßen Tiere eßbar.
Seeigel gehören zu dem etwa 6000 Arten umfassenden Stamm der Stachelhäuter oder *Echinodermata,* zu dem auch die nachfolgend aufgeführten Seegurken, aber auch Seesterne, Schlangensterne, Haarsterne und Seelilien gehören. Von den 860 Seeigel-Arten kommen nur wenige für die menschliche Ernährung in Betracht. Dabei sind es ausschließlich die Eierstöcke der weiblichen bzw. die Gonaden der männlichen Tiere, die zum Verzehr geeignet sind und unter Feinschmeckern als Delikatesse gelten.
Der Körper der Seeigel wird von einem meist runden oder etwas abgeplatteten Kalkpanzer umschlossen, der im Unterhautbindegewebe gebildet wird und aus vielen einzelnen, fest miteinander verbundenen Kalkplatten besteht. Über diesem Kalkskelett liegt die Haut, die auch die Stacheln überzieht. Muskeln und eine Art Gelenkkugelkopf auf den Platten des Panzers ermöglichen eine Bewegung der Stacheln, die aber auch starr gehalten werden können. Die Stacheln sind bei den verschiedenen Arten unterschiedlich lang und auch verschieden geformt. Zwischen den Stacheln sitzen Beiß-, Putz- und Giftzangen sowie schlauchartige Füßchen mit Saugnäpfen, die durch ein Wassergefäßsystem gestreckt werden können.
Besonders kompliziert gebaut ist der Kieferapparat. Fünf Zähne ragen aus dem auf der Unterseite liegenden Mund hervor, die mit 15 anderen Knochenstücken ein pyramidenartiges Gebilde formen, das durch Bänder und Muskeln zusammengehalten wird. Diese perfekte Kaumaschine wird seit Plinius d. Ä. (23 bis 79 v. Chr.) »Laterne des Aristoteles« genannt.
Seeigel leben in allen Weltmeeren. Einige sind Räuber, die meisten ernähren sich von Tang und Algen. Einige Seeigel-Arten tarnen sich mit Muschelschalen, Tang oder kleinen Steinchen. Bei den getrenntgeschlechtlichen Tieren sind die Weibchen bisweilen etwas größer und unterscheiden sich im Farbton von den männlichen Tieren.

Eßbarer Seeigel *(Echinus esculentus), engl. sea urchin, franz. oursin, ital. riccio di mare*
Der im gesamten Nordatlantik von Island über Norwegen bis Portugal anzutreffende Eßbare Seeigel ist bläulich, violett oder rotgrünlich gefärbt. Die Anordnung der Stacheln ist strahlenartig und symmetrisch, was auf dem getrockneten Panzer deutlich zu erkennen ist. Der Lebensraum des Seeigels ist mit Algen bewachsener Hartboden unterhalb der Gezeitenzone vom Flachwasser bis 40 m Tiefe. Die größten Exemplare erreichen einen Durchmesser von etwa 16 cm. Die Seeigel werden bis zu 8 Jahre alt.

Steinseeigel *(Paracentrotus lividus), engl. sea urchin, franz. chataine, châteigne de mer, oursin mediterranné, ital. riccio marino comune, span. erizo de mar, ikinua, port. ouriço do mar, holl. zee-egel*
Der dunkelviolett-braungrünliche, gelegentlich auch goldbraune oder schwarze Seeigel mit einem Schalendurchmesser bis zu 7 cm gehört zu den häufigsten Arten in Europa. Er lebt im wärmeren europäischen Atlantik von Irland und Schottland bis zu den Kanarischen Inseln und der Westsahara sowie im Mittelmeer, im Flachwasser bis zu 80 m Tiefe. An felsigen Stränden sitzen sie oft zu Hunderten oder Tausenden nebeneinander und weiden den Algenbewuchs von den Steinen ab. An Küsten mit starker Brandung bohren sie sich auch ins Gestein, wie beispielsweise an englischen und irischen Kalksteinküsten. Der Steinseeigel ist der wichtigste eßbare Seeigel des Mittelmeerraumes.

Schwarzer Seeigel *(Arbacia lixula), ital. riccio di mare*
Dieser blauschwarze Seeigel hat ungleichmäßig angesetzte, sehr lange Stacheln, die in ihrer Länge den Schalendurchmesser übertreffen. Auf felsigem, küstennahem Grund des nördlichen und westlichen Mittelmeeres sowie an der nordafrikanischen Küste ist er häufig anzutreffen.

Auf dem Markt im sizilianischen Agrigento wird der frische Seeigelfang sofort verkauft oder auch gleich an Ort und Stelle verspeist. Nur eine Schere wird benötigt, um den Panzer mit wenigen geübten Griffen zu »knacken«.

Solche Seeigel aus der Karibik werden von den Inselbewohnern in ziemlichen Mengen verzehrt. Auf den französischen Antillen gehören sie in jedes »Blaff«, ein gleichermaßen schmackhaftes wie populäres Fischgericht, das fast schon Nationalgericht ist.

Kurzstacheliger Purpurseeigel *(Arbacia punctulata), engl. short-spined purple sea urchin*
Der violett-grünliche Seeigel erreicht 5 bis 9 cm Durchmesser. Er hat nur kurze Stacheln. In den warmen Küstengewässern des US-Atlantiks und der Karibik ist er am stärksten verbreitet.

Grüner Seeigel *(Strongylocentrotus), engl. sea urchin*
Ein ebenfalls kurzstacheliger, auffallend grüngefärbter Seeigel, dessen Stacheln symmetrisch angeordnet sind. Er lebt in der kalten Zone des nördlichen Atlantiks und des Pazifiks.

Langstacheliger Purpurseeigel *(Strongylocentrotus purpuratus), engl. long-spined purple sea urchin*
Der sehr große Purpurseeigel kann einen Durchmesser von 25 cm erreichen. Der intensiv purpurfarbene Stachelbesatz ist unterschiedlich lang, die ganz langen Stacheln haben helle Spitzen. Das Verbreitungsgebiet dieses Seeigels erstreckt sich von der Küste Kaliforniens bis über den tropischen Pazifikraum.

Der Steinseeigel *(Paracentrotus lividus)* ist der in Europa am häufigsten vorkommende, am meisten gegessene und zugleich der beste Seeigel. Zum Verzehr sind nur die Eierstöcke bzw. die Gonaden geeignet.

SEEGURKEN
(Holothurioidea)

Seegurken oder Seewalzen sind, wie die Seeigel, eine Klasse der Stachelhäuter. Die wenigen eßbaren Arten gehören, wie die nachfolgend aufgeführten auch, meist den Familien der *Holothuriidae*, der *Stichopodidae* und der *Cucumariidae* an.
Die langgestreckten, walzen- oder gurkenförmigen Tiere haben eine lederartige, samtige oder schleimige Haut, die teilweise von Querkerbungen durchzogen ist. Das Skelett beschränkt sich auf kleine Kalkkörperchen in der Haut und einen Kalkring, der den Schlund umschließt. Das am Vorderende liegende Saugmundstück ist gewöhnlich von 10 bis 20 kranzförmig angeordneten, an eine Blüte erinnernden Tentakeln umgeben. Auffallend sind die dünnen, wurm- oder stachelartigen, sich über die Unterseite oder auf dem Rücken hinziehenden Füßchen, mit deren Hilfe sich die Tiere träge fortbewegen können. Als Nahrung werden die Seegurken vorwiegend in Ostasien genutzt. Besonders in China, aber auch in Japan gelten sie als Delikatesse, was vielleicht auch damit zusammenhängt, daß ihrem Fleisch eine aphrodisische Wirkung nachgesagt wird. Die Inselbewohner von Polynesien, Mikronesien, Neuguinea und auch des malaiischen Archipels haben sich schon in früher Zeit auf die starke Nachfrage eingestellt, sie gefangen und getrocknet als »Trepang« exportiert. Auf den chinesischen Bedarf haben sich heute auch die karibischen Inselbewohner eingestellt, die getrocknete Seegurken exportieren.
Für die Trocknung eignen sich besonders Seegurken mit blatt- und schildförmigen Fühlern. Nach dem Fang werden die Seegurken in großen Gefäßen mit Seewasser gehältert, anschließend gekocht. Die zusammengeschrumpften Exemplare werden an Gestellen in der Sonne getrocknet und zwischendurch zwei- bis dreimal in frischem Wasser gedämpft. Anschließend werden sie monatelang geräuchert. Nach dieser langwierigen Prozedur kommen die Seegurken, nach Arten sortiert, die wiederum unterschiedlich hoch bewertet werden, zum Verkauf. Erst

Für Europäer kaum nachvollziehbar ist die Vorliebe der Bewohner Südostasiens und insbesondere der Chinesen für Seegurken. Die verschiedenen Prozeduren, sie in etwas Eßbares zu verwandeln, sind jedoch so mühsam und langwierig, daß wohl etwas dran sein muß am Genuß dieser merkwürdigen Meerestiere. Getrocknet als »Trepang« (links im Bild) werden sie auf den Märkten angeboten, eingeweicht (rechts im Bild) dann auf verschiedene Weise zubereitet.

vor der Zubereitung werden sie nach entsprechend langem Einweichen gereinigt und ausgenommen.
Bei einer anderen Methode werden die Seegurken erst aufgeschlitzt, dann ausgenommen, kräftig ausgedrückt, innen und außen mit Kalk eingerieben, anschließend in der Sonne getrocknet und dabei zusätzlich geräuchert. Die so aufbereiteten Seegurken werden allerdings in der Qualität minder bewertet.

Indopazifische Seegurke
(Holothuria argus, H. scabra, Bohadschia argus), engl. spotted fish, tiger fish, jap. ayamishikiri, indon. tripang, teripang, malaiisch trepang
Eine Seegurke mit flachem Bauch und breitgewölbtem Rücken. Sie hat eine helle oder kastanienbraune Grundfarbe, die von roten bis orangefarbenen Flächen und eingestreuten schwarzen Flecken sowie pockennarbig aussehenden weißen Papillen unterbrochen wird. Die bis 40 cm lang werdende Seegurke lebt, wie ihr Name bereits sagt, im gesamten indopazifischen Raum. Sie wird in großen Mengen gefangen und dann zu »Trepang« verarbeitet.

Brustwarzenseegurke
(Holothuria nobilis, Microthele nobilis), engl. teat fish, mammateat
Eine große, breit-ovale Seegurke mit dunklem Rücken und gelben Flecken. Auf dem Rücken befinden sich 5 bis 6 flache, breite Auswüchse mit konischen Papillen. Die Seegurke ist im Indopazifik von Suez bis Samoa verbreitet.

Röhrenholothurie
(Holothuria tubulosa), engl. sea cucumber, sea slug, franz. bêche de mer, biche de mer, balate
Diese in europäischen Gewässern verbreitete Seegurkenart hat etwa 30 cm Länge und 6 cm Durchmesser. Sie ist braun bis hellbraun gefärbt und hat zahlreiche größere und kleinere Stacheln bzw. Füßchen in Papillenart auf dem Rücken. Die Unterseite ist zumeist heller. Ihr Lebensraum sind sandige oder sandig-schlammige Böden sowie Vegetationszonen auf Hartböden vom Flachwasser bis 40 m Tiefe. Im Mittelmeer ist die Röhrenholothurie sehr häufig anzutreffen, nicht aber im Atlantik oder im Indopazifik.

Braune Seegurke
(Leucospilota), phillip. hea sim, indon. tripang talengko
Diese mittellange Seegurke hat einen braunen Rücken, einen helleren Bauch und helle Füßchen. Es ist die in Indonesien meistverbreitete Handelssorte.

Schlanke Indopazifische Seegurke *(Holothuria vitiensis)*
Die schlanke Seegurke hat die Form eines langen Wurms. Ihre Oberfläche ist gelblich bis bräunlich und mit sehr kleinen dunklen Punkten durchsetzt. Die Füßchen werden von ungleichmäßig gezeichneten rotbraunen Ringen umgeben. Die 40 cm lange, aber nur 6 bis 8 cm Durchmesser erreichende Seegurke ist in den Gewässern um Indonesien, die Philippinen und Polynesien verbreitet.

Japanische Seegurke
(Stichopus japonicus), jap. namako
Die zur Familie der *Stichopodidae* gehörende kurze, gedrungene Seegurke ist — wie alle Stichopus-Arten — mit scharfen, spitzen Warzen übersät. An der Bauchseite befinden sich Füßchen. Die Felsenbewohner gibt es in verschiedenen Farbtönungen von braun bis dunkelgrün. Sie sind hauptsächlich in den Gewässern um Japan zu finden.

Kalifornische Seegurke
(Parastichopus californicus), engl. sea slug
Die hintere Hälfte dieser rot oder gelb bis braun gefärbten Seegurke verjüngt sich wie zu einem Schwanz. Auf dem Rücken befinden sich kräftige dornförmige Papillen. Um die Mundöffnung bilden Tentakel in weitem Radius einen »Blütenkranz«. Die 25 bis 40 cm langen Seegurken sind an den pazifischen Küsten Kanadas, der USA und Nordamerikas verbreitet.

Nordamerikanische Seegurke *(Cucumaria sp.), engl. northern sea cucumber*
Aus der Familie der *Cucumariidae* kommt die Nordamerikanische Seegurke, auf deren Rücken sich zahlreiche Füßchen und langgereihte Papillen befinden. Die Tentakel um die Mundöffnung bilden einen reich verzweigten Kranz. Diese Gattung kommt auch im nördlichen Atlantik und Pazifik vor den USA und Kanada vor.

SEESCHEIDEN
(Ascidiacea)

Ihrer Körperform nach erinnern einige der Seescheiden zwar an Seegurken, sie gehören jedoch einer ganz anderen Verwandtschaftsgruppe an, nämlich den Manteltieren oder *Tunicata,* die etwa 1000 verschiedene, ausschließlich im Meer lebende Arten umfassen. Die Manteltiere sind nächstverwandt mit den ursprünglichsten Wirbeltieren und somit eine hochentwickelte Tiergruppe.
Seescheiden sind die am wenigsten populären und genutzten Meeresfrüchte. Die einzeln oder in Kolonien lebenden, weiß, rot oder braun gefärbten Tiere haben walzen-, knollen- oder fladenförmige Körper mit einem dicken gelatine- oder lederartigen Mantel. Die meisten Manteltiere verankern sich am Meeresboden. Sie sind dabei so in die Umgebung integriert, oft auch von Moostieren überwachsen, daß man sie kaum erkennt. Gegessen werden Seescheiden, wie die Austern, roh.

Große Meerscheide
(Microcosmus sulcatus), engl. sea-squirt, franz. violet, bijou de mer, figue de mer, ital. ovo di mare
Aus dem plumpen, sackförmigen Körper von 8 bis 10 cm Durchmesser ragen zwei innen karminrote Röhren heraus, die aber bei gefangenen Tieren meist verschlossen sind. Es handelt sich um die Ein- und Ausströmöffnung des Wassers, aus dem die Seescheiden ihre Nahrung ausfiltern. Ihr Lebensraum ist das Mittelmeer, wo sie sich in küstennahen Zonen auf sandigem oder mit Muschelgrus bedecktem Boden aufhalten. Der Innenkörper der Meerscheiden hat gewöhnlich einen deutlichen Jodgeruch, durch den man sich nicht irritieren lassen sollte. Als Filtrierer sammeln die Meerscheiden auch gefährliche und giftige Stoffe an, so daß man sie nur essen sollte, wenn sicher ist, daß sie nicht aus verschmutzten Gewässern kommen.

MEERESFRÜCHTE-KÜCHENPRAXIS

Von Anton Mosimann

»Die gute Küche ist die Basis des wirklichen Glücks.« Treffender als mit diesem Ausspruch des Franzosen Auguste Escoffier (1846 - 1935) läßt sich der zweite Teil dieses Buches, das heißt, der kulinarische und küchenpraktische Teil, kaum einleiten. Denn Meeresfrüchte-Küche ist gleichbedeutend mit guter Küche. Und wer von denen, die schon einmal Hummer Thermidor oder auch »nur« eine spanische Zarzuela genossen haben, könnte nicht auch von höchstem, »wirklichem« Glück berichten?

Doch kommen wir zurück auf die Küche. Gute Küche heißt vor allem: fundiertes Grundwissen und frische, qualitativ hochwertige Produkte — beides bei Meeresfrüchten eine unabdingbare Voraussetzung. Gute Küche heißt aber heutzutage auch: keine Kocharchitektur, keine komplizierten Kreationen (wie sie die internationale Küche noch bis vor zehn Jahren für unerläßlich hielt), sondern nachvollziehbare Rezepte — einfache, den Eigengeschmack der Produkte hervorhebende Zubereitungsarten. Die Scheu vor dem Umgang mit Schal- und Krustentieren hält viele — auch viele Profis — davon ab, sie selbst zuzubereiten. Sie belassen es dabei, sich den gewünschten Genuß über den Weg ins feine Restaurant oder in den »ristorantes« der Urlaubsgestade zu verschaffen. Wir haben daher die Praxis — den praxisnahen, praktikablen Umgang mit den Früchten des Meeres in den Vordergrund gestellt. Das heißt in diesem Zusammenhang dreierlei: Erstens sind alle Rezepte ohne Probleme nachvollziehbar — in vielen Fällen auch dank der Schritt-für-Schritt-Bildfolgen, die wichtige Arbeitsabläufe anschaulich darstellen. Zweitens sind die Rezepte keineswegs nur »vom Feinsten«, es gibt vielmehr auch zahlreiche Zubereitungsarten für köstliche »Hausmannskost«. Und drittens bleibt bei allem viel Raum für die eigene Phantasie, die eigene Kreativität. Und noch etwas haben wir unter dem praktischen Aspekt betrachtet: den Rückgriff auf konservierte, meist tiefgekühlte Ware. Denn trotz der modernen Kühl- und Lagermöglichkeiten und der verbesserten Transportwege sind frische Meeresfrüchte oft nicht ohne weiteres erhältlich. Hier, so meinen wir, ist der Griff in die Tiefkühltruhe eine akzeptable Alternative, exzellente Qualität natürlich vorausgesetzt.

So überlassen wir Sie also jetzt dem Blättern und Schauen und dem mit Sicherheit folgenden Ausprobieren unserer Rezepte, die, soweit nicht anders angegeben, jeweils für 4 Portionen berechnet sind.

BORDEAUX SEC
Château
1982

SAUCEN, FONDS UND SUPPEN

Die Basis der guten Meeresfrüchte-Küche

Wenn es um Saucen und Suppen geht, muß zuallererst von ihrer Grundlage, ihrer Basis die Rede sein, und das sind die »Fonds« (aus dem Französischen: Grund, Boden oder Tiefe). Bei den Meeresfrüchten sind dies einmal die feinen Auszüge von Krebsen, Hummern und Garnelen — und zwar aus ihren Schalen, die den intensivsten Geschmack enthalten —, zum anderen die feinen Brühen von Fischen.

Die Kunst der Saucenküche ist es, die ideale geschmackliche Verbindung zwischen Speise und Sauce zu finden. Doch auch für Suppen ist der feine Fond die Grundlage, die den Eigengeschmack des Produktes so rein und delikat wie möglich erhält.

Meerwasser, der beste Sud für Krustentiere

Court-Bouillon heißt der Fischsud mit seinem küchenfranzösischen Namen. Da er viele Väter, nämlich allerlei berühmte Köche hat, ist seine Zusammensetzung unterschiedlich und meist abgestimmt auf das, was man darin garen möchte — Fisch, Krusten- oder Schaltiere. Aber: Der Urvater des Fischsuds ist das Meer mit seinem leichten Salzgehalt, das Wasser, das nach Sauerstoff und frischer Brise schmeckt. Es ist und bleibt der beste Sud für Krustentiere und unterstreicht ihren elementaren Geschmack, ihre Ursprünglichkeit. Kein Wunder, denn auch ihr Element ist das Meer — sehen wir mal von Flußkrebsen ab. Nun haben die wenigsten Meerwasser vor der Haustür, um daraus schöpfen zu können. Und wenn, dann kann man heutzutage nicht unbedingt darauf erpicht sein, gerade dieses Wasser zum Garen der edlen Tiere zu verwenden. Denn europäische Küstengewässer sind nicht mehr das, was sie einmal waren.

Wer es ganz einfach haben will, kocht Krustentiere in gesalzenem Wasser, in das man höchstens etwas Kümmel und vielleicht noch Dill gibt. Manche aber wollen mehr Würze. So ist es durchaus gebräuchlich, Krustentiere in Fischfond, dem Fumet de poisson, zu garen. Dies ist eine gute Zubereitungsart für Hummer, Krebse und Langusten, wenn sie pur gegessen werden sollen, denn das Fumet gibt zusätzliche Würze.

Würze geben auch die klassischen Court-Bouillons, die vielen Zusammensetzungen von Fischsud. Wir stellen hier drei vor, die alle für Krusten- und Schaltiere verwendet werden können. Im Kapitel Krustentiere sind bei den Flußkrebsen zwei weitere Beispiele.

Bei allen sollten die drei Grundregeln beachtet werden:

Court-Bouillon mit Gemüse kocht 40 Minuten, damit sich das Aroma vollkommen der Brühe mitteilt.

Wird Wein zugegeben, kommt er erst nach der halben Garzeit hinzu. Dann hat der Sud schon das Gemüse-Aroma aufgenommen, und durch die kürzere Kochzeit geht kein Weingeschmack verloren.

Die grob zerstoßenen Pfefferkörner am besten erst kurz vor Ende der Garzeit zugeben, damit sie geschmacklich nicht dominieren können.

Das erste Beispiel ist ein Sud aus Wasser, Essig, Gemüse, Kräutern, Salz und Pfeffer. Die Nummer 2 hat einen großen Anteil an Zwiebeln und Wein, und die Nummer 3 ist wieder ein Essigsud mit Bouquet garni, Kümmel und Zwiebeln. In den ersten beiden Court-Bouillons sollte man am besten Hummer und Langusten garen, der dritte Sud bietet sich für Krebse aller Art an.

Petersilie und Möhren geben der Court-Bouillon einen Hauch von aromatischer Lieblichkeit. 3 l Wasser, 1/8 l Essig, 45 g Salz, 350 g Möhrenscheiben, 230 g Zwiebeln in Ringen, 50 g Petersilie und 1 Lorbeerblatt 40 Minuten kochen. Zum Schluß 1 EL zerstoßene Pfefferkörner zugeben.

Hier wird Weißwein verwendet. Die Zubereitung: 2 l Wasser mit 20 g Salz aufkochen. 230 g Zwiebeln in Scheiben, 1 Stengel Petersilie, Thymian, 1 Lorbeerblatt zugeben. 40 Minuten köcheln. Nach 20 Minuten 0,7 l trockenen Weißwein angießen. 1/2 TL groben Pfeffer zugeben.

Rotweinessig ist die Basis dieser sehr würzigen Court-Bouillon. Die Zubereitung: 3 l Wasser, 1/8 l Rotweinessig und 45 g Salz aufkochen. 1 Bouquet garni, 1 EL Kümmelsamen und 350 g geschälte Zwiebeln in dicken Scheiben zugeben und 40 Minuten bei milder Hitze kochen.

Hummer kochen

Feinschmecker möchten genießen und nicht wissen, wie die köstlichen Krustentiere auf dem Teller genießbar gemacht wurden. Aber es führt ja kein Weg daran vorbei zu sagen, wie die lebend gelieferten Tiere getötet werden. Nur lebend-frische Krustentiere garantieren eine optimale Qualität. In den meisten Ländern ist es erlaubt, Hummer mit einem gezielten Stich in den Kopf zu töten — nicht so bei uns.
Es ist müßig darüber zu diskutieren, welche Methode die humanere ist, denn in Deutschland müssen Krustentiere immer im kochenden Wasser getötet werden, auch wenn die weitere Zubereitung einen rohen Hummer vorschreibt. Dieser Hummer darf dann höchstens 2 Minuten im sprudelnden Wasser verbleiben, damit das Fleisch nicht zu stark gart.

FISCHFOND

FUMET DE POISSON

Ohne Fischfond oder Fumet de poisson ist in der Küche der Meeresfrüchte vieles nicht möglich. Denn das Fumet ist für manches Krabben-, Krebs-, Hummer- oder Langustengericht, für viele der feinen, samtigen und köstlichen Saucen und Suppen geradezu unentbehrlich. Es hat hier also seinen legitimen Platz.
Für die Zubereitung von Fischfond benötigt man ein wenig Zeit. Es lohnt sich jedoch, sie zu investieren. Überzeugte Meeresfrüchte-Gourmets legen sich gern einen Vorrat an, und Fischfond läßt sich ja einfrieren.
Er besteht aus Karkassen von Weißfischen, dem Bouquet garni, Schalotten, Knoblauch, Pfefferkörnern, Wacholderbeeren, Nelken, Wasser, Weißwein und einem Schuß Wermut. Dies alles, gekocht und passiert, ist die Basis für Fischsaucen und -suppen, die den Rahmen normaler Kochkunst sprengen, für die kulinarisch besten also.
Außerdem ist er die Basis für elitäre Consommés und für Gelees. Sie entstehen, wenn der Fond mit Klärmasse geklärt zur kristallklaren, bernsteinfarbenen Consommé wird. Kaltgestellt verfestigt sie sich zu Gelee, das zu kalten Fischspeisen wie Mousses und Terrinen unentbehrlich ist.
Kurz ein Überblick darüber, wo wir Fischfond verwenden. Er ist unerläßlich für die Weiße Buttersauce und noch wichtiger für die Weißweinsauce. Beide Saucen sind die idealen Begleiter von Gerichten aus Meeresfrüchten. Selbst bei der Rotweinsauce kann man auf Fumet nicht verzichten, es sei denn, sie soll zu Krebs- oder Hummerspeisen gereicht werden. Dann wird man Fonds daraus vorziehen.

Zutaten für das Fumet de poisson:

1 kg Karkassen von Weißfischen wie Seezunge, Steinbutt oder Lotte (auch Schellfisch, Kabeljau oder Lengfisch)
1 Bouquet garni aus:
150 g Lauch (helle Blätter)
20 g Staudensellerie
1 Lorbeerblatt, 1 Zweig Thymian
60 g Schalotten, 1 Knoblauchzehe
20 weiße Pfefferkörner
3 zerdrückte Wacholderbeeren
1 Nelke
1/4 l trockener Weißwein
5 cl Noilly Prat
3/4 l Wasser

Zum Klären:
125 g Rinderhesse (Beinfleisch) ohne Knochen
125 g Weißfischfilet
1 Stück Lauch
1 Stück Staudensellerie, 1 Möhre
1 Tomate, 1 Zwiebel
1 Knoblauchzehe, ungeschält
1 Zweig Thymian, 1/4 Lorbeerblatt
3 Wacholderbeeren
1 Schuß Noilly Prat
4 Eiweiß, 6 Eiswürfel
1 1/4 l kalter Fischfond
Salz, Pfeffer

1 **Zutaten vorbereiten.** Fischkarkassen etwa 30 Minuten wässern, damit der Fond frischer wird. Lauch und Staudensellerie — geputzt, gewaschen — mit Lorbeerblatt und Thymian zum Bouquet garni zusammenbinden. Schalotten, Knoblauchzehe, Gewürze, Wein und Wermut bereitstellen.

2 **Zutaten im Topf aufkochen.** Zuerst die Karkassen und das Bouquet garni einlegen. Dazu: kleingeschnittene Schalotten, entkeimte Knoblauchzehe (ungeschält), Gewürze, Wasser, Weißwein und Noilly Prat. Zum Sieden bringen, 20 Minuten ziehen lassen, häufig abschäumen.

3 **Fond durch ein Sieb passieren.** Ein Spitzsieb mit einem Leinen- oder Mulltuch auslegen. Heißen Fond durch das Tuch in einen Topf gießen. Mit der Schöpfkelle ganz leicht auf die Fondzutaten drücken. Der fertige Fond ist die beste und unentbehrliche Basis für Fischsaucen und -suppen.

4 **Zutaten zum Klären vorbereiten:** Rinderhesse und Weißfischfilet durch die grobe Scheibe des Fleischwolfs treiben. Das Gemüse putzen, Lauch in Ringe, Staudensellerie in Stücke schneiden, Möhre würfeln. Tomate vierteln, geschälte Zwiebel halbieren und Gewürze bereitlegen.

5 **Alle Klärzutaten in den Topf geben.** Zuerst Fleisch, Fisch, Gemüse, entkeimte Knoblauchzehe und Gewürze. Noilly Prat, leicht geschlagenes Eiweiß und die Eiswürfel darübergeben. — Wichtig: Klären ist nicht unbedingt notwendig, sondern nur dann, wenn der Fond zur Consommé werden soll.

6 **Zuerst 1/4 l kalten Fischfond zugießen,** unter die gesamte Klärmasse rühren und kräftig durchmischen. Dann den restlichen Fischfond (1 Liter) nach und nach angießen und nochmals gut durchrühren. Topf auf die Kochstelle setzen und die Masse unter ständigem Rühren erhitzen.

7 **Bis zum Aufkochen rühren.** Spatel in kreisenden Bewegungen über den Topfboden führen, denn das Eiweiß setzt sich sehr leicht an. Sofort umgießen, falls das passiert. Nicht mehr rühren, sobald die Flüssigkeit kocht und die Klärmasse hochgestiegen ist. 20 Minuten simmern lassen.

8 **Fond abseihen.** Dazu ein Sieb mit einem Mulltuch auslegen. Fond mit Klärmasse eingießen. Ablaufen lassen, aber nicht nachdrücken, damit die Fischconsommé kristallklar bleibt. Nach Bedarf abschmecken. Sofort verbrauchen oder abgekühlt einfrieren.

WEISSE BUTTERSAUCE

BEURRE BLANC

Dies ist eine Sauce von zartester Konsistenz und exzellentem Geschmack. Sie harmoniert ausgezeichnet mit auf den Punkt gegarten Meeresfrüchten, überdeckt nicht ihr feines Aroma, sondern unterstreicht es.

1 Schalotte, 10 g Butter

4 cl Weißwein

1 Spritzer feinster Essig wie Aceto Balsamico

evtl. 1 Spritzer Noilly Prat

1/4 l Fischfond

150 g frische, eisgekühlte Butter in Stückchen, Salz

Die gehackten Schalotten dürfen in der Butter niemals auch nur etwas Farbe annehmen. Das würde den Geschmack der Sauce negativ beeinflussen. Wenn der Weißwein angegossen ist, gibt man den hocharomatischen Aceto Balsamico hinzu. Dieser lang gereifte Essig aus hochkonzentriertem Traubensaft gibt schon tropfenweise den spezifischen Geschmack. Wer den Hauch von Wermut gern mag, fügt noch einen Spritzer Noilly Prat hinzu. Wenn der Fischfond angegossen und die Flüssigkeit auf ein Viertel reduziert worden ist, wird die Sauce sorgfältig abgeseiht. Zur Vollendung ist topfrische Butter unerläßlich. Denn nur sie macht die Sauce zum kulinarischen Ereignis.

1 **Weißwein an die Schalotten gießen,** die man — fein gewürfelt — in Butter unter Rühren bei gelinder Hitze ohne Farbe anziehen läßt. Danach 1 Spritzer Aceto Balsamico und 1 Spritzer Noilly Prat zugeben. Reduzieren, so daß die Schalottenstückchen noch eben feucht sind.

2 **Die Butter einschwenken.** Zuvor den Fischfond angießen, die Flüssigkeit auf ein Viertel reduzieren und dann abseihen. Im Topf erhitzen und die eiskalte Butter in Stückchen nach und nach einschwenken. Dabei den Topf vorsichtig wiegend bewegen, so daß sich die Butter gut verteilen kann.

3 **Mit dem Stabmixer aufschlagen.** Ist alle Butter in der Sauce, wird sie schaumig aufgeschlagen. Mit einigen Tropfen Aceto Balsamico und ganz wenig Salz vorsichtig abschmecken. Die feine Sauce hat so viel Eigengeschmack, daß mehr Würze eher schaden kann. Sofort servieren.

Fonds und Consommés sollte jeder Seafood-Koch vorrätig haben. Denn ohne diese Grundsubstanzen läßt sich keine feine Sauce oder Suppe zubereiten. Wie gut, daß man Fonds und Consommés vorbereiten und als Vorrat portionsweise einfrieren kann.

EIN FOND VON KREBSEN

FUMET D'ÉCREVISSE

400 g Krebskarkassen
3 EL Olivenöl
2,5 cl Cognac
250 g Möhren
50 g Staudensellerie
50 g Lauch
50 g Schalotten
2 mittelgroße Knoblauchzehen
2 Tomaten
1 Lorbeerblatt, 1 Nelke
3 zerdrückte Wacholderbeeren
1 Zweig frischer Estragon (oder 1 Msp. getrockneter)
1 Zweig frischer Thymian (oder 1 Msp. getrockneter)
2 EL Pflanzenöl
50 g Tomatenmark
Salz, Pfeffer

Bei Verwendung des Fonds für Cremesaucen läßt man das Gemüse besser in 20 g erhitzter Butter anziehen. Für Consommé eignet sich Öl sehr gut. Wichtig zu wissen, daß die Krebskarkassen generell, vor allem aber die Nasen (Schilder) besonders sorgfältig gereinigt und mehrmals gewaschen werden müssen, damit der Fond frisch schmeckt. Dann werden sie im heißen Öl scharf angebraten. Man muß aber darauf achten, daß sie nicht zu dunkel oder gar schwarz werden. Das würde den Fond verderben. Mit Cognac abgelöscht beiseite stellen. Gemüse, Gewürze und Kräuter läßt man separat in heißem Pflanzenöl bei schwacher Hitze anziehen, gibt das Tomatenmark hinzu und mischt alles mit den Karkassen. Mit Wasser bedeckt kocht man unter Rühren auf, schäumt häufig ab, läßt den Fond 45 Minuten simmern und passiert ihn zum Schluß.
Ersetzt man die Krebskarkassen durch Hummer- bzw. Langustenkarkassen, erhält man bei gleicher Zubereitungsweise Hummer- bzw. Langustenfond.

1 **Karkassen in Olivenöl anbraten.** Man muß sie vorher sorgfältig waschen und säubern, Gewebereste entfernen. Nach dem Anbraten mit Cognac ablöschen.

2 **Zutaten im Topf aufkochen.** Geputztes Gemüse in Scheiben, Tomatenviertel und Kräuter 5 Minuten in heißem Öl anziehen und 2 Minuten nachziehen lassen. Unter die Karkassen mischen. Mit kaltem Wasser bedeckt aufkochen. Dabei häufig das geronnene Eiweiß abschöpfen.

3 **Krebsfond passieren.** Dazu ein Spitzsieb mit einem doppelt gefalteten Tuch auslegen. Sieb in einen Topf halten. Fond, der vorher 40-45 Minuten köcheln muß, nach und nach mit einem Schöpflöffel hineingeben und die Flüssigkeit ablaufen lassen, bevor wieder neuer Fond hineingegeben wird.

4 **Fond kräftig ausdrücken.** Die Enden des Tuches mit der Hand zusammenfassen. Leicht zudrehen, so daß die festen Zutaten darin wie in einen Beutel gepackt sind. Nun mit der Hand mit mäßiger Kraft nachdrücken. Dadurch geraten noch wichtige Inhaltsstoffe in den appetitlichen Fond.

Solange der Krebsfond bleibt, wie er ist, kann er zu Saucen und Suppen verwendet werden, denen er die typische gute Würze gibt. Erst geklärt, wird er zur Consommé, die höchsten kulinarischen Ansprüchen genügt.

EINE FEINE CONSOMMÉ

am Beispiel einer Krebsconsommé

CONSOMMÉ D'ÉCREVISSE
250 g Lotte-, Wolfsbarsch- oder anderes Weißfischfilet (nie Fettfisch!)
50 g Lauch (nur weiße Teile)
40 g Staudensellerie
1 Tomate, 2 Schalotten
1 Knoblauchzehe
1 Nelke, 1/2 Lorbeerblatt
3 zerdrückte Wacholderbeeren
1 Zweig Thymian, Salz
3 Eiweiß, gut gekühlt
3-4 Eiswürfel
1 1/4 l Krebsfond (Rezept linke Seite)

Eine Consommé aus Meeresfrüchten — aber auch aus Edelfischen — zuzubereiten, ist schon ein bißchen hohe Kochkunst und hängt außerdem auch von mancherlei Eventualitäten ab. Zum Beispiel vom mehr oder minder hohen Eiweißgehalt der benötigten Klärmasse. Manchmal wird die Consommé auch bei größter Mühe und Sorgfältigkeit nicht klar, weil Lebensmittel — da Naturprodukte — immer wieder unterschiedlich reagieren können.
Grundbedingung aber ist: Der Fisch zum Klären muß mager sein. Er wird durch den Fleischwolf (grobe Scheibe) getrieben und mit dem vorbereiteten Gemüse, den Kräutern und Gewürzen in der Schüssel gemischt. Nun wird das Eiweiß angeschlagen. Man arbeitet es mit den Eiswürfeln unter die Masse und füllt sie in einen Topf mit glattem Boden. Der Krebsfond wird aufgegossen und alles mit dem Schneebesen verrührt. Nun aber unbedingt einen glatten Rührlöffel aus Holz verwenden und während des Aufkochens bei starker Hitze ständig am Boden rühren, damit sich das Eiweiß nicht ansetzt. (Geschieht das doch einmal, dann muß die Mischung sofort in einen anderen Topf umgefüllt werden.) — Die Hitze reduzieren und mit dem Rühren aufhören, sobald die Klärmasse beim Aufkochen hochgestiegen ist. Nun muß die Mischung noch 45 Minuten köcheln, damit die Klärmasse alle Trübteilchen aufnehmen kann. Danach durch das Spitzsieb abseihen, das mit einem Tuch ausgelegt wird. Durchlaufen lassen, aber nicht nachdrücken. Nur so erhält man eine bernsteinfarbene, kristallklare Consommé für feine Suppen und Gelees. Als Suppeneinlage eignen sich frische Kräuter, feine Tomatenwürfel mit einem Hauch Basilikum, Royal (Eierstich), Gemüse-Julienne und fast alle Meeresfrüchte.

> Um die Geschmacksreserven der Karkassen noch besser auszunutzen, kann man den Fond mit den Karkassen nochmals mit Wasser bedeckt aufkochen, 30 Minuten köcheln lassen und dann passieren.

3 **Kalten Krebsfond zugießen.** Im Topf sind die Zutaten für die Klärmasse mit 3-4 Eiswürfeln gemischt. Es ist zweckmäßig, zum Kochen einen Topf mit glattem Boden zu verwenden, weil sich das Eiweiß außerordentlich leicht ansetzt. Also immer sorgfältig am Boden rühren.

4 **Die Klärmasse steigt auf.** Sobald die Masse bei ständigem Rühren mit dem Spatel kocht, steigen die Klärzutaten beinahe wie ein homogener Schaum auf. Hitze reduzieren und nicht mehr rühren, sondern die Mischung bei kleinster Hitze 45 Minuten vor sich hinköcheln lassen.

1 **Fisch durch den Fleischwolf treiben.** Alle anderen Zutaten vorbereiten. Lauch in Scheiben, Staudensellerie in Würfel, Tomaten in Stücke schneiden. Schalotten und Knoblauchzehe würfeln. Nelke, Lorbeerblatt, zerdrückte Wacholderbeeren, Thymian und Salz zum Verarbeiten bereitlegen.

2 **Klärzutaten mit dem Eiweiß mischen.** Das Eiweiß muß kalt sein, damit der Klärvorgang gelingt. Leicht anschlagen und auf die vorbereiteten Zutaten geben. Auch die Kräuter und etwas Salz gehören in diese Mischung. Alles locker miteinander verarbeiten, auch die Eiswürfel.

5 **Krebsconsommé passieren.** Dazu ein Spitzsieb mit einem dreifach gefalteten Mulltuch auslegen. Consommé mit der Schöpfkelle eingießen und in eine Schüssel abseihen. Die nun geklärte Consommé kann als Suppe serviert, aber auch für Saucen und Gelees verwendet werden.

HUMMERSAUCE

SAUCE HOMARD

Nach der gleichen Zubereitungsweise wie Krebsfond (Seite 100) erhält man einen Hummerfond, den man passieren und weiterverwenden kann.
Wird das Gemüse in frischer Butter angedünstet, nach Rezept weiterverfahren und nach Ende der Garzeit Crème double zugegeben und dann erst passiert, hat man sowohl eine Hummercremesuppe, als auch eine Hummersauce.

Karkasse von einem gekochten Hummer à 600 g
2 EL Olivenöl
2,5 cl Cognac
250 g Möhren
50 g Staudensellerie, 50 g Lauch
50 g Schalotten
2 mittelgroße Knoblauchzehen
2 frische Tomaten
1 Lorbeerblatt, 1 Nelke
3 zerdrückte Wacholderbeeren
1 Msp. getrockneter Estragon (oder 1 Zweig frischer)
1 Zweig Thymian
20 g frische Butter
50 g Tomatenmark
150 g Crème double, Salz

Bevor die Hummerkarkasse zerkleinert wird, muß sie sorgfältig von Chitin- und Gewebeteilen befreit werden, damit später keine unerwünschten Geschmacksstoffe in die Sauce geraten. Die zerkleinerte Karkasse portionsweise im erhitzten Öl anrösten, weil sie nur so gleichmäßig angebraten werden kann und viel Aroma entwickelt. Mit Cognac abgelöscht beiseite stellen. Gemüse mit den Kräutern und Gewürzen in Butter anziehen lassen. Dann wird das Tomatenmark hinzugegeben. Karkasse und Gemüse mischen, mit Wasser bedeckt unter Rühren aufkochen und immer wieder abschäumen. Nach 45 Minuten die Crème double zugeben, nach Wunsch mit Salz abschmecken und passieren. — Ob als Suppe oder Sauce serviert: 2 EL geschlagene Sahne pro Portion machen sie noch feiner.

2 **Zwei Hälften und zwei Scheren.** Der Hummer ist geteilt. Man sieht deutlich im oberen Teil zum Kopf hin die Leber, die man mit Butter (eins zu zwei) zu Hummerbutter verarbeiten kann. In den Schwanzhälften liegt das meiste, zart strukturierte Fleisch, leicht rosa und sehr schmackhaft.

1 **Frisch gekochten Hummer halbieren.** Fest mit der Hand aufs Brett pressen. An der Mittelnaht — am Kopf beginnend — mit einem scharfen Messer teilen. Vorher die Scheren aus dem ersten Gelenk mit drehender Bewegung abbrechen. Zur weiteren Verarbeitung aufbewahren.

3 **Hummerhälfte am Schwanz festhalten.** Mit der anderen Hand den Magensack ganz herauszupfen. Die Hummerleber wird vorher vorsichtig mit den Fingerspitzen herausgezogen und zur weiteren Verwendung beiseite gelegt. Im Hintergrund sind die beiden kleinen Stücke zu sehen.

4 Den Darm entfernen. Am Kopfende beginnen und zum Schwanzende hin vorsichtig abziehen, wo er festgewachsen ist. Mit dem Messer abschneiden. Dann das Fleisch herausheben. Auch aus den angeknackten Scheren. Für Hummerragout oder einen Teil als Einlage verwenden.

5 Weißlich-gelbe Chitinteile entfernen. Karkasse sorgfältig säubern. Auch eventuell noch vorhandene Gewebeteile wegnehmen. Dann die Karkasse, die Scherenhüllen und die abgetrennten Beine unter fließendem Wasser gründlich abspülen. Abgetropft weiterverwenden.

6 Karkassenteile im Mörser zerstoßen. So fein, wie es geht. Wer kräftige Fäuste hat, zerschlägt die Karkassenteile vorher in grobe Stücke. Man kann auch ein Schlagmesser dazu verwenden. Zum Zerkleinern der harten Scherenkarkassen ist es ohnehin nötig.

7 Gemüse in Butter anziehen lassen. Gemüse putzen und in Scheiben schneiden, nur die Tomaten vierteln. Mit den Kräutern und Gewürzen in frischer Butter bei schwacher Hitze unter Rühren andünsten. Tomatenmark zugeben. 2 Minuten am Herdrand nachziehen lassen.

8 Karkassen in rauchendheißem Olivenöl anbraten, und zwar portionsweise je 5 Minuten lang; dann sind alle gleichmäßig gut geröstet. Mit Cognac ablöschen, so wird die Sauce geschmacksintensiver. Sehr gut läßt sich in einem Wok (der chinesischen »Topfpfanne«) arbeiten.

9 Gemüse zur Karkasse geben. Mit soviel kaltem Wasser auffüllen, daß die Mischung eben bedeckt ist. Unter gelegentlichem Rühren aufkochen. Aufsteigendes Eiweiß abheben. So lange abschäumen, bis nichts mehr aufsteigt. Geronnenes Eiweiß beeinträchtigt Geschmack und Aussehen.

10 Gemüse-Karkassen-Mischung einkochen. Bei schwacher Hitze unter gelegentlichem Rühren köcheln lassen, dabei die Menge reduzieren. Der Volumenverlust wird später durch die Crème double wieder ausgeglichen. Der Fond muß 40-45 Minuten bei geringster Hitze simmern.

11 Crème double zugießen und gut unterrühren (man kann auch fettreiche Crème fraîche verwenden). Mischung aufkochen und am Herdrand 10 Minuten ziehen lassen. Je nach Geschmack und Verwendung kann jetzt noch eine Spur Estragon oder Basilikum — frisch — dazugegeben werden.

12 Mischung durch's Spitzsieb passieren, und zwar portionsweise. Immer wieder mit geballter Faust auf den Griff des Siebes schlagen, damit auch die letzte aromatische Flüssigkeit herausfließt und aufgefangen werden kann. Das Ergebnis sollte hellbraun und in der Konsistenz sahnig sein.

GARNELENBUTTER

BEURRE DE CREVETTES

Ganz gleich, ob Krebs-, Hummerkarkassen oder die Schalen von Garnelen verwendet werden, mit Suppengemüse, Zwiebeln, Knoblauch und Tomatenmark ergeben sie — in Butter gekocht — ein Aromadepot, über das man vier Monate lang verfügen kann. Denn die Menge dieses Rezeptes erlaubt es, die fertige Butter portionsweise zu verpacken und im Gefriergerät frischzuhalten. Nur ein Stück davon genügt, um Suppen und Saucen, Ragouts und Seafood-Eintöpfen eine unnachahmliche Würze zu geben. Wir zeigen die Herstellung am Beispiel der Garnelenbutter.

Für Butter von Krebsen oder Hummern benötigt man die gleiche Menge Krebs- oder Hummerkarkassen.

750 g Garnelenschalen
2 EL Olivenöl
100 g Möhren
50 g Staudensellerie
50 g Lauch
50 g Schalotten
2 mittelgroße Knoblauchzehen
1 EL Tomatenmark
750 g Butter
1/4 l Wasser

2 **Das vorbereitete Gemüse zugeben.** Möhren, Staudensellerie, Lauch, Schalotten und Knoblauchzehen — diese nicht schälen, doch den Keim entfernen — geschält, geputzt, gewaschen bzw. abgezogen kleinwürfeln oder kleinschneiden und mit Tomatenmark unter Wenden mitanrösten.

1 **Garnelenschalen in Olivenöl rösten.** Zuvor gründlich unter fließendem Wasser waschen und reinigen, dann auf ein Küchentuch geben und sorgfältig abtropfen lassen. Sie müssen ganz trocken sein, bevor man sie in das erhitzte Öl gibt. Unter ständigem Rühren mit dem Pfannenwender ringsum gut anrösten. Zum Rösten eignet sich am besten der Wok, dieser pfannenähnliche chinesische Kochtopf, der jedoch nur auf der Gasflamme eingesetzt werden kann. Er hat den Vorteil, daß nur wenig Fett gebraucht wird. Außerdem verteilt sich die Hitze gleichmäßig bis zum Rand, was den Bratvorgang wesentlich beschleunigt.

3 **Ein Teil Butterstückchen zugeben.** Mit dem Pfannenwender so lange bewegen und die Garnelenschalen gleichzeitig braten, bis die Butter geschmolzen ist. Dadurch wird das Aroma der Garnelenschalen weiter gelöst und an die Butter abgegeben. Es bilden sich verstärkt schmackhafte Röststoffe.

4 **Wasser unter Rühren angießen.** Die Mischung gut durchkochen. Dann nach und nach die restliche Butter darin zergehen lassen. Am Herdrand oder bei geringster Hitze etwa 60 Minuten ziehen lassen. Dabei brodelt die fettreiche Flüssigkeit und nimmt noch mehr Geschmacksstoffe auf.

5 Garnelenbutter in Stücken abheben. Die Garnelenmischung über Nacht zugedeckt im Kühlschrank aufbewahren. Dabei setzt sich die aromatisierte Butter als Schicht auf der Brühe ab. Man kann sie mit dem Messer durchschneiden und mit dem Pfannenwender leicht von der Brühe abheben.

6 Flüssige Garnelenbutter durchsieben. Die Aromabutter in einem Topf bei geringer Hitze schmelzen. Durch ein Haarsieb in ein rechteckiges Gefäß gießen. Mit einem Löffel leicht nachdrücken. Abkühlen lassen und zugedeckt im Kühlschrank erstarren lassen.

7 Garnelenbutter auf ein Brett stürzen. Mit einem scharfen Messer in beliebig große Portionen teilen. Beiseite legen, was frisch verwendet werden soll. Die übrigen Portionen in extrastarke Alufolie luftdicht verpacken. Im Gefriergerät lagern. Dort hält sich die Butter etwa 4 Monate frisch.

CORAIL-BUTTER

BEURRE DE CORAIL

Zwar schätzt der Gourmet zuallererst das zarte, weiße Fleisch des gegarten Hummers mit seiner wunderschönen roten Farbe rundherum. Aber auch im Innern birgt der Hummer Delikates. Denn das Corail (von französisch Corail = Koralle), der Rogen des weiblichen Tieres, ist ein fabelhaftes Würzmittel. Glänzend grünschwarz im fast rohen Zustand, wird es nach dem endgültigen Garen so rot wie die kostbarsten Korallen. Und da man das Corail meist mit Butter zur Corail-Butter mischt, färbt diese die Speisen nach dem Garen zartrosa und damit äußerst appetitlich.

Nun kann man aber auch Leber und Corail zusammen mit Butter verkneten und Saucen damit aromatisieren. Mancher verwendet zum Beispiel diese Mischung für die Sauce des Homard à l'Américaine, die dadurch geschmeidiger und geschmacklich noch edler wird. Oder man mischt Hummerbutter nur aus Butter und Leber.

In jedem Fall wird 1:2 gemischt, also das doppelte des Corailgewichts an weicher Butter verwendet.

Nun ist es nicht so ganz unproblematisch, an das fast rohe Corail oder die rohe Leber zu kommen. Denn beides stammt vom frisch getöteten Hummer, dessen Fleisch noch nicht gegart ist. Das macht man so: Reichlich Wasser in einem Topf bei größter Hitze sprudelnd kochen lassen. Den Hummer — immer Kopf voran — in das kochende Wasser gleiten lassen. Am besten separat kochendes Wasser zusätzlich angießen. Deckel auf den Topf legen und den Hummer etwa 1 Minute sprudelnd kochen. Dann sofort in Eiswasser geben und auskühlen lassen.

Hummer — wie auf den Fotos gezeigt — vom Kopfende bis zum Beginn des Schwanzes aufschneiden, Corail und Leber mit dem Teelöffel herausheben. Corail und Leber getrennt oder gemeinsam mit weicher Butter mischen. Für Corail-Butter natürlich ausschließlich den Rogen verwenden. In Alufolie gepackt im Kühlschrank aufbewahren.

Corail-Butter (oder Butter mit frischer Hummerleber) wird nur dort verwendet, wo sie auch mitgegart wird. Das heißt: Sie ist im Grunde ein Würzmittel und nicht dazu gedacht, daß man sie zum Beispiel auf gebratenem Edelfisch oder auf Meeresfrüchten zergehen läßt. Der Grund: Der Rogen — das Corail — ist ja wirklich noch roh und braucht daher noch einen kurzen Garprozeß.

1 Corail vorsichtig herausnehmen. Zuvor den Panzer des frisch getöteten Hummers zur Hälfte mit dem Messer einschneiden und aufbrechen. Die graugrüne Leber entnehmen. Nach Wunsch mit Butter mischen. Das Corail mit dem Teelöffel vorsichtig aus dem Innern des Hummers heben.

2 Corail und Butter mischen. Mit der Gabel sorgfältig verkneten. Man braucht dazu etwa 60 g frische, weiche Butter. Am besten zuerst das Corail, dann doppelt soviel Butter abwiegen. Denn das Verhältnis von 1:2 muß stimmen. Bestes Hilfsmittel zum Mischen ist eine silberne Gabel.

3 Corail-Butter in Folie packen. Fertig geknetete Würzbutter mit Hilfe eines Stücks Alufolie zur Rolle formen. Dann locker, aber luftdicht in die Folie packen und im Kühlschrank festwerden lassen. In Scheiben geschnitten oder in Stückchen für Hummerspeisen verwenden.

WEISSWEINSAUCE

SAUCE AU VIN BLANC

Die Weißweinsauce ist die Sauce für Meeresfrüchte schlechthin. Sie harmoniert ideal mit dem feinen Aroma der edlen Meeresbewohner. Ihre Würze sind der vorzügliche Wermut Noilly Prat, Weißwein, Crème double, Sahne und ein paar Körnchen Salz. Ihre Basis ist der unentbehrliche Fischfond.

30 g Butter, 3 Schalotten
5 cl Noilly Prat
100 ml trockener Weißwein
1/2 l Fischfond (Rezept Seite 97 f.)
200 ml Crème double
2 EL geschlagene Sahne
eventuell Salz

1 **Noilly Prat auf die Schalotten gießen.** Zuvor die Butter in einem Topf erhitzen. Die geschälten, feingewürfelten Schalotten zugeben und darin etwa 5 Minuten lang unter Rühren hell anziehen lassen. Noilly Prat auf einmal unter Rühren angießen und untermischen.

2 **Den Weißwein zugeben.** Aber erst, nachdem man die Flüssigkeit in der Mischung so weit reduziert hat, daß die Zwiebeln noch gut feucht sind. Das geschieht bei mittlerer Hitze und dauert etwa 10 Minuten. Beim Reduzieren sollte man vorsichtshalber von Zeit zu Zeit umrühren.

3 **Den Fischfond angießen.** Gut verrühren und die Menge bei mittlerer Hitze nochmals auf ein Drittel einkochen lassen. Durch das zweimalige Einkochen verbinden sich die Geschmacksstoffe von Butter, Schalotten, Wermut, Weißwein und Fond intensiv miteinander.

4 **Die Crème double einrühren.** Sie gibt der Sauce duftige Konsistenz und feinsauren Geschmack. In dieser Phase läßt man die Sauce bei geringer Hitze noch 5 Minuten leise köcheln. Das gibt ihr noch mehr Aroma und Bindung, zu der auch die gedünsteten Schalotten beitragen.

5 **Sauce passieren.** Ein Spitzsieb mit einem Mulltuch auslegen. Sieb in einen nen Topf halten und die Sauce portionsweise eingießen. Jeweils mit der Schöpfkelle leicht nachdrücken. Zum Vollenden noch 2 EL geschlagene Sahne locker unterziehen und ganz vorsichtig abschmecken.

ROTWEINSAUCE

SAUCE AU VIN ROUGE

1 Möhre, 25 g Staudensellerie
25 g Lauch, 1 kleine Schalotte
2 EL Öl, 1 EL Tomatenmark
2 cl Rotwein
3/8 l Fisch-, Hummer- oder Krebsfond (Rezepte Seite 97 f., 100)
3/8 l Rotwein
30 g Butter
Salz, Cayennepfeffer

Das kleingewürfelte Gemüse (Mirepoix) im Öl andünsten, ohne Farbe nehmen zu lassen. Tomatenmark zugeben und unter Rühren durchdünsten. Mit 2 cl Rotwein ablöschen. Gewünschten Fond mit dem Rotwein mischen, unter Rühren angießen. Aufkochen lassen, abschäumen und Hitze reduzieren. 30 Minuten köcheln lassen, passieren, wieder erhitzen und so weit wie gewünscht reduzieren. Mit der Butter binden, mit etwas Salz und Cayennepfeffer vorsichtig nachschmecken.

JAKOBSMUSCHELN
in Basilikumsauce

COQUILLES ST.-JACQUES AU BASILIC

2 kleine Schalotten
12 Jakobsmuscheln
40 g Butter
8 cl trockener Weißwein
4 cl Noilly Prat
8 cl Fischfond (Rezept Seite 97 f.)
400 ml Weißweinsauce, Salz
1 Spritzer Champagner oder 1 Tropfen Aceto Balsamico
8 kleine Blättchen Basilikum
4 EL geschlagene Sahne

Schalotten schälen und feinwürfeln. Jakobsmuscheln aus der Schale heben, Nuß und Rogen voneinander trennen. Große Exemplare horizontal halbieren. Mit Küchenkrepp trockentupfen. Butter im Topf aufschäumen lassen und Schalottenwürfel darin hell anziehen lassen. Die Muscheln ein paarmal darin schwenken. Weißwein, Noilly Prat und Fischfond angießen und aufkochen. Muscheln aus dem Topf nehmen und warmstellen.
Fond so reduzieren, daß noch etwas Flüssigkeit vorhanden ist. Weißweinsauce angießen, aufkochen und passie-

ren. Mit Salz, Champagner oder Aceto Balsamico abschmecken. Die Muscheln in die Sauce geben, dazu das kleingeschnittene Basilikum. Sahne unterziehen. Mit Safran-Reis anrichten.
Für den Reis feingehackte Schalotten in Butter andünsten, Rundkornreis zugeben und glasig braten. Mit Hühnerbrühe bedecken, mit Salz und Safran würzen und in 20 Minuten garen.

Coquilles St.-Jacques werden nur ganz kurz gegart, damit sie weich und zart bleiben. In samtiger Basilikumsauce und mit Safran-Reis sind sie eine reizvolle Vorspeise.

Die Velouté zubereiten. Butter im Topf bei mäßiger Hitze aufschäumen lassen. Zwiebelwürfel darin glasig dünsten. Mehl zugeben, unter Rühren mit dem Holzlöffel 10-15 Minuten anschwitzen. Die Masse muß zartgelb bleiben. Nun unter Rühren mit dem Schneebesen den kalten, entfetteten Fond mit der Schöpfkelle nach und nach angießen. Bis zum Aufkochen ständig über den Topfboden rühren, damit die Sauce nicht ansetzt und sich keine Klumpen bilden. 30 Minuten bei schwacher Hitze köcheln lassen. Gelegentlich umrühren und abschäumen. Sahne um die Hälfte einkochen (reduzieren) und unterrühren. Noch 15 Minuten köcheln lassen. Dann die Sauce durch ein Tuch gießen. Die Tuchecken fest zusammenfassen und drehen, so daß die Sauce durchgedrückt, also passiert wird. Fertige Sauce Velouté mit Salz und frisch gemahlenem Pfeffer abschmecken. In der französischen Sprache bedeutet »velouté« samtweich, und so ist die Sauce auch.

VELOUTÉ

WEISSE GRUNDSAUCE

Zutaten für 600 ml Velouté:

20 g Butter
20 g feine Zwiebelwürfel
35 g Mehl
3/4 l kalter, entfetteter Fisch-, Kalbs-, Geflügel- oder Gemüsefond
1/4 l Sahne
Salz, weißer Pfeffer

Die modernen Köche mögen die Velouté zwar nicht so sehr, denn sie hat noch den Ruch von Großmutters Mehlsaucen an sich. Aber die Mehlbindung ist heute so gering, daß die Sauce — fachmännisch gekocht — mit unseren feinen Saucen durchaus konkurrieren kann. Mit Fischfond zubereitet, kann sie sogar zu Jakobsmuscheln gereicht werden.

KREBSCONSOMMÉ

mit grünem Spargel und Krebsschwänzen

CONSOMMÉ D'ÉCREVISSES

250 g Lotte-Filet oder anderer Weißfisch (keinesfalls Fettfisch)

50 g Lauch

1/2 Staudensellerie

1 Tomate, 2 Schalotten

1 Knoblauchzehe, 1 Nelke

1/2 Lorbeerblatt

3 zerdrückte Wacholderbeeren

1 Zweig Thymian, Salz

3 Eiweiß, gut gekühlt

3-4 Eiswürfel

600 ml Krebsfond (Rezept Seite 100)

12 frische grüne Spargelspitzen

12 auf den Punkt gegarte Krebsschwänze

Fischfilet parieren, waschen und durch den Fleischwolf (grobe Scheibe) treiben. Lauch, Staudensellerie und Tomate putzen, waschen und feinwürfeln. Geschälte Schalotten auch würfeln. Knoblauchzehe halbieren und den grünen Keim entfernen. Alles mit der Nelke, dem zerbröckelten Lorbeerblatt, den zerdrückten Wacholderbeeren, dem Thymian, dem Salz und dem leicht angeschlagenen Eiweiß in einem Topf mit glattem Boden mischen. Die Eiswürfel unterarbeiten.

Kalten Krebsfond angießen, mit dem Schneebesen verrühren. Bei starker Hitze — unter Rühren mit einem glatten Löffel, weil das Eiweiß leicht ansetzt — aufkochen. Die Hitze reduzieren oder den Topf an den Herdrand ziehen. 75 Minuten köcheln lassen und dabei gelegentlich umrühren. Fond durch ein mit einem Tuch ausgelegtes Sieb passieren und abschmecken. Die Krebsconsommé ist fertig.

Spargelspitzen putzen, waschen und in kochendem Salzwasser etwa 2-3 Minuten blanchieren. Sofort kalt abschrecken. Mit den Krebsschwänzen in der Consommé erhitzen und in Teller verteilen.

Die Krebsconsommé — bernsteinfarben und klar — mit grünem Spargel und Krebsschwänzen im vorderen Teller. Dahinter die Austerncremesuppe, und in der Suppentasse die Bisque de homard.

Zarte Jakobsmuscheln in Fischconsommé, gekrönt mit Kaviar, sind eine Köstlichkeit.

AUSTERN-CREMESUPPE

CRÈME AUX HUÎTRES

1/2 l Weißweinsauce (Rezept Seite 106)
2 kleine Schalotten
10 g Butter
100 ml Fischfond (Rezept Seite 97 f.)
12 frische Austern
1/4 l Champagner
4 EL geschlagene Sahne
Salz, Pfeffer

Die Weißweinsauce frisch kochen. Geschälte Schalotten feinwürfeln. Butter im Topf aufschäumen und die Schalottenwürfel darin hell anziehen lassen. Den Fischfond angießen und die Mischung aufkochen.
Austern ausbrechen. Mit ihrem Saft in den Fond geben und absteifen. Sofort vom Herd ziehen, so daß sie auf den Punkt gegart sind. Den Fond in die Weißweinsauce abseihen, am besten durch ein feines Teesieb. Den Champagner in die Suppe gießen. Erhitzen, aber keinesfalls kochen. Geschlagene Sahne locker unterziehen, eventuell abschmecken.
Die pochierten Austern in die Teller verteilen, darauf die Austerncremesuppe.

HUMMER-CREMESUPPE

BISQUE DE HOMARD

Karkasse eines gekochten Hummers
2 EL Olivenöl
2,5 cl Cognac
100 g Möhren
50 g Staudensellerie
50 g Lauch, 50 g Schalotten
2 mittelgroße Knoblauchzehen
2 Tomaten, 1 Lorbeerblatt
1 Nelke
3 zerdrückte Wacholderbeeren
1 Msp. getrockneter Estragon (oder 1 Zweig frischer)
1 Zweig Thymian
20 g frische Butter
50 g Tomatenmark
150 g Crème double
1/4 l Hummerfond (Rezept Seite 100)
4 EL Hummerfleischstücke aus Beinen, Scheren und Gelenken
4 EL geschlagene Sahne
Cognac, eventuell Salz

Hummerkarkasse sorgfältig säubern und waschen. Olivenöl im Topf stark erhitzen, Karkasse darin 5 Minuten scharf anbraten. Mit Cognac ablöschen.
Möhren, Staudensellerie, Lauch, Schalotten und Knoblauchzehen (halbieren und grüne Keime daraus entfernen) putzen oder schälen und in feine Scheiben schneiden. Gewaschene Tomaten vierteln. Mit in Stücke gebrochenem Lorbeerblatt, der Nelke, den zerdrückten Wacholderbeeren, Estragon und Thymian in der in einem anderen Topf erhitzten Butter unter Rühren bei schwacher Hitze 10 Minuten lang anziehen lassen.
Tomatenmark unterrühren, 2 Minuten am Herdrand oder bei geringster Hitze nachziehen lassen, dann unter die Karkasse mischen. So viel kaltes Wasser angießen, daß die Mischung bedeckt ist. Eventuell aufsteigendes Eiweiß immer wieder abschöpfen. 40-45 Minuten bei geringster Hitze köcheln lassen. Crème double einrühren und weitere 10 Minuten köcheln lassen. Ein Sieb mit einem Tuch auslegen und die Hummersuppe passieren.
3/4 l abnehmen, mit dem Hummerfond und den Hummerfleischstückchen erhitzen. Sofort vom Herd nehmen. Schlagsahne unterziehen. Mit ein paar Tropfen Cognac und vorsichtig mit Salz nachschmecken. Pfeffer ist nicht nötig, denn die Hummercremesuppe schmeckt an sich leicht aromatisch-pfeffrig.
Wer möchte, kann noch 2 Zweige Estragon kleinschneiden und in die Suppe geben.

KLARE FISCHSUPPE
mit Jakobsmuscheln

CONSOMMÉ DE POISSON

1 l Fischconsommé (Rezept Seite 98)
4 Jakobsmuscheln
100 ml Fischfond (Rezept Seite 97 f.)
4 TL Kaviar
4 Dillspitzen

Fischconsommé im Topf aufkochen. Inzwischen die Muscheln aus der Schale nehmen. Corail abtrennen und anderweitig verwenden. Die Nuß (Muskel) mit einem scharfen Messer horizontal halbieren. Den Fischfond aufkochen, halbierte Muschelstücke darin 1/2 Minute pochieren.
Fischconsommé in vier Tassen verteilen. Je 2 Muschelhälften einlegen. Mit je 1/2 TL Kaviar belegen und mit Dillspitzen garnieren.

FEINE MUSCHELSUPPE

SOUPE AUX MOULES

Um es gleich vorweg zu sagen: Auf diese Weise könnte man auch eine köstliche Suppe mit Krebs-, Hummer-, Langusten- oder Garnelenfleisch zubereiten. Mutige moderne Köche werden sie aber auch mit der Delikatesse namens Miesmuschel in ihr Repertoire aufnehmen. Weil sie fein und gut ist und jedem rustikalen Menü ein Glanzlicht aufsetzt. Und das, obwohl Miesmuscheln so preiswert sind. Kenner und Feinschmecker nehmen sie trotzdem ernst.

1 kg Miesmuscheln
1 kleine Schalotte
1 kleine Zwiebel (20 g)
5 Stengel Petersilie
3 Stengel Dill
1/4 Lorbeerblatt
200 ml trockener Weißwein
50 g Möhren
50 g Staudensellerie, 20 g Butter
Muschelfond (vom Garen der Muscheln)
1/2 l Fischfond (Rezept Seite 97 f.)
200 g Sahne, 1 Eigelb
Salz, Currypulver oder weißer Pfeffer
1 EL geschnittene glatte Petersilie

Die Muscheln unter fließendem Wasser sorgfältig abbürsten, dann entbarten. Eventuell geöffnete Muscheln sofort aussortieren. Weiterverfahren, wie in der Bildfolge beschrieben.

1 **Den Weißwein angießen.** Im Topf sind die sorgfältig gewaschenen, abgebürsteten und von Byssusfäden befreiten (entbarteten) Miesmuscheln, die feingehackte Schalotte und Zwiebel, Petersilie, Dill und Lorbeerblatt. So werden sie bei geschlossenem Deckel aufgekocht.

2 **Die gekochten Muscheln sind geöffnet.** Und genauso muß es sein. Nach dem Aufkochen läßt man die Muscheln noch 5 Minuten bei geringster Hitze oder am Herdrand ziehen und nimmt sie dann sofort vom Herd. Wichtig: rohe geöffnete Muscheln sind schlecht; unbedingt wegwerfen.

3 **Die pralle gegarte Muschel** in der geöffneten Schale, aus der man sie leicht herauslösen kann. Mit den Fingern oder auch mit einer leeren Muschelschale, die wie eine Pinzette gehalten wird und mit der man wie mit einer Pinzette die gegarte Muschel aus der Schale holt.

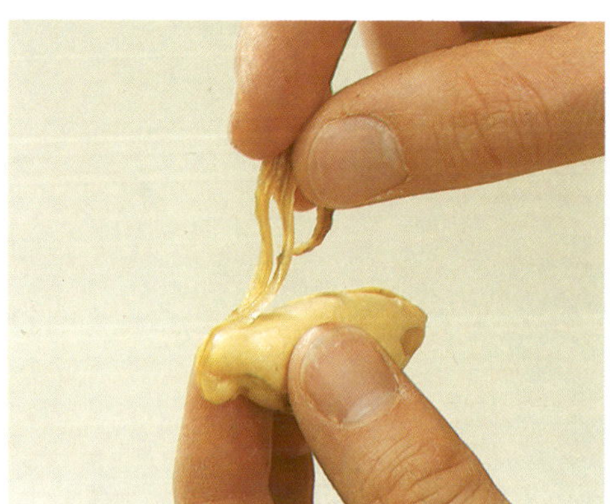

4 **Die Muscheln nochmals »entbarten«.** Das bietet sich an, wenn die Muscheln nicht pur (z. B. auf rheinische Art) gegessen, sondern als Suppeneinlage wie hier verwendet werden. »Entbarten« ist nicht ganz richtig. Was da von der Muschel abgezogen wird, ist der leicht zähe Mantelrand.

5 **Gemüse in Butter unter Rühren dünsten.** Möhren und Staudensellerie werden in gröbere Julienne geschnitten. Dann läßt man sie bei geringer Hitze in Butter anziehen, ohne daß sie Farbe annehmen. Vorsichtshalber sollte man die Gemüsestreifen deshalb ständig umrühren.

6 **Muschelsud und Fischfond angießen.** Gemüse damit ablöschen. Vorher den warmen Muschelsud durch ein Tuch passieren. Mit dem kalten Fischfond mischen und zu den Julienne gießen. Nach Wunsch einkochen lassen. Danach muß noch ein Liter Suppe übrig sein.

7 **Sahne in den Fond geben.** Zuvor ein paar Löffel abnehmen und beiseite stellen. Die Muschelsuppe bei nicht allzu starker Hitze wieder unter Rühren bis zum Siedepunkt erhitzen. Ein wenig simmern lassen, so daß die Suppe schon eine sahnig-cremige Konsistenz bekommt.

8 Muscheln in der Suppe erhitzen. Man gibt die von den Kiemen befreiten frisch gekochten Muscheln in die Suppe, erhitzt sie, kocht sie aber keinesfalls. Denn dadurch würden die Muscheln zäh und bekämen einen gummiähnlichen Biß. Nur zartfleischig sind sie so gut.

9 Eigelb und restliche Sahne verquirlen. Mit dem Schneebesen leicht schlagen, in die Suppe rühren und diese damit legieren. Nun auf keinen Fall mehr aufkochen, weil das Ei sonst ausflocken würde. Muschelsuppe vom Herd nehmen. Mit Salz und Pfeffer oder Curry abschmecken.

10 Eine Kelle appetitlicher Muschelsuppe. So muß sie aussehen: duftig, zart, von appetitanregendem Gelb mit den orangefarbenen Möhren und den leckeren Muscheln. Und als Geschmacksgeber und frischen Farbtupfer gibt man noch ein bißchen geschnittene glatte Petersilie hinzu.

Meeresfrüchte, eine edle Suppeneinlage

Wer Suppen mit Meeresfrüchten als Einlagen zubereiten möchte, was äußerst empfehlenswert ist, sollte sie am besten auf der Grundlage von Fischfonds kochen. Als Einlage eignen sich praktisch alle Meeresfrüchte, ob Hummer- oder Langustenfleisch, Krebsschwänzchen oder Herzmuscheln oder gar Meeresschnecken.

KARTOFFEL-KRESSESUPPE
mit Hummer

POTAGE CRESSONNIÈRE

2 mittelgroße Kartoffeln
2 kleine Kartoffeln
Salzwasser zum Kochen
2 kleine Zwiebeln, 20 g Butter
1 Bund Brunnenkresse
800 ml Fischfond (Rezept Seite 97 f.)
60 g Butter
16 Scheiben frisch gekochtes Hummerfleisch
Salz, Pfeffer
4 EL geschlagene Sahne
4 TL feingeschnittene Kresseblättchen

Die Kartoffeln schälen und waschen. Die mittelgroßen Kartoffeln in etwas Salzwasser vom Kochen an in 15-20 Minuten garen. Noch heiß durch ein Haarsieb streichen. Die kleinen Kartoffeln gleichmäßig fein würfeln. In etwas Salzwasser etwa 2 Minuten blanchieren. Abgießen und abtropfen lassen.
Inzwischen die geschälten Zwiebeln in feinste Scheiben schneiden und in der heißen Butter 1-2 Minuten hell anziehen lassen. Entstielte, gewaschene, sorgfältig abgetropfte Kresseblätter zugeben und unter Wenden andünsten. Fischfond angießen und die Kresse in etwa 4 Minuten weichkochen, dann alles im Mixer pürieren.
Passierte Kartoffeln sorgfältig in der Suppe verrühren, Kartoffelwürfelchen zugeben. Die Butter einschwenken. Die Hummerscheiben in der Suppe erhitzen. Mit Salz und Pfeffer abschmecken, geschlagene Sahne unterrühren. Aufkochen und vom Herd nehmen. In vier Tassen gefüllt mit Kresse garnieren.

KRUSTENTIERE

Warme Gerichte mit Krustentieren

»Ein wahrer Feinschmecker wählt weise, verlangt eine liebevolle genaue Zubereitung, genießt mit Verständnis und Interesse und freut sich über jedes gute Gericht«. Goldene Worte des großen Gastrosophen Brillat-Savarin. Er war im übrigen auch überzeugt davon, daß echte Gourmets länger leben. Gründe genug, den Spuren des berühmten Franzosen zu folgen und den Gourmets der Jetztzeit auf den nächsten Seiten kleine und große kulinarische Kostbarkeiten zu präsentieren. Alle aus Krustentieren, aus Krebsen und Krabben, Scampi und Garnelen. Warme Gerichte, die zum Teil den großen Vorteil haben, auch noch erschwinglich zu sein. Was beweist, daß Genuß nicht stets ins Geld gehen muß. Wir wollen Sie davon überzeugen: Es muß nicht immer Hummer sein. Ein Garnelen- oder Krebsessen wird den Gaumen mit Sicherheit genauso freuen, wenn es ein gutes Gericht im Sinne Brillat-Savarins ist. Hier ist auch der Platz zu sagen, daß wir bewußt auf ein Kapitel Vorspeisen verzichtet haben. Weil es im Grunde eine Frage der Quantität ist, ob Sie ein warmes Essen mit Krustentieren als Vorspeise oder Hauptgericht servieren möchten, Qualität vorausgesetzt.

GEKOCHTE KREBSE

ÉCREVISSES À LA NAGE

Weltweitem Handel und der modernen Flugtechnik haben wir es zu verdanken, daß Flußkrebse allenthalben zu haben sind. Nicht eben preiswert, aber ihren Preis wert, weil meist von bester Qualität. »Wer sich beim Krebsessen verliebt, wird unglücklich« sagt ein norwegisches Sprichwort. Kein Wunder, denn ein Krebsessen beansprucht alle Sinne gleichzeitig und so ausschließlich, daß die Liebe zu kurz kommen muß.

Krebse kann man in verschiedenen Brühen garen. Wer sie frisch gekocht pur essen möchte, sollte sie in würzigem Fischfond (Rezept Seite 97f.) garen, den man nur mit Salz, etwas Dill, Estragon, eine Spur Basilikum und glatter Petersilie würzt. Das Allerwichtigste: soviel sprudelnd kochenden Sud verwenden, daß die Tiere vollkommen damit bedeckt sind, sobald sie in den Topf gegeben worden sind. Nur so kann man sichergehen, daß sie sofort getötet werden.

Daß alle Krebse während des Kochens »krebsrot« werden, ist bekannt. Das hängt damit zusammen, daß nur die ro-

Gekochte Krebse ausbrechen. 1. Den Krebs in die Hände nehmen und den Krebsschwanz mit einer drehenden Bewegung der rechten Hand vom Körper lösen. **2.** Die Schwanzflossen mit Daumen und Zeigefinger greifen, vom Körper drehen und den anhängenden Darm mit leichtem Zug vorsichtig aus dem Schwanzfleisch ziehen. **3.** Das Schwanzfleisch vorsichtig auslösen. Dazu jeweils mit Daumen und Zeigefinger den Panzer so aufbiegen, daß die dünnere Unterseite zerreißt und das Fleisch herausfällt. **4.** Den Brustpanzer (Carapax oder Schild) mit der linken Hand fassen. Mit dem rechten Zeigefinger das gesamte Unterteil mit den Kiemen und Innereien abheben, so daß Schild (auch Nase genannt) und Scheren noch zusammenhängen. **5.** Brustpanzer in die linke Hand nehmen. Mit dem Daumen und Zeigefinger der rechten Hand die Scheren fassen und leicht drehend vom Schild trennen. **6.** Ein kleiner Krebs ist zerteilt. Nur das vorn im Bild liegende Krebsfleisch, allenfalls noch das Fleisch der Scheren wird verwendet. Der Brustpanzer ist — oft noch mit den Scheren — eine beliebte Garnitur für allerlei Krebsgerichte. Die Karkassenteile (Schwanzflossen, Panzerglieder, Schild, Scheren und Beinchen) sind — sauber geputzt — Grundlage für den Krebsfond und eine köstliche Consommé, die man daraus kochen kann. Wichtig zu wissen: Große Krebse wie der Marron werden wie Hummer zerlegt.

te Farbkomponente in ihrem Panzer hitzebeständig ist und somit erhalten bleibt.
Wer die in unseren Rezepten verwendeten, sehr schmackhaften australischen Flußkrebse (Marrons) nicht bekommt (sie werden noch nicht in größerem Umfang importiert), nimmt statt dessen gleichgroße Hummer oder die entsprechende Menge andere Flußkrebse. Von letzteren braucht man pro Person 12 Stück zu je 50 bis 60 g und 2 Liter kochende Flüssigkeit. Hier ein möglicher Sud für alle Flußkrebsarten:

1 l Wasser
1 l trockener Weißwein
2 Möhren, 2 Zwiebeln
je 2 Stengel Dill, Estragon und glatte Petersilie
4 Blättchen Basilikum
etwa 3 EL Salz

Wasser, Wein, geschälte Möhren und Zwiebeln in Scheiben, gewaschene Kräuter — nicht zerkleinert — in einem großen Topf mit dem Salz aufkochen lassen. Bei größter Hitze 12 vorbereitete Krebse (z. B. »Galizier«) auf einmal in den Topf geben. Deckel auflegen. Nur 3-4 Minuten kochen, wenn diese Krebse weiterverarbeitet werden sollen. Mit der Schaumkelle aus dem Topf heben. In einem Topf mit kaltem Wasser auskühlen lassen.
Zum Sofortessen 4-6 Minuten kochen und jede Portion in ihrem Sud oder Fischfond auskühlen lassen.
Ausgebrochenes Krebsfleisch mit einem feuchten Küchentuch bedeckt im Kühlschrank aufbewahren.

KREBSE MIT KALBSBRIES
in Blätterteig

CROUSTADE D'ÉCREVISSES

etwa 1 l lauwarmes Wasser
Salz, 1 Spritzer Essig
1 Spritzer Weißwein, 1 Möhre
1 Stück Lauch (etwa 100 g)
1 Stück Staudensellerie (etwa 100 g)
1 Zwiebel, 1 Lorbeerblatt
1 Nelkenkopf, 1 Knoblauchzehe
2 Wacholderbeeren
1 Kalbsbries

1 **Unter Rühren mit dem Spatel** die Krebsschwänze und Kalbsbriesröschen in Butter mit Zwiebelwürfeln anziehen lassen. Zuerst gibt man das Kalbsbries in den Topf, erhitzt es, ohne daß es Farbe annimmt und fügt dann die Krebsschwänzchen hinzu, außerdem 4 cl Cognac und Butter.

2 **Die Sauce ins Ragout passieren.** Damit sie samtig-zart ist, wird die Sauce durch ein Haarsieb passiert, erhitzt, aber nicht mehr gekocht. Man schmeckt vorsichtig ab mit Salz und Zitronensaft, rührt Petersilie und Schlagsahne ein und füllt das Ragout in Blätterteig.

3 **Corailbutter mit dem Schneebesen** in die Weißweinsauce rühren. Durch den Garvorgang wird die ursprünglich grauschwarze Corailbutter — wie auch die Panzer von Hummern oder Krebsen — korallenrot und gibt dadurch der Sauce beim Einrühren eine appetitiche rosa Färbung.

Für den Teig:
120 g selbstgemachter Blätterteig (oder 2 Scheiben Tiefkühl-Blätterteig)
Mehl zum Ausrollen, 1 Eigelb
Für das Ragout:
1/4 l Weißweinsauce (Rezept Seite 106)
4 Scheiben Hummer- oder Krebscorailbutter (Rezept Seite 105)
1 Zwiebel, 20 g Butter
40 g gekochte Krebsschwänze
4 cl Cognac, etwas Butter
Salz, Zitronensaft
2 TL feingeschnittene glatte Petersilie
4 EL geschlagene Sahne
glatte Petersilie zum Garnieren

Das Wasser in einen Topf füllen und salzen. Essig, Weißwein, Möhre, Lauch und Staudensellerie (geputzt) zugeben, außerdem die geschälte, halbierte Zwiebel, mit Lorbeerblatt und Nelkenkopf besteckt, die geschälte Knoblauchzehe, die Wacholderbeeren und das unparierte Kalbsbries. Aufkochen, bei geringer Hitze in 15 Minuten garziehen und im Fond auskühlen lassen.
Bries-Röschen aus den Häuten lösen. Den Blätterteig auf bemehlter Arbeitsfläche 1/2 cm dünn ausrollen. In vier Rechtecke von 4 x 8 cm schneiden. Im Kühlschrank zugedeckt 30 Minuten ruhen lassen. Mit verquirltem Eigelb bestreichen. Mit einer Gabel diagonal ein Muster in die Oberfläche ziehen. Auf einem mit kaltem Wasser abgespülten Backblech im vorgeheizten Backofen bei 225°C 12-15 Minuten backen. Weißweinsauce aufkochen. Hummer- oder Krebscorailbutter mit dem Schneebesen einrühren. Beiseite stellen. Geschälte, gewürfelte Zwiebel in heißer Butter mit den Kalbsbries-Röschen im Topf anziehen lassen. Krebsschwänze zugeben. Durchrühren. Cognac angießen. Einen Stich Butter zugeben. Hummer- oder Krebssauce durch ein Haarsieb auf das Ragout passieren. Verrühren, mit Salz und Zitronensaft abschmecken. Petersilie unterheben, Schlagsahne locker einrühren. Horizontal halbierte Blätterteigkissen damit füllen. Anrichten, mit Petersilie und Krebskarkassen garnieren.

KREBSE UND SEEZUNGENFILETS
mit grünen Nudeln

ÉCREVISSES ET FILETS DE SOLE

12 Seezungenfilets
150 g grüne Nudeln
400 ml Fischfond (Rezept Seite 97 f.)
200 ml trockener Weißwein
1 Stück gebuttertes Pergamentpapier
24 frisch gekochte Krebsschwänze
400 ml Hummersauce (Rezept Seite 102 f.)
4 EL geschlagene Sahne

Seezungenfilets sauber parieren. Haut an den Längsseiten abschneiden. Am dicken Ende in Längsrichtung 1 1/2 cm wie ein Knopfloch einschneiden und die Filetspitzen durchziehen. Die Nudeln in Salzwasser nicht zu weich kochen, gut abtropfen lassen und warmstellen.
Fischfond und Weißwein aufkochen, Seezungenfilets einlegen. Die Hitze reduzieren, das gebutterte Papier auflegen. 3-4 Minuten ziehen lassen.
Krebsschwänze in der Hummersauce erhitzen, Sahne unterrühren. Die Nudeln auf vier Teller verteilen, die Seezungenfilets und Krebsschwänze ringsum anrichten, darauf die Hummercremesauce geben.

KREBSE AUF BLATTSPINAT
mit Krebsrahmsauce

ÉCREVISSES À LA CRÈME

500 g junger Blattspinat
1/2 l Krebsfond (Rezept Seite 100, jedoch das Gemüse statt in Öl in 20 g frischer Butter anziehen lassen)
150 g Crème double, Salz
48 frisch gekochte Krebsschwänze
4 EL geschlagene Sahne

Blattspinat verlesen, sorgfältig waschen. Im Sieb aufbewahren. Crème double in den Krebsfond geben, sobald er 40-45 Minuten geköchelt hat. Bei geringer Hitze auf etwa 400 ml (knapp 1/2 Liter) reduzieren, dann erst passieren.
Spinat in kochendem Salzwasser blanchieren. Sofort in Eiswasser abschrecken, leicht ausdrücken. Vor dem Anrichten in zerlassener Butter schwenken, mit Salz und Muskat würzen.
Vier vorgewärmte Teller zur Hälfte mit den Blättern auslegen, oder die Blätter grob zerkleinern und auf den Tellern anrichten.
Krebsschwänze in der Krebsrahmsauce erhitzen, aber nicht mehr kochen. Die Schlagsahne unterrühren. Vorsichtig mit Salz abschmecken (Krebsrahmsauce hat von Haus aus ihre eigene intensive Würze). Auf die Teller verteilen und sofort servieren.

KREBSE IN DILLSUD
mit Chablis

ÉCREVISSES AU CHABLIS

240 ml Krebsfond (Rezept Seite 100)
160 ml Chablis
4 kleine zarte Möhren
1 kleine Stange Lauch
Salz, 80 g Butter
48 frisch gekochte Krebsschwänze
4 TL Dillspitzen

Krebsfond und Chablis in einem Topf mischen, unter Rühren aufkochen und bei geringer Hitze reduzieren. Die geschälten Möhren mit dem Buntmesser längs riffeln, dann in zarte Scheiben schneiden und in der Fondmischung blanchieren.
Lauch putzen, waschen und das helle Mittelstück in gesalzenem Wasser kurz blanchieren, dann in Eiswasser abschrecken. Das hält das Gemüse nicht nur farbintensiv, sondern stoppt auch sofort — wie gewünscht — den Garprozeß. Lauchstück in gleichmäßige schräge Streifen schneiden. Von den Streifen nur die inneren Stücke verwenden.
Die Butter kräftig unter den reduzierten Fond schlagen. Krebsschwänze und Lauch darin schwenken und erhitzen, aber nicht mehr kochen. Dillspitzen zugeben. Auf vorgewärmten Tellern anrichten. — Man kann die Dillspitzen auch zum Garnieren verwenden.

KREBS-GRATIN
mit Gurkenstreifen und Dill

ÉCREVISSES AU GRATIN

32 gekochte Krebse von etwa 60 g
3 Schalotten, 30 g frische Butter
100 ml trockener Weißwein
5 cl Noilly Prat
1/2 l Fischfond (Rezept Seite 97 f.)
200 ml frische Sahne, Salz
1 Stück Salatgurke
2 TL frisch geschnittener Dill
8 EL geschlagene Sahne

Krebsschwänze ausbrechen und die Därme entfernen. Fleisch aus den Scheren lösen. Zugedeckt warmhalten.
Geschälte Schalotten gleichmäßig würfeln, waschen und trocknen. In der erhitzten Butter anziehen lassen. Mit Weißwein und Noilly Prat ablöschen. So weit reduzieren, daß die Mischung nur noch feucht ist. Den Fischfond auffüllen, reduzieren und die Sahne angießen. Etwa 5 Minuten bei schwacher Hitze durchkochen, so daß knapp 1/2 Liter Sauce bleibt. Durch ein feines Sieb passieren, abschmecken.
Krebsfleisch in 4 Gratinformen verteilen, darauf die in feinste Streifen geschnittene Gurke und den Dill. Sahne in die Sauce mischen, aufkochen und auf die Krebse verteilen. Sofort auf der obersten Schiene unter dem vorgeheizten Grill in 2-3 Minuten goldbraun gratinieren.

MARRON IN ROTWEINSAUCE
mit Broccoli

ÉCREVISSES AU VIN ROUGE

4 Marrons à etwa 225 g oder 2 Hummer à 500 g
4 EL Olivenöl
1 Möhre, 25 g Staudensellerie
25 g Lauch, 1 kleine Schalotte
1 EL Tomatenmark
2 cl Rotwein
3/8 l Krebsfond (Rezept Seite 100) oder leichte Geflügelbrühe
3/8 l Rotwein
30 g Butter
12 Broccoli-Röschen
2 EL Olivenöl

Marrons oder Hummer waschen und abbürsten. Reichlich Wasser im großen Topf sprudelnd aufkochen. Salzen. Marrons oder Hummer darin 2-3 Minuten kochen lassen, also praktisch nur töten. In kaltes Wasser legen. Dann der Länge nach halbieren. (Corail herausnehmen, 1:2 mit Butter mischen, in Folie im Kühlschrank für anderweitige Verwendung aufbewahren). Marron- oder Hummerfleisch aus den Karkassen lösen, auch das Scherenfleisch.

Die Karkassen im Mörser zerkleinern. In heißem Olivenöl unter Wenden anbraten. Das geputzte und kleingewürfelte Gemüse (Mirepoix) und Tomatenmark zugeben. Unter Rühren durchschmoren. Rotwein angießen. Mit Krebsfond oder Geflügelbrühe und Rotwein auffüllen. Aufkochen lassen und abschäumen. Bei geringer Hitze 30 Minuten köcheln lassen. Passieren und auf den gewünschten Geschmack reduzieren. Mit der Butter abbinden, nachschmecken. Broccoli-Röschen in Salzwasser bißfest blanchieren. Marron- oder Hummerfleisch in 2 EL Olivenöl in 3-4 Minuten garen. In vier Portionen mit der Rotweinsauce und den Broccoli-Röschen anrichten.

MARRON MIT MUSCHELRAGOUT

ÉCREVISSES AU RAGOÛT DE BUCARDES

2 Marrons à etwa 400 g oder 2 entsprechend große Hummer

Für das Ragout:

120 g Herzmuscheln, Salz
4 kleine Zwiebeln
1 Msp. gehackter Knoblauch
40 g Butter
600 ml Fischfond (Rezept Seite 97 f.)
4 Tomaten
2 TL frisch geschnittene glatte Petersilie

Für die Gemüsebutter:

4 kleine Schalotten
4 kleine Möhren
1 dünne Stange Lauch
40 g Butter
400 ml Fischfond, Salz
40 g Butter für die Krebse

Reichlich Wasser in einem großen Topf sprudelnd kochen lassen. Vorbereitete Marrons oder Hummer nacheinander hineingeben und je 3-4 Minuten kochen. In Wasser auskühlen lassen.
Für das Ragout die gewaschenen Herzmuscheln in sprudelnd kochendes Salzwasser geben. 2 Minuten kochen. Abschrecken und das Muschelfleisch aus den Schalen lösen. Graue Teile wegschneiden, Schnittflächen putzen. Zwiebeln schälen und feinwürfeln. Mit dem gehackten Knoblauch in der Butter anziehen lassen. Fischfond angießen. Reduzieren, bis die Mischung schön bindet. Geschälte, entkernte und feingewürfelte Tomaten und das Muschelfleisch darin erhitzen. Gehackte Petersilie zugeben.
Für die Gemüsebutter die Schalotten schälen, Möhren und Lauch putzen. Alles in feine Würfel schneiden. In der erhitzten Butter anziehen lassen. Fischfond angießen und zur gewünschten Konsistenz reduzieren. Leicht salzen. Inzwischen die Marrons oder Hummer der Länge nach halbieren. Die Scheren loslösen und anknacken. Mit der Schale in der Butter braten.
Gemüsebutter in vier Schalen anrichten, darauf je einen halben Marron oder Hummer und je eine Schere. Mit dem Muschelragout füllen und servieren.

Marron in Papayasauce — eine Kombination, die allen Gourmets vorzüglich munden wird. Zumal sich der Australkrebs wegen seines Wohlgeschmacks besonders gut für dieses Gericht eignet. Was nicht heißt, daß man nicht — fast genauso lecker — auf andere Krebsarten ausweichen könnte.

KREBSE IN PAPAYASAUCE

ÉCREVISSES À LA SAUCE PAPAYE

Ein gutes Beispiel, wie hervorragend die fruchtige Süße tropischer Früchte und die Schärfe der Chilis einerseits und der zarte Geschmack von Krebsen andererseits harmonieren können, ist dieses Gericht. Egal, ob Marrons, andere Krebse oder Hummer verwendet werden — alle schmecken vorzüglich in dieser Saucenkombination. Anstelle der Papayas kann auch eine vollreife Honigmelone verwendet werden. Dazu kann man Butterreis, Toast oder — sehr gut — Fleurons servieren.

4 Marrons oder andere Krebse von etwa je 400 g oder 24 kleine Flußkrebse

2 reife Papayas à 350 g

30 g Butter

60 g gehackte Schalotten

1 gehackte Knoblauchzehe

1/4 l Krebs- oder Fischfond

1/4 l trockener Weißwein

2 scharfe frische Chilis

Salz, 1/8 l Sahne

40 g Butter zum Anbraten

1 TL gehacktes Basilikum

Gewaschene, abgebürstete Krebse in sprudelnd kochendes Wasser werfen und 3 Minuten kochen. Sofort herausnehmen, in kaltem Wasser auskühlen lassen. Schwanz- und Scherenfleisch ausbrechen.

Die Papayas halbieren. Kerne mit einem Eßlöffel herausnehmen. 16 Kugeln aus dem Fruchtfleisch herausstechen und beiseite stellen. Restliches Fruchtfleisch aus der Schale heben und feinhacken. Butter in einer Kasserolle zerlaufen lassen. Feingehackte Schalotten und gehackte Knoblauchzehe darin hell anlaufen lassen. Gehacktes Papaya-Fruchtfleisch, Krebs- oder Fischfond und Weißwein zugeben. Chilis waschen, halbieren, sorgfältig entkernen, sehr fein hacken und in die Kasserolle geben. Alles auf etwa 1/4 l reduzieren. Durch ein feines Sieb streichen. Nochmals reduzieren, bis die gewünschte Konsistenz erreicht ist (oder daß etwa 1/8 l übrigbleibt). Salzen, die leicht geschlagene Sahne unterrühren.

Inzwischen die Krebsschwänze längs halbieren. Därme entfernen. Fleisch zusammen mit dem Scherenfleisch in der heißen Butter etwa 4 Minuten braten, dabei häufig wenden. Papayakugeln zugeben, nochmals durchschwenken. Auf vier Tellern anrichten, mit der Sauce übergießen. Mit gehacktem Basilikum bestreuen. Nach Wunsch auch mit Krebsnasen garnieren.

Sorgfältig gesäuberten Taschenkrebs in sprudelnd kochendem Wasser töten und zum Weiterverarbeiten nur 7-8 Minuten kochen. Sonst je nach Größe in 30 Minuten köchelnd garen. Scheren und Beine vom Panzer drehend abbrechen. Die Schwanzplatte an der Unterseite abheben. Mit einer drehenden Bewegung entfernen. Am besten männliche Tiere wählen. Sie haben mehr Fleisch und sind an der kleineren Schwanzplatte erkennbar.

Ein Messer zwischen Schale und Unterseite schieben. Die Schale dabei mit der linken Hand gut festhalten. Vom Rand rundherum mit dem Messer lösen. Dann den »Körper« herauslösen und abheben. Mit einem scharfen Messer glatt halbieren und das Fleisch mit einem Teelöffel herausnehmen. Dann mit dem Teelöffel das Fleisch aus der Schale heben. Die Schale zum Füllen sauber auswaschen und sorgfältig trocknen.

Die Krebsscheren mit dem Rücken eines schweren Messers aufschlagen, die Schalen abheben und das Fleisch herauslösen. Die Beinchen auch mit dem Messer anknacken. Dann das Fleisch vorsichtig mit der Hummergabel herausziehen. Taschenkrebse von 750 g gelten übrigens als gutes Mittelklassegewicht. Man rechnet einen Krebs pro Person. Er darf natürlich ein bißchen kleiner, aber auch größer sein.

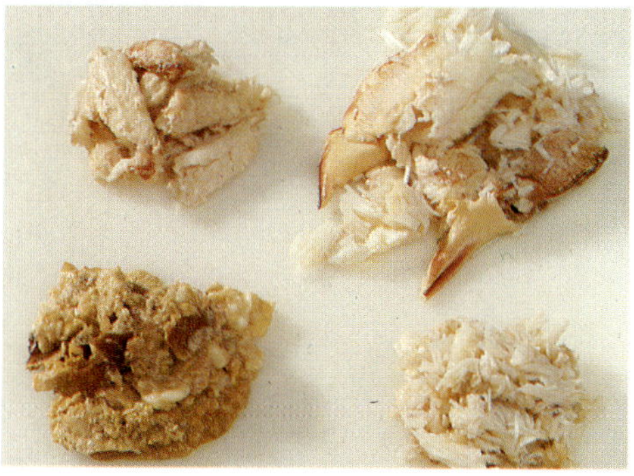

So unterschiedlich ist das Fleisch des Taschenkrebses: Oben rechts liegen die großen Scherenstücke, darunter ist das feinstreifige Panzerfleisch abgebildet, links daneben das farblich unterschiedliche Körperfleisch, das die delikate Leber enthält und oben links das Beinfleisch.

Der hübsch geformte Panzer hat an seiner Unterseite, dort wo die Scheren angesetzt sind, eine rundherum geschwungene Naht. Man schneidet den Panzer an dieser Stelle mit der Schere an und bricht ihn an der Naht entlang sauber aus. So ist die Schale fertig zum Füllen.

Ein feines Ragout wird eingefüllt. Es besteht aus Zwiebeln, Lauch und Möhren, die in Butter gedünstet, in Fischfond gegart und reduziert werden. Das Fleisch des Taschenkrebses wird darin erhitzt, abgeschmeckt, in die Schalen gefüllt und sofort heiß auf den Tisch gebracht.

GEFÜLLTER TASCHENKREBS

TOURTEAU FARCI

4 Taschenkrebse à 775 g, etwa 7-8 Minuten gegart
4 kleine Zwiebeln
das helle Grün einer Stange Lauch
4 kleine Möhren
80 g Butter
600 ml Fischfond (Rezept Seite 97 f.)
Salz
1/2 l Hummersauce (Rezept Seite 102 f.)
4 EL geschlagene Sahne
Salz, Cayennepfeffer

Ein Taschenkrebs von 775 g enthält 120-150 g Fleisch. Eine Menge, die als kleine Mahlzeit für abends reicht oder als Vorspeise bei Menüs.
Das Fleisch der Taschenkrebse auslösen. Die unteren Seiten der Panzer an den Nähten ausbrechen. Die Schalen waschen und sorgfältig trocknen. Die geschälten Zwiebeln, das helle Grün der Lauchstange und die geputzten Möhren sehr fein würfeln. Die Butter in einer Kasserolle aufschäumen lassen und das Gemüse darin 5 Minuten anziehen lassen. Den Fischfond angießen, aufkochen lassen und das Gemüse in 5 Minuten bei offenem Topf bißfest garen. Dabei die Flüssigkeit reduzieren, so daß das Gemüse nur noch eben feucht ist. Das Taschenkrebsfleisch darin erhitzen und sparsam mit Salz abschmecken. Hummersauce erhitzen, die geschlagene Sahne unterheben. Mit wenig Salz und Cayennepfeffer abschmecken.

Ein Taschenkrebs-Ragout gehört zu den delikaten Speisen, die von Feinschmeckern hoch geschätzt werden. Zumal dann, wenn es — wie hier — mit einer Hummersauce serviert wird, die ihren willkommenen Anteil an frischer Sahne hat. Als Vorspeise, Zwischengericht oder als abendliche Gourmandise ist das Gericht gleichermaßen geeignet. Am besten reicht man dazu frisch gebackenes Weißbrot und frische Butter.

Frische Softshell Crabs werden vor der Verwendung gesäubert, alle nicht eßbaren Teile werden entfernt. Zuerst die obere Schale seitlich an den Spitzen anheben und die darunterliegenden Kiemen (linkes Bild Mitte) entfernen. Dann mit einer scharfen Schere (oder mit einem scharfen Messer, wenn man die Krabbe auf ein Brett legt) den Kopf direkt hinter den Augen abschneiden. Durch die entstandene Öffnung die gesamten Eingeweide mit einem stumpfen Messer oder einem Löffelstiel herauskratzen. Die Öffnung unter fließendem Wasser kurz auswaschen. Zum Schluß das nach unten geklappte Schwanzende — Fachleute nennen es die Schürze — herunterbiegen und ebenfalls mit der Schere abschneiden (rechtes Bild Mitte). Die auf diese Weise vorbereiteten Krabben (so werden sie auch tiefgefroren angeboten, siehe unteres Bild) sind dann fertig für die Pfanne.

Softshell Crabs

sind keine eigene Krabbenart, es sind vielmehr verschiedene Arten von Schwimmkrabben, die unmittelbar nach dem Panzerwechsel gefangen wurden. Man schätzt sie weltweit als ganz besondere Delikatesse.

Da den Krabben, wie auch den Hummern und Langusten, im Laufe ihres Wachstums von Zeit zu Zeit ihr Panzer zu eng wird, werfen sie ihn ab. In diesem Zustand sind sie ganz weich und daher ein besonderer Leckerbissen. Man kann sie sozusagen »im Ganzen« essen, muß keine Schalen aufbrechen. Hinzu kommt, daß das blütenweiße, zarte Fleisch ganz anders schmeckt als bei Krabben mit hartem Panzer.

Entlang der europäischen Küsten sind Softshell Crabs oder »Butterkrebse« während des Sommers auf den Märkten zu finden. Entdeckt man sie, sollte man zugreifen, denn sie sind rar. In den USA sind sie weit populärer, denn die an der gesamten Ostküste stark verbreitete Blaukrabbe *(Callinectes sapidus)* ist eine ganz besonders wohlschmeckende und ergiebige Softshell Crab. Dort verläßt man sich inzwischen nicht mehr einfach darauf, mehr oder weniger zufällig Softshell Crabs in den Netzen zu haben, sondern man fängt sie vor dem Panzerwechsel und hält sie in meerwasserdurchfluteten Verschlägen, um sie dann zum genau richtigen Zeitpunkt,

also direkt, nachdem der alte Panzer gesprengt und abgestoßen wurde, aus dem Wasser zu holen. Erfahrene Fischer können das Herannahen dieses Zeitpunkts an einer Linie über den hinteren Schwimmfüßen der Krabbe genau verfolgen. Sie verfärbt sich von weiß über rosa bis rot und verrät so, ob noch zwei Wochen, eine Woche oder nur noch etwa zwei Tage bis zum Aufbrechen des Panzers vergehen. Dann entscheiden Stunden oder gar Minuten über die Qualität, denn im Wasser beginnt die unter dem alten Panzer liegende Haut, sich sofort zu festigen, und nach mehr als drei Stunden sind die Softshell Crabs bereits zu »Paper Shells« oder »Buckrams« geworden, weil die Haut dann schon etwas ledrig ist. Das Fleisch schmeckt zwar immer noch fein, die Haut aber ist nicht mehr eßbar. Es genügt jedoch, wenn man dann die obere Schale entfernt, denn sie wird zuerst hart.
Es ist anzunehmen, daß die amerikanischen Softshell Crabs eines Tages auch auf dem Europäischen Markt angeboten werden (ein erster Versuch in Deutschland ist gescheitert), zumal diese Delikatesse auch tiefgefroren von exzellenter Qualität ist.

In der Pfanne gebraten

Das ist sicher die ideale Zubereitungsart für diese Krabben, denn das zarte weiße Fleisch entfaltet sein ganz eigenes Aroma erst dann vollständig, wenn es in frischer gesalzener Butter gebraten wird. Die Krabben werden, abgetrocknet, mit ganz wenig frisch gemahlenem Pfeffer bestreut und leicht gesalzen, falls keine gesalzene Butter zur Hand ist. Dann von beiden Seiten in Mehl gewälzt und anschließend etwas abgeklopft, damit nur eine hauchdünne Mehlschicht erhalten bleibt. Butter in der Pfanne zerlaufen lassen und die Krabben mit der Unterseite zuerst etwa 2 - 3 Minuten bei guter Hitze braten. Wenden und ebenso lange von der Oberseite braten und — das ist für den Wohlgeschmack besonders wichtig — sofort servieren. Denn sie sollen außen schön knusprig und innen weich und zart sein. Ganz nach Belieben können die gebratenen Krabben mit den verschiedensten Saucen und Beilagen kombiniert werden.

SOFTSHELL CRABS
mit Hummersauce

1 grüne Paprikaschote
20 g frische Butter, Salz
120 g schmale Bandnudeln
Salzwasser zum Kochen
8 Softshell Crabs
Salz, frisch gemahlener Pfeffer
Mehl zum Wenden
80 g frische Butter
1/8 l Hummersauce (Rezept Seite 102)

Das Fruchtfleisch der Paprikaschote in hauchdünne Streifen schneiden, salzen und in Butter weichdünsten. Die Nudeln in Salzwasser al dente kochen. Die Krabben wie nebenstehend beschrieben braten und mit der Hummersauce, den Nudeln und den Paprikastreifen servieren.

SOFTSHELL CRABS
mit feiner Gemüsesauce

2 EL Öl
1 EL feingehackte Schalotten
1 gehackte Knoblauchzehe
120 g gewürfelte Zucchini
120 g gewürfeltes Tomatenfleisch
6 cl trockener Weißwein
1 EL gehackte Kräuter
Salz und Pfeffer
4 Softshell Crabs
Mehl zum Wenden
Butter zum Braten, Salz

Das Öl in einer Pfanne erhitzen, die Schalotten und die Knoblauchzehe hell anschwitzen. Zucchini und Tomaten zugeben und mit dem Weißwein angießen, 6 - 8 Minuten einkochen lassen und würzen. Die Krabben wie nebenstehend beschrieben braten und mit der Sauce und frisch gekochten Kartoffeln servieren.

Garnelen, die kleinen Köstlichen

Lebend-frische Garnelen haben im binnenländischen Angebot Seltenheitswert. Viele köstliche Zubereitungsarten (man denke nur an den würzigen Fond, der beim Garen entsteht) bleiben also in erster Linie den Küstenanrainern vorbehalten. Schuld daran ist die leichte Verderblichkeit des Garnelenfleisches, für die wiederum die in seinem Eiweiß enthaltene Aminosäure Glycin verantwortlich ist. Ihre chemische Umsetzung durch Bakterien ist auch die Ursache für den zunehmend fischigen Geschmack, der entsteht, wenn Garnelen länger als zwei Tage bei 7° C gelagert werden. Daher werden sie üblicherweise gleich an Bord, direkt nach dem Fang, gegart. Binnenländer müssen also in der Mehrzahl auf die gekochten, entweder frisch oder tiefgefroren, aber auch in Dosen angebotenen Garnelen zurückgreifen. Für Füllungen, in Salaten und Fischgerichten sind sie dennoch eine äußerst köstliche Zutat.

GARNELEN IN APFELWEIN

CREVETTES AU CIDRE

1/2 l trockener Cidre
1/2 l Wasser
Salz, weißer Pfeffer
1 Bouquet garni (Petersilie, 1 Stengel Estragon, 1 Stück heller Lauch, 1 Stück Möhre, 1/2 Lorbeerblatt)
500 g frische, geschälte Garnelen

Cidre und Wasser in einen Topf füllen, kräftig mit Salz und Pfeffer abschmecken. Gewaschene und geputzte Zutaten für das Bouquet garni zusammenbinden. Im Topf vom Kochen an bei mittlerer Hitze 10 Minuten köcheln lassen. Die Garnelen 5 Minuten darin garen. Abgetropft mit Brot, Butter und Cidre servieren.

SEEZUNGE

mit Garnelen gratiniert

FILETS DE SOLES AUX CREVETTES

4 kleine Seezungenfilets
400 ml Fischfond (Rezept Seite 97f.)
40 Tiefseegarnelen
20 g Butter, Salz
80 g Möhrenjulienne
8 EL geschlagene frische Sahne
knapp 1/4 l Weißweinsauce (Rezept Seite 106)
4 Stengel Estragon

Von den Seezungenfilets sorgfältig die Häutchen entfernen. Fischfond im Topf aufkochen. Filets mit der Hautseite nach unten hineinlegen und ihnen die Form von Garnelen geben. 3-4 Minuten pochieren, dann aus dem Topf nehmen.
Geschälte Garnelen im Fischfond leicht erwärmen. Vier Teller mit Butter ausstreichen und dort leicht salzen, wo die Filets hingelegt werden sollen. Filets darauflegen, leicht salzen. Garnelen ringsum anrichten. Möhrenjulienne roh darauf verteilen. Schlagsahne locker in die leicht erhitzte Weißweinsauce rühren. Auf die Teller verteilen. Mit kleingeschnittenem Estragon bestreuen und sofort goldgelb gratinieren.

GARNELEN-TÖRTCHEN

TARTELETTES AUX CREVETTES

Ob sie als Vorspeise oder kleiner Imbiß zu Wein, Sekt oder Champagner gereicht werden, Garnelentörtchen bieten sich als delikater Gaumenkitzel an. Für die Füllung eignen sich besonders die kleinen Sorten wie die Sandgarnelen aus der Nordsee oder die Tiefseegarnelen. Wählen Sie die Größe der Törtchen nach ihrem Verwendungszweck aus. Für das folgende Rezept brauchen Sie Formen von 10 cm Durchmesser.

Zutaten für 8 Törtchen

Für den Teig:
270 g Mehl
125 g Butter
1 Ei, 1/4 TL Salz
1-2 EL Wasser

Für die Füllung:
1/4 l Fischfond (Rezept Seite 97f.)

30 g Butter,
2 Schalotten
200 g frische Champignons
Salz
weißer Pfeffer
3 Eier
1/8 l frische Sahne
400 g geschälte Garnelen
1 EL frisch gehackte Petersilie

Mehl auf die Arbeitsfläche sieben. In die Mitte eine Mulde drücken. Butter, Ei, Salz und Wasser hineingeben und rasch zu einem glatten Mürbteig kneten. In Folie wickeln und 2 Stunden im Kühlschrank ruhen lassen.
Den Teig auf der bemehlten Arbeitsfläche etwa 2-3 mm stark ausrollen. Daraus 8 runde Platten von 13-14 cm Durchmesser ausstechen oder ausschneiden. Die Förmchen damit auslegen, aber vorsichtig, damit der Teig nicht reißt. Die Ränder kräftig andrücken und überstehenden Teig abschneiden.
Mürbteigtörtchen »blind« backen, das heißt, ohne Füllung. Damit der Teigrand beim Backen nicht herunterrutscht, werden als »Ersatzfüllung« getrocknete Hülsenfrüchte verwendet. Dazu die Teigböden mit rundgeschnittenem Pergamentpapier oder Alufolie auslegen und getrocknete Erbsen oder Linsen einfüllen. Die Törtchen im vorgeheizten Ofen 15 Minuten bei 200° C backen. Sie dürfen nur hellbraun sein. Hülsenfrüchte ausschütten (sie können mehrmals verwendet werden) und das Papier oder die Folie entfernen.
Für die Füllung den Fischfond bei geringster Hitze auf 1/8 Liter einkochen, dann abkühlen lassen. Butter in einer entsprechend großen Pfanne zerlaufen lassen. Geschälte, sehr fein gehackte Schalotten in der Butter hell anlaufen lassen. Champignons abziehen, fein hacken und in der Pfanne bei geringer Hitze 4-5 Minuten dünsten. Den Fond zugießen, dann vom Herd nehmen. Mit Salz und Pfeffer mild würzen. Eier und Sahne, dann die geschälten Garnelen und die Petersilie unterrühren. Die vorgebackenen Törtchen damit füllen. Im vorgeheizten Ofen bei 220° C in etwa 10 Minuten hellbraun backen.
Garprobe: Die Törtchen im Ofen leicht bewegen. Falls noch Flüssigkeit austritt, muß man sie einige Minuten weiterbacken, bis die Füllung vollständig gestockt ist. Warm servieren. Nach Geschmack noch mit gehackter Petersilie bestreuen.

LANGUSTEN-TÖRTCHEN

TARTELETTES DE LANGOUSTE
Zutaten für 8 Törtchen
Teig wie bei Garnelentörtchen
Für die Füllung:
1/4 l Fischfond (Rezept Seite 97 f.)
50 g Butter
3 Schalotten
100 g Champignons
Salz
weißer Pfeffer
3 Eier
1/8 l frische Sahne
300 g Langusten-Schwanzfleisch, höchstens 3-4 Minuten gekocht
20 g Trüffel

Teig zubereiten und vorbacken, wie im vorhergehenden Rezept beschrieben. Für die Füllung den Fischfond bei geringster Hitze auf 1/8 Liter reduzieren. Abkühlen lassen.

Die Butter in einer Pfanne erhitzen. Geschälte, sehr fein gehackte Schalotten darin hell anlaufen lassen. Abgezogene, feingehackte Champignons zugeben und 4-5 Minuten mitdünsten. Den Fischfond angießen und die Pfanne vom Herd nehmen. Mit Salz und Pfeffer mild abschmecken. Eier, Sahne und das in gleichmäßige Stücke geschnittene Langustenfleisch unterheben, anschließend in die Törtchen füllen. Trüffel in feinste Scheiben schneiden und darauf verteilen. Im vorgeheizten Ofen bei 220° C in etwa 10 Minuten hellbraun backen.

Die feinen Scampi

Zwar verwirren die vielfältigen Bezeichnungen für Scampi in aller Welt selbst weitgereiste Leute mit feiner Zunge. Zwar werden sie oft mit den großen Garnelen verwechselt, und hinter »Langustenschwänzen« verbergen sich nicht selten solche von Scampi. Sicher ist, daß diese Hummertiere zu den erlesensten Krustentieren zählen.
Das superfeine Fleisch der »Langoustine« (so heißt der Scampo oder Kaisergranat in der klassischen französischen Küchensprache) sitzt im Schwanzteil, und daher erhält man fast immer nur die separierten, meist bereits gekochten, aber auch frischen oder tiefgefrorenen Scampi-Schwänze. Gelegentlich gelangen auch ganze Tiere, frisch oder gekocht, in den Handel.
Scampi sind — und das haben sie mit den Garnelen gemein — leicht verderblich. Sind sie wirklich frisch, dann darf ihr Fleisch beim Garen nicht zerfallen, es muß einen knackigen Biß bewahren. Das gilt im übrigen auch für Heuschreckenkrebse, deren feines Fleisch dem der Scampi kaum nachsteht und deren Schwänze fälschlicherweise oft als »Scampi« angeboten werden.

So werden Scampi ausgebrochen: **1** Tiere an Kopf und Schwanzteil fassen und den Schwanz mit einer drehenden Bewegung vom Körper trennen. **2** Den kräftig-robusten Panzer mit Daumen und Zeigefingern zusammendrücken, so daß er zerspringt. **3** Mit beiden Händen von der Unterseite aus vollends aufbrechen und das zarte Fleisch freilegen. **4** Mit einem kleinen scharfen Messer auf der Rückenseite in der Mitte auf-, aber nicht durchschneiden, auseinanderklappen und so den Darm freilegen. **5** Mit Daumen und Zeigefinger den Darm fassen und mit leichtem Zug aus dem Fleisch lösen. **6** Das Scampi-Fleisch ist fein säuberlich ausgelöst und kann nun auf vielerlei Arten zubereitet werden.

Scampi in der Schale, sautiert, gebraten oder gegrillt, schmecken besonders fein, weil die Schalen während des Garvorgangs noch zusätzlich Geschmack an das Schwanzfleisch der Scampi abgeben.

SAUTIERTE SCAMPI
mit Kräutern

LANGOUSTINES AUX FINES HERBES

20 frische Scampischwänze in der Schale

4 EL Öl, 40 g frische Butter

2 cl Cognac

600 ml Hummer- oder Fischfond (Rezept Seite 97 f.)

4 TL frisch gehackte Kräuter, u. a. Estragon

80 g frische Butter, Salz

weißer Pfeffer aus der Mühle

Scampi waschen, trockentupfen, der Länge nach halbieren. Därme entfernen. Öl und Butter in der heißen Pfanne aufschäumen lassen. Scampi-Hälften, Fleischseite nach unten, darin etwa 2 Minuten braten, bis sie etwas Farbe angenommen haben. Umdrehen und auf der Schalenseite etwa 1 Minute braten. Scampi warmstellen. Das Fett weggießen, die Röststoffe in der Pfanne mit Cognac lösen, mit dem Fond auffüllen und reduzieren. Kräuter einrühren, mit der Butter binden. Zu einer kurzen Sauce einkochen, Scampi darin schwenken, salzen, pfeffern und anrichten.

FLAMBIERTE SCAMPI
in Rahmsauce (Ohne Abbildung)

LANGOUSTINES FLAMBÉES À LA CREME

1/2 l Fischfond (Rezept Seite 97 f.)

600 g geschälte Scampi

Salz, Paprika edelsüß, weißer Pfeffer

150 g Butter, 2 Schalotten

2 cl Pernod

knapp 1/8 l trockener Weißwein

1/4 l Sahne, 1 Stengel Estragon

100 g frische Butter zum Montieren

Den Fischfond 30 Minuten köcheln. Scampi abspülen und trockentupfen. Salz, Paprika und Pfeffer mischen und draufstreuen. Butter in einer Pfanne erhitzen. Scampi darin anbraten, ohne daß sie Farbe annehmen. Die feingewürfelten Schalotten zugeben und hell anlaufen lassen. Butter abgießen. Die Scampi mit dem Pernod flambieren, mit dem Weißwein ablöschen. Den reduzierten, heißen Fischfond zugeben und 3 Minuten ziehen lassen. Scampi warmstellen. Die Sauce um die Hälfte reduzieren und mit der Sahne und den Estragonblättern sämig kochen. Butter unterschlagen. Die Scampi anrichten und mit der Sauce überziehen.

Ein appetitlicher Kontrast: Die leicht sautierten hellen Bärenkrebsschwänze und die zartgelben Nudeln auf der schwarzen Sauce mit Tintenfischflüssigkeit und Butter.

BÄRENKREBSE
mit Nudeln und schwarzer Sauce

PÂTES ET SAUCE NOIR

Wer auf den europäischen Märkten wirklich mal Bärenkrebse entdeckt, sollte zugreifen. Denn hier werden sie, im Gegensatz zu den asiatischen und australischen Märkten, relativ selten angeboten. Das ist schade. Denn das Schwanzfleisch der Bärenkrebse schmeckt hervorragend und kann sich durchaus mit dem von Hummer und Languste messen. Weil das so ist, können Bärenkrebsgerichte genausogut mit Hummer, Languste oder anderen Krebsen zubereitet werden.

4 Bärenkrebse
2 l Court-Bouillon
2 Schalotten, 20 g Butter
40 ml Noilly Prat
800 ml Fischfond, 120 g Butter
Tintenflüssigkeit von 4 kleinen Sepia
Salz, weißer Pfeffer
200 g frisch zubereitete Spaghetti
4 EL Pflanzenöl
4 abgezogene, gewürfelte Tomaten
4 TL geschnittene glatte Petersilie

Vorbereitete Bärenkrebse nacheinander in der sprudelnd kochenden Court-Bouillon etwa 3-4 Minuten kochen. Ausbrechen und das Schwanzfleisch auslösen.
Die geschälten Schalotten feinwürfeln. In 20 g Butter anziehen lassen, mit Noilly Prat ablöschen. Fischfond angießen und auf 1/4 reduzieren. Butter stückchenweise unterschlagen und die Sauce damit binden. Mit der Tintenfischflüssigkeit färben. Mit Salz und frisch gemahlenem weißem Pfeffer abschmecken. Die Sauce warmstellen.
Die frisch zubereiteten Spaghetti in Salzwasser al dente kochen. Öl in der Pfanne erhitzen. Das Krebsfleisch darin kurz sautieren, die Tomatenwürfel zugeben, mit der Petersilie bestreuen und kurz durchschwenken. Abschmecken. Sauce auf vier Teller verteilen. Darauf die Spaghetti und das Krebsfleisch anrichten. Zum Schluß die Tomatenwürfel darübergeben.

BÄRENKREBSE
im Beutel

2 l Court-Bouillon
4 lange grüne Lauchblätter
Salz
200 g Herzstücke vom Lauch
40 g Butter
12 kleine weiße Champignons mit geschlossenen Köpfen
10 Bahnen Filo-Teig (Teig für Frühlingsrollen, in China-Läden zu haben) oder Strudelteig
400 ml Hummersauce (Rezept Seite 102)
40 g geklärte Butter
Salz, Cayennepfeffer
4 EL geschlagene Sahne

Vorbereitete Bärenkrebse nacheinander in sprudelnd kochender Court-Bouillon 3-4 Minuten kochen. Ausbrechen. Das Schwanzfleisch auslösen, halbieren und die Därme entfernen. Fleisch in Scheiben schneiden.
Gewaschene grüne Lauchblätter in Salzwasser 1 Minute blanchieren, in Eiswasser abschrecken. Aus jedem Blatt einen 3 mm breiten Streifen längs herunterschneiden. Gewaschene Herzstücke vom Lauch in Ringe schneiden. In 40 g Butter weichdünsten. Leicht salzen.
Champignons säubern, in grobe Scheiben schneiden. 2 Bahnen Filo-Teig halbieren. Viermal je 2 ganze Bahnen aufeinander legen und in die Mitte zur Verstärkung je eine halbe Lage. Lauchringe, Champignon- und Krebsscheiben in die Mitte geben. Teig von den Ecken zur Mitte hin hochziehen, festhalten, in die Mitte einen Kochlöffel stecken, Teig fest andrücken. Stiel herausziehen. Jeweils etwas Hummersauce in die Beutel gießen, zusammendrücken und mit den Lauchstreifen zusammenbinden.
Backblech mit Butter einfetten, Beutel daraufstellen. Mit der geklärten Butter einstreichen. Bei 170° C im vorgeheizten Ofen etwa 10 Minuten backen.
Restliche Hummersauce aufkochen. Mit Salz und wenig Cayennepfeffer abschmecken, mit der geschlagenen Sahne auflockern. Bärenkrebse im Beutel mit der Sauce anrichten.

1 **Den fertig gekochten Bärenkrebs** mit dem Schaumlöffel aus der Court-Bouillon heben. Er darf in diesem würzigen Sud nur 3-4 Minuten kochen, damit sein Fleisch nicht vollkommen gar ist und beim Backen zäh werden würde. Den Bärenkrebs im Sud leicht abkühlen lassen. Herausheben.

2 **Den Schwanz vom Körper trennen,** indem man ihn kräftig mit der Rechten drehend herauszieht. So ganz einfach ist das nicht. Denn der Schwanzteil ist mit dem Körper viel fester verbunden als zum Beispiel bei Hummer oder Languste. Also muß die linke Hand den Körper gut festhalten.

3 **Mit der Küchenschere aufschneiden.** Sie muß so robust sein, daß sie den kräftigen Panzer knacken kann. Man nimmt das Schwanzteil — Unterseite nach oben — in die Hand und schneidet den Panzer an den Seiten glatt auf. Damit ist die Arbeit mit dem größten Kraftaufwand getan.

6 **So entsteht Bärenkrebs im Beutel.** Auf zweieinhalb Lagen Filo-Teig gibt man die Füllung aus Lauch, Champignons und Krebsfleisch und ergreift die Teigecken, um sie zur Mitte hin zusammenzufassen. Wird Strudelteig verwendet, genügt eine Lage, da er meist etwas stärker gerät.

8 **Sauce mit dem Saucenlöffel einfüllen.** Vorher wird der Löffelstiel vorsichtig aus dem Beutel gezogen, nachdem man den Teig fest zusammengedrückt hat. Mehr als ein Löffel voll Sauce sollte es nicht sein, weil der Teigbeutel sonst durch den Druck des Gewichtes nachgeben könnte.

4 **Das Schwanzfleisch wird freigelegt,** nachdem die Unterseite des Panzers entfernt worden ist. Zum Freilegen mit beiden Händen die Oberseite des Panzers auseinanderdrücken. Dabei löst sich das feste weiße Schwanzfleisch vergleichsweise leicht ab, es kann jetzt weiterverarbeitet werden.

7 **Einen Kochlöffelstiel hineinstecken.** Den Teig — bereits an drei Seiten zum Beutel geformt — um den Löffelstiel festhalten. Dann mit der Linken den restlichen Teig anheben. Kräftig an den Löffelstiel drücken, damit er gut zusammenhält und die notwendige Öffnung trotzdem frei bleibt.

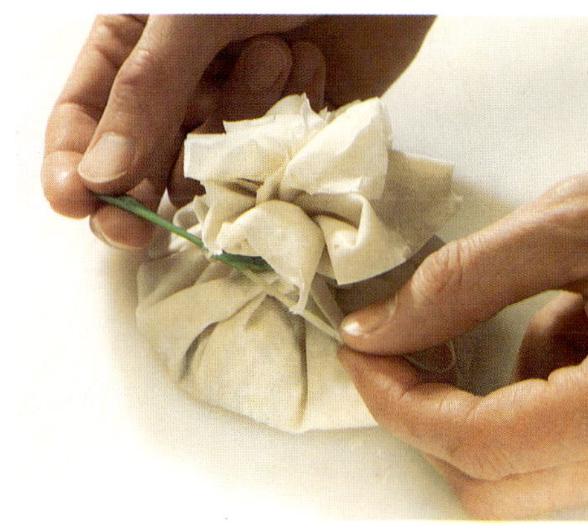

9 **Mit dem Lauchband zusammenbinden.** Das geschieht mehr aus dekorativen Gründen, als daß es den Beutel zusammenhält. Das nämlich schafft der Teig allein, wenn er vorher wirklich fest um den Löffelstiel gedrückt wurde. Bleibt noch, die Beutel zu backen und anzurichten.

5 **Den Darm mit leichtem Zug entfernen.** Dazu muß man das Schwanzfleisch mit einem scharfen Messer ziemlich exakt längs halbieren. Dabei kann es passieren, daß der Darm einige Male durchgeschnitten wird. Dann bleibt nichts anderes übrig, als die Reste sorgfältig zu entfernen.

MEERESFRÜCHTE-RAGOUT
mit Safran-Risotto

RAGOUT DE FRUITS DE MER

- *4 Jakobsmuscheln in der Schale*
- *200 g Herzmuscheln, 20 Miesmuscheln*
- *4 Scampi, 200 g gekochte Garnelen*
- *200 g Heilbuttfilet*
- *40 g Karotten, 40 g Knollensellerie*
- *40 g Lauch, 20 g Butter*
- *1/4 l Fischfond (Rezept Seite 97f.)*
- *1/8 l trockener Weißwein, 2 cl Noilly Prat*
- *2 TL gehackte Basilikum- oder Estragonblätter*
- *Salz, frisch gemahlener Pfeffer*
- *50 g Butter zum Montieren*

Die Jakobsmuscheln mit einem starken Messer öffnen und kurz auf die heiße Herdplatte legen, damit sie vollständig aufgehen. Mit einem Eßlöffel die Muscheln vorsichtig aus der Schale lösen und den Rogen von dem Muskel trennen, waschen und auf Küchenkrepp abtropfen lassen. Das Muskelfleisch einmal teilen. Die Miesmuscheln und Herzmuscheln wie auf Seite 148 beschrieben dämpfen. Sie können dann mit oder ohne Schale weiterverarbeitet werden. Von den Scampi die Schwänze abtrennen und diese mit der Schale längs halbieren und jeweils den Darm entfernen. Die gekochten Garnelen können geschält werden, man kann sie aber auch ganz verwenden. Das Heilbuttfilet in Würfel von etwa 1 1/2 cm Kantenlänge schneiden. Karotten und Sellerie kleinwürfeln, den Lauch in kleine Streifen schneiden. Die Butter in einem Stieltopf zerlaufen lassen und die zerkleinerten Gemüse darin 2-3 Minuten dünsten. Die Heilbuttwürfel und die Scampischwänze zugeben, weitere 2 Minuten dünsten. Die Jakobsmuscheln mit dem Rogen beifügen, Weißwein und Fischfond zugießen. Die vorgegarten Mies- und Herzmuscheln ebenfalls zu-

geben und alles zusammen etwa 2 Minuten ziehen lassen, dann in ein Sieb schütten. Die Meeresfrüchte und das Gemüse warmstellen und den Fond bis etwa auf die Hälfte reduzieren. Die Sahne zugießen und noch etwas einkochen lassen. Mit Noilly Prat und Basilikum- oder Estragonblättern würzen. Die Meeresfrüchte und Gemüse wieder zufügen, mit Salz und Pfeffer würzen und mit der Butter montieren. Mit Safran-Risotto servieren.

Unter einer schützenden Kruste gegart

Fritieren ist eine Garmethode, die für bestimmte Krustentiere (natürlich auch Schaltiere) geradezu ideal ist. Die schützende Hülle kann sowohl ein Ausbackteig sein als auch eine Panade aus Ei und Bröseln. Wichtig ist nur, daß das empfindliche Fleisch der Meeresfrüchte nicht direkt den hohen Temperaturen ausgesetzt wird, sondern unter der Kruste langsam garen kann. Besonders gut lassen sich die aufgebrochenen Scheren aller Taschenkrebsarten fritieren, aber auch Scampi und Riesengarnelen schmecken vortrefflich – man denke nur an das japanische »Tempura«. Doch auch mit Ei und Bröseln paniert schmekken sie fantastisch. Für Softshell Crabs sollten die Brösel mit etwas geriebenem Parmesan vermischt und in zwei Pfannen »gebacken« werden: In einer Pfanne in Öl bei hoher Temperatur von der Unterseite knusprig braun braten (etwa 2 Minuten) und in der zweiten Pfanne bei niedriger Temperatur von der Oberseite in reichlich Butter fertiggaren (3 Minuten). Der Buttergeschmack harmoniert vorzüglich mit dem feinen Geschmack des Krabbenfleisches.

TEMPURA
(Ohne Abbildung)

Dieses ursprünglich aus Japan stammende Gericht hat sich zu Recht inzwischen die Speisekarten der ganzen Welt erobert, denn das Garnelenfleisch in dem dünnen, knusprigen Teigmantel ist eine Delikatesse. Die großen Garnelensorten wie zum Beispiel Tiger Prawns eignen sich besonders gut dafür. Mit den wertvolleren Scampi aus der Hummerfamilie ist der Genuß optimal.

24 Riesengarnelen
200 g feine Prinzessbohnen
Für den Teig:
1 Ei, 1/8 l Wasser, 1/8 l helles Bier
1/4 TL Salz, etwas frisch gemahlener weißer Pfeffer
150 g Reismehl oder Weizenmehl
Öl zum Ausbacken
Für die Sauce:
2 cl feines Pflanzenöl
30 g Schalotten, 1 kleine Chilischote
etwas frisch gemahlener Pfeffer
1 TL Zucker, 1 Msp. Ingwerpulver
4 EL helle Sojasauce
4 EL frisch geriebener Meerrettich
1 EL frisch gemahlener Ingwer
1/2 Zitrone

Für dieses Gericht werden natürlich nur rohe Garnelen (frisch oder tiefgefroren) verwendet. Von den Garnelenschwänzen die Schalen entfernen, die Schwanzflosse aber am Körper belassen. Von oben längs bis zur Mitte aufschneiden und den Darm entfernen. Waschen und mit Küchenkrepp abtrocknen. Die Bohnen putzen, waschen, abtrocknen und mit einem Baumwollfaden zusammenbinden. Für den Teig das Ei mit Wasser, Bier, Salz und Pfeffer kurz verrühren, das Mehl unterrühren und etwa 1/2 Stunde quellen lassen. Sollte der Teig zu dick sein (er muß dickflüssig vom Löffel fallen), mit etwas Wasser verdünnen. Für die Sauce das Öl in einer entsprechend großen Pfanne erhitzen, die feingehackten Schalotten und die Chilischote, ebenfalls feingehackt, darin hell anschwitzen. Mit Fischfond aufgießen, mit Pfeffer, Ingwerpulver und Zucker würzen und bei schwacher Hitze bis etwa auf 1/3 reduzieren. Durch ein Spitzsieb geben und mit der Sojasauce mischen, wieder erhitzen.
Das Öl in einem Topf oder einer Friteuse auf etwa 180° C erhitzen. Die Garnelen und die Bohnen in den Ausbackteig tauchen, kurz abtropfen lassen und in das heiße Öl geben. Backen, bis sich um das Backgut keine Blasen mehr bilden (etwa 3-4 Minuten), dann sind die Stücke gar. Auf Küchenkrepp abtropfen lassen und heiß servieren.

Meeresfrüchte aus der Friteuse können eine Delikatesse sein. Von oben nach unten: **1.** Riesengarnelen werden längs eingeschnitten, bevor man sie paniert. **2.** Softshell Crabs schmecken paniert und fritiert besonders gut. Die dünne Haut verbindet sich mit der Ei-Brösel-Kruste vollständig. **3.** Clams in kochendem Wasser kurz steif werden lassen, bevor sie paniert werden. **4.** Scampi schälen, jedoch das Schwanzende dranlassen, damit man sie leichter anfassen kann.

VOM FEINSTEN

Hummer und Langusten, Höhepunkte der klassischen Kochkunst

Wohl niemand wird behaupten wollen, es handle sich bei den edlen Krustentieren Hummer und Languste um Hausmannskost. Andererseits steht ebenso fest, daß sie nicht ausschließlich eine Delikatesse für Millionäre sind. Denken wir nur daran, daß sie an der amerikanischen Atlantikküste beinahe als Volksnahrungsmittel gelten und auch schon mal von Papptellern verspeist werden (eine Horrorvorstellung für Feinschmecker europäischer Provenienz!). Dabei ist es dort um die Qualität der Krustentiere ganz großartig bestellt. In Europa allerdings kosten sie – alles, was recht ist – einen Batzen Geld. Wir haben den Edelsten unter den Edlen natürlich den ihnen gebührenden Platz eingeräumt. Ohne die Klassiker wie »Homard à l'armoricaine« oder »Homard Thermidor« zu vernachlässigen, haben wir uns der zeitgemäßen, das heißt einfach-raffinierten Zubereitung verschrieben. Und: für viele Rezepte kann man auch preiswertere Meeresfrüchte verwenden.

1 **Den Hummer zerlegen.** Von oben nach unten: Die Scheren mit einer drehenden Bewegung vom Körper lösen. Den Körper vom Schwanzansatz her mit einem scharfen, starken Messer mittendurch teilen. Dabei fließt Körperflüssigkeit, das sogenannte Mark, heraus — bestehend aus Corail, cremigen Innereien und Meerwasser. Auffangen und für die Sauce beiseite stellen. Den Magensack mit der Hand und mit Hilfe eines Teelöffels entfernen. Dann den Schwanz mit einem scharfen Messer vom restlichen Körper trennen.

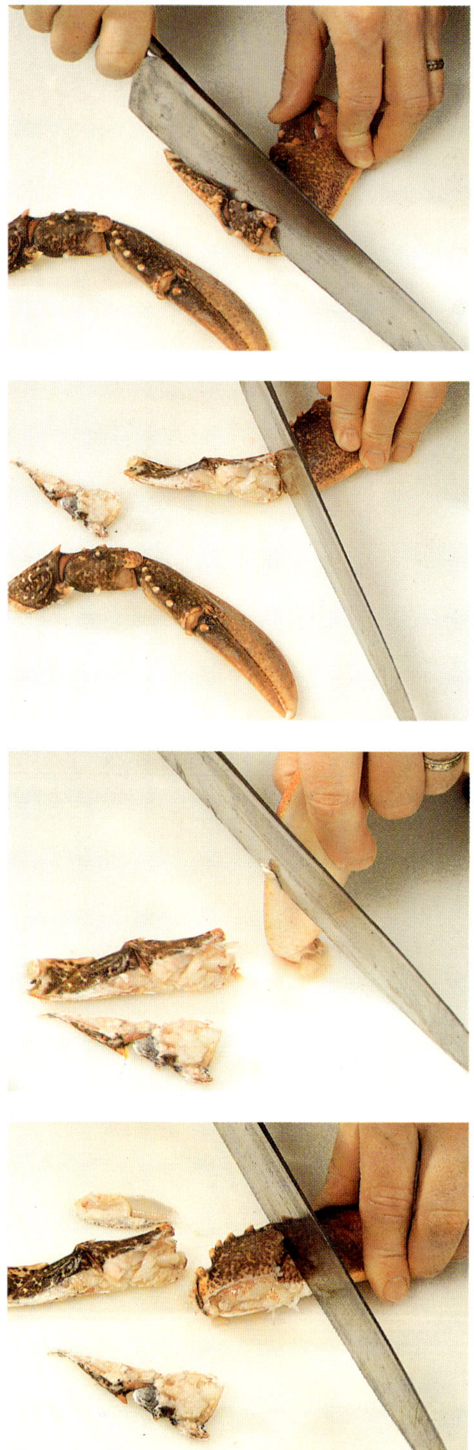

2 **Die Scheren zerkleinern.** Von oben nach unten: Die beiden Untergelenke der Scheren werden zuerst längs geteilt. Dann trennt man sie mit dem Messer von den Scheren. Die Scheren werden dann seitlich mit einem kräftigen Messerschlag angeschnitten. Man schneidet sie nun quer ein oder klopft sie mit dem Messer auf. Das muß gemacht werden, damit das Fleisch beim Braten gleichmäßig gar wird. Ganz zweifellos braucht man für diese Arbeiten etwas Kraftaufwand, weil der Scherenpanzer sehr stark ist.

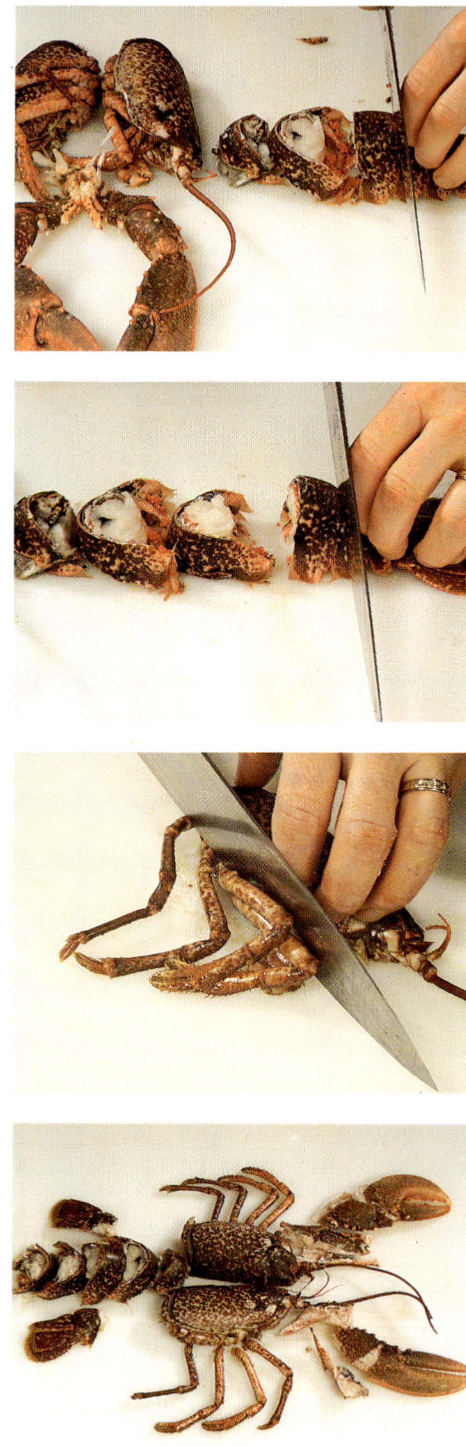

3 **Schwanz zerteilen und Beine abschneiden.** Von oben nach unten: Den Schwanz mit einem scharfen Messer einschließlich Schale in etwa 2 cm gleichmäßig dicke Stücke schneiden. Das geht relativ leicht, weil der Panzer des Schwanzes dünner ist als der der Scheren. Danach die Beine mit leichtem Messerdruck von den beiden Körperhälften abschneiden. Zur besseren Übersicht sind noch einmal auf dem Bild oben alle Teilstücke des vorbildlich zerlegten Hummers ausgelegt. Das macht den Tranchiervorgang deutlicher.

HUMMER

À L'ARMORICAINE

Wer dem heute noch in manchen Top-Restaurants unter der Bezeichnung »Hummer à l'américaine« angebotenen Hummergericht auf den Grund geht, landet unweigerlich in der Küche der Bretagne. Sie hat einiges zur Verfeinerung der gehobenen internationalen Gastronomie beigetragen. Unter anderem ihr feines Hummergericht, das jedoch »Hummer à l'armoricaine« heißt. Aus gutem Grund: Armorique oder Armorica ist die alte Bezeichnung für die Bretagne. Aus sprachlich naheliegenden Gründen scheint der Hummer zum amerikanischen geworden zu sein.

1 Hummer von etwa 1 kg
Salz, weißer Pfeffer aus der Mühle
100 ml Olivenöl, 40 g Butter
30 g feingehackte Schalotten
50 g Knollensellerie in Würfeln
30 g Möhren in Würfeln
1/2 gehackte Knoblauchzehe
5 EL Cognac
150 ml trockener Weißwein
200 ml Fischfond (Rezept Seite 97 f.)
150 g Würfel von abgezogenen Tomaten
2 EL Fleischglace
1 TL getrockneter Estragon
100 ml Schlagsahne
1 TL gehackte Petersilie
Cayennepfeffer

Den Hummer in sprudelnd kochendem Wasser, Kopf voran, rasch töten. Das Tier zerlegen und kleinschneiden — siehe Bildfolge. Das Mark — grünliches Corail, Meerwasser und Körperflüssigkeit, die aus dem zerteilten Hummer fließen — auffangen.
Alle Hummerstücke mit Salz und Pfeffer würzen. Olivenöl in einer entsprechend großen Kasserolle erhitzen. Die Hummerstücke hineingeben und unter häufigem Wenden rösten, bis die Schalen rot sind.
Das Olivenöl abgießen und 20 g Butter zugeben. Schalotten, Sellerie- und Möhrenwürfel und die gehackte Knoblauchzehe zugeben und glasig werden lassen. Den Cognac draufgießen, anzünden und ausbrennen lassen. Mit Wein und Fischfond ablöschen. Tomatenwürfel, Fleischglace und Estragon unterrühren. Im geschlossenen Topf 8-10 Minuten bei geringer Hitze ziehen lassen. Hummerstücke aus dem Topf nehmen und warmstellen. Den Fond leicht sämig einkochen. Inzwischen die restlichen 20 g Butter mit dem Hummermark mischen. Durch ein Sieb streichen und in einer kleinen Schüssel mit dem Schneebesen tüchtig verrühren. Dann die Sauce damit binden. Sahne und Petersilie untermischen, mit Salz, Pfeffer und Cayennepfeffer abschmecken. Die angerichteten Hummerstücke mit der Sauce bedeckt servieren.

4 **Der Hummer à l'armoricaine entsteht.** Von oben nach unten: Die Hummerstücke werden in reichlich heißem Olivenöl geröstet, bis sich die Schale rot färbt. Das Öl weggießen und etwas Butter zugeben. Dann das zerkleinerte Gemüse darin glasig dünsten und die Mischung mit Cognac flambieren. Mit den übrigen Zutaten 8-10 Minuten ziehen lassen. Die Hummerstücke aus der Kasserolle nehmen. Den Fond mit dem Mark, das mit Butter gemischt wird, zur Sauce kochen. Die Sauce auf die Hummerstücke verteilen (rechts).

HUMMER IN SAHNESAUCE

HOMARD À LA CRÈME

Einfacher kann man einen lebenden Hummer beinahe nicht zubereiten. Aber sicher geschmacklich auch nicht viel wirkungsvoller. Voraussetzung fürs Gelingen dieses Gerichtes ist – neben dem vorzüglichen Hummer – die frische gute Sahne von feinstem Aroma. Es darf auf keinen Fall konservierte Ware sein.

Zutaten für zwei Portionen:

1 Hummer von ca. 800-1000 g
2 EL feines Pflanzenöl
3/8 l frische Sahne (etwa 30% Fettgehalt)
1 Petersilienstengel
frisch gemahlener weißer Pfeffer
1 EL Zitronensaft
wenn nötig Salz

Den lebenden Hummer in einem entsprechend großen Topf in sprudelnd kochendem Waser töten. Nach 1-2 Minuten wieder aus dem Wasser heben und in kaltem Wasser abschrecken.
Beine und Scheren ausdrehen. Scheren ausbrechen. Dazu auf dem Hackbrett mit der flachen Seite des Küchenbeils aufschlagen und das Fleisch vorsichtig auslösen. Schwanz vom Körper abdrehen und — nicht ausgelöst — in etwa 3 cm breite Stücke schneiden.
Pflanzenöl in einer Kasserolle stark erhitzen. Die Hummerstücke rasch unter ständigem Rühren rundherum anrösten. Das teilt dem Fleisch einen angenehmen Geschmack mit. Außerdem gerinnt bei starker Hitze das Eiweiß des Fleisches sofort, das dadurch schön saftig bleibt.
Mit der Sahne ablöschen. Petersilie und wenig gemahlenen Pfeffer zugeben. Die Hitze reduzieren, das Gericht 12-15 Minuten köcheln lassen.
Hummerstücke herausnehmen. Die Petersilie entfernen. Die reduzierte Sahnesauce mit Schneebesen oder Mixstab aufschlagen. Mit Zitronensaft abschmecken und — wenn nötig — noch salzen. Die Hummerstücke wieder einlegen und servieren.

HUMMER IN GELBER PAPRIKASAUCE

HOMARD À LA CRÈME POIVRON

Zutaten für zwei Portionen:

2 Schalotten, 20 g Butter
1 gelbe Paprikaschote
1/2 Lorbeerblatt, 1-2 Nelken
2 zerdrückte Wacholderbeeren
2 Zweige Thymian, 4 EL Noilly Prat
8 EL trockener Weißwein
300 ml Fischfond (Rezept Seite 97 f.)
1 Hummer von etwa 800 g 3-4 Minuten gekocht
4 EL Olivenöl, Salz
2 gehäufte EL geschlagene Sahne
glatte Petersilie

Geschälte, gewürfelte Schalotten in der heißen Butter anziehen lassen. Paprikaschote grob gewürfelt zugeben. Außerdem Lorbeerblatt, Nelken, Wacholderbeeren und Thymian in den Topf geben, andünsten. Noilly Prat und Weißwein angießen. Reduzieren, so daß die Mischung nur noch feucht ist. Fischfond angießen, 20 Minuten kochen. Lorbeerblatt und Thymian entfernen. Sauce mixen und passieren.
Das ausgelöste Hummerfleisch in schöne Stücke schneiden. Im heißen Olivenöl 3-4 Minuten anbraten. Auf zwei Tellern anrichten. Paprikasauce mit etwas Salz abschmecken, die geschlagene Sahne unterziehen und auf die Teller verteilen. Mit Petersilie garnieren.

NAVARIN VOM HUMMER

NAVARIN DE HOMARD

Zutaten für zwei Portionen:

100 g Möhren
100 g Zucchini, 10 g Butter
1 Prise Zucker, Salz
1 Hummer von etwa 800 g, 3-4 Minuten gekocht
400 ml Hummersauce (Rezept Seite 102), Cognac
40 g Butter
2 gehäufte EL geschlagene Sahne
einige Blättchen Estragon oder Basilikum, geschnitten

Die Möhren und die Zucchini in kleine Ovale tournieren. Butter und Zucker in der Kasserolle erhitzen. Möhren darin schwenken. Mit Wasser bedeckt im geschlossenen Topf 7-8 Minuten dünsten. Tournierte Zucchini in Salzwasser etwa 1 Minute blanchieren, in Eiswasser abschrecken.
Hummerfleisch auslösen und in mundgerechte Stücke schneiden. Gemüse und Hummerfleisch mit der Hummersauce in der Kasserolle aufkochen und durchziehen lassen. Die Einlagen herausheben und die Sauce auf etwa 300 ml reduzieren, mit ein paar Tropfen Cognac parfümieren. Mit der Butter abbinden, die geschlagene Sahne unterziehen. Einlagen noch kurz darin durchziehen lassen. Wenig salzen. Estragon oder Basilikum zugeben.

HUMMER MIT GURKE UND DILL

HOMARD AU CONCOMBRE

Zutaten für zwei Portionen:

2 Schalotten, 20 g Butter
3 EL Noilly Prat, 3 EL Weißwein
300 ml Fischfond (Rezept Seite 97 f.)
200 g Salatgurke mit Schale, Salz
100 ml Crème double
1 Hummer von etwa 800 g 3-4 Minuten gekocht
2 TL frisch geschnittener Dill
1 Spur Cayennepfeffer
etwas Zitronensaft
2 EL geschlagene Sahne
Dillspitzen

Geschälte Schalotten in Scheibchen schneiden, in der zerlassenen Butter anziehen lassen. Noilly Prat und Weißwein angießen. Reduzieren. Fischfond zugießen und sämig einkochen.
Salatgurke in dicke Stifte schneiden, oval tournieren. 1 Minute in Salzwasser blanchieren, in Eiswasser abschrecken. Crème double in die Sauce rühren, aufkochen und durchs Spitzsieb gießen.
Hummerfleisch ausbrechen und in mundgerechte Stücke schneiden. Mit den Gurken in die Sauce geben, dazu den geschnittenen Dill. Mit Cayennepfeffer und Zitronensaft abschmecken. Sahne unterziehen, anrichten und mit Dillspitzen garniert servieren.

GEKOCHTER HUMMER

HOMARD POCHÉ VIVANT

Einen Hummer zu kochen ist die vergleichsweise leichtere Arbeit, den gekochten Hummer zu zerlegen und an sein Fleisch heranzukommen, die mühsamere. Mit fachgerechtem Handwerkszeug aber ist auch das kein Problem. Wäre nur daran zu erinnern, daß man den Hummer — Kopf vorweg — in kochendes Wasser, Court-Bouillon oder gar Fischfond gleiten läßt. Die Hitze tötet sofort. Über die Garzeiten gibt es zweierlei (und sicher noch mehr) Auffassungen. Gängig ist, daß man Hummer bei reduzierter Hitzezufuhr 12 Minuten für die ersten 500 g gart, 10 Minuten für weitere 500 g und 5 Minuten für alle weiteren 500 g, die er mehr wiegt. Ein 1000-g-Hummer braucht demnach etwa 22 Minuten Garzeit. Die zweite Auffassung: Für die ersten 500 g genügen 8-10 Minuten Garzeit. Dann ist das Schwanzfleisch allerdings noch etwas glasig und nicht durch und durch weiß gegart. Viele mögen es so.
Läßt man den Hummer nun in seiner Garflüssigkeit abkühlen, müssen von der Garzeit 15 Prozent abgezogen werden. Der Grund: Er gart im zunächst noch heißen Wasser nach. Das alles gilt auch für Langusten.
Ist der Hummer einmal gekocht, dann muß er zerteilt werden. Das geschieht gemeinhin in der Küche, ist aber im Prinzip bei Tisch nicht anders. Nur — wer im Restaurant Hummer bestellt, dem wird er gewöhnlich tranchiert und mit angeschlagenen Scheren serviert. Seltener tranchiert der Ober am Tisch und legt das herausgelöste Fleisch vor. In den Küstenregionen Amerikas, wo sich Kenner vor allem am schlicht, also naturell gekochten Hummer delektieren, geht man beim Zerlegen nur unwesentlich anders vor als bei uns. Der Unterschied: Man zerlegt ihn in Scheren, Schwanz und Beine und bricht den Körper zum Schluß als Ganzes auf, zerteilt ihn also nicht längs. Weder die eine noch die andere Art des Zerlegens erhöht oder mindert den Genuß. Hummer schmeckt immer.
Obwohl der Hummer gewöhnlich tranchiert und »geknackt« serviert wird, braucht man zumindest noch die Hummergabel mit den beiden Hakenzinken, um das köstliche Fleisch auch aus den tiefsten Ecken der Beine herausheben zu können. Erlaubt ist auch, das Fleisch aus den Beinen bei Tisch auszusaugen. Für alle Fälle sollte deshalb die Fingerschale mit Wasser und Zitronenscheibe für den Hummeresser bereitstehen.

1 **Die Hummerscheren abdrehen.** Den gekochten Hummer mit der linken Hand am Brustpanzer kräftig festhalten und die Scheren nacheinander mit drehender Bewegung vom Rumpf trennen. Man greift die Scheren am besten dicht am Körper, wo sie angewachsen sind. Das geht leichter.

2 **Den Hummer mit dem Messer teilen.** Will man sauber und korrekt vorgehen, drückt man ihn fest mit der Unterseite auf die Arbeitsfläche und schneidet ihn mit einem großen, sehr stabilen Messer durch. Die Spitze wird in der Naht, der Vertiefung zwischen Kopf und Rumpf, angesetzt.

3 **Den Kopf halbieren.** Dazu den Hummer in die andere Richtung drehen. Fest auf die Arbeitsfläche drücken, tief mit der Messerspitze einstechen und den Kopf auf die gleiche Weise wie den Körper teilen, damit man nachher alles Fleisch problemlos aus dem Panzer heben kann.

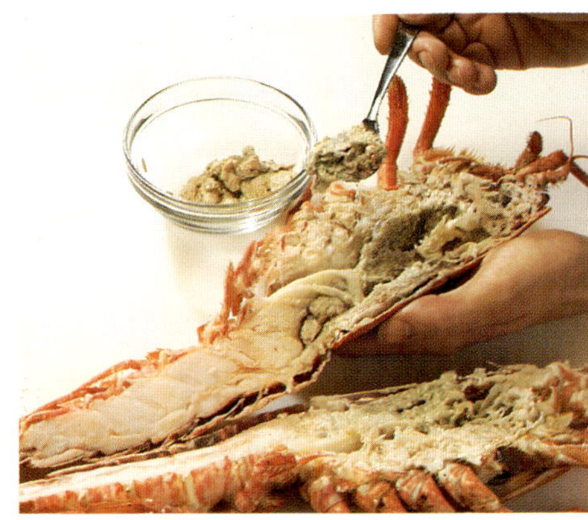

4 **Der korrekt halbierte Hummer.** Jede Hälfte enthält auch die Hälfte der begehrten grünlichen Leber. Sie wird mit einem Teelöffel herausgehoben und in einer kleinen Schale aufbewahrt. Dann entfernt man die Teile aus dem Panzer, die man nicht essen kann. Auch die Antennen entfernen.

5 **Den Darm herausheben.** Wenn der Hummer richtig geteilt ist, dann liegt der Kanal , in dem sich der Darm befindet, offen. Er muß nicht nur aus ästhetischen Gründen raus, denn er ist ungenießbar. Damit er nicht reißt, sollte man dabei sehr vorsichtig vorgehen.

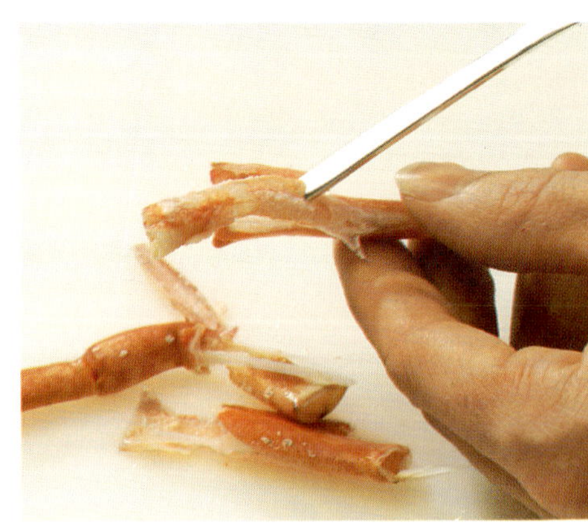

6 **Das zarte Fleisch aus den Beinen** zieht man mit der Hummergabel heraus. Vorher wurden die dünnen Beine vom Hummerkörper abgedreht. Dann schlägt man sie mit dem Messerrücken nur leicht (damit das Fleisch nicht zerquetscht wird) an. So ist es einfach, die Schale zu entfernen.

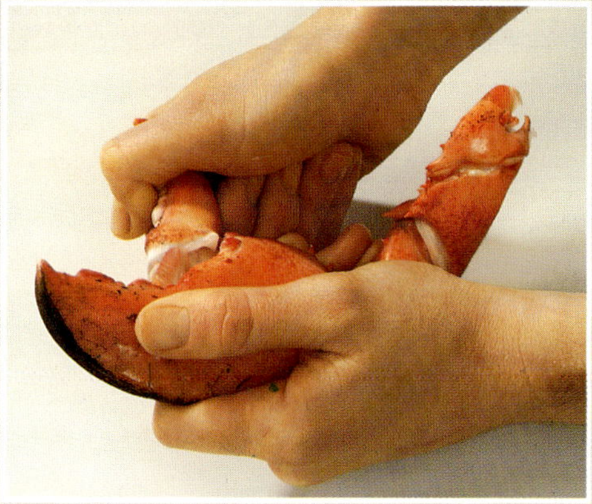

7 **Der Griff zum Scherenfleisch.** Damit es sauber und unverletzt herausgenommen werden kann, greift man die Schere mit der linken Hand an der gebogenen Seite und biegt die kleine untere Scherenzange einschließlich Knorpelblatt (Bild 8) mit kräftigem Zug nach unten weg.

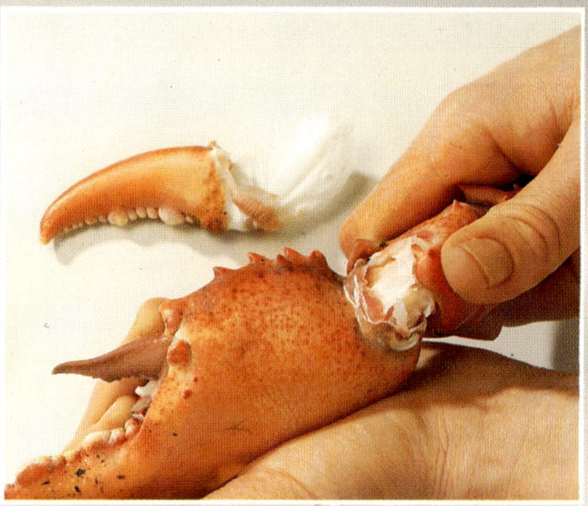

8 **Schere vom unteren Glied trennen.** Die Schere fest in der linken Hand halten. Mit der Rechten genau dort, wo es angewachsen ist, festhalten und durch eine drehende Bewegung von der Schere trennen. Klar, daß dieses untere Glied der anderen Schere genauso abgetrennt wird.

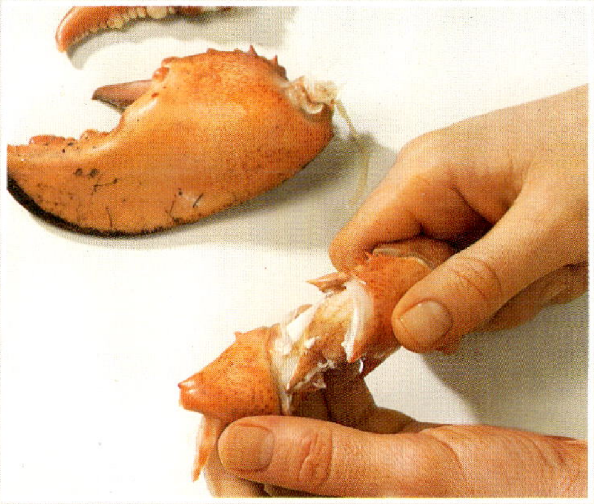

9 **Das Gelenk locker auseinanderziehen.** Im unteren Glied der Schere, es ist ein Gelenk, steckt leckeres Fleisch. Man zieht das Gelenk nur leicht auseinander und hat das Hummerfleisch praktisch schon ausgelöst. Hier ist der Panzer relativ weich, so daß es leicht geht.

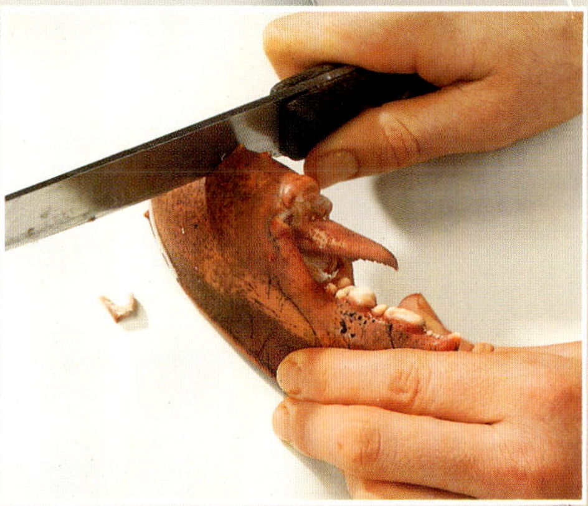

10 **Das große Scherenstück öffnen.** Der Scherenpanzer ist der stärkste am ganzen Hummer. Man legt das Scherenstück hochkant auf die Arbeitsfläche und schlägt es einmal scharf mit dem Messer an, so daß ein Sprung darin entsteht. Aber auf das dicke Ende schlagen!

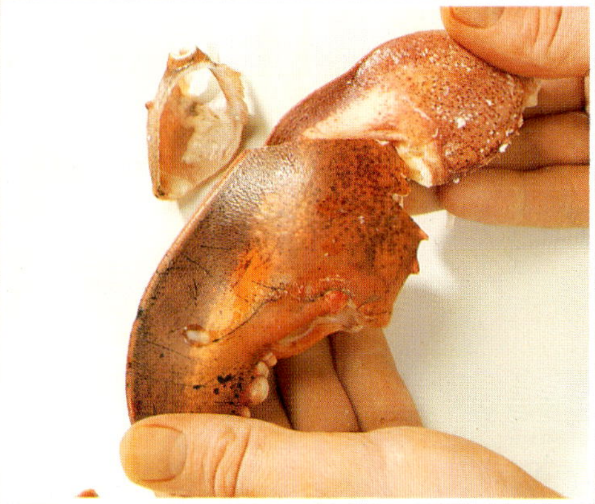

11 **Das Fleisch aus der Schere ziehen.** Zunächst das angeschlagene Panzerstück wegbrechen. Und dann mit geschicktem Griff das besonders leckere Scherenfleisch mit der rechten Hand vorsichtig und unversehrt herausziehen. Dabei ein bißchen hin und her bewegen.

12 **Die Schere und ihr gutes Fleisch.** Die Schalen der Hummerschere — der große und der kleine Teil und das Gelenk — zeigen deutlich, wie die Schere zusammengesetzt war. Darüber das Fleisch aus Schere und Gelenk. So unverletzt, wie es in den Schalen natürlich gewachsen ist.

HUMMER-GEMÜSE-RAGOUT

HOMARD AVEC LÉGUMES DIVERS

Ein Hummer-Gemüse-Ragout ist so variabel wie es Gemüsesorten gibt. Denn es wächst kaum etwas auf dem Feld und im Garten, was man mit dem feinen Hummerfleisch nicht kombinieren könnte. Sehen wir mal vom deftigen Rot- oder Weißkohl ab. Aber man kann auch noch mehr aus einer Hummer-Gemüse-Mischung machen. Nämlich neben Hummer pochierten Feinfisch wie Seezunge oder Steinbutt hineingeben. Oder das Ragout mit weiteren Meeresfrüchten anreichern. Egal, ob Krebse oder Muscheln. Der Phantasie sind keine Grenzen gesetzt.

Zutaten für zwei Portionen:

1 Hummer von etwa 800 g
Salz
2 Schalotten
1 Zucchini
1-2 Möhren
80 g feine grüne Bohnen
2 EL Pflanzenöl
frisch gemahlener weißer Pfeffer
1 TL gehackte Petersilie
3 EL gehackte Schalotten
80 ml trockener Weißwein
2 TL gehackte Zitronenmelisse
100 g Butter
8-10 abgezogene Weinbeeren

Den lebenden Hummer — Kopf voran — in reichlich sprudelnd kochendem Salzwasser (oder in Court-Bouillon) töten. 6 Minuten ziehen lassen und abschrecken.
Hummer aufbrechen. Fleisch auslösen und vom Schwanzfleisch den Darm entfernen. Fleisch aus den Scheren holen und alles in Scheiben schneiden. Schalotten schälen, Zucchini und Möhren putzen und in Streifen schneiden. Zusammen mit den geputzten grünen Bohnen in Salzwasser blanchieren. In Eiswasser abschrecken und im Sieb ablaufen lassen.
Öl in einer Pfanne erhitzen, Gemüse zugeben. Mit ganz wenig weißem Pfeffer und mit der gehackten Petersilie würzen. Das Gemüse al dente dünsten, vom Herd nehmen, die Hummerstücke zugeben und bei geschlossener Pfanne warm werden lassen.
Gehackte Schalotten im Weißwein aufkochen und einige Minuten einkochen. Mit der Zitronenmelisse würzen, salzen und dann die Butter in Flocken unterschlagen, so daß die Sauce bindet. Die abgezogenen Weinbeeren in der Sauce erhitzen. Gemüse und Hummerstücke auf zwei Tellern anrichten und mit der Sauce übergossen sofort servieren.
Für dieses Rezept kann man auch Langusten, Bären- oder Taschenkrebse verwenden. Und hier ein Beispiel für eine andere Gemüsemischung: Salatgurke, Stangensellerie und gewürfelte Tomaten. Statt Zitronenmelisse würde gut Estragon, feingeschnitten, passen. Oder man verwendet ausschließlich Dill als Würze.

HUMMER NATURELL

HOMARD À SAUCE AU VIN BLANC

Ein Hummer, der wie dieser die Köstlichkeit in reinster Form ist, gilt vielen Feinschmeckern als das A und O des Genusses. Das Krustentier wird nur in Court-Bouillon gegart und pur serviert. Viele lassen dazu ausschließlich Weißbrot, Butter und einen exzellenten Weißwein gelten. Andere wieder delektieren sich an dem frisch gekochten Hummerfleisch mit der aromatischen Sauce, wie wir sie empfehlen.

80 g Möhren
100 g Zwiebeln
4 Schalotten
1 Knoblauchzehe
1 Stengel Thymian
1/2 Lorbeerblatt
1 Bund Petersilie
Salz, frisch gemahlener weißer Pfeffer
3/8 l Weißwein
2 l Wasser
4 lebende Hummer von etwa 600 g

Wein-Buttersauce:

2 EL gehackte Schalotten
150 ml Essig
300 ml Weißwein
Salz
frisch gemahlener weißer Pfeffer
100 g Butter

Für die Court-Bouillon die Möhren schälen. Zwiebeln, Schalotten und Knoblauchzehen abziehen und alles in Scheiben schneiden. Mit Thymian, Lorbeerblatt, gewaschener Petersilie, etwas Salz und Pfeffer, Weißwein und Wasser in großem Topf 5 Minuten kochen. Eventuell noch Wasser angießen. Sprudelnd weiterkochen lassen. Die Hummer nacheinander — Kopf zuerst — hineingeben. Im geschlossenen Topf 15 Minuten köcheln lassen.
Für die Wein-Buttersauce die gehackten Schalotten, den Essig und die Hälfte des Weißweins in einem Topf aufkochen. Salzen und pfeffern. Reduzieren, bis die Mischung dickflüssig ist. Den restlichen Wein angießen und aufkochen. Die Sauce passieren, wieder erhitzen und die Butter stückweise unterschlagen, bis die Sauce bindet.
Die Hummer abtropfen lassen. Tranchieren, die Scheren anknacken und anrichten. Die Wein-Buttersauce separat dazu reichen.

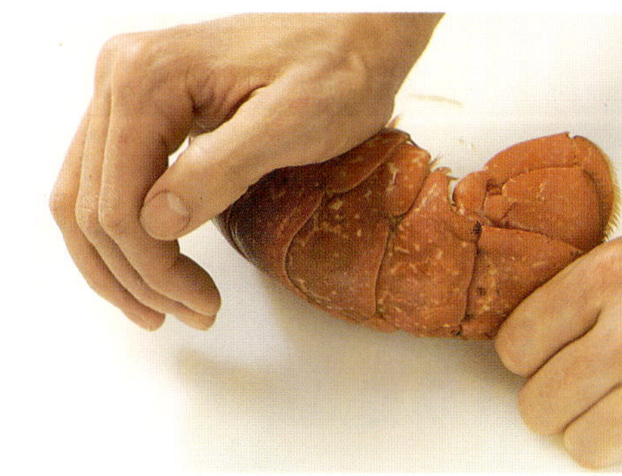

Einen gekochten Hummerschwanz ganz auslösen. Von oben nach unten: Hummer mit der Linken am Brustpanzer packen, mit der Rechten den Schwanz drehend herausziehen. Panzer durch Drücken anknacken. Von der Unterseite her aufbrechen. Fleisch auslösen.

HUMMER THERMIDOR

HOMARD THERMIDOR

Das Wort Thermidor ist griechisch-französischer Herkunft und bezeichnet den 11. Monat (den Hitzemonat) im Kalender der französischen Revolution. Das ist die Zeit vom 19. Juli bis 17. August. Dieser von Robespierre eingeführte Kalender galt in Frankreich bis ins Jahr 1806. Und das, obwohl Robespierre bereits am 9. Thermidor des Jahres II, nämlich am 27. Juli 1794, gestürzt und am darauffolgenden Tag hingerichtet wude.
Wer immer das Rezept kreiert hat, sicher dachte er bei der Namensgebung weniger an die französische Revolution als vielmehr an den Hochsommer, der eine ausgesprochene Hummer-Zeit ist, wie überhaupt der ganze Sommer. Hummer Thermidor ist ein eher rustikales Gericht, das als begleitendes Getränk einen würzig-guten Wein verträgt. Viele schwören auf ein gepflegtes Bier als die ideale Begleitung.

Zutaten für zwei Portionen:

1 Hummer von 700-800 g

Court-Bouillon:

1,6 l Wasser
100 ml Weißwein
1 Möhre, 1 Zwiebel
1 kleine Petersilienwurzel
3/4 Stange Staudensellerie
3 Stengel glatte Petersilie
etwas Thymian
1 kleines Lorbeerblatt
weißer Pfeffer, Salz
4 cl Weinbrand
1 Schalotte, 1 EL Butter
50 ml Weißwein
400 ml Fischfond
4 EL Béchamel-Sauce
1/2 TL scharfer Senf
Cayennepfeffer
2 EL geschlagene Sahne
40 g geriebener Käse

Hummer vorbereiten. Für die Court-Bouillon Wasser und Weißwein im Topf aufkochen. Möhre, Zwiebel, Petersilienwurzel und Staudensellerie putzen und zerkleinern. Mit der Petersilie, dem Thymian und dem Lorbeerblatt in den Topf geben, kräftig pfeffern und salzen. 15 Minuten kochen, dann sprudelnd aufkochen.
Den Hummer — Kopf vorweg — hineingeben und je nach Größe 8-12 Minuten garziehen lassen. Aus dem Sud nehmen. Leicht abgekühlt mit einem stabilen, scharfen Messer der Länge nach halbieren, den Darm herausziehen. Magensack und Corail herausheben (Corail für Corailbutter verwenden, im Kühlschrank aufbewahren).
Das Hummerfleisch aus Schwanz und Scheren ausbrechen, in grobe Scheiben schneiden und mit dem Weinbrand marinieren.
Die Schalotte schälen und feinwürfeln. In der erhitzten Butter andünsten, mit dem Weißwein ablöschen und feucht reduzieren. Dann den Fischfond angießen und auf 1/4 der Menge einkochen. Die Béchamel-Sauce zugeben und mit dem Schneebesen kräftig unterrühren. Durch ein feines Sieb passieren. Senf in die Sauce geben und unter ständigem Schlagen mit dem Schneebesen verkochen lassen. Warmhalten.
Die Hummer-Karkasse kurz unter fließendem Wasser abspülen. Damit sie appetitlich aussieht, alle eventuell noch vorhandenen Fleischreste entfernen. Die Karkasse trockentupfen, etwas Sauce hineingeben, dann die marinierten Hummerstücke einfüllen. Die restliche Sauce erneut aufkochen und relativ scharf mit Cayennepfeffer nachschmecken. Mit der Schlagsahne auflockern. Auf den Hummer verteilen, mit dem geriebenen Käse bestreuen und sofort unterm vorgeheizten Grill gratinieren.

LANGUSTE

mit zweierlei Saucen

Zutaten für zwei Portionen:

Court-Bouillon:

1,8 l Wasser
200 ml Weißwein
2 Möhren
1 Petersilienwurzel
1 Stück Fenchel, 1 Zwiebel
3 Stengel glatte Petersilie
etwas Thymian
1 kleines Lobeerblatt
Salz, weißer Pfeffer
1 Languste von etwa 700 g
100 g Broccoli-Röschen, Salz

100 ml weiße Buttersauce - beurre blanc - (Rezept Seite 99)
1/2 Tintenbeutel vom Tintenfisch
100 ml Safransauce aus 100 ml Weißweinsauce (Rezept Seite 106)
einige Safranfäden
2 EL geschlagene Sahne

Wasser, Weißwein, geschältes, zerkleinertes Gemüse, Petersilie, Thymian und Lorbeerblatt in einem ausreichend großen Topf 15 Minuten kochen. Kräftig salzen und pfeffern.
Vorbereitete Languste — Kopf zuerst — hineingeben, bei reduzierter Hitze etwa 15 Minuten garen. Herausnehmen und von der Unterseite her ganz auslösen, also wie einen Hummer ausbrechen. Fleisch in Scheiben schneiden und warmstellen.
Geputzte Broccoli-Röschen in Salzwasser etwa 4 Minuten blanchieren. In Eiswasser abschrecken, abtropfen lassen, beiseite stellen.
Die weiße Buttersauce erhitzen, mit der Tinte färben, durch ein feines Sieb passieren und mit Salz und frisch gemahlenem Pfeffer abschmecken. Für die Safransauce die Weißweinsauce erhitzen, Safranfäden hinzugeben und einige Minuten kochen. Mit der geschlagenen Sahne aufmontieren und abschmecken.
Broccoli kurz in Dampf erwärmen. Die beiden Saucen dekorativ auf zwei Teller verteilen, das Langustenfleisch und die Broccoli-Röschen darauf anrichten.

HUMMER NEWBURG

HOMARD NEWBURG

Ein in der internationalen Meeresfrüchte-Küche inzwischen obligatorisches Gericht ist der Hummer Newburg. Manche suchen seinen Ursprung in der französischen Küche. Überliefert aber ist die Story von Mister Wenburg, weiland Küchenchef des New Yorker Restaurants Delmonico. Auf ihn soll diese delikate Hummer-Zubereitung zurückgehen. Und aus dem Namen Wenburg ist im Umkehrverfahren Newburg entstanden. Wie so oft, gibt es auch dieses Gericht mittlerweile in allerlei Zutaten- und Zubereitungsvariationen. Hier ist ein beinahe klassisches Rezept.

2 Hummer von etwa 800 g
3 l Court-Bouillon, 6 EL Olivenöl
Salz, weißer Pfeffer aus der Mühle
40 ml Weinbrand oder Cognac
50 ml trockener Sherry, 1/4 l Sahne
200 ml reduzierter Fischfond (Rezept S. 97f.)
2 EL Butter
Corail und Mark der Hummer
2 EL Mehl

Die Hummer säubern. Court-Bouillon in einem ausreichend großen Topf sprudelnd aufkochen. Zuerst einen Hummer — Kopf zuerst — hineingeben, nach 3 Minuten aus dem Topf heben. Den zweiten Hummer erst töten, wenn die Court-Bouillon wieder sprudelnd kocht.
Beide Hummer mit einem stabilen, scharfen Messer in grobe Stücke teilen, die Därme entfernen, Corail und Mark aufbewahren. Olivenöl in einer Kasserolle erhitzen. Hummerstücke darin unter ständigem Wenden schnell braten, mit Salz und Pfeffer würzen. Das Öl weggießen. Weinbrand oder Cognac und Sherry angießen, um 2/3 reduzieren. Topf vom Herd nehmen, die Sahne und den reduzierten Fischfond unterrühren. Bei geringer Hitze im geschlossenen Topf noch etwa 15 Minuten köcheln lassen.
Die Hummerstücke aus dem Topf nehmen. Das Fleisch aus den Schalen lösen, in einer Schüssel anrichten und warmstellen. Die Butter mit dem Corail, dem Mark der Hummer und dem Mehl sorgfältig zu einer glatten Masse verarbeiten. Portionsweise mit dem Schneebesen unter die Sauce schlagen, noch mindestens 10 Minuten kochen. Eventuell noch reduzieren, bis die Sauce cremig ist. Dann durchs Sieb auf die Hummerstücke passieren.
Statt der Mischung aus Butter, Corail, Mark und Mehl wird bei anderen Rezepten Béchamelsauce und Eigelb mit der Newburg-Sauce gemischt. Das ergibt eine gute Konsistenz, nicht aber einen so delikaten Geschmack, wie er durch Corail und Mark zustande kommt.

Pfanne oder Grill – das ist hier die Frage

Bevor wir diese Frage beantworten, wollen wir die Praxis voranstellen: In vielen Ländern ist es erlaubt, Hummer oder andere Krustentiere lebend zu zerteilen. Man liebt es dort, sie halbiert und im Panzer in Stücke geschnitten zu grillen oder zu braten. Daran ist in der Bundesrepublik nicht zu denken. Hier werden lebende Hummer und ihre Artverwandten immer in sprudelnd kochendem Wasser getötet — wie das Gesetz es befiehlt. Da heißt es also, einen Topf mit kochendem Wasser bereitzuhalten und die Tiere — immer eins nach dem anderen — bei beständig hoher Hitze Kopf voran ins Wasser zu geben. Das tötet sie sofort. Zum Weiterverarbeiten werden sie, nur 2-4 Minuten angegart, aus dem Topf gehoben. Zum Rösten in der Pfanne oder auf dem Grill halbiert man sie dann und schlägt auch die Scheren an, damit die schneller eindringende Hitze das Scherenfleisch gleichzeitig mit dem Fleisch des Körpers gart. Bei beiden Gararten wird zuerst die Fleischseite geröstet und auf der Panzerseite fertiggegart.

Nun gibt es ausgesprochene Grillfans, die ihren Hummer nur vom Grill wollen. Egal, ob aus der Grillpfanne, von der Grillplatte oder vom Holzkohlengrill. Die besonders beim unachtsamen Gebrauch des Holzkohlengrills entstehenden schwarzen (also verbrannten) Stellen stören die meisten Anhänger gegrillter Speisen nicht. Selbst Hummer akzeptieren sie so. Die Vertreter der Methode, frische Hummer in der Pfanne zu braten, haben, wie wir glauben, die besseren Argumente. Der Hummer wird ja zunächst in feinstem Öl allseits geröstet. Dann kann man die entsprechende Menge Butter hinzufügen. Und genau sie macht das edle Krustentier zur puren Delikatesse. Zumal das heiße Fett mithilft, das Eiweiß rascher gerinnen zu lassen und das Fleisch dadurch saftiger zu halten.

Ob nun gegrillt oder in der Pfanne gebraten, eine feine Sauce sollte immer dazu gereicht werden. Die klassischen Saucen wie Bérnaise, Hollandaise, Choron und Chantilly bieten sich als warme Vervollständigung an. Dazu kann es zum Beispiel eine Handvoll wilden Reis geben. Es ist aber auch nicht falsch, Dillmayonnaise, eine Chantilly-Mayonnaise oder eine sehr feine Remoulade zum Pfannen- oder Grillhummer zu reichen.

Bei Langusten verfährt man genauso wie beim Hummer: In kochendem Wasser töten, längs halbieren und dann nach der gleichen Methode weiterverarbeiten, sei es auf dem Grillrost oder in der Pfanne.

Für eine Portion rechnet man ein Rohgewicht von etwa 500-600 g, und zwar bei Hummer und Languste. Tiere mit einem solchen »Idealgewicht« tauchen immer häufiger auf den Märkten auf. Doch diese kleinen Exemplare, die laut Gesetz gerade noch verkauft werden dürfen, sind gar nicht so ideal, weil der relative Fleischanteil bei ihnen recht gering ist. Hummer und Langusten von etwa 1 kg für 2 Portionen sind da viel ergiebiger und letztlich auch preiswerter.

Hummer aus der Pfanne, eine besonders einfache Zubereitungsmethode, die dem Hummer aber ausgezeichnet bekommt. Durch das Rösten im heißen Öl geben die Hummerschalen viel Geschmack an das zarte, leicht süßliche Fleisch ab, das so eine pikante Note erhält.

Hummer- oder Langustenschwänze lassen sich ebenso grillen wie ganze Exemplare. Kauft man tiefgekühlte Ware, dann sollte sie vollständig auftauen, bevor die Schwänze längs halbiert werden. Mit der Schnittseite beginnend, von jeder Seite (ohne Vorkochen) etwa 6-8 Minuten grillen.

D'ALSACE
70 cl

SCHALTIERE

Warme Gerichte von Muscheln, Austern und Schnecken

Verachtet mir die Muscheln nicht . . . möchte man angesichts ihres Wohlgeschmacks, ihrer abwechslungsreichen Verwendbarkeit und ihrer Vielfalt den Operntext abwandeln. Denn es erhebt sich ja tatsächlich die Frage, warum so viele Kochprofis und -laien ein gestörtes Verhältnis zu den Schaltieren haben (von den Austern einmal abgesehen). Wo sie doch wirklich ein rechter Gaumenkitzel sein können. Vorausgesetzt natürlich, sie werden fachgerecht und delikat zubereitet.

Dieses Kapitel lädt ein zu einem Exkurs in die Muschel- und Austernküche, zum Ausprobieren feiner Rezepte mit Wellhornschnecken, Abalonen, Schwertmuscheln und Jakobsmuscheln. Doch auch, wie aus den unscheinbaren und preiswerten Miesmuscheln wahre Delikatessen werden, wird verraten. In Rezepten, die in ihrer Vielfältigkeit viele Anregungen für eigene Variationen bieten.

Auch die Tintenfische haben in diesem Kapitel ihren Platz gefunden — aus gutem (zoologischem) Grund: Sie gehören, wie die Schaltiere, zu den wirbellosen Weichtieren. Hineingeschmuggelt haben wir allerdings die Weinbergschnecken, die nun tatsächlich nicht zu den Meeresfrüchten zu zählen sind. Dennoch, so meinen wir, haben sie hier ihre Daseinsberechtigung.

MIESMUSCHELN DÄMPFEN

Dieses Grundrezept kann auch zum Garen von Herzmuscheln, Clams und Schnecken verwendet werden. So zubereitet, sind diese Schaltiere sofort verzehrbar oder sie können in anderen Gerichten, wie z. B. für Muschelspieße, verarbeitet werden.

4 kg Miesmuscheln
200 g Möhren, 120 g Lauch
2 Zwiebeln, 2 EL Öl
2 kleine Knoblauchzehen
4 Stengel Thymian
1 Lorbeerblatt
1 l Weißwein

Miesmuscheln unter fließendem Wasser abbürsten, bei starkem Bewuchs auch mit einem Messer abschaben. Die Byssusfäden (Bärte) entfernen. Nochmals gründlich waschen. Geöffnete Muscheln wegwerfen — sie sind verdorben. Muscheln im Sieb ablaufen lassen. Möhren und Lauch putzen, Zwiebeln schälen und alles kleinwürfeln. Öl in einem großen Topf erhitzen. Gemüse darin bei geringer Hitze kurz glasig werden lassen. Die Muscheln einfüllen. Die geschälten, halbierten Knoblauchzehen, den Thymian und das zerkleinerte Lorbeerblatt daraufgeben, den Weißwein angießen. Muscheln im geschlossenen Topf 6-8 Minuten bei mäßiger Hitze im Dampf garen. Dabei öffnen sich die Schalen. Noch geschlossene Muscheln wegwerfen.
Nun können die Muscheln sofort verzehrt werden. Man verteilt sie in Teller, gibt etwas Sud darauf und ißt — wie zum Beispiel im Rheinland — Brot mit Butter dazu. Dort wird der Sud auch ausgelöffelt.
Will man die Muscheln weiterverarbeiten, das Muschelfleisch aus den Schalen lösen. Den Fond 10 Minuten ruhen lassen, damit sich eventuell vorhandener Sand oder Kalkteile absetzen können. Vorsichtig abgießen.

Waschen und entbarten. Miesmuscheln muß man sorgfältig unter fließendem kalten Waser abwaschen, um eventuelle Sand- und Kalkreste zu entfernen, wobei man am besten eine Bürste zu Hilfe nimmt. Den Bart entfernen, das sind die Byssus- oder Haftfäden, mit denen sich die Tiere an Pfähle oder Felsen heften. Den Bart mit Daumen und Zeigefinger packen und abziehen.

Gemüse anlaufen, Muscheln ablaufen lassen. Das gewürfelte Gemüse läßt man in wenig Öl in einem großen Topf glasig werden. Die sauberen Muscheln einfüllen, die Gewürze zugeben und den Wein dazugießen. Im geschlossenen Topf 6-8 Minuten gardämpfen. So sind sie schon fertig zum Verzehr. Zum weiteren Verarbeiten im Sieb ablaufen lassen.

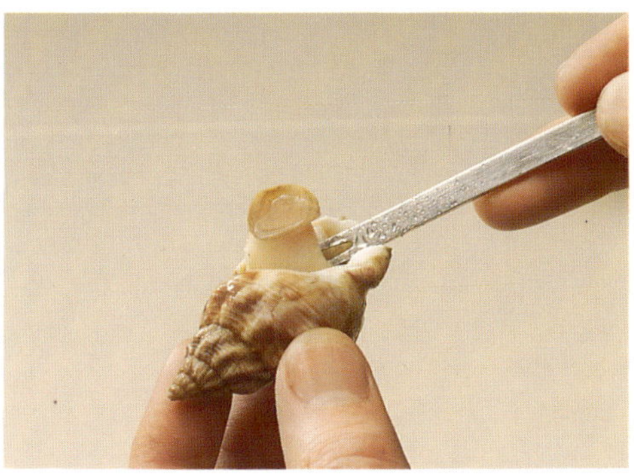

Wellhornschnecken garen oder auch andere Schnecken — es geht nach dem gleichen Rezept: Schnecken in einem Sud aus reichlich Wasser, Zwiebeln, Lauchringen und glatter Petersilie aufkochen und im geschlossenen Topf 15-20 Minuten simmern lassen. Dann im Sieb ablaufen lassen, aber den Fond auffangen. Schnecken und Fond zum sofortigen Verzehr servieren. Oder das Schneckenfleisch — am besten mit der Hummergabel — herausziehen und den Sud durch einen Filter abseihen, damit beides in einem Gericht weiterverarbeitet werden kann.

HERZMUSCHELN DÄMPFEN

2 kg Herzmuscheln
100 g Zwiebeln, 50 g Möhren
150 g Lauch, 100 g Stangensellerie
1 Knoblauchzehe
4 EL Öl
2 Lorbeerblätter
1/2 Bund Petersilie
1 Stengel frischer Thymian

Herzmuscheln sorgfältig und mehrmals in kaltem Wasser waschen und ablaufen lassen.
Zwiebeln abziehen. Möhren, Lauch und Stangensellerie putzen. Zwiebeln in Scheiben schneiden, Möhren, Lauch, Stangensellerie und geschälte Knoblauchzehe würfeln. Gemüse im heißen Öl hell anlaufen lassen. Die Herzmuscheln dazugeben, dann Lorbeerblätter, Petersilie und Thymian drauflegen. Nach Wunsch noch ein Glas Weißwein angießen. Im geschlossenen Topf bei starker Hitze 5-10 Minuten dämpfen bis sich die Muscheln geöffnet haben.
Zum Anrichten eine Schalenhälfte abheben. Die Muscheln hübsch auf einem Teller arrangieren oder zum Weiterverarbeiten das Fleisch aus den Schalen lösen. Den Sud 10 Minuten ruhen lassen, dann vom Satz abgießen.

GEDÄMPFTE VENUSMUSCHELN

1 kg Venusmuscheln (Clams)
50 g Zwiebeln
50 g Möhren
60 g Lauch, 2 EL Öl
1 Stengel Thymian
1 Lorbeerblatt
1/8 l Wasser
1/8 l Weißwein

Die Muscheln mehrmals sorgfältig im kalten Wasser waschen. Im Sieb ablaufen lassen.
Zwiebel schälen und würfeln. Möhren schälen, Lauch putzen, beides waschen und in Scheiben schneiden.
Öl in einen Topf geben, dazu die Venusmuscheln, darauf das zerkleinerte Gemüse verteilen. Thymian und das zerteilte Lorbeerblatt zugeben. Das Wasser und den Weißwein daraufgießen. Im geschlossenen Topf 8-10 Minuten dämpfen, bis alle Muscheln geöffnet sind.
Nun kann man die Muscheln entweder so in ihrem Sud servieren und Brot und Butter dazu reichen. Oder man löst das Fleisch aus den Muscheln, läßt die Brühe 10 Minuten ruhen, gießt sie ab und verarbeitet beides weiter. Mit Clams kann man zum Beispiel delikate Suppen zubereiten.

MUSCHELRAGOUT
unter der Blätterteighaube

RAGOUT DE MOULES

Würzige Ragouts aus Muscheln, mit Blätterteig überbacken, gehören zu den alten, immer wieder neu aufgelegten Gaumenfreuden. Im folgenden Rezept wurden Herzmuscheln verwendet, doch geht es mit anderen Muscheln genauso gut. Bei größeren Arten muß das Fleisch allerdings vor dem Dämpfen kleingeschnitten werden. Generell ist darauf zu achten, daß die Garzeiten gering gehalten werden, weil das Muschelfleisch sonst zäh würde. Tiefkühl-Blätterteig zum Überbacken gibt es heutzutage in so guter Qualität, daß sich wohl nur Backprofis dazu entschließen, ihn selbst zuzubereiten.

1 Paket Tiefkühl-Blätterteig (300 g)
80 g feingehackte Schalotten
120 g Möhren, feingewürfelt
40 g Bleichsellerie, feingewürfelt
80 g Lauch, feingewürfelt
40 g Butter
1 feingehackte Knoblauchzehe
2 Stengel Thymian
600 ml Muschelfond
400 g ausgelöste Herzmuscheln
12 mittelgroße weiße Champignons
4 TL kleingeschnittene Petersilie
Salz
Pfeffer aus der Mühle
Mehl
2 Eigelb

Blätterteig nach Packungsanweisung auftauen lassen. Inzwischen die feingehackten Schalotten und die Gemüsewürfel in der heißen Butter angehen lassen. Knoblauch und zerkleinerten Thymian zugeben, einige Minuten weiterdünsten. Mit dem Muschelfond auffüllen und um etwa 1/3 reduzieren. Vom Herd nehmen und die Herzmuscheln unterheben. Geputzte Champignons kurz in Mehlwasser waschen (so werden sie nicht braun), abtropfen lassen und in Scheiben schneiden. Mit der Petersilie ins Ragout geben. Mit Salz und Pfeffer abschmecken. Muschelragout in vier Tassen oder kleine Formen verteilen.

Blätterteig auf bemehlter Fläche 4 mm stark ausrollen, 30 Minuten ruhen lassen. Runde Platten ausschneiden — 2 cm größer als der Durchmesser der Formen. Die Ränder mit verquirltem Eigelb sorgfältig bestreichen, 5 Minuten antrocknen lassen. Blätterteig auf die Formen stülpen. Ränder vorsichtig, aber fest andrücken, so daß der Teig intakt bleibt und der beim Backen entstehende Dampf nicht entweichen kann. Die Teigoberfläche mit Eigelb bestreichen. Im vorgeheizten Ofen bei 200° C etwa 12 Minuten goldbraun backen. Wichtig ist, daß die Teighaube intakt bleibt. So kann durch den darunter entstehenden Dampf der Teig wie ein Soufflé aufgehen.

MUSCHELRAVIOLI
mit Tomaten und Basilikum

12 Miesmuscheln, 40 g Butter
je 4 EL Möhren, Schalotten und Lauch, feingewürfelt
120 ml Weißwein
knapp 1/4 l Fischfond, 4 Eigelb
Salz, weißer Pfeffer aus der Mühle
1 Eiweiß, 1-2 EL Öl, 20 g Butter
2 feingewürfelte Schalotten
4 EL Noilly Prat, 8 EL Weißwein
400 ml Fischfond, 60 g kalte Butter
4 große Tomaten, gewürfelt
4 TL Basilikum, grob geschnitten
4 TL geschlagene Sahne

Butter erhitzen, Gemüse darin kurz andünsten. Weißwein und Fischfond angießen, einkochen. Die Muscheln hineingeben und im geschlossenen Topf 4-5 Minuten dämpfen. Muscheln auslösen.
Fond soweit reduzieren, daß die Mischung eben noch feucht ist. Die Eigelb einrühren. Erhitzen, bis die Masse bindet, dann das Muschelfleisch zugeben und abschmecken. Mit grünem Nudelteig zu Ravioli verarbeiten und in Salzwasser 5 Minuten sprudelnd kochen. Butter in der Pfanne erhitzen. Schalotten darin hell anziehen lassen, Noilly Prat, Weißwein und Fischfond angießen. Auf 1/4 reduzieren, passieren. Die Sauce mit der Butter abbinden. Tomatenwürfel, Basilikum und Sahne unterrühren und abschmecken.

MUSCHELN
mit Oliven und Sardellen

4 große Tomaten
2 Schalotten
1 Knoblauchzehe
10 g Butter
8 schwarze Oliven
8 grüne Oliven
4 in Öl eingelegte Sardellenfilets
48 in wenig Fischfond 2-3 Minuten gegarte Miesmuscheln, ausgelöst
40 g Butter
4 TL grob geschnittene glatte Petersilie

Mit kochendem Wasser überbrühte, mit kaltem Wasser abgeschreckte Tomaten abziehen, vierteln, entkernen und feinwürfeln. Schalotten und Knoblauchzehe schälen und sehr fein hacken. In 10 g Butter 10 Minuten ohne Farbe anziehen lassen. Die Oliven, wenn nötig, entsteinen und so fein würfeln wie die Zwiebeln. Die abgetropften Sardellenfilets in Stückchen schneiden oder pürieren. Beides zu den Schalotten geben. 3-4 Minuten bei geringer Hitze dünsten.
Die Tomatenwürfel und die Muscheln zugeben. Erhitzen und mit der Butter abbinden. Portionsweise, mit der feingehackten Petersilie bestreut, auf Tellern anrichten.
Frisches Weißbrot schmeckt vorzüglich dazu. Mancher zieht allerdings Knoblauchbrot vor, das eine würzige Ergänzung zu Gerichten mit Meeresfrüchten ist.

MUSCHELN
in Weißwein

MOULES AU VIN BLANC

Eine gleichermaßen einfache wie delikate Zubereitung sind Muscheln in Wasser und Weißwein gedämpft. Nimmt man statt Wasser Fischfond, erfährt diese Delikatesse noch eine erhebliche Steigerung. Ganz zu schweigen von den weiteren Zutaten in unserem Rezept.

3 kg Miesmuscheln
40 g Butter oder 4 EL Olivenöl
8 EL feingewürfelte Möhren
8 EL feingewürfelte Schalotten
3 feingewürfelte Knoblauchzehen
8 EL feingewürfelter Lauch
8 EL Noilly Prat
400 ml Weißwein
400 ml Fischfond (Rezept Seite 97 f.)
1 Stengel Thymian

Die Miesmuscheln unter fließendem kalten Wasser abbrausen und sorgfältig abbürsten. Entbarten und im Sieb ablaufen lassen.
Die Butter oder das Öl in einem entsprechend großen Topf erhitzen. Möhren-, Schalotten- und Knoblauchwürfel darin anziehen lassen, dann den Lauch zugeben. Die Muscheln einfüllen, Noilly Prat, Weißwein und Fischfond angießen. Den Thymian auf die Muscheln legen und den Topf mit dem Deckel schließen. Muscheln darin 7-8 Minuten dämpfen. Die fertigen Muscheln in Suppentellern anrichten und etwas Fond darauf verteilen.

GRATINIERTE AUSTERN

Zutaten für eine Portion:
6 schöne, gut geschlossene Austern
grobes Salz
80 ml Fischfond (Rezept Seite 97f.)
80 ml Weißweinsauce (Rezept Seite 106)
1 Spritzer Champagner oder trockener Sekt
1 EL geschlagene Sahne
1 EL Sauce Hollandaise
Salz, 1 Prise Cayennepfeffer
etwa 1 EL Kaviar, glatte Petersilie

Austern gut waschen und sorgfältig öffnen. Austernfleisch herausheben, das Austernwasser auffangen und aufbewahren. Untere Austernschalen sauber putzen, abtrocknen und auf grobem Salz in passendem Geschirr warmstellen. Fischfond und Austernwasser in einem kleinen Topf aufkochen. Austern darin nur 5 Sekunden pochieren, in den Schalen warmstellen.

Fond zur Hälfte reduzieren. Weißweinsauce zugießen und sämig einkochen. Etwas abkühlen lassen und mit Champagner oder Sekt würzen. Schlagsahne und Sauce Hollandaise locker unterziehen. Nicht mehr kochen. Mit Salz und Cayennepfeffer vorsichtig abschmekken. Die Austern mit der Sauce überziehen und goldgelb überbacken. Den Kaviar darauf verteilen und mit Petersilie garniert anrichten. Für den Fall, daß keine Hollandaise bereitsteht, kann man 1/2 Eigelb, verrührt mit 2 TL zerlassener Butter, unter die Weißweinsauce ziehen.

MIESMUSCHELN
mit Mandelbutter überbacken

Zutaten für eine Portion:
12 Miesmuscheln
1/2 Tasse Semmelbrösel
etwa 80 ml Weißwein zum Einweichen
1/4 feingeschnittene Knoblauchzehe
1/2 TL feingehackte Petersilie
50 g weiche Butter
1 TL grob gehackte Mandeln
Salz, weißer Pfeffer aus der Mühle
eventuell Zitronenscheiben zum Garnieren

Miesmuscheln sorgfältig waschen und entbarten, dann dämpfen (Rezept Seite 148). Obere Schalen entfernen, Muschelfleisch in den unteren Schalen in passendem Geschirr warmhalten. Semmelbrösel in Weißwein einweichen. Knoblauch, Petersilie, Butter und gut ausgedrückte Semmelbrösel mischen und mit dem Schneebesen zur leicht schaumigen Masse schlagen, grob gehackte Mandeln zugeben. Masse mit Salz und Pfeffer abschmecken und die Muscheln großzügig damit bestreichen. Im heißen Backofen oder unterm Grill goldbraun gratinieren. Im Geschirr servieren. Nach Wunsch noch mit Zitronenscheiben garnieren.

CLAMS
mit Currysahne, gratiniert

Zutaten für eine Portion:

6-8 Clams, grobes Salz
10 g Butter
1/2 TL bestes Currypulver
1/4 l Weißweinsauce (Rezept Seite 106)
1 EL geschlagene Sahne,
1 EL Sauce Hollandaise
Salz, weißer Pfeffer aus der Mühle

Clams sauber waschen und putzen. 5-6 Minuten dämpfen (Rezept Seite 148). Muschelfleisch aus der Schale lösen, die beiden Schließmuskelstränge und die Bärte (Kiemen) sorgfältig entfernen. Fleisch und Schalen nochmals gründlich waschen, anschließend gut trockentupfen.
Passendes Geschirr mit grobem Salz füllen. Schalen, gefüllt mit dem Muschelfleisch, darin warmstellen. Die Butter in einer passenden Kasserolle aufschäumen lassen, Curry darin leicht anschwitzen. Weißweinsauce angießen und 4-5 Minuten kochen. Etwas abkühlen lassen. Die geschlagene Sahne und die Sauce Hollandaise locker unterziehen, aber nicht mehr kochen. Mit Salz und Pfeffer abschmecken.
Die warmen Clams mit der Sauce füllen und gratinieren, sofort servieren.

JAKOBSMUSCHELN
auf Spinat und Champignons

Zutaten für eine Portion:

2 Jakobsmuscheln, 10 g Butter
3 mittelgroße Champignons
100 g blanchierter Spinat
Salz, Cayennepfeffer
100 ml Weißweinsauce (Rezept Seite 106)
1 EL Sauce Hollandaise
1 EL geschlagene Sahne

Jakobsmuscheln vorbereiten und öffnen (Seite 156). Die oberen Schalen abnehmen. Muskel und Rogen herausheben, voneinander trennen. Die unteren Schalenhälften warmstellen. Butter in einer Kasserolle aufschäumen lassen. Champignonscheiben kurz darin dünsten. Spinat gut ausdrücken, grob hacken und zu den Champignonscheiben geben. Dünsten und mit Salz und Cayennepfeffer abschmecken. In die vorgewärmten Muschelschalen füllen. Muschelfleisch in Scheiben schneiden. Fleisch und Rogen mit Salz und Pfeffer würzen und auf dem Spinat verteilen. Weißweinsauce aufkochen, etwas abkühlen lassen. Sauce Hollandaise unterrühren und geschlagene Sahne locker unterziehen, nicht mehr kochen lassen. Mit Salz und Cayennepfeffer abschmecken, die Muscheln damit überziehen und gratinieren.

VENUSMUSCHELN
unter Burgunder-Butter

Zutaten für eine Portion:

80 g weiche Butter
2 EL feingehackte Petersilie
1 1/2 TL gehackte Knoblauchzehe
1 EL gehackte Schalotten
Salz, weißer Pfeffer aus der Mühle
12 rauhe Venusmuscheln oder kleine Clams
grobes Salz

Die weiche Butter in einer Schüssel mit der Petersilie, dem Knoblauch und den gehackten Schalotten mischen. Mit Salz, nach Wunsch auch mit frisch gemahlenem weißen Pfeffer abschmecken. Mit dem Schneebesen zu einer homogenen Masse verrühren.
Die Venusmuscheln sorgfältig säubern und wie Miesmuscheln dämpfen (Rezept Seite 148). Die oberen Schalenhälften abnehmen, die unteren mit dem Muschelfleisch in einem Geschirr mit grobem Salz (damit sie nicht kippen) warmstellen. Die Muscheln großzügig mit der Burgunder-Butter bestreichen. Im Backofen oder unterm Grill gratinieren und heiß servieren.

AUSTERNSPIESS
mit Speck

HUÎTRES À LA BROCHE

Die in Speck gebratenen Austern der internationalen Küche, die »Angels on Horseback«, auch »anges à cheval«, haben beim Austernspieß Pate gestanden. Man weiß es nicht genau, aber vielleicht ist der Name die Erfindung eines Pferdenarrs, der sich für dieses Austerngericht so begeistern konnte, daß er es mit einem Engel auf dem Pferderücken verglich.

Zutaten für eine Portion:

6-8 Austern (je nach Größe)
6-8 Scheiben sehr dünn geschnittener Frühstücksspeck
100 ml Weißweinsauce (Rezept Seite 106)
Safranfäden oder -puder
1 EL geschlagene Sahne
eventuell einige Tropfen Pernod

Austern öffnen, Saft auffangen. Von dem Speck Schwarte und eventuelle Knorpel abschneiden und die Scheiben in kochendem Wasser einmal aufwallen, dann abtropfen lassen. Dadurch wird überflüssiges Salz entzogen. Außerdem bleibt der Speck beim Grillen in Form. Auskühlen lassen und in jede Scheibe eine Auster wickeln. Alle auf einen Spieß reihen. Spieß auf einer mit Butter gefetteten Alufolie unterm vorgeheizten Grill 3-4 Minuten leicht bräunen.
Die Weißweinsauce aufkochen, den Austernsaft zugeben. Mit Safran nach Wunsch einfärben und würzen. Reduzieren und mit der geschlagenen Sahne auflockern. Wenn gewünscht, mit Pernod abschmecken. Spieß auf Küchenkrepp abtropfen lassen, auf der Sauce anrichten.

MIESMUSCHELN
am Spieß

MOULES EN BROCHETTES

Zutaten für eine Portion:

10-12 Miesmuscheln, je nach Größe
Salz, weißer Pfeffer aus der Mühle
Zitronensaft nach Geschmack
Mehl, 1 Ei
gesiebte Semmelbrösel
1 kleines Bund glatte Petersilie
3 EL feine Remouladensauce
Aceto balsamico oder Weißwein
1 TL gehackte Petersilie

Die geputzten Muscheln im Wein-Gemüsesud — wie auf Seite 148 — dämpfen. Fleisch aus den Schalen nehmen, auf einen Spieß stecken. In Mehl, verquirltem Ei und den Semmelbröseln wenden. In der Fritüre bei 180° C goldbraun ausbacken. Man kann den Spieß aber auch in Butter in der Pfanne braten, was vorzüglich schmeckt.
Glatte Petersilie waschen und trockentupfen. Ganz kurz fritieren — praktisch nur bis drei zählen und wieder aus dem Fett heben. Abtropfen lassen, leicht salzen.
Remouladensauce mit Aceto balsamico oder Weißwein und gehackter Petersilie abschmecken. Spieß mit der fritierten Petersilie anrichten, Remouladensauce dazugeben.

Muschelspieße fachgerecht panieren. Das ist im Grunde einfach. Aber ein paar Tricks zu wissen ist schon gut. Die gedämpften Muscheln immer so auf die Spieße reihen, daß ein kleiner Abstand entsteht, damit die Panade rundherum festhält. Zunächst Mehl, das verquirlte Ei und die gesiebten Semmelbrösel in flache Schalen füllen. Dann die Spieße nacheinander in Mehl, Ei und Semmelbröseln wenden und dabei sorgfältig vorgehen, damit keine Stelle ausgespart bleibt und die Spieße rundum gleichmäßig bräunen oder Muscheln einzeln panieren und dann auf den Spieß stecken.

GEGRILLTE JAKOBSMUSCHELN
nach Feinschmeckerart

COQUILLES SAINT-JACQUES GRILLÉS

Zutaten für eine Portion:

4 Jakobsmuscheln, möglichst frische in der Schale
Salz, weißer Pfeffer aus der Mühle

Schnittlauchbutter:

1/2 Schalotte
40 ml trockener Weißwein
100 ml Fischfond
30 g eiskalte Butter
Salz, weißer Pfeffer
1/2 EL Schnittlauchröllchen

Jakobsmuscheln öffnen wie auf Seite 156 beschrieben und gut waschen. Auf Küchenkrepp abtrocknen. Den grauen Rand entfernen, das weiße Muskelfleisch (Nüßchen) und den Rogen (Corail) trennen. Dann im Wechsel Fleisch und Corail aufspießen. Leicht salzen und pfeffern. Unterm gut eingefetteten Grill 3-4 Minuten bräunen.
Für die Schnittlauchbutter die halbe Schalotte feinwürfeln. Mit Weißwein aufkochen, bis zur Hälfte reduzieren und den Fischfond angießen. Auf etwa 1/3 reduzieren. Durch ein kleines Sieb — am besten ein Teesieb — passieren. Wieder aufkochen. Die eiskalte Butter in Stückchen einschwenken. Kurz aufkochen, mit Salz und Pfeffer abschmecken, den Schnittlauch unterziehen, den Spieß darauf anrichten.

Austernspieß mit Speck, ein wahrer Leckerbissen aus der internationalen Küche. Einzeln auf kleine Holzspießchen gezogen und gebraten, können sie Vorspeise und Cocktailhappen sein. Als Spieß zubereitet, machen sie sich als Vorspeise wie als Hauptgang ebensogut. Beilage: Safransauce, Reis oder Weißbrot.

Miesmuscheln am Spieß. Diese preiswerten Muscheln gelten zwar als die Auster des armen Mannes, aber man sollte ihren Wohlgeschmack nicht verkennen. Paniert und fritiert oder — besonders gut — in Butter gebraten sind sie ein Genuß, der durch eine feine Remouladensauce seine Vollendung findet.

Jakobsmuscheln gegrillt. Vom Feinsten sind auch die Coquilles St.-Jacques. Das cremigweiße Fleisch oder Nüßchen wird abwechelnd mit goldrotem Corail aufgespießt und dann gegrillt, leicht gesalzen und gepfeffert. Angerichtet wird auf einer feinen, äußerst aromatischen Schnittlauchbutter.

Jakobsmuscheln

Diese Kammuscheln, die unter ihrer französischen Bezeichnung Coquilles St.-Jacques so richtig Karriere gemacht haben, gehören in Gourmet-Kreisen zu den beliebtesten Schaltieren. Und da sie vorzugsweise im Sand- und Korallengrund des Mittelmeers leben, kommen die Rezepte für ihre Zubereitung vor allem aus der Küche der Anrainer-Länder. Top-Köche in ganz Europa holen sich Jakobsmuscheln gern in ihre Küchen, um daraus die feinsten Vorspeisen, Zwischengerichte oder gar Hauptgerichte zu kreieren; das spricht für die Qualität dieser relativ großen Muscheln.
Ob nun Profis sie verarbeiten oder ob sie in der häuslichen Küche verwendet werden, es muß immer gewährleistet sein, daß sie top-frisch sind. Gibt es sie nicht frisch auf dem Markt, dann weicht man auf Tiefkühl-Ware aus. Bei lebend-frischen Jakobsmuscheln ist es wichtig, die Tiere sorgfältig zum Garen vorzubereiten. Da sie mit der Nahrung zum Beispiel auch Sand aufnehmen, sollten sie diesen vorher möglichst wieder ausscheiden. Dazu legt man sie — nachdem die Schalen sorgsam gereinigt wurden — am besten für einige Stunden in Salzwasser.

Jakobsmuscheln öffnen. Die sorgfältig gewaschene und gesäuberte Muschel mit einem Küchentuch in der rechten Hand fest packen, flache Schalenhälfte nach oben. Ein spitzes, kurzes, aber starkes Messer zwischen die Schalen schieben und den Muskel an der flachen Innenseite durchtrennen. Die flache obere Schale abheben. Die untere Schale mit der Rechten festhalten. Mit dem Messer am grauen Rand des Fleisches die Muschel rundherum auslösen. Aus der Schale heben. Den grauen Rand vom weißen Muskelfleisch und dem orangefarbenen Rogen (Corail) abziehen. Weißes Fleisch (auch Nüßchen genannt) und Rogen vorsichtig voneinander trennen. Den grauen Rand für Fischfond verwenden.

JAKOBSMUSCHELN

mit Gemüse auf Knoblauch-Sauce

Zutaten für zwei Portionen:

30 g Möhren
30g Knollensellerie
20 g weiße Rübchen
30 g Zucchini
20 g Salatgurke
4 Knoblauchzehen
100 ml Milch
40 g Butter
10 g Zwiebel
1 cl Noilly Prat
50 ml Fischfond (Rezept Seite 97 f.)
50 g Crème fraîche
6 ausgelöste Jakobsmuscheln
Salz, weißer Pfeffer aus der Mühle

Gemüse putzen, waschen und oval tournieren. Möhren, Knollensellerie und Rübchen 8-10 Minuten, Zucchini und Salatgurke 3-5 Minuten blanchieren. In Eiswasser abschrecken, abtropfen lassen und zugedeckt aufbewahren. Die geschälten Knoblauchzehen in der Milch weichkochen, so daß die Masse sämig ist. Dann im Mixer pürieren. 20 g Butter erhitzen, feingeschnittene Zwiebel darin glasig anziehen lassen. Mit Noilly Prat ablöschen. Den Fischfond angießen, um die Hälfte reduzieren, die Crème fraîche unterziehen und aufkochen. Die ausgelösten Jakobsmuscheln mit Salz und Pfeffer würzen und in die kochende Sauce geben. Sofort von der Herdstelle nehmen und am Rand des Herdes 2-3 Minuten garziehen lassen. Muscheln aus der Sauce nehmen und warmstellen. Die Sauce passieren und mit der restlichen Butter und dem Knoblauchpüree montieren. Gemüse und Muscheln in der Sauce kurz erhitzen und sofort anrichten.

JAKOBSMUSCHELN IN MANGOLD

COQUILLES SAINT-JACQUES EN BETTE BOUILLIE

12 sehr schöne Mangoldblätter
Salz
160 g Weißfischfilet, z. B. Lotte
8 Jakobsmuscheln, frisch oder tiefgefroren
1 Ei, Cayennepfeffer
160 ml Sahne
Fischfond, Gemüsefond oder Hühnerbrühe
evtl. Dill, Estragon oder Petersilie
2-3 Wacholderbeeren
Zwiebelscheiben
1/4 l Sauce vin blanc (Rezept Seite 106)
evtl. Salz und Cayennepfeffer
40 g Hummerbutter (Rezept Seite 104)

Die dicken Rippen herausschneiden, nachdem die Mangoldblätter blanchiert und abgeschreckt worden sind. Ein halbes blanchiertes Blatt darüberlegen. Mit der Farce bestreichen und dabei etwa 1 cm Rand freilassen. Muschel ans breitere Ende legen und ins Blatt rollen. Im Siebeinsatz im Topf garen.

Mangoldblätter waschen. In kräftig gesalzenem, sprudelnd kochendem Wasser 5 Sekunden blanchieren, sofort in Eiswasser abschrecken. Herausheben und auf einem Küchentuch abtropfen lassen. Abgedeckt in den Kühlschrank stellen.
Für die Farce den Fisch sauber parieren. Die frischen oder tiefgefrorenen und vorher aufgetauten Jakobsmuscheln aus der Schale lösen. Parieren, Nüßchen und Rogen trennen.
Das Ei mit Salz und Cayennepfeffer verrühren. Weißfisch, Rogen und Ei im Mixer pürieren, durchs Haarsieb streichen, auf Eis stellen und die frische Sahne einrühren.
Die dicken Rippen aus den Mangoldblättern schneiden, die Mitte mit je einem halben Blatt schließen. Die Farce darauf verteilen, jedoch einen Rand freilassen. Auf die breiten Seiten je eine Muschel legen. Die Blätter rundherum einschlagen und aufrollen.
Topf mit Siebeinsatz etwa 2 cm hoch mit Fisch- oder Gemüsefond oder mit Hühnerbrühe füllen. Nach Geschmack Dill, Estragon oder Petersilie, Wacholderbeeren und Zwiebelscheiben hineingeben, aufkochen. Röllchen im Siebeinsatz hineinstellen und im geschlossenen Topf 5-6 Minuten dämpfen.
Sauce vin blanc aufkochen. Mit Salz und Cayennepfeffer nachschmecken. Hummerbutter einarbeiten. Auf Teller verteilen und je zwei Röllchen darauf anrichten.

JAKOBSMUSCHELN IN SAFRAN

COQUILLES SAINT-JACQUES AU SAFRAN

16 große Jakobsmuscheln in der Schale
5 g feingehackte Schalotte
20 g Butter
Salz, weißer Pfeffer aus der Mühle
100 ml Fischfond (Rezept Seite 97 f.)
50 ml Weißwein
60 ml Sahne
1 Msp. Safranblüten
60 g Tomatenwürfel
1 EL gehackte glatte Petersilie

Muscheln mit einem spitzen, starken Messer öffnen, den Muskel durchtrennen, dann die obere flache Schale abheben. Fleisch und Rogen mit einem Messer auslösen, gründlich waschen. Den grauen Rand entfernen. Das weiße Muskelfleisch (Nüßchen) und den Rogen (Corail) vorsichtig voneinander trennen. Die Nüßchen halbieren und zum Trocknen auf ein Küchentuch legen.
Feingehackte Schalotte im Sautoir in der heißen Butter anziehen lassen, ohne daß sie Farbe annimmt. Nüßchen und Rogen mit Salz und Pfeffer würzen und dazugeben, mit Fischfond und Weißwein ablöschen und 1 Minute ziehen lassen. Aus dem Topf nehmen und warmstellen.
Den Fond reduzieren. Sahne und Safranblüten unterrühren und nach Geschmack sämig einkochen. Tomaten und Petersilie zugeben, ganz kurz erhitzen und abschmecken. Muschelfleisch und Rogen in die Sauce geben, anrichten und servieren.

VONGOLI
mit Tomaten und Petersilie

Zutaten für zwei Portionen:

1 kg Vongoli
2 frische reife, aber feste Tomaten
2 EL feines Öl
40 g feingehackte Schalotten
100 ml Weißwein
100 ml Muschel- oder Fischfond
100 g Tomatenpüree
1 EL geschnittene Petersilie
Salz, weißer Pfeffer aus der Mühle

Vongoli in Wasser sauber putzen, unter fließendem kalten Wasser abbrausen. Geöffnete oder angebrochene Muscheln wegwerfen, die übrigen Muscheln im Sieb abtropfen lassen. Tomaten einritzen, mit kochendheißem Wasser überbrühen, mit kaltem abschrekken. Haut abziehen und das Fleisch in Würfel schneiden. Öl in passendem Topf erhitzen, gehackte Schalotten darin glasig anziehen lassen. Die Muscheln zugeben, kurz andünsten, mit Weißwein und Muschel- oder Fischfond ablöschen. Tomatenpüree unterrühren. Aufkochen und im geschlossenen Topf etwa 5 Minuten garen. Vongoli aus dem Topf nehmen.
Den Fond etwas reduzieren. Vongoli, Tomatenwürfel und Petersilie im Fond erhitzen, mit Salz und frisch gemahlenem Pfeffer abschmecken. In zwei Portionen anrichten.

SCHWERTMUSCHELN
in Wein und Schalottenbutter

Zutaten für zwei Portionen:

16-20 Schwertmuscheln
2 EL Olivenöl
20 g feingehackte Schalotten
60 ml Weißwein
40 ml Fischfond (Rezept Seite 97f.)
60 g Butter
Salz, weißer Pfeffer aus der Mühle

Schwertmuscheln sorgfältig in kaltem Wasser säubern, unter fließendem Wasser abbrausen und abtrocknen. Olivenöl in einer Pfanne erhitzen. Muscheln hineingeben und gut anziehen lassen. Gehackte Schalotten zugeben, goldgelb werden lassen und etwas weiterdünsten. Mit dem Weißwein und dem Fischfond ablöschen, kurz aufkochen. Die Schwertmuscheln herausnehmen. Den Fond passieren und zur Hälfte einkochen. Butter vorsichtig unterschwingen. Mit Salz und frisch gemahlenem Pfeffer abschmecken. Muscheln wieder in die Pfanne geben und erwärmen. Sofort servieren.

TARTUFI DI MARE
mit Fenchel und Knoblauch
(Ohne Abbildung)

Zutaten für zwei Portionen:

1 kg Tartufi (rauhe Venusmuscheln)
80 g Zwiebeln
50 g Möhren
3 EL feines Olivenöl
6 ganze Knoblauchzehen
150 g Fenchelknolle
1 1/4 l leichter, trockener Rotwein
1/8 l frischer Sahne
1/2 TL Salz, 1EL Paprika edelsüß
1 EL gehackter Dill

Die Muscheln müssen wegen ihrer rauhen Schale besonders gut unter fließendem Wasser gebürstet werden. Die Zwiebel und Möhren schälen und ganz

fein würfeln. Das Öl in einem entsprechend großen Topf erhitzen, Zwiebel- und Möhrenwürfel einige Minuten darin anlaufen lassen. Die geschälten, aber unzerkleinerten Knoblauchzehen sowie die in Scheiben geschnittene Fenchelknolle zugeben, 3-4 Minuten dünsten. Mit dem Wein aufgießen, die Muscheln darauflegen und bei geschlossenem Topf dämpfen, bis sie sich geöffnet haben. Die Sahne darüberschütten, mit Salz und Paprikapulver würzen und etwa 5 Minuten bei offenem Topf ziehen lassen. Mit Dill bestreuen.

TROGMUSCHELN
mit Gemüsejulienne und Thymian

Zutaten für zwei Portionen:

1 kg Trogmuscheln
60 g Möhren, 60 g Zucchini
2 EL Olivenöl
200 ml Wasser, 60 ml Weißwein
2 Knoblauchzehen
1 TL geschnittene Thymianblättchen
Salz, weißer Pfeffer aus der Mühle

Die Trogmuscheln sorgfältig in kaltem Wasser säubern und unter fließendem Wasser abwaschen. Im Sieb abtropfen lassen. Möhren und Zucchini putzen, waschen und in feine Streifen schneiden. Olivenöl in einem großen Topf erhitzen, Möhrenjulienne darin unter häufigem Wenden kurz dünsten. Trogmuscheln, Wasser, Weißwein, die ungeschälten Knoblauchzehen und den Thymian zugeben. Im geschlossenen Topf aufkochen und dabei ab und zu etwas schütteln, damit alle Muscheln gleichzeitig gar werden. Zucchini-Julienne in den Topf geben, sobald sich die ersten Muscheln geöffnet haben. Im geschlossenen Topf noch etwa 30 Sekunden dämpfen. Die Knoblauchzehen entfernen und die Trogmuscheln mit Salz und frisch gemahlenem Pfeffer abschmecken. In zwei Portionen mit dem Fond anrichten.

ABALONE
mit Baumpilzen

Zutaten für zwei Portionen:

200 g frische Abalone (ohne Gehäuse)
20 g getrocknete chinesische Baumpilze
10 g Butter
10 g feingehackte Schalotten
20 ml Portwein
Salz, weißer Pfeffer aus der Mühle
200 ml weiße Buttersauce mit Rotweinschalotten (Rezept Seite 99)
Salz, Pfeffer, Cayennepfeffer

Die Abalone in mehrfach gewechseltem Wasser in 5-6 Stunden weichkochen. Die Baumpilze in lauwarmem Wasser einweichen. Das Abalonenfleisch mit einer weichen Bürste sauber putzen, Kiemen und Eingeweide entfernen. Das Fleisch in feine Scheiben schneiden (nach dem vorsichtigen Säubern bleibt etwa noch die Hälfte des Bruttogewichts).
Baumpilze sorgfältig ausdrücken. Butter in der Kasserolle erhitzen, Schalotten darin dünsten, mit dem Portwein ablöschen. Leicht salzen, pfeffern und im geschlossenen Topf weichdünsten. Die Abalonenscheiben hineingeben, mischen, mit Salz und frisch gemahlenem Pfeffer abschmecken und in zwei Portionen anrichten. Die weiße Buttersauce mit Rotweinschalotten unter den Fond mischen. Sauce mit den Baumpilzen auf die Teller verteilen.
Übrigens: Die Abalone ist in Geschmack und Konsistenz der Kalbszunge ähnlich.

Schnecken in Meursault sind eine kleine Köstlichkeit, wenn sie als Vorspeise serviert werden. Dafür reicht dann aber auch ein halbes Dutzend. Zum ausgiebigen Schmaus sollten es schon 12 Stück oder mehr sein. Schneckenpfannen gibt es für das halbe und das ganze Dutzend im Handel.

Weinbergschnecken

Weinberg- und Achatschnecken sind eigentlich ein Thema für sich, das wir aber mutig in dieses Kapitel integriert haben. Denn an dieser Delikatesse, die in keine Speisengruppe so richtig einzuordnen ist, kann man nicht vorbeigehen. Und da die Meeresschnecken ganz selbstverständlich hierher gehören, haben wir uns die Freiheit genommen, die Landschnecken dazuzuordnen. In Schale kommen sie schließlich alle daher. Und so bereitet man sie vor: Lebende Schnecken etwa drei Tage in verschlossenen, aber luftdurchlässigen Körben halten. Dann ist ihr Darm leer und frei von Rückständen. Die Schnecken mehrmals gründlich waschen und abbürsten. In sprudelnd kochendem Wasser 15 Minuten vorgaren. Schnecken mit der Schneckengabel aus den Häuschen ziehen. Kopf und rückwärtigen schwarzen Teil wegschneiden. Das Fleisch mehrere Male nicht zu kräftig mit grobem Salz abreiben. Zwischendurch immer wieder mit Essigwasser abspülen. Es darf keinerlei Schleim mehr an den Schnecken haften. Auch die Schneckenhäuser sorgfältig säubern. Es gibt übrigens vorzügliche Konservenware – auch Achatschnecken aus Südostasien – und tiefgefrorene Weinbergschnecken.

Die fertig gegarten Schnecken sind nun verzehrbereit. Am einfachsten ist es, wenn man sich eines speziellen Schneckenbestecks bedient, bestehend aus einer Zange und einer zweizinkigen Gabel. Mit der Zange in der Linken hält man das Gehäuse, mit der Gabel in der Rechten holt man das Fleisch heraus.

SCHNECKEN IN MEURSAULT

4 Dutzend lebende oder konservierte Schnecken
48 Schneckenhäuschen
2 EL Öl, 60 g gewürfelte Schalotten
1 gehackte Knoblauchzehe, 1/2 TL Salz
1 Bouquet garni aus je 1 Stück Lauch und Knollensellerie, 1/2 Zwiebel, 2 Nelken und 1 kräftigen Petersilienstengel
1/2 l Weißwein (Meursault)
1/4 l Hühnerbrühe
1 Scheibe Toastbrot ohne Rinde
4 cl Marc de Bourgogne
Für die Schneckenbutter:
300 g weiche Butter
40 g feingehackte Schalotten
2 zerdrückte Knoblauchzehen
Salz, frisch gemahlener Pfeffer
1-2 EL gehackte Kräuter (Petersilie, Basilikum, wenig Thymian, Salbei und Rosmarin)

Frische Schnecken vorbereiten. Konservenschnecken ablaufen lassen. Öl in einer entsprechend großen Pfanne erhitzen, Schalotten und Knoblauchzehe darin anlaufen lassen. 1/2 TL Salz, Bouquet garni und die Schnecken zugeben. Unter Wenden erhitzen, Weißwein und Hühnerbrühe angießen. Bei schwacher Hitze etwa 3 Stunden ganz leicht kochen, so daß sich die Oberfläche der Flüssigkeit nur ganz leicht kräuselt. Toastbrotscheibe im Marc de Bourgogne einweichen, 5 Minuten vor Ende der Garzeit in die Brühe bröckeln. Auskühlen lassen. Schnecken aus der Dose nur 20 Minuten und nur mit der Hälfte der Flüssigkeit garen.
Jedes Schneckenhäuschen mit 1/2 TL Schalottenmischung füllen, dann die Schnecken einfüllen. Zutaten für die Schneckenbutter sorgfältig verrühren und abschmecken. Schneckenhäuschen damit zustreichen. In Schneckenpfannen setzen und im vorgeheizten Backofen bei 200 - 220°C garen, bis die Butter köchelt.

SCHNECKEN NACH ART DER PROVENCE

2 Dutzend Weinberg- oder Achatschnecken (gekocht oder aus der Konserve)
2 EL feines Pflanzenöl
40 g gewürfelte Schalotten
1 gehackte Knoblauchzehe
50 g feingehackte rote Paprikaschote
50 g Champignons in feinen Scheiben
50 g gekochter, fein gewürfelter Schinken
1/8 l trockener Weißwein
2 EL süßer Sherry (Cream-Sherry)
1/4 l Fisch- oder Hühnerbrühe
2-3 Blättchen Basilikum, 2 Blatt Salbei, 1 Stengel Petersilie, alles fein geschnitten
1-2 zerbröselte Rosmarinnadeln
1 Zweig Thymian
100 g Tomatenwürfel
Salz, weißer Pfeffer
Paprika, edelsüß
4 EL Crème fraîche

Weinberg- oder Achatschnecken ablaufen lassen. Öl im Topf erhitzen. Schalotten und Knoblauch darin anziehen lassen, Paprika, Champignons und Schinken darin andünsten. Weißwein, Sherry, Fisch- oder Hühnerbrühe und Kräuter zugeben. Schnecken einlegen, 20 Minuten köcheln. Tomatenwürfel darin erhitzen. Mit Salz, Pfeffer und Paprika abschmecken, mit Crème fraîche anrichten.

Tintenfische

Kalmar, Sepia und Krake sind zwar keine Schaltiere, doch wie diese gehören sie, zoologisch gesehen, zu den Weichtieren. Weshalb wir uns die Freiheit nehmen, die Tintenfische hier einzureihen. Viel richtiger heißen sie ohnehin auch Tintenschnecken.
Das Fleisch dieser Tiere, die es in allen Weltmeeren reichlich gibt, ist besonders in Asien, im Orient und im mediterranen Raum sehr beliebt. Neuerdings übrigens auch in den USA, wo besonders die dort als »Squids« bekannten Kalmare langsam, aber stetig an Popularität gewinnen.
Der milde Fischgeschmack von Tintenfischen harmoniert vorzüglich mit würzigen Zutaten wie Zwiebeln, Knoblauch, Tomaten, Paprikaschoten und Olivenöl. Würzigste Zutat aber, die fast alle Tintenfische von Haus aus mitbringen, ist ihre Tinte, eine schwarzbraune Flüssigkeit, die von einer Farbstoffdrüse erzeugt wird. Sie eignet sich vorzüglich dazu, die begleitenden Saucen zu würzen und gleichzeitig natürlich zu färben, aber auch leicht zu binden. Rezepte mit dem Zusatz »en su tinta«, also »in der eigenen Tinte«, sind daher wohl die bekanntesten unter den Tintenfischrezepten.
Kalmar und Sepia sind übrigens zum Füllen geradezu ideal gewachsen. Das machen ihre beutelförmigen Körper, wobei kleinere Exemplare von etwa 15 bis 20 cm das Idealmaß für eine Portion haben. Zum Füllen kann man außer den bei unseren Rezepten angegebenen Zutaten zusätzlich Garnelenfleisch, Fisch oder auch andere Gemüsesorten verwenden.

CALAMARES EN SU TINTA

1 kg Tintenfische (Sepia oder Kalmar)
120 g Zwiebeln, 2 Knoblauchzehen
4 EL feines Öl
40 g frische Weißbrotkrumen
Salz, weißer Pfeffer aus der Mühle
1/4 l trockener Weißwein
2 große Tomaten, abgezogen und gehackt
1 Prise Chilipulver
etwas Kartoffelmehl, 1 Schuß Armagnac

Tintenfische gründlich waschen. Wie in der Bildfolge vorbereiten, Tinte in ein Gefäß entleeren. Beutel beiseite legen, Arme und Flossen putzen und in feine Stücke oder Streifen schneiden.
Zwiebeln und Knoblauchzehen abziehen. Je eine Zwiebel und eine Knoblauchzehe zurücklegen. 2 Eßlöffel Öl erhitzen. Tintenfischstreifen darin mit den feingehackten Zwiebeln und der zerdrückten Knoblauchzehe rasch anbraten. Bei geringer Hitze im geschlossenen Topf etwa 30 Minuten schmoren. Eventuell einen Schuß Wasser angießen. Die Weißbrotkrumen zugeben, salzen, pfeffern und mit dieser Mischung die Tintenfischbeutel füllen. Zunähen oder in Schweinenetzstücke wickeln. Im restlichen erhitzten Öl mit der zurückgelegten Zwiebel und der Knoblauchzehe, beides gehackt, im Topf anbraten. Weißwein angießen, Tomaten zugeben und mit etwas Chilipulver würzen. Im offenen Topf etwa 30 Minuten simmern lassen.
Etwas Kartoffelmehl in der Tinte glattrühren. Unter Rühren zu den Tintenfischen geben und die Sauce damit binden und würzen. Mit Armagnac, Salz und Pfeffer abschmecken.

TINTENFISCH IN BIERTEIG

1 kg Sepia oder Kalmar
Für den Bierteig:
3 Eier, 150 g Mehl
1 EL feines Öl, 200 ml helles Bier
1/2 TL Salz
weißer Pfeffer aus der Mühle
Pflanzenfett zum Fritieren

Die Tintenfische oder Kalmare wie in der Bildfolge vorbereiten. Arme und Flossen in Streifen, Beutel in gleichmäßig starke Ringe schneiden. Auf Küchenkrepp sorgfältig abtrocknen lassen.
Für den Ausbackteig die Eier trennen. Eigelb mit Mehl und Öl glattrühren, nach und nach das Bier unterrühren. Mit Salz und Pfeffer abschmecken und etwa 30 Minuten quellen lassen. Das Eiweiß zu steifem Schnee schlagen und unterheben. Fritierfett auf etwa 175° C erhitzen. Die Tintenfischstücke durch den Teig ziehen, etwas abtropfen lassen und im heißen Fett schwimmend etwa 5 Minuten knusprig backen. Mit dem Schaumlöffel aus dem Fett heben, auf Küchenkrepp abtropfen lassen. Warmstellen. Auf weißer Papierserviette anrichten.

1 **Den Tintenfisch aufschneiden.** Zuvor den Kopf mit den Fangarmen mit einem scharfen Messer abschneiden. Normalerweise wird die Sepia wie ein Kalmar (Seite 164/165) vorbereitet. Soll aber die Tinte mitverwendet werden, muß sie vorsichtig der Länge nach aufgeschnitten werden.

2 **Die Sepiaschale herausheben.** Dazu den Tintenfisch an den Schnitträndern vorsichtig auseinanderziehen, so daß das Fischbein offenliegt und greifbar ist. Am unteren Ende des Körpers ist jetzt der glänzende Tintenbeutel mit seinem dunklen Inhalt, der Tinte, zu sehen.

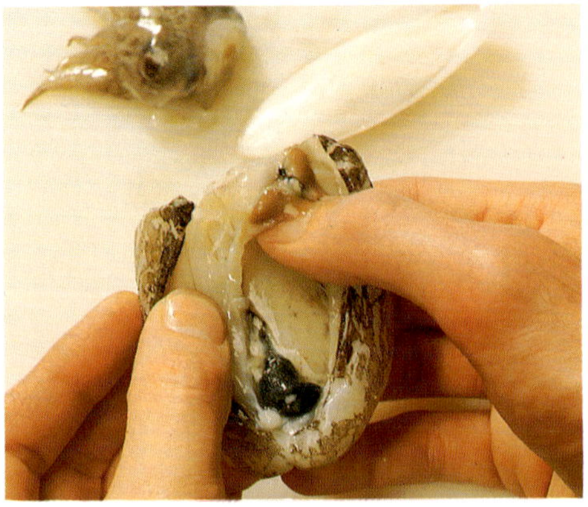

3 **Die Eingeweide entfernen.** Den Tintenfisch mit den Händen fassen, mit einem Daumen in den Körper greifen und die Eingeweide vorsichtig herauslösen. Dabei aufpassen, daß der Tintenbeutel nicht verletzt wird. Die Tinte würzt Tintenfischsaucen, bindet sie aber auch leicht.

4 **Die Tinte herausdrücken.** Mit Daumen und Zeigefinger gehts am besten. Die dunkle würzige Flüssigkeit wird in einem Gefäß zur weiteren Verarbeitung aufgefangen. Tintenfisch dazu in beiden Händen festhalten und dann mit dem Daumen — Gegendruck durch den Zeigefinger — die Tinte ausdrücken.

5 **Den sackförmigen Körper kleinschneiden.** Und zwar in gleichmäßig starke Streifen. Zuvor sauber putzen. Auch die Arme vom Kopf abtrennen, und zwar so, daß sie durch einen dünnen Fleischring verbunden bleiben. Mit Küchenkrepp sorgfältig trockentupfen, damit der Backteig gut haftet.

8 **Tintenfischstücke mit der Gabel einzeln ins heiße Fett geben.** Auf diese Weise fritiert, wird das Ergebnis sowohl geschmacklich als auch von der Konsistenz her optimal. Reines Pflanzenfett ist am besten geeignet, weil man es sehr hoch erhitzen kann, ohne daß es verbrennt. Das Fett sollte eine Temperatur zwischen 175° C und 180° C haben. Dabei ist selbstverständlich, daß man das Fritiergut ständig beobachtet, damit es keinesfalls zu dunkel wird. Je nach Größe der Friteuse sollte man 15-20 Stücke nacheinander hineintauchen und dann in der gleichen Reihenfolge wieder herausfischen und gut abtropfen lassen.

6 **Eischnee unter den Bierteig heben.** Den Teig aus Eigelb, Mehl, Öl, hellem Bier, Salz und weißem Pfeffer rühren. Erst 30 Minuten quellen lassen, dann den Eischnee locker unterheben. Das macht den zarten Teig luftig, so daß er beim Fritieren besonders knusprig und wohlschmeckend ausbackt.

7 **Die Tintenfischstücke in den Teig tauchen.** Man nimmt sie am besten nacheinander mit einer Tranchiergabel auf und zieht sie durch den Teig, so daß sie rundherum bedeckt sind. Wenn man die Stücke vorher in Mehl taucht, hält der Teig besser und die Teigkruste wird gleichmäßiger.

9 **Frisch fritierter Tintenfisch,** eine Delikatesse und eine preiswerte dazu. Kalte, scharfe Saucen, wie zum Beispiel Paprika-Chutney oder auch ein süßsaures Mango-Chutney, passen vorzüglich zu dem fritierten Tintenfisch.

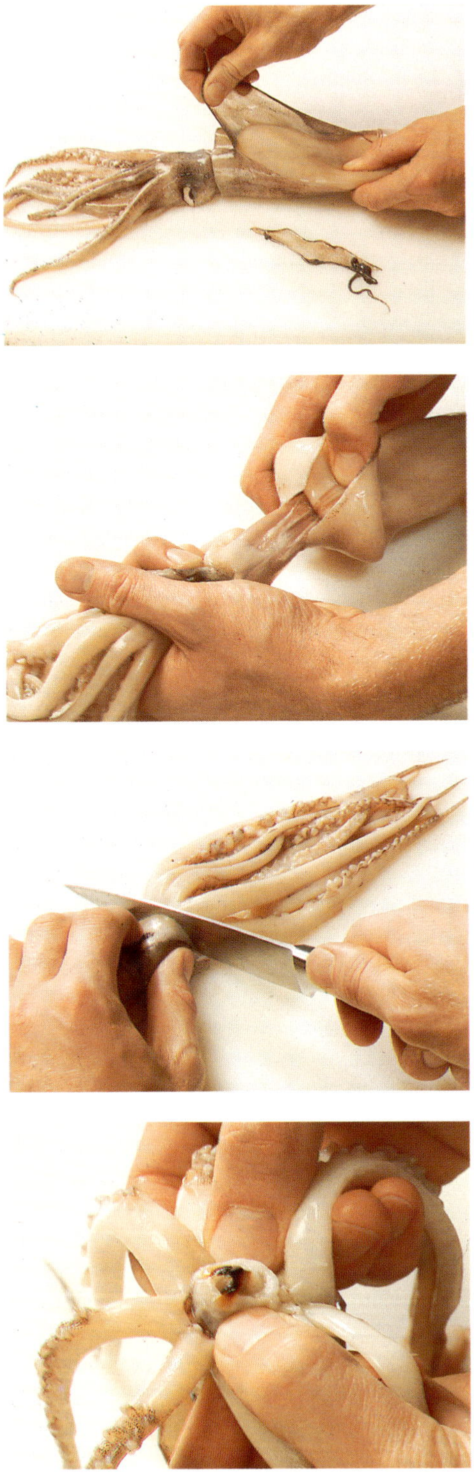

Vom Kalmar zuerst die Haut abziehen, nachdem er vorher gründlich gewaschen wurde. Dabei den Körper fest mit der linken Hand packen und mit der rechten Hand die Haut fassen. Die Arme (Tentakel) in die Hand nehmen und aus dem Körperbeutel ziehen. Mit einem scharfen Messer die Arme knapp über den Augen so vom Kopf trennen, daß sie durch einen schmalen Ring verbunden bleiben. Tentakel in der Mitte von unten greifen und mit dem Zeigefinger die Kauwerkzeuge von unten herausdrücken und entfernen.

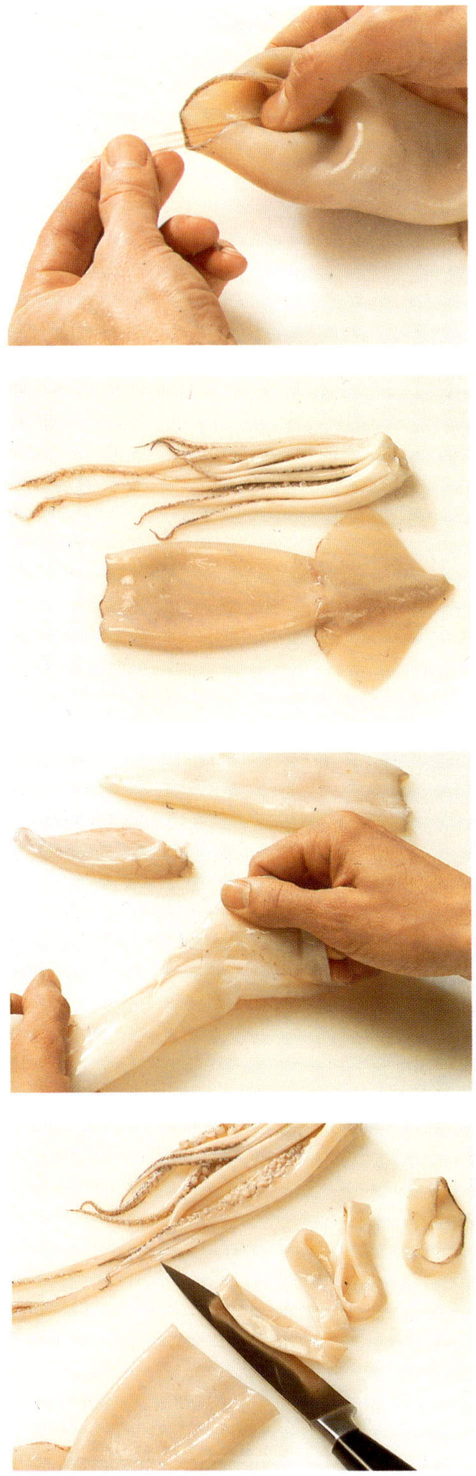

Das transparente Fischbein entfernen. Dann die verwertbaren Teile, nämlich Arme und Rumpf mit den Flossen sorgfältig waschen. Die Flossen in einem Handgriff vom Körper ziehen. Flossen und Arme für die Füllung bereitlegen. Will man den Kalmar in Bierteig zubereiten, muß der Körper in gleichmäßig starke Ringe geschnitten werden (Rezept Seite 162/163), Flossen und Arme in Streifen. Zum Füllen muß der beutelartige Körper ganz erhalten bleiben.

Für die Füllung Arme und Flossen kleinwürflig schneiden. Dazu ein scharfes Messer verwenden und exakt arbeiten. Vorher müssen die Stücke sorgfältig abgetrocknet werden. Kalmarstücke im heißen Olivenöl kurz und scharf unter Wenden anbraten. Gewürfeltes Weißbrot in heißer Butter goldgelb braten und dabei ständig wenden. Beides in eine Mischung aus Lauch, Zwiebeln, Möhren und Knoblauch geben, die mit Fischfond gekocht und reduziert wurde, so daß sie in der Konsistenz relativ feucht ist.

Eigelb und geschnittene Petersilie zur Farce geben. Gut mit der Masse mischen und sorgfältig mit Salz und Pfeffer abschmecken. Kalmarbeutel in die Hand nehmen. Farce mit dem Teelöffel einfüllen. Aber nicht zu prall, weil sich die Füllung beim Garen noch ausdehnt. Den gefüllten Kalmar in ein gewässertes, zugeschnittenes Stück Schweinenetz wickeln. Das ist praktisch. Wer nicht darüber verfügt, kann die Beutel auch mit Holzspießchen zustecken oder mit Küchengarn zunähen. In Olivenöl anbraten, im Ofen garbraten.

GEFÜLLTER KALMAR

CALMAR FARCI

4 Kalmare von je 250 g

200 g Weißbrot ohne Rinde

120 g Butter

200 g Zwiebeln

4 Knoblauchzehen

200 g Lauch

200 g Möhren

40 g Butter

600 ml Fischfond (Rezept Seite 97 f.)

8 EL Olivenöl

4 EL frisch geschnittene Petersilie

4 Eigelb

Salz, weißer Pfeffer aus der Mühle

1 Schweinenetz, gewässert

Die Kalmare waschen, häuten und putzen. Körper, Flossen und Fangarme (Tentakel) beiseite legen.

Das Weißbrot feinwürfeln, in 80 g zerlassener Butter langsam unter ständigem Wenden hellbraun rösten. Im Metallsieb abtropfen lassen. Zwiebeln und Knoblauchzehen abziehen. Lauch und Möhren putzen und waschen. Alles feinwürfeln. In 40 g Butter in der Kasserolle anziehen lassen, ohne daß sie Farbe annehmen. Den Fischfond angießen und solange reduzieren, bis die Masse nur noch feucht ist.

Die Kalmarflossen und -arme nochmals waschen, dann trockentupfen und in feine, würfelige Stücke schneiden. 4 EL Olivenöl in der Pfanne erhitzen. Kalmarstücke darin sehr kurz, aber scharf anbraten. Sofort aus der Pfanne nehmen, zusammen mit dem Brot in die Gemüsemasse mischen. Dazu die Petersilie und das Eigelb. Mit Salz und, nach Geschmack, mit Pfeffer abschmecken. Gewässertes Schweinenetz in vier etwa gleichgroße Teile schneiden. Ausbreiten und mit Haushaltskrepp trockentupfen. Die Kalmare mit der Masse füllen und in die Schweinenetze wickeln. Die restlichen 4 Eßlöffel Olivenöl in einer ofenfesten Form erhitzen und die gefüllten Kalmare darin anbraten. Im vorgeheizten Backofen 20 Minuten bei 200-220° C garen.

Dazu paßt als Sauce die Gemüsebutter wie beim Marron mit Muschelragout (Rezept Seite 118) und Safranreis. Auch Blattspinat und Petersilienreis eignen sich als Beilagen.

Wichtiger Tip: Tintenfische immer rasch servieren. Bei längerem Stehen wird ihr Fleisch sehr leicht zäh.

HAUSMANNSKOST MIT MEERESFRÜCHTEN

Regionale Seafood-Spezialitäten aus der ganzen Welt

In diesem Kapitel geht es deftig-herzhaft und ganz international zu. Die Regionalküchen aus aller Welt geben sich hier ein Stelldichein. Mit Seafood-Spezialitäten, die zwar keine elitäre Kost im Sinne der Nouvelle cuisine oder der Haute cuisine sind, jedoch den Ansprüchen der modernen Kochkunst durchaus gerecht werden. Denn auch für ihr Gelingen sind Frische und Qualität der Zutaten entscheidend. Das gilt für die Gemüsezutaten allemal und ist für die Meeresfrüchte, die darin verarbeitet werden, ohnehin und immer oberstes Gebot. Und je nachdem, auf welcher Seite dieser Erde und an welchen Gestaden man lebt – in den Anrainerländern des Atlantik, des Pazifik, der asiatischen Meere oder auch der Binnenmeere – in allen Küstenregionen ist Seafood eher Alltägliches. Hausmannskost also, die am entgegengesetzten Ende der Erde allerdings als kulinarische Kostbarkeit gelten kann. Alles ist eine Frage der Verfügbarkeit, des Preises und der Exotik.
So ist denn das Cioppino, Leibgericht der Leute in San Francisco und vermutlich aus der mexikanischen Küche stammend, eines unserer Themen. Dieser Eintopf aus Clams und Dungeness-Crabs mit allerlei Wurzelwerk ist dort Hausmannskost wie in Spanien die Zarzuela mit Tintenfisch und Scampi, Miesmuscheln, Fisch, Tomaten und – auf jeden Fall – mit Knoblauch. Oder die Paella, die ohne Meeresfrüchte nicht denkbar wäre. Übrigens auch nicht die Jambalaya, das kreolische Festgericht mit Langusten. Wohl dem, der es sich in einem Land zubereiten kann, wo man die Langusten noch preiswert beim Händler nebenan haben kann.

CLAM CHOWDER

Wie bei den meisten regionalen Spezialitäten, so ist es auch beim Clam Chowder. Ein Originalrezept gibt es nicht, dafür aber unzählige Variationen ein und desselben Themas. Einige Grundzutaten sind jedoch immer dabei. Beim Clam Chowder sind das, neben den Clams, Zwiebeln und Kartoffeln, außerdem Speck oder Schinken, deren Rauchgeschmack unbedingt dazugehört. Wenn's besonders fein und gehaltvoll sein soll, dann kann man einen Teil der Milch durch frische Sahne ersetzen – anders als beim »Manhattan Clam Chowder«, der auf Milch und Sahne ganz verzichtet, dafür mit viel frischem Gemüse zubereitet wird.

2 Dutzend Chowder Clams (etwa 6 – 8 kg)
100 g gewürfelte Zwiebeln
300 g gewürfelte Kartoffeln
250 g gepökeltes Schweinefleisch
250 g frische Maiskörner
1 TL Salz
1/2 TL grob gemahlener Pfeffer
1 Scheibe Toastbrot, in Würfeln
3/4 l Milch

Die Clams unter fließendem Wasser sorgfältig abbürsten, öffnen und die Flüssigkeit zur Weiterverwendung in einem Gefäß auffangen. Das Muschelfleisch auslösen und kleinschneiden oder durch den Fleischwolf drehen. Weiterverarbeiten wie in der Bildfolge gezeigt.

CLAMBAKE

Ein gutes Beispiel dafür, daß es weitgehend vom Standpunkt (auch dem geographischen) abhängt, was zur Hausmannskost gerechnet werden darf. An der mit Meeresfrüchten reich gesegneten Küste der Neu-England-Staaten gehören jedenfalls nicht nur die preiswerten Clams dazu. Auch die berühmten Maine Lobster sind dort noch erschwinglich und deshalb beliebt als Krönung eines echten Clambakes.

Dieses »Muschelbacken« im Erdofen, eine uralte Garmethode, haben die heutigen Bewohner Amerikas den Indianern abgeschaut und zu einem lukullischen Freizeitspaß entwickelt. An der Ostküste der USA gehören die Muschelbäcker an den Sommerwochenenden zum Strandleben. Die Prozedur ist ganz einfach: Man hebt eine etwa 30 cm tiefe Grube am Strand (oder im Garten) aus und füllt sie halbvoll mit großen Steinen. Trockenes Holz darüberstapeln, anzünden und 3 - 4 Stunden kräftig heizen, bis die Steine durch und durch heiß sind. Die Asche herausfegen, eine Schicht Alufolie über die Steine legen und darauf die Clams und die Maiskolben und, wenn's besonders fein sein soll, pro Person einen kleinen Hummer von etwa 600 g; von den Fischern an der Ostküste werden diese Portionshummer schlicht »Chicken« genannt. Das Arrangement dann mit viel frischem, feuchtem Seetang abdecken und mit einer ebenfalls feuchten Zeltplane verschließen. Nach etwa einer Stunde öffnen und zunächst einmal den Duft genießen, bevor man mit dem Hummer beginnt.

1 **Clams öffnen.** Das sieht schwieriger aus, als es tatsächlich ist. Die unter fließendem Wasser gebürstete Muschel trocknen und fest in die Hand nehmen. Die Klinge eines starken Messers vorn zwischen die Schalen schieben und, bei drehender Bewegung der Muschel, weiterführen.

2 **Das Fleisch herauslösen.** Mit dem Messer den Muskel an der oberen Schale durchtrennen, bis zum Scharnier weiterschneiden, die Muschel öffnen. Die Flüssigkeit auffangen. Das Muschelfleisch mit kreisenden Bewegungen des Messers von der unteren Schale trennen, herausnehmen.

3 **Die Zutaten schichtweise einfüllen.** Den gewürfelten Speck anbraten, damit er sein Aroma entfalten kann. Darauf die übrigen Zutaten schichten. Erst die Kartoffeln, darauf das Schweinefleisch, die Zwiebeln und die Maiskörner. Zuletzt das zerkleinerte Muschelfleisch mit der Flüssigkeit.

4 **Kräftig würzen.** Nach jeder Zutaten-Schicht mit Salz und frisch gemahlenem Pfeffer würzen. Während des Einschichtens den Topf ab und zu rütteln, damit sich die Zutaten gut verbinden. Sind sie nämlich zu locker eingeschichtet, nehmen sie zu viel Flüssigkeit auf.

5 **Mit Milch auffüllen.** Zuvor das Toastbrot in winzig-kleine Würfel schneiden und über den Eintopf streuen. So erhält der Clam Chowder ein wenig Bindung. Dann so viel Milch darübergießen, bis die Zutaten fast bedeckt sind. Topf verschließen und in den auf 200° C vorgeheizten Ofen schieben.

6 **Clam Chowder** ist ein Mittelding zwischen Suppe und Eintopf. So sollte er aussehen: die Zutaten gargekocht, die Kartoffeln aber noch als Stücke sichtbar und das Ganze weder zu flüssig noch zu trocken. Serviert wird er mit frischem Landbrot, das in Neu-England natürlich weiß ist.

ZARZUELA DE MARISCOS

Zu deutsch heißt das ganz poetisch »Singspiel der Meeresfrüchte«. Ein Gericht, das jeden Tag anders schmekken kann. In seiner Heimat Katalonien sagt man sogar, daß es jeden Tag anders schmecken muß. Einfach, weil das Angebot an frischen Meeresfrüchten täglich wechselt. Verwenden kann man fast alle Meeresfrüchte, nur sollte das Gleichgewicht zwischen Fisch, Krustentieren und Muscheln annähernd gewahrt sein.

400 g Kalmare, 1 kg Miesmuscheln
500 g Tiefseegarnelen
500 g Schwertfisch (oder anderer festfleischiger Fisch)
2 EL Olivenöl zum Anbraten
120 g feingewürfelte Zwiebeln
2 zerdrückte Knoblauchzehen
4 EL Olivenöl
500 g reife Tomaten
1 feingehackte Peperoni (Chilischote)
1/8 l trockener Weißwein
2 cl spanischer Weinbrand oder Cognac
1/8 l Fisch- oder Hühnerbrühe
1 Lorbeerblatt, einige Safranfäden
1 TL Salz, Pfeffer aus der Mühle
2 EL frisch gehackte Kräuter (Thymian, Petersilie und Majoran)
Saft einer halben Zitrone
3 EL schwarze Oliven

Zubereitung wie in der nebenstehenden Bildfolge. Zuvor jedoch die Miesmuscheln gut abbürsten, entbarten und kochen, bis sie sich geöffnet haben. Von den Garnelen die Schwänze abdrehen und den Darm herausziehen. Das Schwertfischfleisch in Würfel schneiden und in dem erhitzten Öl unter ständigem Wenden etwa 2 Minuten anbraten.

1 Den Tintenfisch vorbereiten. Den Kopf aus dem Rumpf ziehen, Innereien und Tintensack entfernen. Sorgfältig waschen. Die Fangarme vom Kopf abschneiden und die Kauwerkzeuge herausdrücken. Vom Rumpf die Haut abziehen und diesen dann in etwa 1 cm breite Stücke schneiden.

2 Zwiebeln anschwitzen, Tintenfische zugeben. Das Öl in der Pfanne erhitzen und die gewürfelten Zwiebeln zusammen mit dem zerdrückten Knoblauch hell anlaufen lassen, dabei mit dem Holzspatel durchrühren. Nach etwa 6-8 Minuten den Tintenfisch zugeben.

3 Die Tomaten dazugeben. Sie werden zuvor in kochendem Wasser blanchiert, enthäutet und in Stücke geschnitten. Die Kerne werden entfernt. Die Peperoni wird feingehackt (vorher die Kerne herauskratzen) und zu den Tomaten gegeben. Alles 3-4 Minuten dünsten.

4 Wein und Fischbrühe zugießen. Zuerst mit dem Wein 2-3 Minuten köcheln, dann die Fischbrühe und den Weinbrand zugießen. Ohne die Pfanne zu schließen, weitere 6-8 Minuten garen lassen, ab und zu durchrühren. Lorbeerblatt und Safran in die Pfanne geben.

5 Die Zarzuela würzen. Und zwar recht vorsichtig, weil die Meeresfrüchte schon Salz mitbringen. Also vorsichtig vorgehen und zwischendurch probieren, damit die Zarzuela nicht zu scharf wird. Zum Schluß den Zitronensaft und die feingehackten Kräuter zufügen und gut durchrühren.

6 Die vorbereiteten Meeresfrüchte zugeben. Zuerst die Fischwürfel, dann die Garnelen und die Muscheln. Behutsam untermischen und bei geringer Hitze weitere 6-8 Minuten schmoren. Wenn nötig, mit Salz, Pfeffer und Zitronensaft nachwürzen. Zum Schluß die Oliven dazugeben.

CIOPPINO

Dieser kalifornische Meeresfrüchte-Eintopf vereinigt alles Feine aus dem Pazifik. Alles, was gerade angeboten wird, aber etwas muß immer dabei sein: Dungeness Crabs. Hier ein Beispiel:

4 EL feines Pflanzenöl
100 g feingehackte Zwiebeln
1 zerdrückte Knoblauchzehe
100 g grüne Paprikaschoten
150 g Staudensellerie
4 abgezogene, entkernte Tomaten
1/2 TL Salz, etwas Pfeffer
2 Dungeness Crabs oder Taschenkrebse (etwa 1 kg)
300 g Klaffmuscheln oder Jakobsmuscheln, ausgelöst
1 kg Miesmuscheln
1 EL gehackte Petersilie
1/2 l trockener kalifornischer Weißwein

Das Öl in einem Topf erhitzen, Zwiebeln und Knoblauch darin hell anschwitzen. Paprikaschoten und Sellerie in Würfel schneiden, zugeben und 5 – 6 Minuten dünsten. Die Tomaten zugeben, alles mit Salz und Pfeffer würzen. Von den Dungeness Crabs nur die angeknackten Scheren und das ausgelöste Fleisch aus dem Panzer verwenden. Das Fleisch der Klaffmuscheln mit Rogen zugeben. Die Miesmuscheln unter fließendem Wasser bürsten, entbarten und dazugeben. Mit der Petersilie bestreuen und dem Wein übergießen, bei geringer Hitze auf dem Herd oder im Backofen etwa 15 Minuten garen.

1 **Zwiebeln und Knoblauchwürste anbraten.** Das Olivenöl in der Pfanne erhitzen, die Zwiebelwürfel und die zerdrückte Knoblauchzehe darin hell anschwitzen. Die in Scheiben geschnittenen Knoblauchwürstchen zugeben und bei guter Hitze unter ständigem Rühren anbraten.

2 **Hühnerfleisch, Tintenfisch und Gemüse zugeben.** Zuerst kommt das in grobe Würfel geschnittene Huhn dazu, das bei starker Hitze rundherum angebraten wird. Dann der vorbereitete Tintenfisch, danach Paprika und Tomaten. 5 Minuten schmoren, Hühnerbrühe und Weißwein zugießen.

3 **Den Reis daruntermischen** und würzen, auf dem Herd zum Kochen bringen. Nach etwa 10 Minuten Erbsen, Garnelen und Muscheln behutsam unterheben. Die Pfanne in den auf 180° C vorgeheizten Ofen schieben. In 15-25 Minuten ist die Paella fertig. Wenn nötig, noch etwas Brühe angießen.

PAELLA

Sie ist zur internationalen Spezialität geworden, aber dennoch spanische Hausmannskost geblieben. Sie zeugt von der Vorliebe der Spanier für Eintöpfe und für alles, was aus dem Meer kommt. Die Zusammensetzung einer Paella ist keineswegs einheitlich, aber je näher an der Küste sie zubereitet wird, desto größer ist der Anteil an Meeresfrüchten. Trotzdem dürfen Huhn- und Schweinefleisch (auch in Form von Würstchen oder Schinken) nicht fehlen, denn erst die richtige Kombination bringt den ganz typischen Geschmack hervor, den eine Paella Valenciana auszeichnet. Will man den kräftigen Geschmack der Würstchen deutlich spüren, dann kommen sie gleich nach den Zwiebeln in die Pfanne. Andernfalls gibt man sie als letzte Zutat zu dem Gericht, bevor es in den Ofen geschoben wird.

3 EL feinstes Olivenöl
120 g feingewürfelte Zwiebel
1 Knoblauchzehe
150 g Knoblauchwürstchen (Chorizos)
1/2 Huhn (etwa 750 g)
300 g Tintenfische (kleine Sepia oder Kalmare)
200 g rote Paprikaschoten
200 g Tomaten
3/8 l Hühnerbrühe
1/8 l trockener Weißwein
200 g Rundkornreis
1/2 TL Salz, etwas Pfeffer
einige Safranfäden
150 g frische, ausgepalte Erbsen
400 g Garnelen mittlerer Größe
500 g Miesmuscheln
300 g Trog- oder Venusmuscheln

Die Paella wie nebenstehend beschrieben zubereiten, vorher jedoch die Muscheln unter fließendem Wasser waschen und entbarten. Die Tintenfische vorbereiten (Seite 162) und in Stücke schneiden. Von den Garnelen nur die Schwänze verwenden und jeweils den Darm entfernen. Die Paprikaschoten halbieren, Kerne entfernen und das Fruchtfleisch in Streifen schneiden. Von den Tomaten die Haut abziehen, Fruchtfleisch in Würfel schneiden. Wichtig: Die Paella braucht zum Garen genügend Flüssigkeit, spätestens nach 15 Minuten nachschauen, ob Flüssigkeit nachgegossen werden muß.

JAMBALAYA

Ein kreolischer Eintopf, der im Süden der Vereinigten Staaten und in Mittelamerika in den verschiedensten Kombinationen gekocht wird. Reis, Tomaten und Krustentiere aber gehören zu den Grundzutaten, und eine gewisse Schärfe (von Pfeffer und Chilischoten) ist typisch für dieses Gericht, dem übrigens auch oft die fleischigen Austern aus dem Golf von Mexiko zugesetzt werden. Sie sollte man (ohne Schale) erst wenige Minuten vor dem Ende der Garzeit auf den Reis setzen, damit sie kurz durchziehen können, aber trotzdem schön weich bleiben.

100 g durchwachsener Räucherspeck
80 g feingehackte Zwiebeln
1 zerdrückte Knoblauchzehe
2 mittelgroße grüne Paprikaschoten
200 g Langkornreis (parboiled)
1/2 TL Salz
etwas frisch gemahlener Pfeffer
1 Zweig Thymian
1 TL Zitronenmelisse
1 feingehackte scharfe Chilischote
2 TL Limetten- oder Zitronensaft
100 g gekochter Schinken
500 g Tomaten
250 g Garnelenschwänze
4 Scheren von Stone Crabs (oder Taschenkrebsen)
2 Langustenschwänze von je etwa 150 – 200 g

In der nebenstehenden Bildfolge ist beschrieben, wie die Jambalaya zubereitet wird. Zunächst werden jedoch die Zutaten vorbereitet: Die Paprikaschoten halbieren, die Kerne entfernen und das Fruchtfleisch in Würfel schneiden. Die Tomaten blanchieren, die Haut abziehen, vierteln. Den Schinken in etwa 1 cm breite Streifen schneiden. Aus den Garnelenschwänzen den Darm entfernen. Die Stone-Crab-Scheren mit einem großen Messer oder Gewichtsstein anbrechen, damit sie gleichmäßig garen, die Langustenschwänze in etwa 2 – 3 cm breite Stükke schneiden und jeweils den Darm herausziehen.
Während des Garvorganges im Ofen prüfen, ob genügend Flüssigkeit vorhanden ist. Ansonsten zwischendurch Brühe nachgießen.

1 **Das Gemüse anbraten.** Den gewürfelten Räucherspeck anbraten und die Zwiebelwürfel darin bei Mittelhitze hell anschwitzen. Die zerdrückte Knoblauchzehe zugeben und anschließend die in Würfel geschnittenen Paprikaschoten zufügen. Die Gemüsemischung dann etwa 5 Minuten dünsten.

2 **Den Reis hineinschütten** und unter Rühren anbraten, bis die Körner glasig sind und zu quellen beginnen. Salz, Pfeffer, Thymian und Zitronenmelisse zugeben. Die feingehackte Chilischote wird etwa 10 Minuten in Limettensaft mariniert, bevor sie ebenfalls in den Topf kommt.

3 **Schinken und Tomaten daruntermischen.** Mit der Hühnerbrühe aufgießen und bei guter Hitze etwa 5 Minuten kochen. Dann die Garnelen, Krabbenscheren und Langustenschwänze unterheben und die Jambalaya in dem auf 180° C vorgeheizten Ofen in etwa 20 Minuten garen.

EMPANADA MIT MEERESFRÜCHTEN

Man sagt, daß die Empanadas aus Galizien stammen, aber man begegnet ihnen überall dort in der Welt, wo spanisch gesprochen wird. Mit Meeresfrüchten gefüllt schmecken sie jedoch in La Coruña oder Vigo in Spanien am besten, weil dort die Muscheln, Garnelen und Calamares eben am frischesten sind und zudem von bester Qualität. Empanadas kann man in Portionsgrößen zubereiten, in Form von Täschchen, doch meist werden sie als runder Kuchen gebacken. Je nach Größe der Stücke können sie Hauptgericht oder Zwischenmahlzeit sein.

Für den Teig:

500 g Mehl, 30 g Hefe
200 ml Milch
30 g Butter, 1 Ei
1 TL Salz

Für die Füllung:

4 EL Olivenöl
120 g Zwiebelwürfel
2 zerdrückte Knoblauchzehen
2 rote Paprikaschoten
200 g Tomaten, in Stücke geschnitten
2 kleine Chilischoten
1 TL Salz
2 TL Paprika, edelsüß
500 g vorbereitete Tintenfische (Seite 162)
1 kg Miesmuscheln
300 g Garnelenschwänze
1/8 l Rotwein (Rioja)
1 EL gehackte Kräuter (Thymian, Salbei und Petersilie)
1 Eigelb zum Bestreichen
1 Kuchenform von 26 Ø
Butter zum Ausstreichen der Form

Das Mehl in eine Schüssel sieben, die Hefe hineinbröckeln und mit der lauwarmen Milch auflösen. Diesen Vorteig 15 Minuten gehen lassen. Die lauwarme Butter mit Ei und Salz verrühren, zu dem Vorteig geben und daraus einen glatten, trockenen Hefeteig schlagen.

Die Füllung wie in der nebenstehenden Bildfolge vorbereiten. Die gesäuberten Tintenfische in Stücke schneiden. Die Miesmuscheln in Salzwasser kochen, bis sie sich öffnen, aus den Schalen lösen. Aus den Garnelenschwänzen den Darm herausziehen. In der Gemüsemischung dünsten und abkühlen lassen. Die Empanada wie in der Bildfolge füllen und im vorgeheizten Ofen bei 220°C etwa 30 – 35 Minuten backen.

1 **Zwiebeln anschwitzen.** Das Öl in der Pfanne erhitzen und die Zwiebelwürfel mit den Knoblauchzehen bei Mittelhitze hell anlaufen lassen. Dann die Paprikawürfel und die entkernten und geschälten Tomaten sowie die feingehackten Chilischoten dazugeben, mit Salz und Paprika würzen.

2 **Die vorbereiteten Tintenfische zugeben** und 3-4 Minuten bei guter Hitze schmoren. Dann die vorgekochten, ausgelösten Miesmuscheln und die Garnelenschwänze zufügen, mit dem Rotwein aufgießen. Weitere 3-4 Minuten dünsten, zum Schluß die gehackten Kräuter darüberstreuen.

3 **Die Empanada füllen.** Den Teig halbieren und beide Hälften ausrollen. Mit der einen Hälfte die gebutterte Kuchenform auslegen, die Füllung hineingeben und die Oberfläche glatt verstreichen. Den Rand mit Eigelb bestreichen und die zweite Teighälfte darüberlegen, leicht andrücken.

4 **Ein Gitter ziert die fertige Empanada.** Dafür werden die Teigreste dünn ausgerollt und in Streifen geschnitten. Die Oberfläche der Empanada mit Eigelb bestreichen, die Teigstreifen gitterförmig auflegen und erneut mit Eigelb darüberstreichen. Mit Salz und Pfeffer bestreuen.

SEAFOOD GUMBO

Gumbos sind in der kreolischen Küche nahrhafte Suppen oder Eintöpfe und mit Meeresfrüchten eine ganz besondere Delikatesse.

600 g Okraschoten
100 g Karotten
100 g Staudensellerie
150 g Frühlingszwiebeln
4 EL feines Pflanzenöl
3 Chilischoten
2 Knoblauchzehen, zerdrückt
Saft einer Limette oder Zitrone
1/2 l Hühnerbrühe
250 g Garnelen (Shrimps)
1 Langustenschwanz (etwa 200 g)
500 g Miesmuscheln
1 TL Salz
2 EL frische, gehackte Kräuter (Thymian, Basilikum, Petersilie)

Von den Okraschoten die Stiele großzügig abschneiden. Die Okras in Stücke schneiden und in Salzwasser 3 – 4 Minuten kochen, abseihen und das Kochwasser wegschütten. Karotten, Sellerie und Frühlingszwiebeln putzen und kleinschneiden. Das Öl in einem großen Topf erhitzen und die feingeschnittenen Chilischoten (ohne Kerne) und die Knoblauchzehen etwas anschwitzen. Die vorbereiteten Gemüse zugeben und 3 – 4 Minuten dünsten. Mit Limettensaft und Hühnerbrühe aufgießen. Die gewürfelten Tomaten (ohne Haut und Kerne) und die Okra zugeben und weitere 4 – 5 Minuten kochen. Die ganzen Garnelen, den in Stücke geschnittenen Langustenschwanz und die sorgfältig gewaschenen und entbarteten Miesmuscheln hinzufügen und bei geschlossenem Topf garen. Bei möglichst schwacher Hitze etwa 15 Minuten mehr ziehen als kochen lassen.

KALTE KÖSTLICHKEITEN

Die feine kalte Küche unserer Zeit lebt aus der Frische und der Qualität ihrer Zutaten. Feinste frische Meeresfrüchte und Fische, tagesfrische Gemüse und Salate sind die wichtigsten Bestandteile der heute bevorzugten bekömmlichen, leichten kalten Köstlichkeiten. Doch haben auch die kühlen Klassiker wie zum Beispiel die Languste Bellevue oder der von Menge und Gehalt her eher mächtige Hummercocktail noch ihre Verehrer. Darum gehören beide Richtungen der kalten Küche in dieses Kapitel. Wir haben dennoch den kleinen, feinen Kompositionen den Vorzug gegeben.

Meeresfrüchte eiskalt serviert

Viele sagen, nichts schmecke so gut wie eiskalt servierte, lebend-frische Meeresfrüchte. Weil sie so, wie das Meer sie hergibt, von keinem Garvorgang verändert, eben nur nach sich selbst und ihrem Element, dem Meer schmecken. So gibt es ausgesprochene Austern-Fans, die ihre Lieblingsspeise mit Hingabe im Dutzend schlürfen (denn man darf sie schlürfen). Sie gestatten sich als Würze allenfalls den Tropfen frischen Limetten- oder Zitronensafts. Sonst nichts. Diese Anhänger des puren Genusses sind auch sonst experimentierfreudig und keineswegs abgeneigt, andere Meeresfrüchte ebenfalls auf diese Weise, nämlich roh, zu verzehren. Als da beispielsweise sind: Teppichmuscheln, Samtmuscheln, Birgorneaux (kleine Strandschnecken), Miesmuscheln oder Seeigel. Für sie ist das der absolute Meeresfrüchte-Genuß. Andererseits gibt es viele, die sich nichts aus solchen Genüssen machen oder sie sogar ablehnen. Da wollen wir gar nicht erst den ganz aussichtslosen Versuch unternehmen, sie zu bekehren. Eiskalt servierte Früchte des Meeres können natürlich auch gegart sein. Unser hier abgebildetes eisgekühltes Arrangement enthält neben den lebendfrischen Austern, Venusmuscheln und Birgorneaux auch vorher Gegartes, nämlich den Taschenkrebs, die Scampi, die Tiefseegarnelen und die Miesmuscheln. Letztere kann man aber, wie gesagt, auch roh verzehren. Das Vorbereiten ist denkbar einfach. Man füllt zersoßenes Eis auf eine Servierplatte und richtet darauf die Meeresfrüchte an. Garniert wird nur mit Limetten- oder Zitronenscheiben, allenfalls noch mit Dill. Man kann auch das Eis mit Seetang abdekken und darauf dann die Meeresfrüchte plazieren. Auf Portionstellern kann das Ganze natürlich auch angerichtet werden. Zusätzlich sollten Limetten- oder Zitronenachtel bereitstehen, damit sich jeder nach Wunsch seine Meeresfrüchte damit beträufeln kann. Ein edler trockener Weißwein (Meursault, Sancerre, Chablis), ein erlesener Sekt oder gar Champagner sind weltweit geschätzte Getränke dazu. Von englischen Feinschmeckern wird berichtet, daß sie zu Austern Bier bevorzugen, und zwar eine Mischung aus hellem und dunklem. In Irland und in den USA zieht man dagegen ungemixtes Bier vor, frisch vom Faß. Die meisten Kenner belassen es bei dem begleitenden Getränk. Doch gibt es auch welche, die knuspriges Weißbrot oder herzhaftes Vollkornbrot und Butter,

Mayonnaise oder Aïoli dazu mögen. Manche gehen einmal mit der Pfeffermühle drüber. Andere wieder mögen es, einen Würfel guten Schnitt- oder Hartkäses dazu zu genießen. Es ist selbstverständlich, daß man Meeresfrüchte, die lebend-frisch verzehrt werden sollen, besonders sorgfältig auswählen muß. Frische ist dabei allerobersten Gebot. In den Küstenregionen ist das kein großes Problem. Da gelangen die Tiere sozusagen direkt aus dem Meer auf die Teller. Zwar kann man auch im Binnenland mal ein Platte roher Meeresfrüchte servieren, doch sollte man die Zutaten nur bei einem Fischhändler seines Vertrauens kaufen. Es ist ja dank der Technik heute kein Problem mehr, in wenigen Stunden Hunderte von Kilometern zu überwinden, und das überstehen die Meerestiere bei richtiger Behandlung ohne weiteres in voller Frische. Bevor sie serviert werden, legt man die lebenden Schaltiere am besten für einige Stunden in leicht gesalzenes Wasser, damit sie eventuell noch vorhandenen Sand ausscheiden. Dann werden sie gewaschen, abgebürstet, Unebenheiten oder Bewuchs an den Schalen werden entfernt, Miesmuscheln werden entbartet. Erst kurz vor dem Servieren – das ist äußerst wichtig – werden die Austern und Muscheln geöffnet. Dazu kann man ein kräftiges kurzes Küchenmesser oder einen Austernöffner verwenden. Bei der Zusammenstellung einer Meeresfrüchte-Platte kann man natürlich ganz dem eigenen Geschmack folgen, doch meist wird man sich nach dem Tagesangebot des Marktes richten müssen. Denn, wie gesagt, frisch müssen die roh servierten Schaltiere unbedingt sein. Ein Hummer, eine Languste oder auch Garne-

Die Samtmuschel öffnen. Dazu ein Tuch in die Linke nehmen und die Muschel darin fest packen. Mit einem scharfen, stabilen Messer an der Nahtstelle ansetzen, rundherum fahren und dabei auch das Scharnier durchtrennen. Die Muschel immer waagerecht halten, damit die Flüssigkeit nicht ausläuft.

len können schon mal ein oder zwei Tage zuvor gekocht und dann gut gekühlt aufbewahrt werden. Wenn das Marktangebot es erlaubt, kann man eine besonders feine Platte nur aus rohen Schaltieren zusammenstellen, wie zum Beispiel zweierlei Austern (Belons und Fines de Claires), kleinen Herzmuscheln, Birgorneaux, kleinen Venusmuscheln und natürlich Miesmuscheln. Mit Seeigeln und Violets könnte man ein solches Arrangement noch delikat variieren. Die Pro-Kopf-Menge hängt übrigens weitgehend davon ab, ob man die Meeresfrüchte-Platte als Vorspeise oder zum Sattessen serviert.

Seeigel rund ausschneiden. Den Seeigel in die Handfläche nehmen und an der leicht nach innen gewölbten Unterseite ein kreisrundes Stück ausschneiden. So kann man die ungenießbaren Eßwerkzeuge und Innereien entfernen. Den Saft der Seeigel gießt man in ein Töpfchen; er eignet sich vorzüglich zum Aromatisieren von Speisen. Die Eierstöcke bzw. die Gonaden, die der Fachmann Zungen nennt, holt man mit einem Löffel heraus und verzehrt sie roh.

Austern mit dem Spezialmesser öffnen. Die Austern — gewölbte Seite nach unten — auf ein Tuch in die Hand legen. Fest zupacken. Mit dem Spezialmesser am Scharnier (Schloß) einstechen, das Scharnier durchtrennen. Dann mit dem Messer rundherum fahren und die obere Austernschale abheben. Immer darauf achten, daß die in der Schale enthaltene Flüssigkeit nicht verlorengeht. Die Muschel mit dem Messer lösen und die obere Klappe abheben. Auf Eis servieren.

LANGUSTE BELLEVUE

Dem edlen Meerestier von großem Wohlgeschmack hängt eine elegante Vergangenheit an. Die Languste, mit ihren langen Fühlern noch eindrucksvoller als der Hummer, war zumeist Mittelpunkt kalter Buffets auf elitären Empfängen – und ist es bis heute geblieben. Solche Prachtstücke in allen Ehren, doch heute serviert man Languste und Hummer eher in Form von Tellergerichten, bei denen auf den erlesenen Geschmack mehr Wert gelegt wird als auf die Optik. Was keineswegs heißt, daß bei diesen feinen Gerichten das Auge zu kurz kommen soll.

1/2 l Fischconsommé (Rezept Seite 109)
10 - 12 Blatt eingeweichte Gelatine
Court-Bouillon:
4,5 l Wasser, 3/16 l Essig
60 g Salz, 450 g Möhrenscheiben
300 g Zwiebelringe
100 g Petersilie, 2 Lorbeerblätter
1 1/2 EL zerstoßene Pfefferkörner
1 Languste von etwa 3 kg
1 Stück Salatgurke
2 große feste Tomaten
1 schwarze Trüffel
Kerbel zum Garnieren

Die gut gewürzte Fischconsommé mit der Gelatine binden und im Kühlschrank erstarren lassen.
Alle Zutaten für die Court-Bouillon bis auf die Pfefferkörner in einem Fischkessel 40 Minuten kochen. Kurz vor Ende der Kochzeit die Pfefferkörner zugeben. Die Languste (siehe Fotos) vorbereiten. In die sprudelnd kochende Court-Bouillon – Kopf vorweg – geben. 30 Minuten kochen. Aus dem Topf heben, auskühlen lassen. Ausbrechen und in Scheiben schneiden. Salatgurke und Tomaten breit schälen. Fruchtfleisch von den Schalen lösen. Trüffel in feine Scheiben schneiden. Aus allem ovale Blättchen ausstechen.
Aspik leicht erwärmen, Langustenkörper damit glasieren. Auf einer Servierplatte anrichten. Mit den Fleischscheiben belegen, diese mit Aspik überziehen. Die Schalen- und Trüffelblättchen wie Blüten anlegen. Ebenfalls glasieren. Die Languste mit Kerbel garnieren.

1 **Languste auf ein Brettchen binden.** So kann sie sich beim Kochen nicht krümmen. Das nach Größe des Tiers zugeschnittene Brettchen wird mit Alufolie überzogen, damit sich der Holzgeschmack nicht überträgt. Am Schwanzende beginnend, das Tier in engen Abständen gut festbinden.

2 **Die Fühler hochbinden.** Will man die Languste zum Paradestück eines kalten Buffets machen, kann man die Fühler, wie hier gezeigt, an einem hochgestellten Stab befestigen. Man kann sie aber auch an beiden Seiten der Languste vorsichtig anlegen. So haben wir es bei unserer Languste Bellevue gemacht.

3 **Languste in den Sud geben.** Mit dem Kopf voran vorsichtig hineingleiten lassen. In jedem Fall muß der Sud sprudelnd kochen, damit das Tier sofort getötet wird. Für die Languste Bellevue rechnet man 30 Minuten Garzeit. Wenn sie anschließend im Sud auskühlt, braucht sie nur 20 Minuten.

4 **Einsatz mit Fleischgabeln herausheben.** So ein großer Fischkessel mit Einsatz eignet sich am besten für den Garvorgang. Zum Herausheben schiebt man einfach zwei Fleischgabeln unter die Griffe des Einsatzes und hebt ihn mit der fertig gegarten Languste aus dem Sud.

5 **Mit der Schere aufschneiden.** Man legt die Languste auf den Rücken und schneidet an den Seiten den weichen unteren Panzer auf. So kann das Schwanzfleisch unverletzt ausgelöst werden. Auch der Panzer bleibt intakt und kann später mit den Langustenmedaillons dekorativ belegt werden.

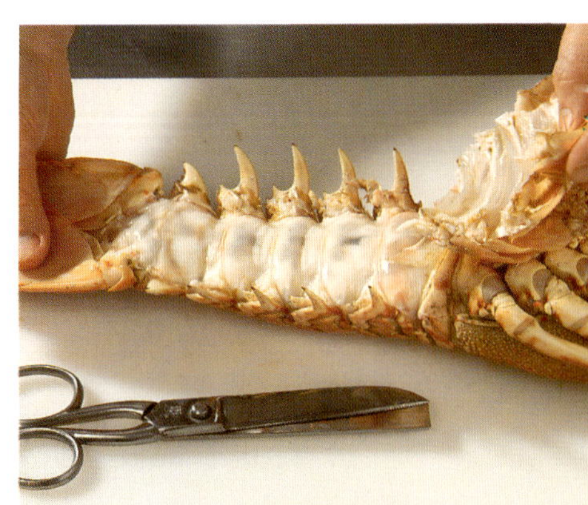

6 **Das Karkassenstück abheben.** Vorher das Fleisch leicht lockern, damit nichts am Panzer hängenbleibt und später die Schönheit der Medaillons beeinträchtigt. Dabei mit der einen Hand den Schwanz locker festhalten, mit der anderen Hand das Karkassenstück entfernen.

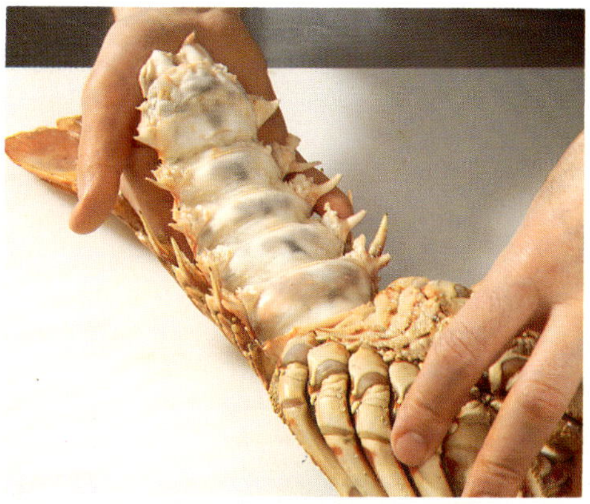

7 **Hand zwischen Panzer und Fleisch** schieben. Vorher das Fleisch vorsichtig mit einem Messer vom Panzer lösen, um sicher zu sein, daß es sich dann im Ganzen abheben läßt. Die Languste mit der anderen Hand ohne wesentlichen Druck festhalten. Immer, damit der Panzer intakt bleibt.

8 **Das Fleisch in Scheiben schneiden.** Mit einem scharfen Messer das feine Fleisch in schöne, gleichmäßig starke Scheiben schneiden. So braucht man sie für eine Languste Bellevue. Die Scheiben sollten aber ebenso schön und gleichmäßig sein, wenn man sie in einem feinen Salat anrichtet.

LANGUSTEN-SALAT

1 frisch gekochte Languste von 1,5 kg
Saft einer Orange
6 EL Langustenfond
4 EL Estragonessig, 6 EL Olivenöl
2 Schalotten
Salz, weißer Pfeffer
4 Handvoll Frisée-Herzblättchen
4 EL Salatgurkenwürfel
4 schwarze Trüffelscheiben
4 Stengel Kerbel

Langustenschwanz in 12 Scheiben schneiden. Orangensaft, Langustenfond, Estragonessig, Olivenöl und fein gewürfelte Schalotten verrühren, mit Salz und Pfeffer abschmecken. Frisée darin wenden. Mit je 3 Langustenscheiben auf 4 Teller anrichten. Tomaten- und Gurkenwürfel in die Marinade geben. Mit Trüffeljulienne bestreuen und mit Kerbel garnieren.

Cocktails und Salate

Auf Speisekarten und in Büchern werden die auf diesen Seiten folgenden kalten Köstlichkeiten mit Meeresfrüchten unter den verschiedensten Bezeichnungen gehandelt. Die Zeit der Fantasie-Namen ist zwar längst vorbei, und heutzutage benennt man die feinen Kreationen richtigerweise nach ihren Hauptzutaten (wie zum Beispiel »Hummersalat mit Paprikasauce« nach den geschmacklich dominierenden Ingredienzen). Dennoch beinhalten die Namen nicht allzuviel an Information. Mit den Begriffen »Salat« oder »Cocktail« verbindet sich oft nur die Vorstellung von herbsäuerlich. Und unter »Komposition« oder gar »Dialog« kann man sich auch nicht sehr viel vorstellen. Aber das ist sicher ganz gut so, denn der wahre Gourmet liebt Überraschungen (sofern sie delikat sind). Und das Gefühl, daß jede dieser Überraschungen gerade erst für ihn erfunden wurde.

Für immer wieder neue Kreationen auf dem Gebiet der kalten Vorspeisen, Zwischengerichte und kleinen Snacks gibt es noch viele ungeahnte Möglichkeiten, wobei natürlich – bei aller schöpferischen Freiheit – die Grenzen geschmacklicher Kombinationsmöglichkeiten respektiert werden müssen. Dabei sollte man das Angebot des Marktes, die für die feine kalte Küche so wichtigen frischen Zutaten nutzen – ohne jedoch auf die tiefgekühlten Krustentiere zu verzichten: viele Sorten, wie zum Beispiel Schneekrabben, Königskrabben oder Garnelen, kommen bei uns als Frischware kaum in den Handel. Die tiefgefrorenen Produkte sind oft vorgekocht und deshalb für die kalte Seafood-Küche durchaus brauchbar. Vorausgesetzt, man verwendet sie für Gerichte, die nicht nach Spitzenqualität verlangen. Tiefgefrorene Rohware hingegen kann man nach dem Auftauen wie frische Produkte verwenden. Natürlich nur, wenn sie sachgemäß aufgetaut werden, also nicht in heißem Wasser, sondern langsam bei Zimmertemperatur. Sehr brauchbar dazu sind Mikrowellengeräte, die in Intervallen sehr schonend und schnell auftauen. Im Zweifelsfall aber vorher die Bedienungsanleitung studieren, damit die Produkte nicht irrtümlich darin garen!

GARNELEN-COCKTAIL AUF EICHBLATTSALAT

250 g gekochte, geschälte Tiefseegarnelen
150 g frisch gepalte Erbsen
2 EL feines Pflanzenöl
30 g feingewürfelte Schalotten
10 cl trockener Weißwein
10 cl Hühnerbrühe
1/4 TL Salz

Für die Sauce vinaigrette:

2 EL Sherry-Essig
4 EL Olivenöl
Salz, frisch gemahlener Pfeffer
1 EL gehackter Dill

Für die Chili-Creme:

2 EL Mayonnaise
2 EL Crème fraîche
4 EL frische Sahne
1 EL Tomatenmark
etwas Salz, 1 Msp. Zucker
1-2 frische Chilischoten

Das Öl in einer entsprechend großen Kasserolle erhitzen und die Schalottenwürfel darin hell anschwitzen. Mit dem Wein und der Hühnerbrühe aufgießen, die gepalten Erbsen hineingeben, leicht salzen. Bei offenem Topf etwa 3-4 Minuten sacht köcheln. Vom Feuer nehmen, die Brühe abseihen und auf etwa 4 EL reduzieren.
Für die Vinaigrette in einer Schüssel den Essig mit der reduzierten Brühe und dem Öl mit einem Schneebesen sämig rühren. Mit Salz und Pfeffer würzen, gehackten Dill zufügen. Die Garnelen und Erbsen darin etwa 1/2 Stunde im Kühlschrank ziehen lassen.
Für die Chili-Creme alle Zutaten mit dem Schneebesen schaumig rühren und würzen. Die Chilischoten entkernen, mit dem Messer zerdrücken und durch ein Haarsieb passieren. Mit dem gewaschenen und trockengeschleuderten Salat vier Teller oder Schüsselchen auslegen, die Garnelen mit den Erbsen in der Mitte anrichten. Dabei den Eichblattsalat mit etwas Vinaigrette beträufeln. Chili-Creme darauf verteilen.

HUMMER IN CHABLIS-SÜLZE

1 gekochter Hummer von 750 g
1/4 l geklärter Fischfond (Rezept Seite 97f.)
1/8 l Chablis
1 TL Zitronensaft
etwas Salz und weißer Pfeffer
12 g Aspikpulver oder Gelatine
50 g gekochte Erbsen
Für die Kräutercreme:
2 EL Mayonnaise, 4 EL Crème fraîche
einige Tropfen Tabasco
2 TL Zitronensaft
1 EL frisch gehackte Kräuter (Petersilie, Kerbel, Estragon und Melisse)

Fischfond, Wein, Zitronensaft und Gewürze verrühren, etwas erwärmen und mit der eingeweichten Gelatine binden. In 4 Gläsern das in Scheiben geschnittene Hummerfleisch mit den Erbsen anrichten, mit dem fast erkalteten Gelee übergießen und dann im Kühlschrank vollständig erstarren lassen. Aus den übrigen Zutaten eine Creme rühren und auf dem Gelee verteilen. Eiskalt mit Kerbel garniert servieren.

HUMMERCOCKTAIL

1 gekochter Hummer von 750 g
Herzblätter von Romain- oder Kopfsalat
Für die Sauce:
100 g beste Mayonnaise
2 TL Tomatenmark, 2 cl Cognac
2 TL Limetten- oder Zitronensaft
1 Msp. Ingwerpulver
12-15 Tropfen Tabasco
1 TL Paprika edelsüß, Salz und Pfeffer
100 g Schlagsahne
4 Limettenscheiben
4 Trüffelscheiben

Den gekochten Hummer ausbrechen, das Fleisch in Scheiben schneiden. Die Salatblätter in 4 Gläser verteilen und die Hummerstücke einlegen.
Mayonnaise mit Tomatenmark und Zitronensaft verrühren und würzen, zum Schluß die Hälfte der Schlagsahne unterrühren. Die Sauce über das Hummerfleisch gießen und mit der restlichen Schlagsahne, den Limetten- und Trüffelscheiben garnieren.

MEERESFRÜCHTE-SALAT

1 Hummer von 600 g, gekocht
4 Scampi, gekocht
12 Miesmuscheln, gekocht
12 Bigorneaux, roh (Strandschnecken)
Herzblätter von krausem Endiviensalat

Für die Sauce:

3 EL feines Olivenöl
30 g feingehackte Schalotten
1 Tomate, 80 g Staudensellerie
je 30 g grüne und gelbe Paprikaschoten
3 EL Fischfond
2 TL Aceto Balsamico
Salz, frisch gemahlener Pfeffer

Den gekochten Hummer aufbrechen, das Scheren- und Schwanzfleisch in Scheiben schneiden. Die Scampischwänze mit der Schale längs halbieren. Die Salatblätter waschen und trockenschleudern.
Für die Sauce das Olivenöl in einer entsprechend großen Pfanne erhitzen und die Schalottenwürfel 1-2 Minuten anschwitzen. Den Staudensellerie in feine Streifen schneiden, die Tomaten würfeln und beides mit den Schalotten weitere 2 Minuten dünsten. Die Mischung erkalten lassen. Die Paprikaschoten in kleine Würfel schneiden und dazugeben. Den Fischfond darübergießen und mit Essig (Aceto Balsamico), Salz und Pfeffer würzen. 4 Teller mit den Meeresfrüchten und dem Salat wie auf dem Bild belegen und mit der Sauce übergießen.

SALAT VON HUMMER, JAKOBSMUSCHELN UND AVOCADO

1 EL Olivenöl, 1 EL Schalottenwürfel
4 EL trockener Weißwein
4 EL Fischfond (Rezept Seite 97f.)
1/4 TL Salz
etwas frisch gemahlener weißer Pfeffer
8 Jakobsmuscheln (ohne Rogen)
4 mittelgroße gekochte Garnelen
1 Avocado (250 g)
1 große Tomate, 60 g Zucchini
1 gekochter Hummer von 600 g
120 g gekochte grüne Bohnen
Herzblätter von 1 Römischen Salat

Für die Sauce:

1/2 TL Dijon-Senf
3 EL feiner Sherry-Essig
6 EL gutes Olivenöl, Salz und Pfeffer

Das Olivenöl in einer Stielkasserolle erhitzen, die Schalottenwürfel darin ganz kurz anlaufen lassen. Mit Wein und Fischfond aufgießen, salzen. Die in dicke Scheiben geschnittenen Jakobsmuscheln zugeben und 1 Minute köcheln lassen, vom Feuer nehmen. Die geschälten Garnelen hineinlegen, Deckel auflegen, ganz langsam erkalten lassen. Das Fruchtfleisch der Avocado zu Kugeln ausstechen oder würfeln, das der Tomate in kleine Würfel schneiden. Die Zucchini ebenfalls kleinwürfeln. Das Hummerfleisch in Scheiben schneiden und mit den übrigen Zutaten auf 4 Tellern hübsch arrangieren. Aus Senf, Essig, Öl und Gewürzen eine sämige Vinaigrette rühren und über den Zutaten verteilen.

AUSTERNSALAT MIT SPINAT

24 Austern mittlerer Größe
8 cl trockener Weißwein
2 TL feingehackte Schalotten
2 kleine Zucchini
2 Karotten gleicher Länge
Salzwasser, etwas Zucker
100 g junger Blattspinat

Für die Vinaigrette:

1/2 TL Dijon-Senf, 2 EL Sherry-Essig
6 EL feines Olivenöl, Salz und Pfeffer
etwas feingeschnittener Schnittlauch

Die Austern unter fließendem Wasser gut bürsten, öffnen und mit einem Messer aus der Schale lösen. Den Wein mit den Schalotten auf die Hälfte reduzieren, die Austern einlegen und kurz zum Kochen bringen. Sofort vom Feuer nehmen, den Topf auf Eis stellen und die Austern im Fond erkalten lassen. Austern herausnehmen und den Fond auf etwa 2 EL reduzieren. Mit Senf, Öl und Essig zu einer Vinaigrette rühren. Die Zucchini sauber waschen, mit einem Apfelausstecher aushöhlen, in Salzwasser kurz aufkochen und sofort abkühlen lassen. Die Karotten in Salzwasser mit etwas Zukker knackig kochen und auskühlen lassen. Soweit zurechtschneiden, daß sie exakt in die ausgehöhlten Zucchini hineinpassen. Die Zucchini mit den Karotten in Scheiben schneiden. Den Blattspinat roh oder blanchiert auf 4 Tellern anrichten. Dazu die Austern und die Zucchinischeiben arrangieren. Aus den angegebenen Zutaten eine Vinaigrette rühren und die Zutaten damit beträufeln. Mit dem Schnittlauch bestreuen.

SCHNEEKRABBEN AUF FENCHELSALAT

1/4 l Fischfond (Rezept Seite 97f.)
3 EL trockener Sherry
4 Blatt weiße Gelatine
Salz, weißer Pfeffer aus der Mühle
150 g Fenchelknolle
24 Schneekrabben-Scheren (gekocht und tiefgefroren)
3 EL Mayonnaise
1 EL Cognac
2 EL frische Sahne
6 Tropfen Tabasco, Salz
Für die Sauce:
2 EL Sherry-Essig
6 EL Sonnenblumenöl
Salz und Pfeffer
etwas feingeschnittener Dill

Den Fischfond auf die Hälfte einkochen, den Sherry und die eingeweichte Gelatine zugeben und mit Salz und Pfeffer würzen. Das Gelee 1/2 cm hoch in ein entsprechend großes Gefäß giessen und erstarren lassen. In Würfel schneiden. Die Fenchelknolle in dünne Scheiben schneiden und in Salzwasser knackig dünsten, herausnehmen und abkühlen lassen. Von der Hälfte der Krabbenscheren (12 Stück) das Fleisch auslösen und zerdrücken, so daß es in kleine Segmente zerfällt. Mit Mayonnaise, Cognac und Sahne verrühren, mit Tabasco und Salz würzen.
Den Fenchel auf 4 Tellern verteilen und je 3 angebrochene Krabbenscheren anlegen. Mit der aus Essig, Öl, Salz und Pfeffer gerührten Salatsauce beträufeln , mit dem Dill bestreuen. Die Krabbenmayonnaise jeweils in die Mitte setzen.

HUMMER AUF GELBER PAPRIKASAUCE

250 g Queller (franz. salicorne)
1/2 l Wasser, 1/8 l Weißwein
1 EL Zironensaft, 1/2 TL Salz
Für die Sauce:
2 EL Olivenöl
2 EL gehackte Schalotten
1/2 gehackte Knoblauchzehe
1 große gelbe Paprikaschote (120 g Fruchtfleisch)
1/8 l Hühnerbrühe
1/4 TL Salz
1 gekochter Hummer von 600 g
2 EL rote Paprikawürfel, Kerbel

Den Queller (Salzpflanzen, die an der französischen Atlantik- und an der Nordseeküste vorkommen) sorgfältig verlesen. Es sollten noch mindestens 150 g verbleiben. Das Wasser zum Kochen bringen, Wein, Zitronensaft und Salz zugeben und den Queller darin 3-4 Minuten sacht köcheln. Herausnehmen und erkalten lassen. Das Olivenöl in einer Pfanne erhitzen, die Schalottenwürfel und die Knoblauchzehe darin hell anlaufen lassen. Die Paprikaschote sorgfältig putzen, damit nur das reine Fruchtfleisch übrigbleibt. Zu den Schalotten geben, Brühe zugießen und salzen. Etwa 15 Minuten dünsten, bis die Paprikaschote weich ist, vom Feuer nehmen und mit dem Mixstab pürieren. Durch ein Haarsieb streichen und vollständig erkalten lassen.
Den Hummer ausbrechen, das Fleisch in Scheiben schneiden und mit dem Queller auf 4 Tellern anrichten. Die Schlagsahne unter die Sauce rühren und auf die Teller gießen. Mit roten Paprikawürfeln und Kerbel garnieren.

SALAT VON JAKOBSMUSCHELN UND AUSTERN

12 Austern
12 Jakobsmuscheln
1EL feingehackte Schalotten
4 EL trockener Weißwein
6 EL Fischfond (Rezept Seite 97f.)
1 TL trockener Wermutwein
1 TL Zitronensaft, 6 Tropfen Tabasco
Für die Sauce:
2 TL Aceto Balsamico
6 EL feines Olivenöl, Salz
frisch gemahlener grober Pfeffer
30 g kleingewürfelte Zucchini
1/2 Kopf krauser Bataviasalat
80 g gekochte grüne Bohnen

Die Austern unter fließendem Wasser sauber abbürsten, öffnen und die Flüssigkeit in einer bereitgestellten Stielpfanne auffangen. Die Austern aus den Schalen lösen, desgleichen die frischen Jakobsmuscheln, von denen aber nur der Muskel verwendet wird. Er wird in dicke Scheiben geschnitten. Schalottenwürfel, Wein und Fischfond zu der Austernflüssigkeit geben und etwa zur Hälfte einkochen. Austern und Jakobsmuscheln einlegen, wieder zum Kochen bringen. Dann vom Feuer nehmen, würzen und auskühlen lassen. Austern und Jakobsmuscheln herausnehmen und kaltstellen. Den Fond nochmals (auf etwa 2 EL) reduzieren und durch ein Haarsieb geben. Mit dem Aceto Balsamico und dem Olivenöl sämig rühren, mit Salz und Pfeffer würzen und die Zucchiniwürfel unterrühren. Salatblätter, Bohnen, Austern und Jakobsmuscheln auf 4 Tellern arrangieren und mit der Salatsauce beträufeln.

BUNTER SALAT VON SCAMPI

Herzblätter von 1 Eichblattsalat
Herzblätter von 1 Frisée
8 Pflänzchen Feldsalat
4 EL Rotweinessig
8 EL Olivenöl, extra vergine
Salz, schwarzer Pfeffer
4 TL Tomatenwürfel
4 TL blanchierte Möhrensterne
12 ausgelöste frische Scampi
4 EL Olivenöl

Eichblattsalat, Frisée und Feldsalat verlesen, waschen und im Küchentuch trockenschleudern.
Rotweinessig und Olivenöl mit Salz und frisch gemahlenem schwarzen Pfeffer zur Marinade verrühren und kräftig abschmecken.
Die Salatzutaten darin wenden und auf 4 Tellern anrichten.
Tomatenwürfel und Möhrensterne in die Marinade geben. Die frischen Scampi im erhitzten Olivenöl in der Pfanne rasch sautieren und leicht salzen. Je 3 auf die Teller verteilen, leicht mit schwarzem Pfeffer übermahlen. Den Salat mit der Marinade beträufeln, Tomatenwürfel und Möhrensterne daraufgeben und sofort servieren.

SCAMPI-SALAT MIT GRÜNEM SPARGEL

40 zarte Stangen grüner Spargel
2 Möhren, Salz
4 EL Estragonessig
8 EL Olivenöl, extra vergine
Salz, schwarzer Pfeffer
12 ausgelöste frische Scampi
3 EL Olivenöl
4 TL geschnittener Estragon
4 Estragonbüschel zum Garnieren

Spargel putzen. Nur die Spitzen verwenden, den Rest zu Gemüse verarbeiten. Möhren schälen und mit dem Buntmesser 12 gleichmäßig starke Scheiben abschneiden. Beides getrennt in Salzwasser 3 - 4 Minuten blanchieren. Sofort in Eiswasser abschrekken und in Sieben abtropfen lassen.
Estragonessig, Olivenöl, Salz und frisch gemahlenen schwarzen Pfeffer zur Marinade verrühren und herzhaft abschmecken. Spargelspitzen und Möhrenscheiben darin marinieren. Unterdessen die Scampi in heißem Öl in der Pfanne oder in einer kleinen Kasserolle rasch sautieren. Leicht salzen. Spargelspitzen und Möhrenscheiben auf 4 Teller verteilen. Je 3 Scampi darauflegen, mit Estragon bestreuen. Die Marinade darauf träufeln. Mit je 1 Büschel Estragon garniert servieren.

SALAT VON SCAMPI MIT ARTISCHOCKEN

4 kleine junge Artischocken
4 EL Mehl, Salz
4 EL Sherry-Essig
6 EL feines Salatöl, 2 EL Walnußöl
Salz, schwarzer Pfeffer, 1 Walnußkern
16 ausgelöste frische Scampi
4 EL Olivenöl
Herzblätter von 1 Eichblattsalat
4 Handvoll Frisée-Herzblätter
1 großer Champignon

Stiele aus den Artischocken herausdrehen. Äußere Blätter mit dem Buntmesser an den Blattansätzen rundherum wegschneiden. Großzügig über den Böden kappen. Mehl in kaltes Wasser mischen, salzen und aufkochen. Die Artischockenböden darin 8 - 10 Minuten blanchieren. Sofort in kaltem Wasser abschrecken, um den Garprozeß zu stoppen.
Während der Garzeit Essig, Salat- und Walnußöl mit Salz und frisch gemahlenem schwarzen Pfeffer verrühren, kräftig abschmecken. Grob gehackten Walnußkern dazugeben. Die Artischockenböden in feine Scheiben und direkt in die Marinade schneiden. Wenden und 5 Minuten marinieren. Die Scampi im erhitzen Olivenöl in einer Kasserolle rasch sautieren und leicht salzen. Marinierte Artischockenscheiben auf 4 Teller verteilen. Salatsorten in der Marinade wenden, auf die Teller verteilen und je 4 Scampi darüberlegen. Den Champignon in Julienne schneiden und draufstreuen.

SALAT VON SCAMPI UND BROCCOLI

16 Broccoliröschen, Salz
4 EL Sherry-Essig
6 EL Olivenöl, extra vergine
2 EL Walnußöl
Salz, weißer Pfeffer
12 ausgelöste frische Scampi
3 EL Olivenöl
Herzblätter von 1 kleinen Eichblattsalat
4 Handvoll Frisée-Herzblättchen

Broccoliröschen 2 Minuten in Salzwasser blanchieren, in Eiswasser abschrecken. Aus Sherry-Essig, Olivenöl, Walnußöl, Salz und frischgemahlenem weißem Pfeffer eine Marinade rühren. Scampi im Olivenöl in der Kasserolle oder in der Pfanne rasch sautieren, leicht salzen. Broccoliröschen mit Eichblattsalat und Friséeblättern in der Marinade wenden. Auf vier Teller verteilen. Je 3 Scampi darüberlegen. Mit der Marinade beträufelt servieren.

RÖMISCHER SALAT MIT HUMMER

1 großes Stück zartgrüner Lauch
Salz
Herzblätter von 2 Köpfen Römischem Salat
Herzblätter von 1 Frisée
4 EL Sherry-Essig
einige Tropfen Aceto Balsamico
4 TL Trüffeljus
6 EL Olivenöl, extra vergine
2 EL Walnußöl
Salz, weißer Pfeffer
20 Scheiben Hummerscherenfleisch
4 EL OLivenöl
4 Stengel Kerbel
4 Scheiben schwarze Trüffel in feinster Julienne

Vom Lauch 16 dickere Schrägstreifen in kochendem Salzwasser blanchieren. Römischen Salat putzen, 20 schöne Herzblätter aussuchen. Frisée putzen, Herzblätter verlesen. Beides waschen. Sherry-Essig, Aceto Balsamico, Trüffeljus, Olivenöl, Walnußöl, Salz und weißen Pfeffer zu einer würzigen Marinade rühren. Hummerscherenfleisch im heißen Olivenöl in der Pfanne kurz sautieren, leicht salzen. Lauch, Römischen Salat und Frisée in der Marinade wenden. Auf 4 Tellern anrichten und je 5 Hummerscheiben anlegen. Die Marinade darauftr äufeln. Mit den Kerbelblättchen und der Trüffeljulienne garnieren.

SALAT VON TASCHENKREBSEN

4 kleine Taschenkrebse à 400-500 g

Court-Bouillon:

3 l Wasser, 1/8 l Essig, 45 g Salz

350 g Möhrenscheiben

200 g Zwiebelringe

50 g Petersilie, 1 Lorbeerblatt

1 EL zerstoßene Pfefferkörner

Für die Füllung:

2 EL Öl, 60 g gehackte Schalotten

1 gehackte Knoblauchzehe

50 g gehackter Staudensellerie

1 EL gehackte Kräuter (Petersilie, Thymian, Salbei)

1/2 TL Salz, etwas weißer Pfeffer

Lebern und, wenn vorhanden, Corail der Taschenkrebse

4 hartgekochte Eigelb

2 TL scharfer Dijon-Senf

Saft einer Zitrone

6-8 EL Olivenöl

Zum Garnieren:

1 hartgekochtes Ei, 4 Büschel Feldsalat

Für die Salatsauce:

1 EL Weinessig, 2 EL feingehackte Zwiebel

1 EL feine Schnittlauchröllchen

Salz, weißer Pfeffer

Die Taschenkrebse gut waschen und abbürsten. Für die Court-Bouillon Wasser mit Essig, Salz, Möhrenscheiben, Zwiebelringen, Petersilie und Lorberblatt in einem großen Topf 40 Minuten kochen. Kurz vor Ende der Kochzeit die zerstoßenen Pfefferkörner hineingeben, sprudelnd aufkochen. Die Taschenkrebse nacheinander hineingeben. 20 Minuten köcheln, dann im Sud erkalten lassen.
Die Taschenkrebse wie auf Seite 120 beschrieben aufbrechen, so daß die Schalen zum Füllen intakt bleiben. Fleisch aus Körpern und Beinen lösen. Nur weißes Fleisch verwenden.
Für die Füllung das Öl in einer Kasserolle erhitzen. Schalotten, Knoblauch und Staudensellerie darin glasig anziehen lassen. Kräuter zugeben, 5-6 Minuten dünsten, auskühlen lassen. Lebern und Corail mit Eigelb, Dijon-Senf und Zitronensaft im Mörser pürieren. Tropfenweise das Olivenöl unterrühren, so daß eine homogene, glatte Sauce entsteht. Gemüse und die Hälfte des Krebsfleisches unterheben. Krebsschalen damit füllen. Mit dem übrigen weißen Krebsfleisch abdecken. Mit den dazugehörigen Scheren (die man, zum einfacheren Essen, vorher anknackt) auf 4 Tellern anrichten. Mit Eischeiben und Feldsalat garnieren. Die Zutaten für die Salatsauce verrühren und auf die gefüllten Taschenkrebse verteilen.

GEMISCHTER MUSCHELSALAT

2 kg gemischte Muscheln – Miesmuscheln, Trogmuscheln, kleine Venusmuscheln und Herzmuscheln
1/4 l Fischfond (Rezept Seite 97f.)
1/8 l trockener Weißwein
50 g gehackte Zwiebel
50 g gehackter Lauch
100 g gehackter Bleichsellerie
1/2 TL Salz, weißer Pfeffer
3 EL Olivenöl, 1 EL Zitronensaft
1 EL feiner Weinessig
1 EL gehackte Kräuter (Estragon und Petersilie)
1/2 Kopf krauser Endiviensalat oder Frisée)

Alle Muscheln mehrmals sorgfältig kalt waschen und abbürsten. Die Miesmuscheln entbarten. Fischfond in einem entsprechend großen Topf aufkochen, Weißwein, Zwiebel, Lauch und Bleichsellerie zugeben. Mit Salz und frisch gemahlenem Pfeffer würzen, nochmals aufkochen. Alle Muscheln hineingeben und im geschlossenen Topf so lange kochen, bis sich die Muscheln geöffnet haben. Aus dem Topf heben und kühlstellen. Muschelsud in einen Topf abseihen. Einkochen, bis die Flüssigkeit etwa auf die Hälfte reduziert ist, auskühlen lassen. Olivenöl, Zitronensaft und Weinessig unter den reduzierten Sud rühren, die gehackten Kräuter zugeben. Den gewaschenen, abgetropften Frisée in Stücke zupfen. Mit den Muscheln und der Marinade mischen und anrichten.

LANGUSTENSALAT MIT NUDELN

Zutaten für 2 Portionen:
1 gekochter Langustenschwanz von etwa 300 g
40 g breite Nudeln
Salzwasser zum Kochen
Herzblätter von 1 Friséesalat
Für die Salatsauce:
1/4 l entfettete Fleischbrühe
1 EL trockener Sherry
1/2 TL Aceto Balsamico
2 TL ganz fein gehackte Schalotten
1 Tomate
Salz, frisch gemahlener Pfeffer
Trüffeljulienne

Den Langustenschwanz aufbrechen und das Schwanzfleisch möglichst unversehrt herausholen, in Scheiben schneiden, dabei den Darm entfernen. Die Nudeln in Salzwasser al dente kochen, anschließend abbrausen. Die Salatblätter in mundgerechte Stücke zerpflücken. Die Fleischbrühe auf etwa 1/4 reduzieren. Erkalten lassen, mit Sherry, Aceto Balsamico und Schalotten verrühren und die Sauce gut gekühlt 30 Minuten durchziehen lassen. Die Tomate blanchieren, enthäuten und entkernen, das Fruchtfleisch in Würfel schneiden. Nudeln, Salat und Langustenmedaillons auf 2 Tellern anrichten und die Tomatenwürfel darauf verteilen. Die Salatsauce salzen und pfeffern und über den Salat träufeln. Mit Trüffeljulienne bestreuen.

Eine extrafeine Tellersülze könnte man dieses Gelee mit trockenem Riesling und edlen Meeresfrüchten nennen. Der teure Hummer kann aber ohne weiteres durch preiswertere Taschenkrebse oder tiefgefrorenes Königskrabbenfleisch ersetzt werden.

MEERESFRÜCHTE IN RIESLINGGELEE

FRUITS DE MER EN GELEE DE RIESLING

Eine besonders delikate Art, Schal- und Krustentiere kalt zu servieren. Dieses erfrischende Gericht kann in kleinen Mengen als Vorspeise gereicht werden. Dazu richtet man es in Gläsern an oder aber füllt kleine Timbaleförmchen damit, stürzt es nach dem Erkalten auf Teller und garniert mit frischem Blattspinat. Das folgende Rezept ist als Zwischengericht für 4 Personen gedacht und wurde in Suppentellern angerichtet. Frischer Toast mit Butter paßt dazu und ein kühler, trockener Riesling, natürlich der gleiche, der für das Gelee verwendet wurde.

18-20 g Aspikpulver oder weiße Blattgelatine
Wasser zum Einweichen
3/8 l geklärter Fischfond (Rezept Seite 97f.)
1/8 l trockener Riesling
1 EL trockener Wermutwein
1 EL Zitronensaft
1/2 TL Salz (nur, wenn der Fischfond ungesalzen ist)
1 gekochter Hummer von 700 g
150 g mittelgroße gekochte Garnelenschwänze
4 Scampi
1 kg frische Muscheln (ergibt etwa 200 g gekochte Muscheln)
2 Tomaten
50 g Karotten in Streifen
50 g Lauch in Streifen
1/2 Kopf Blattsalat
1 hartgekochtes Ei, in Scheiben geschnitten

Die Gelatine-Menge sollte nach der gewünschten Feste des Gelees bemessen sein. Bei 18 g für die angegebene Flüssigkeitsmenge dürfte die Konsistenz gerade richtig sein.
Das Aspikpulver in einer kleiner Schüssel mit nur soviel kaltem Wasser übergießen, daß es gerade gut quellen kann. Verwendet man Blattgelatine, diese in reichlich kaltem Wasser einweichen und vor Gebrauch kräftig mit den Händen ausdrücken. Fischfond, Wein, Wermutwein und Zitronensaft so weit erhitzen, daß sich die eingeweichte Gelatine darin lösen kann. Salzen und wieder abkühlen lassen. Kauft man den Hummer nicht bereits gekocht, dann in Court-Bouillon (Rezept Seite 180) etwa 5-6 Minuten garen und in der Brühe erkalten lassen. Die frischen Scampi werden ebenfalls in der Court-Bouillon gegart, jedoch bereits nach maximal 3 Minuten wieder herausgenommen. Die Muscheln wie auf Seite 148 beschrieben dämpfen und dann aus den Schalen lösen. Das ausgebrochene Hummerfleisch in Scheiben schneiden, die ausgelösten Scampischwänze längs halbieren, die Garnelenschwänze schälen.
Die Tomaten mit heißem Wasser überbrühen und die Haut abziehen. Kerne entfernen, das Fruchtfleisch in Würfel schneiden. Karotten- und Lauchstreifen kurz in Salzwasser blanchieren. Den Salat waschen und trockenschleudern. 4 Suppenteller mit jeweils einigen Salatblättern auslegen und alle übrigen Zutaten hübsch darauf arrangieren, alles mit Eischeiben garnieren. Die Teller im Kühlschrank 1/2 Stunde durchkühlen lassen und dann mit dem fast erkalteten, aber noch flüssigen Gelee übergießen. Vollständig erstarren lassen.

MOUSSE VON KREBSEN

MOUSSE D'ECREVISSES

350 g gegartes Krebsfleisch
2 Blatt weiße Gelatine
350 ml kräftiger Krebsfond aus den Krebsschalen (Rezept Seite 100)
Salz, Cayennepfeffer
1/4 l Schlagsahne
Aspik aus Fischconsommé
Krebsnasen zum Garnieren
Dillspitzen

Das Krebsfleisch in den Mixer geben. Die eingeweichte Gelatine mit dem Tropfwasser in einem Pfännchen auflösen und unter den Krebsfond rühren. Nach und nach zum Krebsfleisch gießen und etwa 2 Minuten mixen. Dann die Masse durch ein feines Haarsieb streichen und mit Salz und Cayennepfeffer kräftig abschmecken (leicht überwürzen!), weil die Sahne, die anschließend zugegeben wird, die Speise wieder mild macht. In einer Schüssel auf zerstoßenes Eis stellen und so lange rühren, bis die Masse ausgekühlt ist. Dann hat sie durch die Gelatine eine leichte Bindung.
Die Schlagsahne steifschlagen und nach und nach locker unter die Krebsmasse ziehen. In eine Form mit etwa 3 cm hohem Rand füllen. Eine Palette in Wasser tauchen und die Oberfläche der Mousse glattstreichen. Zugedeckt im Kühlschrank 2 bis 3 Stunden stokken lassen. Mit einem Eß- oder Teelöffel Nocken abstechen, den Löffel jeweils vorher in heißes Wasser tauchen. Je zwei Nocken auf einem Teller mit je 2 EL feingewürfeltem Aspik, einer Krebsnase und frischen Dillspitzen anrichten.

1 **Fond mit der Schöpfkelle einfüllen.** Man gießt ihn portionsweise zum Krebsfleisch in den Mixer. Vorher wurde der Fond bereits mit der aufgelösten Gelatine vermischt. Die Zutaten dürfen nicht eiskalt sein, da die Gelatine sonst die Masse binden würde. Dann sehr fein pürieren.

2 **Die Masse durchs Sieb streichen.** Man gibt sie portionsweise auf ein feines Haarsieb und streicht sie mit einem Teighörnchen sorgfältig und nicht zu hastig durch. So bleiben weder Fasern vom Krebsfleisch noch eventuelle Klümpchen von der Gelatinebindung darin. Gut abschmecken.

3 **Krebsfleischmasse fast kaltrühren.** Man stellt die Schüssel in eine zweite, mit Eiswürfeln gefüllte Schüssel. Nun mit einem Schneebesen die Masse mit gleichmäßigen Bewegungen rühren. Dabei darauf achten, daß die Masse am Boden nicht zu erstarren beginnt.

4 **Geschlagene Sahne unterheben.** Die Masse muß dann zwar schon kalt sein, darf aber noch nicht erstarren. Die Schlagsahne mit dem Spatel vorsichtig mit kreisenden Bewegungen darunterheben, damit sie so wenig wie möglich an Volumen verliert und die Mousse schön locker wird.

5 **Mit dem Löffel Nocken abstechen.** Masse vorher in einer Schüssel mit etwa 3 cm hohem Rand im Kühlschrank festwerden lassen. Zum Abstechen kann man auch einen Eßlöffel verwenden. Immer in heißes Wasser tauchen, senkrecht in die Mousse einstechen und drehend Nocken formen.

FAVORITEN DER ASIATISCHEN KÜCHE

Kulinarische Kostbarkeiten aus einer exotischen Welt

Die Landesküchen Asiens haben schon aus klimatischen, geographischen und kulturellen Gründen nur wenige Gemeinsamkeiten. Doch sie alle favorisieren Meeresfrüchte und verstehen es oft meisterhaft, damit umzugehen. Allen voran die Chinesen der Küstenregionen. Sie haben wirklich einfache Rezepte entwikkelt, die dennoch an Wohlgeschmack nicht zu übertreffen sind – einzig und allein basierend auf dem natürlichen Eigengeschmack der Schal- und Krustentiere, ihrer Frische und Qualität. Kriterien übrigens, die auch für die japanische Küche von größter Bedeutung sind, denn die Einwohner Nippons lieben es, nicht nur Fisch, sondern auch Meeresfrüchte roh zu genießen. Ganz im Gegensatz zur Seafood-Küche der gemäßigten Zonen werden an den tropischen Küsten Asiens Gerichte mit Schal- und Krustentieren meist kräftig gewürzt. Diese traditionelle Zubereitungsweise hat einen guten Grund: Meeresfrüchte sind leicht verderblich, und mit Gewürzen läßt sich gut konservieren. So entstanden in den Regionalküchen von Indien bis Indonesien hervorragende Spezialitäten, angepaßt dem jeweiligen Angebot an Gemüsen, Gewürzen und Früchten. Einerseits Geschmackskombinationen, die von uns erst entdeckt werden wollen, andererseits aber auch Gerichte, die sofort unserem Gaumen schmeicheln, da sie oft auf den europäischen Einfluß der letzten Jahrhunderte zurückzuführen sind.

3 x Garnelen aus dem Wok

Schneller und geschmacksschonender kann man die feinen Meeresfrüchte gar nicht zubereiten als in dieser idealen Pfanne. Die folgenden Rezepte für 4 Personen erfordern einen großen Wok von mindestens 50 cm Durchmesser. Steht nur eine kleine Pfanne zur Verfügung, dann ist es besser, die Gerichte in zwei Durchgängen zuzubereiten.

GESCHMORTE GARNELEN

16 Riesengarnelen (Prawns)
6 EL feines Pflanzenöl
100 g Frühlingszwiebeln, gewürfelt
3 Knoblauchzehen
20 g frischer Ingwer
2 TL Zucker
1/2 TL Salz
2 EL Reiswein
2 TL Essig
frisch gemahlener Pfeffer
2 TL Speisestärke
8 TL Tomatensaft

GARNELEN IN SHERRY

16 Riesengarnelen (Prawns)
3/8 l Fischfond
1/2 TL Salz
2 TL Zucker
frisch gemahlener Pfeffer
1/8 l trockener Sherry
1 EL Speisestärke

CHILI PRAWNS

16 Riesengarnelen (Prawns)
1 Eiweiß
Salz
3 EL Speisestärke
Öl zum Ausbacken
3 frische Chilischoten
2 Knoblauchzehen, in Scheibchen
1/4 TL Glutamat
1 TL Zucker
30 g frischer Ingwer in Scheiben
4 EL helle Sojasauce, 4 EL Sherry

Geschmorte Garnelen. Das Öl im Wok erhitzen und die geschälten, unzerteilten Knoblauchzehen und die Ingwerscheibchen darin anbraten. Garnelen zugeben und unter Wenden 2 Minuten braten, Gewürze zufügen. Die Speisestärke mit dem Tomatensaft verrühren, über die Garnelen gießen, 5 Minuten schmoren. Die Garnelen auf Tellern anrichten. Sauce etwas reduzieren und über die Garnelen gießen.

Garnelen in Sherry. Die vorbereiteten Garnelen in Fischfond 2 Minuten kochen und wieder herausnehmen. Mit Salz, Zucker und Pfeffer würzen, den Weißwein zugießen. Speisestärke mit etwas Sherry anrühren und unter den Fond rühren. Simmern lassen, bis die Flüssigkeit klar ist. Garnelen wieder zugeben und nach 3 Minuten mit einer Gemüsebeilage servieren. Broccoli paßt gut dazu.

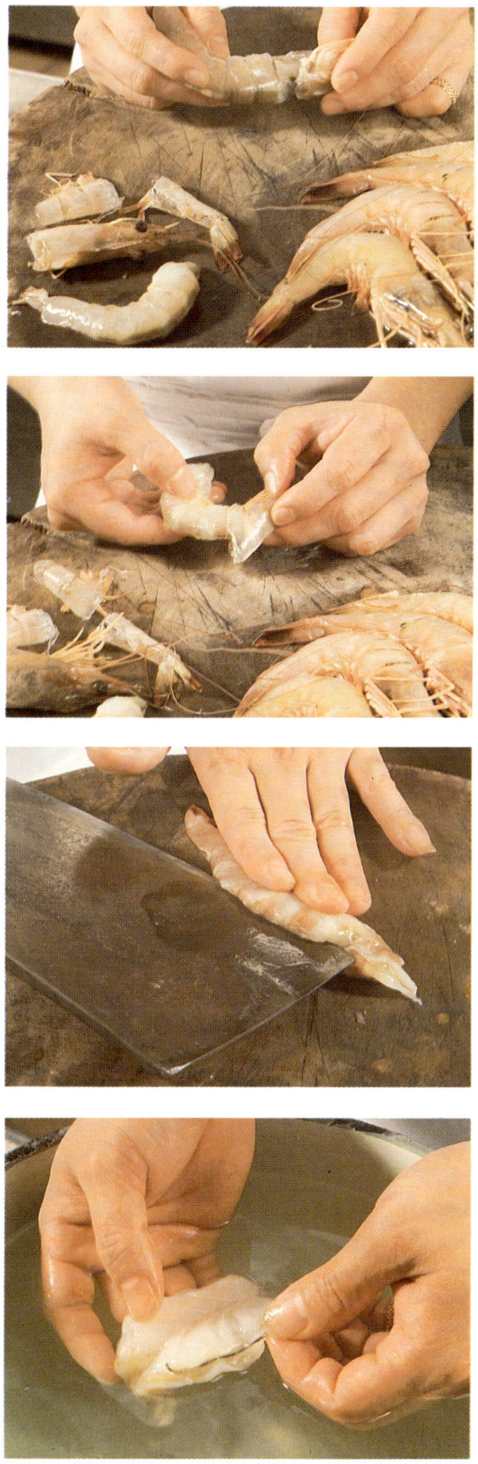

Von den Garnelen mit einer drehenden Bewegung den Schwanz ablösen und schälen. Flach auf ein Brett legen und mit dem Küchenbeil oder einem Messer gut bis zur Hälfte einschneiden. Dann kurz abwaschen und dabei den Darm entfernen. Die Garnelen mit Küchenkrepp abtrocknen und in eine Schüssel legen.

Eiweiß dazugeben. Ein Ei aufschlagen und das Eiweiß (Eigelb wird nicht verwendet) in die Schüssel laufen lassen. Salzen, die Speisestärke zugeben und vermischen, bis die Garnelen von einer soliden Schicht überzogen sind. In das heiße Öl geben und 3-4 Minuten fritieren. Herausnehmen und abtropfen lassen. Das Öl aus dem Wok gießen.

Sauce zubereiten. Den im Wok verbliebenen Ölrest erhitzen, die gehackten Chilischoten und die Knoblauchscheibchen kurz anbraten. Die übrigen Zutaten hineingeben und unter Rühren aufkochen. Dann die Prawns zugeben und einige Minuten ziehen lassen, bevor sie serviert werden.

CHILI CRABS

Taschenkrebse in Chilisauce

Diese Zubereitungsart für Crabs (Taschenkrebse) ist grundsätzlich auch auf andere Meeresfrüchte anwendbar, zum Beispiel Riesengarnelen oder Langusten. Die Technik ist einfach, das Ergebnis aber überzeugend. Die zerkleinerten Krabben werden in Fett schwimmend vorgegart und bekommen dann durch den Gewürzsud ihren Geschmack. Voraussetzung für ein gutes Gelingen aber ist der Wok, die runde chinesische Pfanne, und als Hitzequelle Gas, denn für diese Garmethode ist ein rechtes Höllenfeuer nötig.
In Asien verwendet man für dieses Gericht meist Mangrovenkrabben oder auch die dünnschaligen Pazifischen Schwimmkrabben sowie Kreuzkrabben. In unseren Breitengraden liefert der Taschenkrebs ein gleich gutes Ergebnis.

4 Taschenkrebse von je etwa 400 g
Salz, Mehl
gutes Pflanzenöl zum Braten
50 g Frühlingszwiebeln
3 Zehen Knoblauch
1 EL gehackte frische Chilischote
1 TL Zucker
1 EL helle Sojasauce
1 TL feingehackter frischer Ingwer
1/4 l Wasser oder Hühnerbrühe
1 TL feingehacktes Koriandergrün

Die Krabbenstücke wie nebenstehend beschrieben vorbereiten und im Fett schwimmend braten. Zuerst die feingehackten Frühlingszwiebeln und die zerdrückten Knoblauchzehen hell anlaufen lassen, dann die ganz fein gehackte Chilischote kurz andünsten, mit Zucker, Sojasauce und Ingwer würzen. Das Wasser oder die Brühe in einem Guß in den heißen Wok schütten und die Mischung etwa 1 Minute reduzieren. Die Krabbenstücke zufügen und bei schwacher Hitze 4-5 Minuten simmern lassen.

KRABBENSCHEREN
in pikanter Sauce

4 Mangrovenkrabben oder Taschenkrebse von je etwa 400 g
Salzwasser zum Kochen
1/4 TL Salz
1 kleine Chilischote
1/2 zerdrückte Knoblauchzehe
1 EL weichgekochter Reis
1/2 Eiweiß
4 EL feines Pflanzenöl
50 g gehackte Frühlingszwiebeln
1 gehackte Chilischote
1 EL geriebener frischer Ingwer
1 EL dunkle Sojasauce
1/8 l Hühnerbrühe
1 EL Koriandergrün, feingehackt

Die Krabben in kochendes Salzwasser geben, 1 Minute kochen, dann die Hitze reduzieren und 8 Minuten ziehen lassen. Herausnehmen und vollständig erkalten lassen. Die Scheren abtrennen, den dicken Teil mit einem Küchenbeil anknacken und die Schale vorsichtig entfernen, damit das Fleisch unverletzt erhalten und an der kleinen Scherenhälfte hängenbleibt. Alles übrige Krabbenfleisch aus Panzer und Beinen auslösen und im Mörser mit den Gewürzen (Salz, Knoblauch und Chilischote) zu einer feinen Paste zerreiben. Den Reis und das Eiweiß zufügen und weiterreiben, bis der Reis vollkommen aufgelöst ist. Das an der Zange hängende Scherenfleisch mit dieser Masse umhüllen. Auf einem geölten Teller etwas abtrocknen lassen. Das Öl im Wok erhitzen, die Zwiebeln und die Chilischote zugeben und andünsten. Die Scheren darin 2-3 Minuten bei ständiger, aber vorsichtiger Bewegung braten und wieder herausnehmen. Ingwer, Sojasauce, Hühnerbrühe und Koriander zufügen und bei schwacher Hitze etwas reduzieren. Die Krabbenscheren wieder einlegen, einige Minuten darin ziehen lassen und mit Gemüse von Bambussprossen und Pilzen sowie mit körnig gekochtem Reis servieren.

Die Crabs teilen. Bei uns müssen sie zuvor in kochendem Wasser getötet werden. Die Unterseite mit dem Küchenbeil einschneiden und von der Mitte her aufbrechen. Kiemen und Verdauungsorgane entfernen.

Fleisch und Corail an den Schalen belassen. Auch die Beine bleiben dran, die obere Schale läßt man ganz. Die Scheren anknacken, damit sie Risse bekommen und schneller garen. Etwas salzen.

Die Krabbenstücke in Mehl wälzen, bis sie rundherum eingepudert sind. Überschüssiges Mehl abklopfen. Im heißen Fett (etwa 180° C) 5-6 Minuten schwimmend braten. Herausnehmen und das Fett abgießen.

Zwiebeln und Knoblauch hell anschwitzen. Das nach dem Ausgießen im Wok noch haftende Öl reicht dafür aus. Dann die Gewürze zugeben, mit dem Wasser aufgießen und die Krabbenstücke einlegen.

SEEGURKE UND GARNELEN
in Eiweiß

Ein gutes Beispiel, wie man das für Europäer ungewöhnliche Meerestier schmackhaft verarbeiten kann.

60 g getrocknete Seegurke (Trepang)
8 Schwänze von Riesengarnelen (250 g)
4 EL Erdnußöl
1 EL sehr fein gehackte Zwiebel
2 EL Reiswein
1/8 l Hühnerbrühe
6 Eiweiß
Salz und Pfeffer

Die Seegurke sorgfältig waschen und 1-2 Tage einweichen, bis sie vollkommen aufgequollen ist (zum Größenvergleich vorher/nachher siehe Seite 91). Der Länge nach aufschneiden, die Innereien herausnehmen, gut auswaschen. In frischem Wasser weichkochen, das dauert etwa 20-30 Minuten, dann in Scheiben schneiden.
Die Garnelenschwänze schälen, längs halbieren und den Darm entfernen. Quer nochmals in 2-3 Stücke schneiden. Das Öl im Wok erhitzen und die Seegurkenscheiben 2-3 Minuten anbraten. Die feingehackte Zwiebel zugeben und etwas anschwitzen, mit Reiswein und Brühe aufgießen. Bei schwacher Hitze 6-8 Minuten köcheln lassen. Eiweiß mit den Garnelenstücken, Salz und Pfeffer mischen und unter Rühren in den Wok geben. So lange durchmischen, bis das Eiweiß stockt, aber noch leicht locker ist.

ABALONE MIT GEMÜSE

600 g frische Abalone (ohne Gehäuse) oder 400 g aus der Dose
3 EL Erdnußöl
50 g gehackte Frühlingszwiebeln
1/2 TL Salz, 1 EL Essig
80 g getrocknete Tongupilze
1/4 l Hühnerbrühe
1 TL Zucker
1 TL dunkle Sojasauce
einige Tropfen Sesamöl
1 TL Speisestärke
300 g Broccoli, der beste Ersatz für den eigentlich verwendeten chinesischen Kohl (collards)

Die Abalone aus der Schale lösen, Kiemen und Eingeweide großzügig entfernen, das Abalonenfleisch mit weicher Bürste unter fließendem Wasser gründlichst säubern. In ganz leicht gesalzenem, mehrfach gewechseltem Wasser 5-6 Stunden weichkochen.
Das Öl im Wok erhitzen, die Zwiebeln 2 Minuten anschwitzen. Salz, Essig und die eingeweichten Pilze zugeben und weitere 2-3 Minuten dünsten. Mit der Hühnerbrühe aufgießen, mit Zukker, Sojasauce und Sesamöl würzen und die mit etwas Wasser angerührte Speisestärke unterrühren. Die Abalone in etwa 1/2 cm starke Scheiben schneiden, in die Brühe legen und etwa 10-12 Minuten leicht köcheln. Die Abalonenscheiben und die Pilze herausnehmen, die Sauce durch ein Sieb passieren und das gekochte Gemüse in der Sauce 2-3 Minuten ziehen lassen. Mit den Abalonenscheiben anrichten.

PFEFFERGARNELEN
aus dem Wok

Zutaten für zwei Portionen:

8 Tiger Prawns (Riesengarnelen)
Speisestärke
Öl zum Fritieren
50 g gewürfelte Frühlingszwiebeln
1 zerdrückte Knoblauchzehe
4 EL Öl
je 1/2 grüne und rote Paprikaschote
1 Zwiebel
1 TL Essig
2 EL helle Sojasauce
1/2 TL Salz
1 TL grober schwarzer Pfeffer

Von den Garnelen die Schwänze abtrennen, schälen und längs auf der Rückenseite zur Hälfte aufschneiden, den Darm entfernen. Die Garnelen in der Speisestärke wenden, überschüssige Stärke abklopfen. Im heißen Öl (180°C) 2 Minuten fritieren, herausnehmen und ablaufen lassen.
Im Wok das Öl erhitzen, die Frühlingszwiebelwürfel und die zerdrückte Knoblauchzehe anlaufen lassen. Die halben Paprikaschoten entkernen und das Fruchtfleisch in Stücke schneiden. Mit der gewürfelten Zwiebel in den Wok geben. 2-3 Minuten dünsten und dann mit Essig, Sojasauce, Salz und Pfeffer würzen. Weitere 2-3 Minuten simmern lassen und die Garnelen zugeben. 1 weitere Minute ziehen lassen und servieren.

SHANGHAI CRABS

Gedämpfte Wollhandkrabben

In der chinesischen Küche gelten diese Süßwasserkrabben als ganz besondere Delikatesse – sicher auch deshalb, weil sie nur im Herbst eine kurze Zeit Saison haben und wohl immer seltener werden. Zumindest steigen die Preise auf den Märkten Hongkongs und Singapurs stetig für diese aus dem Norden Chinas importierten Krabben mit den »wolligen Handschuhen« an den Scheren. Die deutsche Bezeichnung »Wollhandkrabbe« ist deshalb auch sehr zutreffend. Die Elbfischer wären heilfroh, wenn es für diesen andernorts hochbewerteten, hier zahlreich auftretenden Räuber bei uns einen Markt gäbe. Vielleicht werden sie eines Tages auch hier wieder angeboten, zum Segen für Fischer und Feinschmecker. Eine kulinarische Lücke könnte man mit den Wollhandkrabben allemal schließen, weil sie wirklich ganz vorzüglich schmecken.
Die Zutaten reichen für 4 Personen, reicht man die Crabs als Zwischengericht. Bei einem Hauptgericht kann man durchaus 4-5 Krabben pro Person rechnen.

8 Wollhandkrabben
8 Frühlingszwiebeln
8 Zweige Koriandergrün
Salzwasser
50 g grüner chinesischer Tee
Für den Dip:
1/8 l helle Sojasauce
Saft einer halben Zitrone
30 g frisch geriebener Ingwer
1 Msp. Cayennepfeffer, 1 TL Zucker

Die Krabben unter fließendem Wasser kurz abspülen. Die Frühlingszwiebeln längs teilen und in etwa 6-8 cm lange Stücke schneiden. Mit dem Koriander auf die Unterseite einer jeden Krabbe legen, mit einem Baumwollfaden oder Bast Gemüse und Krabbe zu einem Päckchen verschnüren. (Bei uns in Deutschland muß man sie vorher nacheinander in kochendes Wasser werfen, um sie zu töten. Nach 1 Minute wieder herausnehmen.) In einen entsprechend großen Topf einen passenden Durchschlag oder ein Sieb so weit hineinhängen, daß bis zum Topfboden etwa 3-4 cm frei bleiben. Diesen Zwischenraum mit gesalzenem Wasser füllen. Zum Kochen bringen, den Tee in das Sieb streuen. Den Topf mit einem Deckel schließen und, wenn das Wasser kräftig kocht und dampft, die Krabben ins Sieb setzen und 15-20 Minuten garen.
Serviert werden die Krabben im Ganzen. Jeder kann sie selbst knacken und das Fleisch herausholen, einschließlich des besonders wohlschmeckenden Corails. Nur die Kiemen und die Verdauungsorgane sind zu meiden. Dazu kann man einfach helle Sojasauce servieren, oder man mischt einen Dip aus den angegebenen Zutaten.

Geräte und Geschirr in der Seafood-Küche

Für die Meeresfrüchte-Küche genügt im allgemeinen die Ausrüstung einer gut bestückten Haushaltsküche, denn die Zubereitung von Schal- und Krustentieren erfordert keine Spezialgeräte, von wenigen Ausnahmen einmal abgesehen. Wer aber beim Kochen einige Ansprüche stellt und auf die Qualität der Speisen achtet, der wird ohnehin auf brauchbare Küchenrequisiten nicht verzichten wollen, weil man sich damit die Küchenarbeit wesentlich erleichtern kann. Ein Blick in eine gut ausgerüstete Profi-Küche wird manchem Hobbykoch dabei wertvolle Hilfe sein, denn oft sind es die Kleinigkeiten, die bei der praktischen Arbeit große Wirkungen erzielen.
Ein großer Kochtopf von mindestens 12-15 l Inhalt sollte vorhanden sein, denn zum Kochen von großen Krustentieren (Langusten, Hummern, Taschenkrebsen etc.) benötigt man viel Flüssigkeit. Will man Languste oder Hummer, wie auf Seite 180 beschrieben, langgesteckt garen, dann ist ein großer Fischkessel ideal.

Eine gute Auswahl an Messern gehört eigentlich zur Standardausrüstung. Speziell für Krusten- und Schaltiere ist ein großes, schweres Messer wichtig, um Schalen anknacken zu können. Manche bevorzugen dafür einen stabilen Nußknacker, der mancherorts dem Gast zum gekochten Hummer gleich mitgereicht wird, damit dieser die Scheren selbst öffnen kann. Moderne Allzweckscheren können beim Zerteilen von Krustentieren in der Küche sehr hilfreich sein. Eines der wenigen Spezial-Handwerkszeuge des Seafood-Kochs ist das kurze, kräftige Austernmesser zum Öffnen von Austern und anderen großen Muscheln.
Wenn es bei Tisch gepflegt zugehen soll, dann gehört dazu (anders als in der Küche, wo man sich mit allen möglichen Geräten behelfen kann, um beispielsweise aus einem Hummer das Fleisch herauszuholen) auch entsprechendes Besteck und Geschirr. Für Krustentiere wäre das die Hummergabel, für Schnecken ein Schneckenbesteck, bestehend aus einer Zange zum Festhalten des Gehäuses und einer zweizinkigen Gabel zum Herausholen des Schneckenfleisches, und natürlich auch die Teller mit den Vertiefungen zum Servieren der Schnecken, die es in etwas größerem Format auch für Austern gibt.

1 Fischkessel
2 Großer Kochtopf
3 Spitzsieb
4 Passiertuch
5 Messer von groß bis klein
6 Metallspachtel
7 Plastikteigschaber
8 Gummispatel
9 Allzweckscheren
10 Austernmesser
11 Austernteller
12 Schneckenpfannen
13 Nußknacker
14 Hummergabel
15 Schneckenbesteck

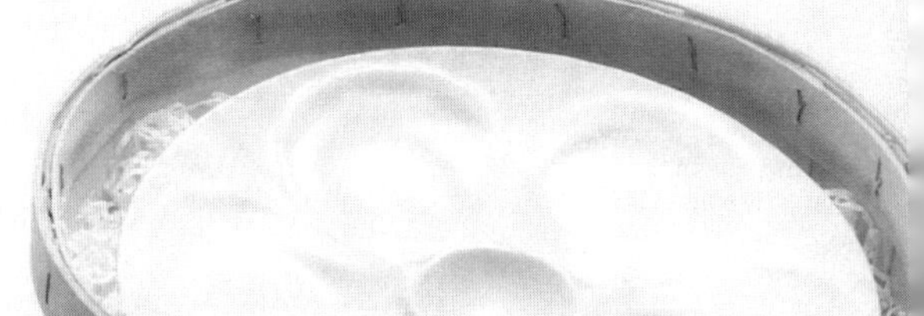

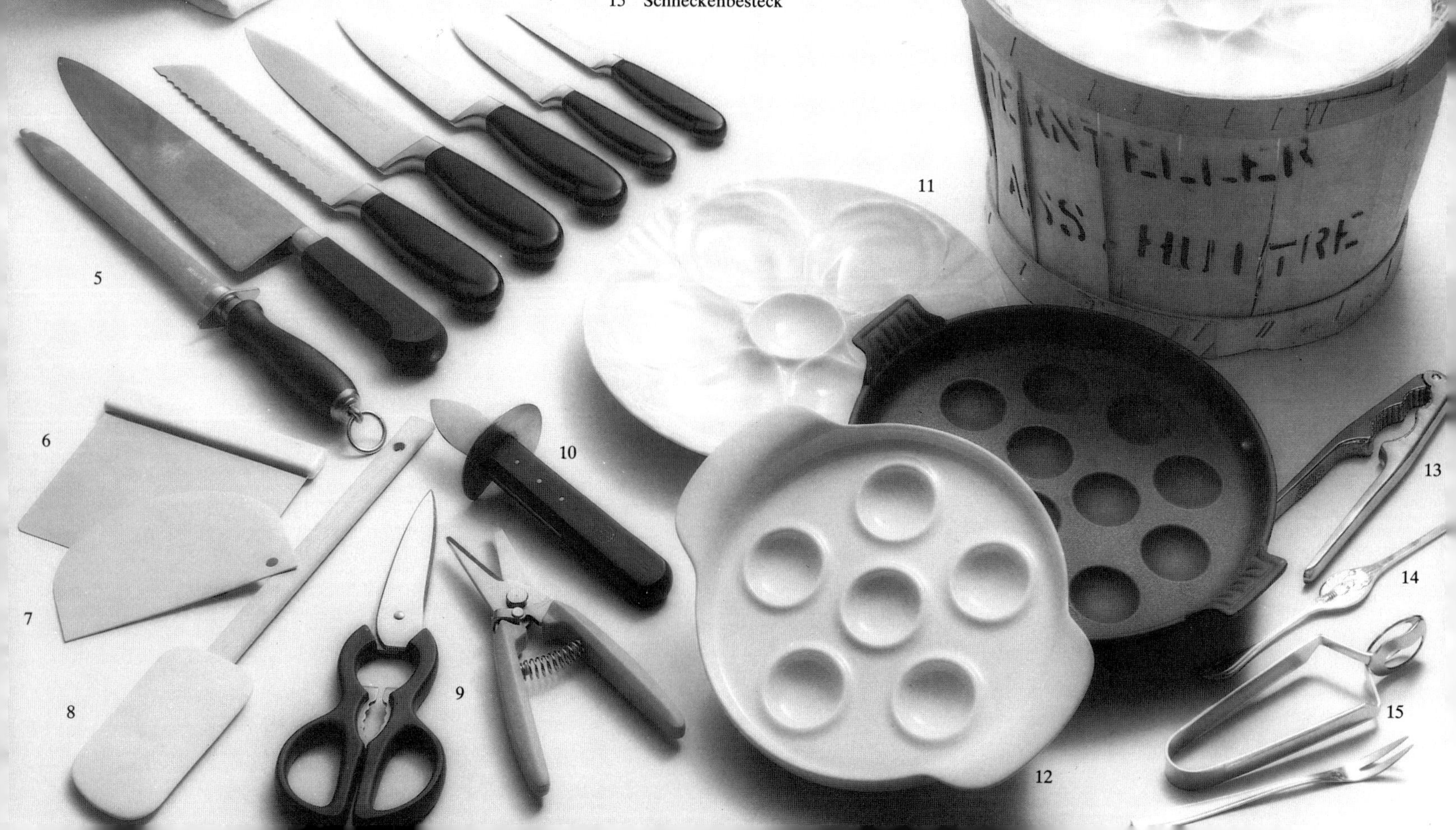

Fachausdrücke

abschäumen – Fonds, Saucen oder Brühen mit Hilfe des Schaumlöffels von geronnenem Eiweiß und Unreinheiten befreien, die sich auf der Oberfläche abgesetzt haben.

abschrecken – einer heißen Speise kaltes Wasser zusetzen, um ihre Temperatur sehr schnell zu senken.

anlaufen lassen – s. anschwitzen.

anschwitzen – in Fett leicht anrösten, ohne daß die Speise Farbe annimmt.

à part – gesondert servieren, z. B. eine Sauce.

à point – zur rechten Zeit, gerade richtig, »auf den Punkt« (gegart, gebraten).

ausbacken – in reichlich heißem Fett schwimmend goldbraun backen.

Aspik – Bezeichnung für ein Gericht aus Gelee mit Fisch, Meeresfrüchten oder Fleisch.

Bain-marie – (Wasserbad), ein zum Teil mit heißem Wasser gefüllter Behälter, in dem empfindliche Speisen, z. B. Saucen, warmgehalten oder vorsichtig erwärmt werden. Die Gefäße mit den Speisen stehen auf einem Einsatz, damit sie den Boden nicht berühren. Das Wasser darf nicht sieden.

bardieren – mit Speck umwickeln oder belegen.

Bart – bei Muscheln der außen sitzende Mantelrand; er wird meist entfernt. Bei Miesmuscheln auch die auf der Schale sitzenden Haft- oder Byssusfäden, mit denen sich die Tiere am Untergrund verankern. Sie werden vor dem Garen entfernt.

binden – andicken mit Hilfe eines Bindemittels (wie Mehl, Speisestärke).

blanchieren – Gemüse oder Pilze in siedendem Salzwasser kurz kochen, um sie von unangenehmen Geschmacksstoffen oder Verunreinigungen zu befreien oder um Häute und Schalen besser entfernen zu können.

blind backen – Teigböden oder -hüllen ohne eigentliche Füllung backen, damit sie ihre Form behalten. Dazu werden sie mit Pergamentpapier oder Alufolie ausgelegt und mit getrockneten Hülsenfrüchten gefüllt. Nach dem Backen wird beides wieder entfernt.

blondieren – leicht in Butter bräunen, z. B. Zwiebelscheiben.

Bouquet garni – Würzsträußchen aus verschiedenen Kräutern, Gemüsen und Gewürzen zur Verfeinerung von Brühen und Saucen.

braisieren – s. schmoren.

Brunoise – fein gewürfeltes Gemüse.

chemisieren – eine Form gleichmäßig dünn mit Gelee ausgießen oder mit einer feinen Masse ausstreichen, bevor die Füllung hineingegeben wird.

collé (e)– mit Gelatine versetzte Masse.

Consommé – besonders kräftige, klare Brühe (Fond) von Krustentieren, Fisch, Geflügel oder Fleisch.

Corail – (frz. Koralle), Rogen weiblicher Hummer, Langusten und anderer Krustentiere, der ungekocht schwarzgrün, gekocht korallenrot ist und als besonderer Leckerbissen, aber auch als hervorragendes Würzmittel (z. B. für Butter) gilt. Bei Jakobsmuscheln wird der orangefarbene Rogen ebenfalls Corail genannt.

Court-Bouillon – gut gewürzte Brühe, meist aus Wasser, Essig, Weißwein, Gemüsen und Gewürzen, zum Kochen von Meeresfrüchten und Fischen.

dämpfen – in Wasserdampf garen, ohne daß die Speise mit der Flüssigkeit in Berührung kommt.

degorgieren – wässern, um z. B. aus Gehirn, Kalbsbries, Herz oder Leber das Blut herauszuziehen.

demoulieren – eine Speise aus der Form stürzen, in der sie stockte oder gegart wurde.

dessechieren – abtropfen lassen oder trockentupfen.

dressieren – einer Speise eine bestimmte Form geben (z. B. mit Hilfe eines Spritzbeutels), auch geschmackvoll anrichten.

dünsten – in wenig Flüssigkeit, Fett und im eigenen Saft garen.

Duxelles – braune Füllsauce mit gehackten Pilzen, Schalotten und Kräutern zum Überkrusten von Speisen und als Füllung für Pasteten.

entbarten – bei Muscheln den Bart (Mantelrand) entfernen. Bei Miesmuscheln die Haft- oder Byssusfäden von der Schale entfernen.

Essenz – stark eingekochte Brühe, konzentrierter Fond.

Etamine – Leintuch zum Passieren von Suppen und Saucen.

Farce – Füllung für Pasteten, Terrinen, Fische, Krustentiere, Fleischteile oder Gemüse, bestehend aus sehr fein gehacktem oder gemahlenem Fleisch, Fisch, Gemüse usw., pikant gewürzt und gebunden.

farcieren – mit gut abgeschmeckter Masse (Farce) füllen.

faschieren – feinhacken, durch den Wolf drehen.

Fines herbes – feine, gehackte Kräuter in verschiedener Zusammensetzung für Saucen und Suppen. Teilweise auch mit gehackten Schalotten.

flambieren – eine Speise mit Alkohol übergießen und abflämmen, um ihren Geschmack zu verfeinern.

Fond – Extrakt, der beim Garen von Schal- und Krustentieren, Fisch, Fleisch oder Gemüse gewonnen wird. Er dient als Grundlage für Saucen und Suppen.

frappieren – eine Speise oder ein Getränk zwischen Eisstücken oder im Kühlschrank stark abkühlen.

Fritüre – Fettbad zum Backen von Fisch-, Fleisch- oder Geflügelstücken und Gemüse, auch von Meeresfrüchten, z. B. Muscheln, Garnelen und Tintenfischen. In einem Drahtkorb wird das Fritiergut in das siedend-heiße Fett getaucht. Fritüre wird auch das Backfett genannt.

Fumet – (frz. Duft), Auszug, s. Essenz.

garnieren – eine Speise verzieren.

Garnitur – Umlage oder Beilage eines Gerichts oder auch Einlage bei Saucen und Suppen. Die Garnitur bestimmt auch oft den Namen des Gerichts mit.

Gelatine – reiner, geschmackloser Knochenleim in Pulver- oder Blattform zum Festigen von Flüssigkeiten und leichten Speisen.

Gelee – verschiedene geklärte und erstarrte Flüssigkeiten.

Glace – stark eingekochte, ungesalzene Brühe von Fisch, Meeresfrüchten, Kalb-, Hühner- oder Wildfleisch, die zur Verbesserung von Saucen oder zum Überglänzen von Speisen verwendet wird. Erkaltet ist die Glace so fest, daß sie aufgeschnitten werden kann.

glacieren – Speisen mit Glace überziehen.

gratinieren – ein Gericht bei Oberhitze überbakken, so daß es eine braune Kruste bekommt.

Julienne – feine Streifen von Gemüse oder Trüffeln, als Einlage oder Beilage.

Jus – reiner Fleisch- oder Bratensaft, brauner Fond.

Karkasse – das Gerippe von Krustentieren, Fisch und Geflügel.

klären – bei Kraftbrühen und Gelees alle trübenden Bestandteile entfernen. Mit Hilfe von Eiweiß und feingehacktem Fleisch oder Fisch werden diese Bestandteile gebunden und entfernt.

klarkochen – Saucen und Suppen langsam kochen und dabei ständig Schaum und Fett abschöpfen, bis sie vollkommen klar sind.

Krebsnasen – die Körper (ohne Schwanz) von gekochten Krebsen. Sie werden zum Dekorieren von Speisen verwendet.

legieren – eine Speise mit einem Bindemittel sämig machen.

Liaison – das zum Legieren verwendete Bindemittel (z. B. Eigelb, Sahne).

Marinade – mit Kräutern und Gewürzen versehene Flüssigkeit (Wein, Zitronensaft, Essig, Sauer- oder Buttermilch) zum Haltbarmachen, Würzen oder Mürbewerden von Fleisch und Fisch. Auch Salatsaucen bezeichnet man als Marinade.

marinieren – einlegen in Marinade.

Mark – bei Hummern und Langusten die beim Zerteilen aus dem Rumpf auslaufende Flüssigkeit, bestehend aus cremigen Innereien und Meerwasser. Bei Jakobsmuscheln wird der orangefarbene Rogen ebenfalls oft Mark genannt.

maskieren – mit Sauce oder Gelee überziehen.

Mirepoix – Röstgemüse zum Würzen von Saucen. Kleingeschnittenes Wurzelwerk, Zwiebeln, evtl. magerer durchwachsener Speck, mit Kräutern und Lorbeer leicht anrösten.

mitonnieren – in Flüssigkeit langsam verkochen lassen.

montieren – eine Sauce oder Suppe mit Butter aufschlagen.

Mousse – feine Schaumspeise aus farciertem Krebsfleisch, Fisch, Fleisch oder Geflügel, auch Fruchtmark und Sahne.

Mousseline – in kleinen Formen hergestellte Mousse.

nappieren – s. maskieren, eine Speise mit Sauce oder Gelee überziehen.

Nuß, Nüßchen – bei Jakobsmuscheln das feste, weiße Muskelfleisch.

Panade – Binde- bzw. Lockerungsmittel für Farcen.

panieren – erst in Mehl, danach in Ei und Semmelbrösel wenden.

parieren – Meeresfrüchte, Fische und Fleisch von nicht eßbaren Teilen befreien und gleichmäßig zurechtschneiden.

Parüren – Abfälle, die durch das Parieren entstehen.

passieren – eine Flüssigkeit durch ein feines Sieb (Haar- oder Spitzsieb) oder durch ein Tuch gießen, streichen oder drücken.

pochieren – langsam bei Siedehitze garziehen lassen, ohne Kochen.

Quenelles – kleine Klößchen aus Fisch- oder Fleischfarcen.

Ragout – Gericht aus Fisch-, Fleisch- oder Gemüsestückchen, aus Muscheln und anderen Meeresfrüchten, gebunden mit einer gut gewürzten Sauce. Wird auch als Fülle verwendet.

reduzieren – Flüssigkeiten wie Fonds, Suppen oder Saucen auf die gewünschte Konzentration einkochen, auch sämig kochen. Verringert die Flüssigkeit und verstärkt den Geschmack.

refraichieren – gekochtes Fleisch oder Gemüse mit kaltem Wasser abkühlen.

rissolieren – braun und knusprig braten.

Royal – Eierstich.

sautieren – kleine Fleisch-, Fisch- oder Geflügelstücke rasch anbraten.

schmoren – Garvorgang zwischen Braten und Kochen.

Suprême – ein Gericht aus den besten Stücken eines Tieres, auf besonders feine Art zubereitet.

tournieren – das Formen durch Zuschneiden, z. B. von Gemüsen, Knoblauchzehen und Oliven, aber auch das Einkerben von Champignonköpfen.

tranchieren – zum Anrichten in Scheiben schneiden, zerlegen.

Velouté – weiße Grundsauce.

ziselieren – Einschnitte machen, z. B. bei kleinen Fischen, damit sie beim Kochen nicht platzen. Auch feinschneiden.

REGISTER

Lexikon der Meeresfrüchte

Dieses Register enthält alle umgangsprachlichen Namen, sowohl in Deutsch wie auch in Englisch und Französisch, sowie *(in kursiv)* alle wissenschaftlichen Namen, die im warenkundlichen Teil des Buches erwähnt werden.

A

B

C

I

J

K

L

M

N

O

T

U

V

W

X

Y

Z

Meeresfrüchte-Küchenpraxis
Rezepte und Küchentechnik

A

B

C

E

F

G

H

J

K

L

M

N

P

R

S

T

V

W

Z

Literaturverzeichnis

Abbott, R. Tucker und Sandström, George und Marita: Seashells of the World, a Guide to the Better-known Species. New York 1955
Abbott, R. T.: Indopacific Mollusca. 1957
Abbott, R. T.: American Seashells, Marine Molluscs of Atlantic and Pacific Coasts of North America. 2nd ed., 1974
Athelm, A. und Brockhaus, J. A.: Brockhaus' Konversationslexikon, 1. Band. 1908
Branch, Margo & George und Bannister, Anthony: The Living Shores of Southern Africa. Cape Town 1983
Bronn, H. G.: Die Klassen und Ordnungen des Tierreichs, Bde. 3 und 5. Leipzig 1945
Dance, Peter: Das große Buch der Meeresmuscheln. Stuttgart 1977
Davidson, Alan: Seafood of South-East Asia. Singapore 1977
Garms, Harry und Eigener, Wilhelm: Pflanzen und Tiere Europas. Braunschweig 1964
Gousset, J., Tixerant, G. und Roblot, M.: Les produits de la pêche, No. 72/1980
Griffiths, Charles: Guide to the Benthic Marine Amphipods of Southern Africa, Wynburg 1976
Grzimek, Bernhard: Grzimeks Tierleben, Bde. 1 und 3. München 1970, 1978
Grolier: The American People's Encyclopedia, A Modern Reference Work. New York 1967
Hofmann, Josef: Die Flußkrebse. Biologie, Haltung und wirtschaftliche Bedeutung. Hamburg und Berlin 1979
Kensley, Brian: Shrimps and Prawns of Southern Africa. Cape Town 1972
Lindner, Gert: Muscheln und Schnecken der Weltmeere. München 1975
McClane, A. J. und Zanger, Arie de: The Encyclopedia of Fish Cookery. New York 1977
Medcof, J. C.: Oysterfarming in the Maritimes. Ottawa 1961
Multilingual Dictionary of Fish and Fish Products. Organisation for Economic Co-operation and Development, Paris. Farnham/England 1968
Muus, B. J. und Dahlström, P.: Meeresfische. München 1968
Nietzke, Günther: Die Weinbergschnecke. Lebensweise, Mast, Zucht, Verkauf, Zubereitung. Stuttgart 1970
Nordsieck, F.: Die europäischen Meeresschnecken. Stuttgart 1972
Nowak, W.S.W.: The Marketing of Shellfish. London 1970
Palombi, Arturo und Santarelli, Mario: Gli animali commestibili dei mari d'Italia. Milano 1969
Panning, Albert: Die Trepang-Fischerei, Mitteilungen aus dem Hamburger Zoologischen Museum und Institut, Bd. 49/1944
Parey, Paul: Fauna und Flora der Adria. Hamburg 1963
Pechuel-Loesche: Brehms Tierleben, 10. Band. Leipzig, 1893
The South African Museum by The Reader's Digest Association: Sea Shells, a Selection of South Africa.
Urania Tierreich, Wirbellose Tiere, Bde. 1 und 2. Leipzig 1979
Zim, S., Ingle, Lester und Barlowe, Dorothea and Sy: Seashores, A Guide ot Shells, Sea Plants, Shore Birds and Other Natural Features of American Coasts. New York 1955

Fotonachweis

Großes Foto Seite 15: G + J Fotoservice/Axel Carp; Seite 26 oben links: New Zealand Fishing Industry Board, Wellington/Neuseeland; Fotos Seite 27 Mitte, Seite 41 (2), Seite 53 und Seite 88 unten: Dr. Michael Türkay, Forschungsinstitut Senckenberg, Frankfurt; Seite 44 oben links: Dr. Johannes Kinzer, Institut für Meereskunde, Universität Kiel; Seite 45 oben links: National Marine Fisheries Service, Auke Bay Laboratory/William R. Heard, Auke Bay, Alaska/USA; Seite 48 unten rechts, Seite 89: Yim Chee Peng, Singapore; Seite 61 unten: New Zealand Marine Farms Limited, Christchurch/Neuseeland; Seite 85: Ulla Mayer-Raichle, Kempten.

Den nachfolgend genannten wissenschaftlichen Mitarbeitern und Beratern, ohne deren wertvolle Hilfe der warenkundliche Teil dieses Buches nicht zustande gekommen wäre, möchten wir an dieser Stelle unseren Dank aussprechen: **Dr. Nicolaus Antonacopoulos,** Wissenschaftlicher Direktor im Institut für Biochemie und Technologie der Bundesforschungsanstalt für Fischerei, Hamburg; **Dr. Rudo von Cosel,** Malakologe, Gießen, z. Zt. tätig am Pariser Naturkunde-Museum; **Prof. Peter Kaiser,** ehem. Leiter der Mollusken-Abteilung im Zoologischen Institut und Museum der Universität Hamburg; **John F. Karinen,** Supervisory Oceanographer, National Marine Fisheries Service, Auke Bay Laboratory, Auke Bay, Alaska/USA; **Dr.Rudhard Meixner,** Wissenschaftlicher Rat im Institut für Küsten- und Binnenfischerei der Bundesforschungsanstalt für Fischerei, Hamburg; **Hans Petersen,** Dokumentar im Zoologischen Institut der Universität Hamburg; **Dr. Hjalmar Thiel,** Wissenschaftlicher Oberrat im Institut für Hydrobiologie und Fischereiwissenschaft der Universität Hamburg.

Zu ganz besonderem Dank fühlen wir uns **Dr. Michael Türkay,** Leiter der Crustaceen-Sektion im Forschungsinstitut Senckenberg, Frankfurt, verpflichtet.

Ferner danken wir all jenen, die durch ihre Hilfe und Unterstützung am Gelingen dieses Werkes beteiligt sind: René Acklin, Fundación Chile, Santiago/Chile; Vladimir Durussel, Hotel-Fachschule, Lausanne/Schweiz; Paul M. Earl, National Marine Fisheries Service, Gloucester, Massachusetts/USA; Derrick S. Holker, Freshwater Lobsters of W. A., Wellington Mills/Western Australia, sowie The West Australian Marron Growers' Association; Hotel Inter-Continental Maui, Wailea, Maui, Hawai/USA; Ben Hugman, Red Bank Oyster Company Ltd., Burrin/Irland; Mandarin Hotel, Singapore; Moon Gate, 10 Tanglin Road, Singapore; New Zealand Fishing Industry Board, Wellington/Neuseeland; Produktschap voor Vis en Visprodukten, Bergen op Zoom/Niederlande; Sepp Renggle, Restaurant »The Four Seasons«, New York/USA; The Dorchester Hotel, London/England; The Mark Hopkins Inter-Continental Hotel, San Francisco/USA; Céline Vence, Journalistin, Neuilly/Frankreich.

6. Auflage 1996

Postfach 1440, D-87620 Füssen

Redaktion und Beiträge Hannelore Blohm
Fotos Christian Teubner
(außer den im Fotonachweis erwähnten)
Food-Styling Ralph Bürgin, Constanze Teubner
Gestaltung Wolfgang Steger
Redaktion Barbara Kopp, Hildrun Lachmann, Brunhilde Thauer
Herstellung Gisela Schroeder
Fotosatz Holdenrieds Druck- und Verlags-GmbH, D-87620 Füssen
Reproduktion der Farbbilder City-Klischee-GmbH, Düsseldorf
Druck Dr. Cantz'sche Druckerei, GmbH & Co. KG, D-73760 Ostfildern
Alleinauslieferung für den gesamten Buch- und Fachhandel Gräfe und Unzer GmbH
Isabellastr. 32, D-80796 München

ISBN 3-7742-3635-6